U0536340

中 国 书 籍 学 术 之 光 文 库

中国中小学英语课程教材教法百年变革研究

陈自鹏｜著

中国书籍出版社
China Book Press

图书在版编目（CIP）数据

中国中小学英语课程教材教法百年变革研究/陈自
鹏著．—北京：中国书籍出版社，2020.4

ISBN 978－7－5068－7219－5

Ⅰ．①中…　Ⅱ．①陈…　Ⅲ．①英语课—教材改革—研
究—中小学—中国②英语课—教学改革—研究—中小学—
中国　Ⅳ．①G633.412

中国版本图书馆 CIP 数据核字（2018）第 297695 号

中国中小学英语课程教材教法百年变革研究

陈自鹏　著

责任编辑	毕　磊
责任印制	孙马飞　马　芝
封面设计	中联华文
出版发行	中国书籍出版社
地　　址	北京市丰台区三路居路 97 号（邮编：100073）
电　　话	（010）52257143（总编室）　（010）52257140（发行部）
电子邮箱	eo@chinabp.com.cn
经　　销	全国新华书店
印　　刷	三河市华东印刷有限公司
开　　本	710 毫米×1000 毫米　1/16
字　　数	458 千字
印　　张	28
版　　次	2020 年 4 月第 1 版　2020 年 4 月第 1 次印刷
书　　号	ISBN 978－7－5068－7219－5
定　　价	95.00 元

序

20世纪90年代,我有幸与鲍勃·亚当姆森(Bob Adamson)合作编写初中英语(JEFC)和高中英语(SEFC)教学参考书,常一道搞教师培训。鲍勃当时正在香港大学攻读博士学位,专题研究中国英语课程与教材史。他利用每次见面的机会,向我和我的同事了解有关情况,并在人民教育出版社的图书馆查找资料。他不仅完成了博士论文,而且正式出版了一本书,名为 *China's English – A History of English in Chinese Education*。当我看到他的赠书时,一方面对他的严谨的治学态度和研究成果深感敬佩,另一方面自己又不禁感到汗颜。我虽身在中国,为多年的教书匠和编书匠,却在英语教育研究方面毫无建树。近几年,我才有较多的时间研究我国基础英语教育史,主编了《基础外语教育发展报告(1978 – 2008)》以及《新中国中小学教材建设史1949 – 2000研究丛书 英语卷》。

今春,正当我组织一些学者用英语撰写 *English Language Education in China: Past and Present* (1862 – 2012)时,陈自鹏老师前来请我为他的书写序。论年龄,他算是一位后生。可是,当我读了他的大作后,深感"后生可畏"有理。他的著作研究的是百年中国中小学英语课程教材教法变革的历史。陈老师是位特级教师,年纪虽轻,却有"自强不息,鹏程万里"之志,选择如此厚重的课题,博览群书,分析思考,独自写出这洋洋大篇实属不易。我很乐意为他这本书作序,这不只是对年轻的学者表示支持,更是向年轻人学习,从年轻人那里汲取活力,同时也从他们的研究中得到启迪,以敦促自己与时俱进,促进自己的研究。

我用数日翻阅了全书,做了笔记,感触颇多,归纳起来突出的印象有以下几点:

一、资料翔实、珍贵,为后人研究提供了基础

作者以历史唯物主义的态度,做了大量文献梳理和研究的工作。他研读了数百篇专著,做了数十万字的笔记及卡片。因此,在读此书时,好似随着作者得以浏览众多名家的著作。这其中有明末的徐光启、利玛窦,有近现代的严复、蔡元培、费正清、李约翰、张士一、林语堂、林汉达、李儒勉以及王力、吕叔湘、季美林、张志公、李庭芗、王武军、应云天、王才仁、胡春洞、付克、李良佑、张正东、章兼中、周流溪、胡鉴明等。其中不乏文言文的文章,可见作者的文字功底。

有些史料鲜为人知,因此十分宝贵。例如,早在元、明朝时就开设了外国语学校;还有1931—1937年,心理学家艾伟教授受中华教育文化基金董事会的委托与张士一等合作从事英语研究,对全国九省的71所中学,184个班级8 277名高一至高三的学生英语阅读水平进行大规模调查,写成了《九省高中英语默读测量》。又如,在英语教育仍处于"摇摆期"的"文化大革命"后期即1972—1976年底,我国先后向英国、法国等49个国家派遣1 629名留学生,其中90%以上是学习语言的。本书列举的许多文献将为后人研究提供很好的基础。

二、史料丰富,概括梳理思路清晰,语言流畅,可读性很强

这是一部以1902—2001年为基本时限的英语教育变革史,虽仅集中讨论了中小学英语课程教材教法,实际上涉及教育的方方面面,如教师教育、测试评价、教育技术、对外交流,甚至谈到了少数民族教育等。历史时间的跨度很大,实际已超越百年,甚至追溯至汉唐时期,因此史料极为丰富。如何概括厘清这浩瀚而错综复杂的史实,并且让读者读起来又有兴趣,易于接受,这是个很具挑战性的工作。陈自鹏博士显然是一位睿智的学者,思维缜密,逻辑严密,善于概括,善于总结,表述提纲挈领、言简意赅、通达流畅。

他把全书分为五章十七节。第一章概论,开宗名义地将百年英语变革史按其发展特点划分为七个时期,分别阐述各个时期具有重大历史意义的事件,接下来从社会动因角度对不同历史时期的中小学英语教育的变革进行分析;第二章抓住了课程研究中的核心问题——课程设置、课程目标、课程实施、课程评价等,探讨了不同时期的课程变革情况;第三章则围绕引进、自行编写、合作编写三种英语教材建设方式讨论了教材在各个时期的主要特点及问题;第四章从借鉴—反思—独立探索的视角来研究"舶来"的教法与"本土"的教法;第五章所谓"余论",恰恰真正体现了本书"论从史出,史论结合"的意图,作者把多年来英语教育与教学中争论不休的学术问题整理成了十大矛盾关系,不仅客观陈述了对立方或相关方不同的观点,也表明了自己的独立见解,并且对英语课程教材教法的改革与发展趋势提出了展望。

作者收集了大量的案例,使得原本容易显得干瘪的议论变得生动活泼了。特别是在第四章分析各种教学法时,引用了许多名人幼时学英语的亲身体验和现身说法,别开生面,很有意思。

三、善于聚焦,辩证思考,分析到位,具有较强的说服力

本书"余论"一章所提出的十个关系中的大部分问题的确是英语教育中长

期以来让人纠结的问题。陈老师长期居于第一线，对此了如指掌，当然一抓一个准，如习得与学得、知识与能力、虚拟交际与真实交际等关系。我很认同陈老师运用辩证唯物主义的观点来看待这些问题。他在分析了矛盾的各方作用之后，能够发现双方之间相互的作用，指出"习得和学得在语言学习中重要性都不可忽视"，"知识是基础，能力是目的，真正的语言教学是知识和能力的统一"，"教学中虚拟交际是手段，但要创造真实的情境"，做到"虚实结合，相得益彰"。说得在理，很能服人。在"对中小学英语课程教材教法改革与发展趋势的思考"这一节中，陈老师提出了一系列改革创新的建议，有关课程十个"性"，教材的六个"化"，特别是教法的"四结合"（中外教法结合，传统教法与现代教法结合，结构与功能结合，理论与实践结合），值得同行们共同研究。

    我与陈自鹏老师过去并不相识，但是，我们恰巧正在做同样的事——承上启下，总结我国中小学英语教育的历史经验，以史为鉴，思考与展望未来。这是一项意义深远的工作。对于我们这个有着悠久历史的国家来说100年不算长，然而，回顾过去，我们尽管获得了巨大的进步，可是一路走来，跌跌撞撞，进进退退，弯路也走了不少。虽然，中国如今已是世界上的一个外语教育大国，在校学习外语的学生就已近3亿，但还算不上一个外语教育的强国，因为我们的教学质量不够高，总体语言水平偏低，外语语种比较单一。要在我们这样一个经济条件极不平衡的大国探索出一条符合国情的外语教育迅速发展之路，必须靠我们自己孜孜不倦地努力探索。我衷心希望更多的教育工作者，特别是外语教育工作者能分享陈自鹏老师的研究成果，并和我们一起继续探索英语教育迅速发展之路。

刘道义

2012 年 9 月 16 日

于北京

目　录

CONTENTS

前　　言

一、问题的提出

众所周知,英语是当今世界上主要的国际通用语言之一。世界上差不多每五人中有一人在一定程度上懂英语,国际互联网有 70% 以上的邮件是用英语写作,约有 90% 的资料是用英语发布,全世界约有 60% 的电视节目是用英语编辑和播放的。绝大部分的国际会议是以英语为第一通用语言,英语与汉语、俄语、法语、西班牙语、阿拉伯语为联合国工作语言。知识经济和信息时代的到来使得我国与世界各国特别是西方国家在经济、政治、科技、文化、贸易、军事和交通运输方面合作与往来更加频繁。作为最重要的交际工具之一,英语的地位和作用不可忽视。

回顾中国中小学英语教育发展历程,我们不难发现英语教育变革史也是英语课程、教材、教法形成、改革、发展的历史。围绕其变革,我们需要研究的问题有很多。

(一)英语教育变革需做明确的历史分期

中国近代英语教育始于京师同文馆的建立。第二次鸦片战争后,中国卷入大量的外交事务中,当时苦于没有翻译人才。《天津条约》中的语言约定以及在议和中中国政府曾被外国翻译欺蒙,致使中法条约中被塞入很多关于传教士特权的内容,使得常与外国人打交道的奕䜣受到刺激,于是奏请设立京师同文馆。1862 年,京师同文馆建立。1902 年,《壬寅学制》颁发,英语开始正式地、普遍地进入学校课程。1902 年至 2001 年是本研究关注的主要时段。百年里中小学英语教育历经变化,有得有失,不同历史时期呈现出不同的特点。20 世纪 80 年代以来,人们已开始从不同角度对中小学外语教育的历史进行研究。我们认为,要把握英语教育变革特点,必须循着中小学英语课程、教材、教法的形成、改革、发展的历史脉络对英语教育变革做出历史分期,应明确英语教育滥觞于何时,学校英语教育启动于何时,如何发展,又遭受哪些挫折,如何在挫折中恢复,采取了哪些办法和措施使其质量与水平得以提高,而最后臻于繁荣。

(二)英语教育变革的社会动因需要分析

百年中中国的中小学英语教育经历了一系列的变革。为什么会发生这样的变革? 原因有很多。然而社会原因包括经济的、政治的、科技的、文化的等方面的原因是英语教育变革的重要因素。光绪三十年即 1904 年颁布的《奏定中学堂章程》学科程度章(第二)第四节中规定英语课程性质和任务是:"盖中学教育,以人人知国家、知世界为主,上之则入高等专门各学堂,必使之能读西书;下之则从事各种实业,虽远适异域,不假翻译。"①而 2001 年《全日制义务教育普通高级中学英语课程标准(实验稿)》中对课程性质是这样规定的:英语课程的学习,既是学生通过英语学习和实践活动,逐步掌握英语知识和技能,提高语言实际运用能力的过程;又是他们磨砺意志、陶冶情操、开阔视野、丰富生活经历、开发思维能力、发展个性和提高人文素养的过程。基础教育阶段英语课程的任务是:激发和培养学生学习英语的兴趣,使学生树立自信心,养成良好的学习习惯和形成有效的学习策略,发展自主学习的能力和合作精神;使学生掌握一定的英语基础知识和听说读写技能,形成一定的综合语言运用能力;培养学生的观察、记忆、思维、想象能力和创新精神;帮助学生了解世界和中西方文化的差异,开阔视野,培养爱国主义精神,形成健康的人生观,为他们的终身学习和发展打下良好的基础。比较 1904 年和 2001 年英语课程性质与任务可以得知前者重实用教育,后者既重实用教育,又重全人教育。除了学科发展成熟的原因以外,最主要的则是我国社会经济、政治、科技、文化的需要要求英语教育必须进行如此变革。

(三)英语课程、教材、教法变革与特点及存在问题需要探究

英语何时教、教什么、怎么教是课程、教材、教法所要研究的主要问题。百年中我国中小学英语课程的设置、目标、实施、评价经历了很多的变化,变化之多、之大、之剧烈是其他学科所不能比拟的,因而具有自身所独有的特点。课程变革中存在的问题如设置上的科学规划问题、目标中的"一刀切"和"随意性"问题、实施中的教师质量问题以及评价中的能力立意问题等都需要引起我们的关注。

中小学英语教材建设方式经历了引进、自编以及中外合作编写的变化。教

---

① 课程教材研究所 . 20 世纪中国中小学课程标准·教学大纲汇编:外国语卷(英语)[S]. 北京:人民教育出版社,2001:2.

材变革中表现出的阶段性特点可概括为无纲多本、有纲多本、一纲一本、多纲多本四种变化。教材变革中存在的问题有很多,最突出的有引进教材的内容适切性、自编教材的结构适切性和中外合编教材的目标适切性等。研究这些问题将有助于英语教材的建设和完善。

中小学英语教法经历了借鉴、反思和独立探索三个阶段。对于借鉴的教法应进行分析,进而反思其优点和缺点。对于独立探索的英语教法进行分型整理是一项开拓性的研究工作。教法改革中应该解决的问题也有很多,诸如借鉴教法的本土化问题、教法反思中的规律性认识问题和独立探索教法的成果推广问题等都需要引起我们的思考。

(四)英语课程、教材、教法有关关系处理的争论意见值得研究

围绕课程、教材、教法,理论工作者和实际工作者提出了很多颇有见地的意见,特别是对课程、教材、教法变革中需要处理好的关系长期以来众说纷纭、争执不下。这些争议一方面丰富了我国中小学课程、教材、教法理论,另一方面也造成了某种困惑。不澄清这些问题,教学实践就难以深入。概括起来,需理顺的关系有:规划与效益的关系,教师与质量的关系,习得与学得的关系,母语与英语的关系,听说与读写的关系,知识与能力的关系,虚拟交际与真实交际的关系,智力因素与非智力因素的关系,语言与文化的关系,教师与学生的关系,等等。处理好这些关系需要遵循教育教学规律和语言学习规律,这些关系处理好了,教学效益、质量和水平才有保证。

(五)21 世纪英语课程、教材、教法变革趋势需要做一展望

21 世纪的中国将更加开放,更加国际化,中小学英语课程、教材、教法改革的步伐将逐步加快。中小学英语课程改革将集中反映在全体性、全面性、连贯性、灵活性、主体性、发展性、实践性、集优性、开放性、激励性等方面;教材改革将呈现现代化、系统化、多样化、立体化、趣味化、综合化等趋势;教法改革将会实现四个方面的结合:一是中外教法的结合,二是传统教法与现代教法的结合,三是结构与功能的结合,四是理论研究与教学实践的结合。对 21 世纪中小学英语课程、教材、教法的变革趋势进行分析使得本研究能够"总结过去、立足现在、面向未来"。

二、研究的意义

(一)理论意义

1. 英语教育变革有着深刻的社会原因,不同时期表现出不同的特点,探析

这些原因和特点,对于理解英语课程、教材、教法的变革具有宏观的理论意义。

2. 英语课程、教材、教法的变革涉及课程设置、课程目标、课程实施、课程评价变革,教材外部引进、教材自编、教材中外合编的变化以及教法的借鉴、教法的反思和教法的独立探索多个层面。本着"论从史出、史论结合"的态度,首先对史实进行整理,然后从学理上加以分析,对于丰富和完善我国的中小学英语课程、教材、教法理论将大有裨益。

3. 对于英语课程、教材、教法改革,很多名家和教师都有重要的理论建树。梳理课程、教材、教法变革的历史,探究现存的典型理论研究成果,从中找出规律性认识,可以指导我国当前和未来的中小学英语教育教学改革实践。

(二)实践意义

1. 研究课程设置、课程目标、课程实施、课程评价变革中的经验教训,有利于科学设置英语课程、合理确定英语教育教学目标、促进英语课程的实施和有效地进行课程评价。

2. 围绕教材的引进、自编和中外合作编写,研究其特点和存在的问题可以使得我国中小学英语教材建设更加科学化,更加现代化。

3. 研究教法的借鉴、反思和独立探索,研究其特点和存在的问题,并对独立探索的教法进行分型整理,将有助于英语教学方法的选择、优化、改进,有助于英语课堂教学效益的提高。

4. 研究英语教育变革中有关关系处理的争论意见对明确和把握正确的教育理念、教学理念,正确处理教育教学中的各种关系,都有实际价值。

5. 研究 21 世纪中国中小学英语课程、教材、教法的变革趋势,对于我们坚持正确的教育教学改革方向,促进中小学英语教育健康发展具有实际意义。

三、研究问题的界定

1986 年付克先生著有《中国外语教育史》,是研究我国外语教育的第一部史学专著;1988 年李良佑、张日昇、刘犁编有《中国英语教学史》,是研究我国英语教学的第一部史学专著;1995 年周流溪主编《中国中学英语教育百科全书》,是中学英语教育的综合性工具书;2000 年张正东先生著《中国外语教学法理论与流派》,是研究中国外语教学法理论与流派的理论专著;中华人民共和国成立前后,张士一、吕叔湘、李庭芗、胡春洞、王才仁等著有多本教学法著作;《中小学外语教学》《中小学英语教学与研究》和《课程·教材·教法》自 20 世纪 70 年代以来刊有不少英语课程、教材、教法研究方面的论文及其成果;另有一部分专著可见到自晚清至 21 世纪中小学英语教育的一些珍贵的史料。

从已有的资料和研究来看,尚缺乏从英语教育变革的角度对英语教育变革的核心问题——课程、教材、教法变革的系统的历史性梳理和研究。本研究紧紧围绕"变革",首先,对中小学英语教育变革的历史分期给予明确的界定,并深入分析中小学英语教育变革的社会动因;然后,分别对中小学英语课程变革、教材变革、教法变革的史料进行概括性梳理,在此基础上归纳出变革的特点,对存在的主要问题进行分析并提出解决的对策;最后,针对英语教育教学改革中应处理好的若干关系处理的争论意见进行学理分析,并对 21 世纪英语课程、教材、教法的变革趋势做出展望。

四、研究方法的选择

在研究中,著者主要采取如下几种方法:

1. 历史研究法

"以史带论,史论结合",先对史料进行梳理,以此为基点,运用辩证唯物主义和历史唯物主义的观点再做出理论分析,形成论点,加以科学论证。

2. 文献法

本选题时间跨度较大,百年中课程、教材、教法的变革情况散见于专著、报刊和其他的出版物中,利用已有的文献和史料,可以直接地或间接地得到研究所需资料,期间需对比,证伪,优选。

3. 分析法

对于课程、教材、教法变革中的史实需要做出分析,对于借鉴的课程、教材、教法理论和我国独创的课程、教材、教法理论也需要做出分析。需要对过去、现在课程、教材、教法变革情况做出分析,还需对未来课程、教材、教法变革趋势做出分析。

4. 归纳法

百年中课程、教材、教法变化很大,事件很多,没有归纳,难以发现其中的特点、问题、趋势和规律,因此,本研究中归纳是常用的研究方法之一。

5. 比较法

古今比较、中外比较,可以发现我国目前中小学英语教育变革中存在的问题,古为今用,洋为中用,有助于我们正确理解、把握和辩证地处理中国中小学英语教育变革中的现实问题。

6. 图表法

图表纲要提示可以使史实得以简化明了,这是一种史料的再整理过程。本研究中借用了大量的现成的图表,并根据需要从庞杂的史实中通过分析、综合,制成了一些图表,使得表述简洁明快、一目了然。

7. 举要法

百年里中小学英语课程、教材、教法变革不仅时间跨度大,空间跨度也很大(尽管港、澳、台英语教育变革不作为本研究对象),面对这么多的历史事件、历史变革,要想面面俱到、不舍毫末是办不到的,因此,研究中只选取那些典型的事件、著作、教材、理论、问题作为研究内容,举要研究,窥一斑而力求知全豹。

五、研究创新之处

1. 紧紧围绕英语教育教学变革,抓住特点,对百年中英语教育教学变革做出合理的历史分期。

2. 在英语教育变革社会动因分析方面,理论上力争作出初步的思考和初步的突破。

3. 对中小学英语课程、教材、教法变革特点进行归纳并对存在的主要问题加以理论分析。

4. 对有代表性的名家提出的有关英语教育改革中若干关系处理的争论意见做出学理上的分析,并对 21 世纪课程、教材、教法变革趋势做出预测。

第一章

概　　论

众所周知,世界上有数千种语言,这些语言分别属于不同的语系——有共同历史来源的一组语言。现有的语系有多种,如印欧语系、汉藏语系、马来－波利尼西亚语系、阿尔泰语系、亚非语系、尼日尔－科尔多凡语系等。语系之下又根据各语言间关系的远近分为语族或语支。"英语属印欧语系中的日耳曼语支。日尔曼语支由西日耳曼语、北日耳曼语和东日耳曼语组成。其中西日耳曼语包括低地德语和高地德语,高地德语发展为现代德语和依地语,低地德语则发展为低地德国语、荷兰语、弗里斯兰语和英语。"①

英语起初地位无足轻重,后来伴随着目的语国家的武力扩张和经济、政治、文化、科技的影响不断获得发展。有专家论证,在欧洲历史上曾经在大片地方并且在文化上获得过主导地位的语言先后有三种,分别是希腊语、拉丁语和法语。拉丁语的影响尤其持久和深广。公元前后的三四百年间发生的罗马化浪潮席卷了从伊比利亚(今西班牙)至达契亚(今罗马尼亚)的广大地区,这一浪潮使这一地区的各民族罗马化,扩大了拉丁语的基础。而从 17 世纪法王路易十四朝代(1643—1715 年)起到维也纳会议(1815 年)这段时期,在整个欧洲,法国国力最强、文化最盛、影响最大,法语成了外交上的国际性语言,也是宫廷中的交际语言。当时的上流人物莫不以会说法语为荣。这也造成英国农民养了 pig(猪,英文词)端上餐桌就变成法国贵族的 pork(猪肉,法文词)这一奇特现象。后来,英国发奋图强,在世界各地不断扩张,到处排挤法国的势力。到了 19 世纪,英帝国的版图已达到各大洲,英国商人在中东进行贸易并取得了垄断地位。英语的使用范围不断扩大。在第一次世界大战中,美国是参战国,因而在巴黎和会上英语取得了与法语并用的地位。法国在这次大战中损失惨重,导致经济严重困难,政局不稳,在第二次世界大战中战败亡国,这样法国的国际地位

---

① Carland Cannon. A History of English language [M]. USA:Harcourt Brace Tovanovich, Inc, 1972:42.

一落千丈。第二次世界大战中,美国在国际舞台上举足轻重,在军事外交方面英语的用途大大增加。1945 年后,美国的国民生产总值占世界的 2/3,美国在海外很多地方都驻有军队,这使得英语的使用更加频繁,而且使得英语广泛传布到世界各地。美国在现代科学方面长期处于领先地位,美国的商品和传媒无孔不入。美国英语就是跟着这一切走向世界的。①

英语走向了世界几乎各个地方。中国作为世界大家庭的一分子,对英语当然也不能视而不见、充耳不闻。但英语在中国是如何进入中小学课程的,其教育变革都经历了哪几个重要的历史阶段,变革的社会动因是什么,变革的核心——课程、教材和教法是怎样演变的,变革中需要处理好哪些关系,未来又将会呈现什么样的变革趋势,对这些问题深入地进行研究,可以帮助我们发现规律,找出问题,得到启发,以利拿出对策,改革课程,改进教材,改善教法,提高中小学英语教育教学质量和水平。

第一节　中小学英语教育变革的历史分期

在中国的学校里,中小学英语教育的发展并不是一帆风顺的。100 多年里,从最初的教会组织和民间组织分散的或自发的教育行为演变成为后来官方与政府组织的集中的或自觉的教育行为,其间发生了或大或小的变革。厘清英语教育变革的时间历史脉络,有助于我们从宏观上把握英语课程、教材、教法的变革。

对于英语教育,可以从时间的角度做出历史分期,如:晚清时期的英语教育,民国时期的英语教育,新中国时期的英语教育;也可以从教学观点和途径的角度进行历史分期,如张正东就把 1862 年至 1999 年的英语教育划分为译学中心期(1862—1921 年)、欧法中心期(1922—1949 年)、东西跳动期(1950—1977 年)、走向自立期(1978—1999 年)。② 他的分期,为我们从英语教育变革的角度进行历史分期提供了一条思路。我们认为,从中小学英语教育变革的角度来考量,可以将清末、民国、中华人民共和国的英语教育分为滥觞期、启动期、发展期、摇摆期、恢复期、提高期、繁荣期七个历史时期。由此可以更确切地理解和把握不同时期英语教育的变化特点。

---

① 周流溪. 中国中学英语教育百科全书[M]. 沈阳:东北大学出版社,1995:721-722.
② 张正东. 中国外语教学法理论与流派[M]. 北京:科学出版社,2000:2.

一、滥觞期(1902 年以前)

中国的英语教育特别是非政府、非官方组织的英语教育起于何时一时还难以考证清楚。不过在 1902 年以前中国英语教育开始酝酿并小规模地实施,大致经历了教会学校外语教育、中国早期外语教育和中国近代外语教育三个阶段。其中第一阶段为外国人主办的外语教育,后两个阶段为中国人主办的外语教育。

(一)教会学校外语教育

16—18 世纪以来以耶稣会士为主体的西方天主教教士大批来华,被学界称作第一波"西学东渐"。它对当时一潭死水的中国的思想观念、科学文化、外语教育的冲击和影响是不可忽视的。

16 世纪在欧洲兴起了宗教改革运动,由马丁·路德创办的新教迅速传播,引起了罗马教廷和整个天主教世界的恐慌。此时成立了以扶助教皇为宗旨的耶稣会,与新教相抗衡。为争取信徒,耶稣会十分注意培养博学的牧师,并遣教士前往南美洲、非洲和亚洲传教,中国作为亚洲头号大国自然成为耶稣会的一个重点目标。最早尝试来华传教的是耶稣会的创办人之一沙勿略。"沙勿略于明嘉靖年间在日本传教,深受儒家文化影响的日本人问他:如天主教为真教,何以中国人尚未信奉? 于是沙勿略深感中国的重要,决心进入中国传教,先以基督教同化中国人,进而影响整个儒家文化圈。他登上了广东海外的上川岛,这是西洋教士直接进入中国之始,但明帝国的海禁政策使他无法踏上中国大陆。万历十一年(1583 年),耶稣会士罗明坚、利玛窦 2 人进入广东肇庆,并建立传教据点。利玛窦的来华使天主教在中国的传播取得了突破性进展,西学东渐也以此为契机大规模地展开。"①

两百多年后,在 1805 年,英国传教士马礼逊(R. Morrison)被伦敦布道会派来中国,1807 年 9 月 8 日到达广州,成为开启新一轮西学东渐序幕的第一人。据史料记载,马礼逊牧师毕业于高斯坡神学院,在伦敦时他曾结识一位叫杨立德的中国青年,他开始学习中文,为其成为伦敦会派往中国开辟新教区的传教士人选打下了基础。1823 年由马礼逊编纂的、收录了 4 万余字的《华英字典》全部出齐。这部字典的出版,为西方传教士掌握汉语提供了极大的便利,也为

---

① 卫道治. 中外教育交流史[M]. 长沙:湖南教育出版社,1998:79-80.

中国人学习英语提供了一部非常实用的工具书。①

早在 1818 年,为满足传教士学习中文和了解中国文化的需要,马礼逊就在华人聚集的马六甲创办了英华书院,学生一般只有一二十名。主要教学内容是英语和汉语。1834 年,马礼逊去世。当时在广州、香港的一批英美传教士于 1835 年发起成立马礼逊教育协会(Morrison Education Society),同时筹办马礼逊纪念学校。马礼逊纪念学校的办学目的在该会发起的通报中写得很清楚:"本教育会的宗旨将是在中国开办和资助学校,在这些学校里除教授中国少年读中文外,还要教授他们读写英文……如果不是我们自己,那么我们的后世将在不远的日子里,看到中国人不但为了商业、知识和政治目的正在访问欧洲和美国,而且在抛弃了他们的反感、迷信和偶像之后,同基督教国家的大众在一起,承认和崇拜真神上帝。"②

同其他的教会学校一样,纪念学校的办学目的是传播教义,教化大众,但教学内容和教学语言都促进了英语教育的开展。

马礼逊纪念学校于 1835 年预先招收学生。后来成为留美学生第一人的容闳就是这个学校的第一批两个男学生中的一个。1842 年 11 月学校由澳门迁至香港,于次年秋季开学,设置了 3 个班,在马六甲的英华书院也于 1842 年迁至香港。

马礼逊纪念学校只是外国传教士办的众多学校中的一个代表。据卫道治的研究,"19 世纪教会学校的发展大致可分为萌芽、初步发展和较大发展三个阶段。其中 1840—1860 年为萌芽时期。这个时期美国教会在中国开办的学校仅有几所:1845 年美国长老会在宁波创办崇信义塾,1846 年美国圣公会惠廉在上海开设一所男塾,1848 年美国美以美会在福州开设一所男童学塾,1850 年北美长老会在上海开设清心书院,1853 年美国公理会在福州创办格致书院,1859 年美以美会又在福州开办一所女校。1860—1875 年为初步发展期,据统计,到 1875 年前后,教会学校总数增加到 800 所左右,学生近两万人。1875—1900 年为教会学校较大发展时期,特别是 1898 年百日维新前后,新学校制度得到清廷确认。"③

教会学校尽管是以传教为本来目的的,但其发展对中国教育特别是外语教育具有重要的意义。

---

① 田正平. 中外教育交流史[M]. 广州:广东教育出版社,2004:130-131.
② 顾长声. 传教士与近代中国[M]. 上海:上海人民出版社,1984:40.
③ 卫道治. 中外教育交流史[M]. 长沙:湖南教育出版社,1998:182.

第一,在中国封建主义的铁幕上撕开了一个口子,借助语言媒介,西方的思想观念如宗教的、经济的、政治的、科技的、文化的逐渐渗透进来。

第二,开始了女子教育,对中国女子教育包括女子外语教育的开展起到推动作用。

第三,中国的外语教育尤其是英语教育有了可借鉴的方法、模式和经验。

(二)中国早期外语教育

中国外语教育严格说来并不是近代才有的,在古代就已经开始了。李振麟认为,我国学习外语(印欧语)的历史应该说是很久远的,从后汉桓帝时(148年)佛教传入中国,佛教经典著作翻译事业开始后,已经有了萌芽。可是比较正规的、人数众多而有组织的印欧语言(主要是梵文)学习,据文献记载,却是开始于东晋(317年),到了隋唐、北宋而臻于极盛。①

公元1279年,南宋王朝灭亡。元统治者为加强各民族的统治与教化,不得不开设各种学校,包括外国语学校,以"通其字学,宜施于用",于是在至元二十六年(1289年)建立了回回国子学。置教官五员,选公卿大夫及"富民"子弟入学,供给廪膳,习"亦思替非"文字,即波斯文。学生学成后,派任译史。延祐元年(1314年)改称回回国子监。据陈垣考证"汉字用于中国本部,维吾尔字用于葱岭以东,亦思替非文字用于葱岭以西诸国也,亦思替非简称亦思替……亦思替非为波斯古代都名。亦思替非者,波斯文字也。回回国子学者,教习波斯文字者也"②。众所周知,元人"习汉法",亦思替非文字当是外国语,回回国子学当是外国语专门学校。如果说,北宋以前的梵文翻译还不是严格意义上的外语教育的话,回回国子学中的教授应该算作真正的外语教育了。

明朝,中外交流日益频繁,急需翻译及各种外交人才。明初1368年设置了四夷馆,选翰林38人进行训练,专门教授少数民族语言文字和外国语言文字,后改四夷馆为四译馆。永乐五年(1407年)外国朝贡,特设蒙古、女真、西番、西天、回回、百夷、高昌、缅甸八馆,置译学生、通事,通译语言文字。正德(1506—1521年)中增设八百馆,万历(1573—1620年)中又增设暹罗馆。所设八馆中,蒙古馆习鞑靼语,女真馆习女真语,西番馆习西藏语,西天馆习印度语,回回馆习波斯语,百夷馆习傣族语,高昌馆习维吾尔语,缅甸馆习缅甸语,八百馆习掸语,暹罗馆习泰语。由此可见,四夷馆或四译馆是以传授少数民族语言文字和邻国语言文字为主的外语教育与翻译机构。到明宣德元年(1426年)又兼选取

---

① 张正东. 中国外语教学法理论与流派[M]. 北京:科学出版社,2000:504.
② 陈垣. 元西域人华化考[M]. 上海:上海古籍出版社,2000:96.

官民子弟,派学官教授,开始招收学生并进行教学活动。这时,它又名副其实地成为专门教习少数民族语言文字和外语的学校。

清朝,沙俄帝国不断入侵中国,但多为清军击败,并被迫回到谈判桌上来。中俄交涉,需要翻译人才。康熙四十七年(1708年),康熙命大学士马齐询问蒙古族人中有无愿学俄文者,马齐不久上奏说有七人愿意学习。康熙帝认为人数太少,命令在八旗蒙古、汉军中征募。经努力,马齐征集了68名,康熙帝于是颁旨,开始办学并让马齐负责选择教师和校址等事宜。1708年3月24日,俄罗斯文馆开学上课。这一文馆历经154年,直至1860年中俄北京条约签订之后,根据总理各国事务衙门之请,它结束了单一语种的教学,开始增设其他外国语文,于1862年并入新创办的外国语文学校——京师同文馆。

从以上历史沿革情况看,中国外语教育源远流长,从未间断。它的教育思想、方法等为近代英语教育奠定了基础。

(三)中国近代外语教育

近代以来,对我国教育产生重大影响的首先是洋务运动。洋务派主张办新式学堂,引进学习西史、西艺、西政,并派人出国留学,学习西方的科学技术。在洋务派主张办理的新式学堂中有一类学堂便是外国语专门学校,如京师同文馆、上海广方言馆、广州同文馆、湖北自强学堂、译学馆等。

1. 京师同文馆

这是"狗逮猫时代"中国建立的一所外国语学校。张功臣著《洋人旧事——影响近代中国历史的外国人》一书中有这样的记载:这天早晨,议和钦差大臣桂良带着一干人马,把大队洋兵簇拥着的英法公使额尔金、葛罗一直送到西便门外,心里像是落下了一块石头,甚至有点对他们感激不尽的意思。向两个洋人拱了拱手,仍觉得意犹未尽,于是搜肠刮肚,想出了一句:狗逮猫(早上好)!这是他奉旨办理对外交涉、与洋鬼子周旋了几个月以来,学会的唯一一句洋话。两个洋大人居然听懂了,相视一乐,咕哝了句什么,掉转马头,扬长而去了。[①]1859年前后,由于第二次鸦片战争,中国被拖到谈判桌上来了。但与外交涉我国翻译人才奇缺。为了办理好外交事务,中国急需培养一大批熟谙外语的翻译人才,于是主管外交事务的恭亲王奕䜣便于1861年上奏皇帝。奏折中说:"……窃查咸丰十年冬间,臣等于通筹善后章程内,以外国交涉文件,必先识其性情,请饬广东、上海各督抚等分派通解外国语言文字之人,携带各国书籍来京,选取八旗中资质聪慧年在十三四以下者,俾资学习。臣等伏思欲悉各国情

---

① 精彩书摘."狗逮猫时代"中国第一所外语学校的筹办[N].中国教育报,2008-02-28(7).

形,必先谙其言语文字,方不受人欺蒙。各国均以重资聘请中国人讲解文义,而中国迄无熟悉外国语言文字之人,恐无以悉其底蕴。"①此奏折呈上仅仅 7 天以后,就得到皇帝批准。经过一年多的筹备,1862 年 7 月 11 日,京师同文馆正式开学。

同文馆初设英文馆,同治二年(1863 年),奕䜣又上书清廷,请求增设满、俄文馆。同治十一年(1872 年)又增设德文馆,光绪二十二年(1896 年)再添设东文馆。同文馆 1901 年并入京师大学堂,从设立到合并整整 40 年。同文馆是我国近代第一所外国语专门学校,在近代外语教育史上有着非常重要的位置。

2. 上海广方言馆

江苏巡抚李鸿章深感培养外语人才的必要,仿京师同文馆例,上奏皇帝。奏折中说②:

> 窃臣前准总理衙门来咨,遵议设立学习外国语言文字学馆为同文馆等因。伏惟中国与洋人交接,必先通其志,达其意,周知其虚实诚伪,而后有称物平施之效。互市二十年来,彼酋之习我语言文字者不少,其尤者能读我经史,于朝章、宪典、吏治、民情,言之历历,而我官员绅士中绝少通习外国语言文字之人。各国在沪均设立翻译官二员,遇中外大臣会商之事,皆凭外国翻译官传述,亦难保无偏袒捏架情弊。中国能通洋语者仅恃通事,凡关局军营交涉事务,无非雇通事往来传话,而其人遂为洋务之大害。

> 京师同文馆之设,实为良法,行之既久,必有正人君子、奇尤异敏之士出乎其中,然后尽得西人之要领,而思所以驾驭之,绥靖边陲之原本,实在于此……臣愚拟请仿照同文馆之例,于上海添设外国语言文字学馆,选近郡年十四岁以下,资禀颖悟、根器端静之文童,聘西人教习,兼内地品学兼优之举贡生员课以经史文义。

> 夫通商纲领,固在总理衙门;而中外交涉事件,则两口转多,势不能以八旗学生兼顾。惟多途以取之,随地以求之,则习其语言文字者必多;人数既多,人才斯出。

上海广方言馆于同治二年(1863 年)成立,初名上海外国语言文字学馆,后名上海学习外国语言文字同文馆,4 年后定名为上海广方言馆。光绪三十一年

---

① 筹办夷务始末:同治朝卷八[M].29-35.
② 陈学恂. 中国近代教育史教学参考资料(上)[M]. 北京:人民教育出版社,1986;51-53.

(1905年),该馆改为兵工中学堂,成为五年制的中等工业学堂。值得注意的是,上海广方言馆比京师同文馆有进步,突出表现在招生范围上,不限于八旗子弟,广为招生,普及面要大得多了。

3. 广州同文馆

同治三年六月初十(1864年7月13日)毛鸿宾奏设教习外国语言文字学馆,本馆是仿上海广方言馆例设立,地址在广州大北门内朝天街,亦名广方言馆。馆内章程规定,如能将西洋语言文字翻译成书者,分别派充将军、督抚、监督各衙门翻译官,准其一体乡试。广州同文馆初设学额20名,内旗人16名,汉人4名,招收20岁以下14岁以上向习满汉文字的世家子弟。另设附学生10名,招收20岁以上愿习外语的旗汉举监生员等。本馆除学习西学、西文、汉文外,兼习"清学""清语"。光绪五年(1879年)增设法文及德文两馆。三馆各设额10名,附学生5名。但从办学情况看,规模及开放程度不如上海广方言馆。

4. 湖北自强学堂

光绪十九年(1893年)湖广总督张之洞奏设该学堂于武昌。该学堂前身是一方言商务学堂。该学堂是我国近代早期一所重要的外国语学堂,初设方言、格致、算学、商务4斋。其后将算学归并于两湖书院;格致、商务停开,只留方言一门。方言门设有英、法、德、俄文4馆,每馆学生30名,至二十四年(1898年)又增设日文馆。二十九年(1903年)改为外国文普通学堂。①

5. 译学馆

1901年,京师同文馆并入京师大学堂,于1903年改为大学堂的译学馆,不久,译学馆又改由学部大臣管辖而不隶属于大学堂。译学馆教学以外文为主,要求学生通晓中国文义,学制为5年,课程分为三大类:①外文,②普通课程,③专门学科。该馆至宣统三年(1911年)停办,共招收学生5届,700余人,毕业仅300余人。

方言学校开了中国近代学校外语教育的先河,中国近代外语教育对于现代外语教育的发展是一笔不可多得的财富。办学过程中有经验,也有教训。外语教育的开展推动了西学东渐的进程,也是洋务运动的主要内容之一,从某种程度上看,也是中国近现代化重要的实现途径之一。

---

① 顾明远. 教育大辞典(上)[M].上海:上海教育出版社,1998:585.

二、启动期（1902—1921 年）

经历了京师同文馆等阶段的办学以后,中国的英语教育随着现代学制的建立与改革也开始普及起来。这期间有三件事对中小学英语教育影响较大:一是壬寅、癸卯、壬子癸丑学制颁布或实行,二是庚款兴学,三是教会学校的进一步发展。

（一）三个有影响的学制

1. 壬寅学制

1902 年,清政府委任管学大臣张百熙拟定了一个《钦定学堂章程》,因为是年为壬寅年,又称为"壬寅学制",这是清末第一个由政府制定并颁发的含有英语教育的学制系统。虽然颁发后由于某种原因并未实行,但其对英语教育的影响作用不可低估。

一是表明政府开始重视英语教育。政府开始重视英语教育以洋务运动中最甚。最高统治者重视英语教育,甚至皇帝本人也开始学习英语,史料中有这方面的记载。先看有关光绪帝学习的记载。"四年以前,有两位校友从海外归来,果如董(恂)所言,被派教授光绪帝的英文。光绪为尊崇教师起见,虽然王公觐见都得膝地跪着,却特许他俩就座。这种体态的关系是很重要的。一个剃头匠和修脚匠的辩论把这关系表现得很好。剃头匠说:'你应该格外尊敬我,因为我是管头的,你是管脚的。'修脚匠说:'不然,你看见了我应该起身致敬,因为你对任何主顾都得站着,我在皇上面前都是坐着修的。'皇上的带头作用很好,于是一时学习英文之风极盛,亲王大臣都去读书受教。"①再看慈禧。"清廷重臣开始延聘洋人或知识分子教授自己学英语。甚至连封建王朝的总头目慈禧太后也竟然同意在中南海开办一个英语学习班。"②

二是首次在近代学制中规定了外国语教师资格及以英语为主要外语课程的要求。《钦定中学堂章程》规定:"以上各科,均由中教习讲授,惟外国文一门必用外国教习,或以中教习之通外国文者副之。将来各学堂通外国文者渐多,中学堂教习即可辍聘西人以省经费。所以外国文以英文为主,法文、日文科任择一国兼习。"

---

① 朱有瓛. 中国近代学制史料:第一辑(上)[M]. 上海:华东师范大学出版社,1983:181-182.

② 李良佑,等. 中国英语教学史[M]. 上海:上海外语教育出版社,1988:71.

2. 癸卯学制

1903 年张百熙、张之洞、荣庆等又拟订了一个章程，即《奏定学堂章程》，又称"癸卯学制"，于 1904 年 1 月正式公布。癸卯学制是中国近代教育史上最早施行的全国统一学制，它奠定了中国近代学制的基础。癸卯学制对外国语作用和英语地位阐述更为充分。《奏定学堂章程》第四节（四）"外国语"部分是这样表述的："外国语为中学堂必需而最重之功课，各国学堂皆同。习外国语之要义，在娴习普通之东语、英语及俄法德语，而英语、东语尤为重要；使得临事应用，增进智能。"这个学制确立了外语在中学课程中的地位，并明确了英语的地位和重要性。

3. 壬子癸丑学制

其系民国政府于 1912 年至 1913 年制定公布的学制系统，因这两年分别称壬子年、癸丑年，所以这一学制称为"壬子癸丑学制"。这一学制设普通教育、师范教育、实业教育 3 个系统，其中普通教育分 3 段 4 级。初等教育共 7 年，初小 4 年，男女同校，高小 3 年，男女分校。中等教育 4 年，男女分校。这一学制沿用至 1922 年。值得注意的是，在这一学制颁行期间于 1912 年 9 月颁行的《小学校令》第三章教科及编制第十二条第二款规定："视地方情形，农业可以从缺，或改为商业，并可加设英语，遇不得已，手工、唱歌亦得暂缺。"这是中国教育史上官方文件里首次明确规定小学可以开设英语课。

（二）庚款兴学

1900 年，美国参加了八国联军对中国的侵略战争，镇压了反帝爱国主义义和团运动。翌年 9 月，清政府与各侵略国签订了丧权辱国的《辛丑条约》，条约规定中国要按人口（每人一两）向各侵略国赔偿白银四亿五千万两，连同利息共达九亿八千多万两。这便是史称的"庚子赔款"。美国从中分得三千二百多万两，合两千四百多万美元，外加年息四分。1904—1905 年，清政府驻美公使梁诚根据美国国务卿海约翰（John Hay）曾有"美国所收庚子赔款原属过多"的表示，一再向美国政府交涉，要求核减退还，并上书朝廷"请将此项赔款归回，以为广设学堂，遣派留学之用"。1908 年，根据是年 5 月 25 日美国国会参、众两院的联合决议，美国解除了中国按照《辛丑条约》的条件应付美国的赔款的一大部分。其他一些参战国也仿效美国，相继退还赔款。中国政府用这批退款，兴办了留学预备学校，如清华学校。清华学校早期被称为赔款学校（Indemnity College），也有人称其为"国耻纪念碑"，这是因为其是用庚子赔款建起来的。①

---

① 陈学恂. 中国近代教育史教学参考资料（下）[M]. 北京：人民教育出版社，1987：282.

　　庚款兴学建立起的学校,因大多是为留学准备的,所以格外重视英语教育,从招生到教学要求均是如此,因此,从某种程度上来看启动了英语教育,发展了英语教育。之后的几次派人留学也对国内的中小学英语教育产生了影响。

　　1909 年 6 月,清政府在北京设立了游美学务处,由周自齐任总办,另有范源濂(代表学部)、唐国安(代表外务部)两人任会办。

　　留美学生第一次考试于 1909 年 8 月在学部进行,共有考生 630 名,初试科目是国文、英文、本国历史地理,考试合格通过的有 68 名,经过复试最后录取王世杰等 47 名同年 10 月赴美。

　　留美第二次考试于 1910 年 7 月举行。70 人被录取,同年 8 月启程,赵元任、胡适在其中。

　　留美的第三次考试于 1911 年 6 月举行,63 人被录取,同年 7 月赴美,此外还选拔了 11—12 岁的幼年生 12 人于 1914 年赴美读中学。[①]

　　出国留学不仅推动了我国中学英语教育的发展,出国的学生身临其境,还学到了国外英语教育的理论和方法,收集到了第一手的英语教学材料,为他们以后回国从事教学创造了有利的条件,从另一个角度又推动了中小学英语教育的进一步发展。

　　(三)教会学校的进一步发展

　　来华传教士在中国开办各级各类学校。第一次鸦片战争后,在不平等条约的保护下,他们在 5 个通商口岸和香港建立了传教据点。19 世纪 70 年代后,因洋务运动兴起和外国在华开办企业增多,国内急需懂得西艺西语人才,西学得到重视。到 19 世纪末 20 世纪初,中国的教育中主要有三种同时并存的办学形式。一是传统的、落后的科举制书院及民间私塾,二是清政府官办的或各地士绅兴办的各种新式学堂,三是外国传教士创办并控制的教会学校。"三者之中,发展最快,影响最大,教学效果最好的,可能要数教会学校。"[②]

　　经历了第一次、第二次鸦片战争,随着传教士的增多,教会学校得到前所未有的发展,《剑桥中华民国史》第一部记载,到 1919 年基督教教会学校数、学生数已经达到相当规模,见表 1-1:

---

　　① 李良佑,等.中国英语教学史[M].上海:上海外语教育出版社,1988:117-118.
　　② 李良佑,等.中国英语教学史[M].上海:上海外语教育出版社,1988:79.

表 1-1　1919 年基督教教会学校及学生数字统计①

类别	学校数	入学人数		总数
		男生	女生	
初小	5 637	103 232	48 350	151 582
高小	962	23 490	9 409	32 899
中学	291	12 644	2 569	15 213
总计	6 890	139 366	60 328	199 694

　　教会学校当属外国传教士所办学校,照理说不应在我们的讨论之列,但应该指出的是,教会学校的进一步发展对于我国西学教育的开展,英语教育的启动,课程、教材、教法的改革与发展都起到了奠基作用。

三、发展期(1922—1949 年)

　　经历了前两个时期以后,中国中小学英语教育随着新学制的颁行进入快速发展的时期。这期间虽然经历了抗日战争和解放战争,中国的英语教育相对于前期的发展,还是取得了很大的进步。在此期间,新学制的颁行,共产党领导下的英语教育和国民党统治区的英语教育引人注目。

　　(一)新学制的颁行

　　1922 年 11 月 2 日北洋政府颁布了《学校系统改革案》,其中提出的学制系统即为新学制,史称"壬戌学制"。壬戌学制不同于以往的壬寅、癸卯、壬子癸丑学制,后者是仿日本学制制定的,而壬戌学制则是仿美国学制而制定。这一学制采用"'六三三'制",即小学 6 年,初中 3 年,高中 3 年。中学分为初中、高中自此开始。这次学制改革是 1915 年兴起的新文化运动在教育上反映出来的成果之一。

　　新学制规定了设学原则有七条:一是适应社会进化之需要;二是发挥平民教育精神;三是谋个性之发展;四是注意国民经济力;五是注意生活教育;六是使教育易于普及;七是多留各地方伸缩余地。其中适应社会进化之需要和谋个性之发展对英语教育的开展有着特殊意义。

　　值得注意的是 1923 年由胡宪生起草的《新学制课程纲要初级中学外国语课程纲要》提出"新学制小学校以不教外国语为原则",而由朱复起草的《新学

---

　　①　费正清.剑桥中华民国史:第一部[M].上海:上海人民出版社,1992:186.

制课程纲要高级中学公共必修的外国语课程纲要》中对授课时间及学分、主旨、教材、方法等都做了非常具体而详细的规定,如纲要中规定:教初学者,先宜专重于具体的,循用抽象的教法,等等,这样,使得教师有章可循。

根据 1923 年颁发的中学课程纲要,中学初中阶段外国语学分为 36 分,占总学分的 1/5,高中分为普通科和职业科,二科学分均为 16 分,和国语学分相同。这足以说明当时对外语教育的重视。

壬戌学制的颁行稳定了教学秩序,推动了英语教育的发展。这一学制除后来在课程设置、实行学分制等方面有所变动外,一直沿用到中华人民共和国成立。实际上,直至今日这个学制依然有很大影响。

(二)共产党领导下的英语教育

从中国共产党 1921 年成立到 1949 年中华人民共和国成立,20 多年里中国共产党领导中国人民艰难探索,浴血奋斗,建立了一个新中国。为了加强与国际的联系,在英语教育方面也做了一些有益的探索,为中华人民共和国成立以后的英语教育奠定了基础。

早在 1920 年中国社会主义青年团就在上海开办了外国语学社。外国语学社的招生广告如下①:

> 本学社拟分设英、法、德、俄、日本语种,现已成立英、俄、日本语三班。除星期日外,每班每日授课一小时,文法读本由华人教授,读音会话由外国人教授,除英文各班皆从初步教起。每人选习一班者月纳学费 2 元。日内即行开课,名额无多,有志学习外国语者请速向法界霞飞路新渔阳里六号本社报名。此公。

任弼时、肖劲光、刘少奇、彭湃等都在这个班里。这个学校虽然开设不足一年,但为党积累了创办外国语学校的经验,为日后英语及其他外国语教育的发展创造了条件。

除外国语学社外,中国共产党还创办了上海大学、延安大学、延安外国语学校、东北民主联军总司令部附设外国语学校等,其中对英语和俄语教育较有影响的学校是延安外国语学校。

1941 年德国法西斯突然向苏联发动大规模进攻。党中央预见到要打垮德、日、意法西斯联盟,就必须掌握外语这个武器,以帮助我们建立反法西斯统一战

---

① 付克. 中国外语教育史[M]. 上海:上海外语教育出版社,1986:49.

线。应培养俄文军事干部之需,1941年8月抗日军政大学之分校俄文队在毛泽东、周恩来同志的直接关怀下建立,不久改为军事学院俄文科俄文大队,1942年1月俄文大队划归中央军委领导,成为中央军委俄文学校,校长为曾涌泉。1944年周恩来同志从重庆回到延安,他指出,外语人才(包括英语人才)的培训工作一定要加强,以适应美军观察组来延安工作的需要并及早为新中国外交干部之需做准备。1944年4月,党中央决定将军委俄文学校改为延安外国语学校。该校的培养目标最初是军事翻译,后来包括了政治、军事、外事三方面的翻译人员的培养。该校英文系有学员70余名,分A、B、C3个班,其中A班包括于山等12人,B班包括张凛等30人,C班包括梅青等33人。

1945年8月延安外国语学校师生兵分两路出发:一路到达张家口,办起了华北联合大学文艺学院外文系,1945年12月27日改名为华北联大附属外国语专修学校,下设俄文、英文两系。1948年12月,华北联大与北方大学合并为华北大学,于是华北联大附属外国语专修学校改名为华北大学二部外文系。1949年1月北京解放后,就在华北大学二部外文系的基础上办起了北京外国语学校,即北京外国语大学的前身。另一路师生在卢竞如的率领下,行军前往东北,于1946年4月抵达长春市。中央派卢竞如、谢嘉彬、金毅夫前往哈尔滨筹建外国语专门学校。这所学校于1946年11月正式建立,1948年秋改名为哈尔滨外国语专门学校,后与黑龙江大学合并。

中华人民共和国成立以前,党领导下建立起来的外国语学校(院)从无到有,从小到大,积累了丰富的教育教学经验,中华人民共和国成立后的短时期内外语教育得以迅速发展与这一时期党在外语教育发展中所做的工作有着密切关系。

(三)国民党统治区的英语教育

国民党统治区的英语教育在1922年壬戌学制颁布以后至1949年尽管有战争的影响,但一直没有间断,大部分地区还取得了很多令人瞩目的进展。这一点从加强高中英语教育,初、高中英语教育调查,毕业会考、招生考试及留学考试上可以得出结论。

1. 加强高中英语教育

壬戌学制规定初中起开设外国语,且初中的课时占了总课时的1/5,这在某种程度上保证了英语学科的教学时间。当然这样一种安排,引发了一些人士的异议。于是1929年8月又正式颁布经修订的《中学暂行课程标准》,这个课程标准所规定的初中课程,与1923年的课程标准纲要相比,明显的一点区别是外国语科的学分由36学分减至20(或30)学分。试比较1923年初中必修科目表和1929年初中暂行科目表(表1-2、表1-3)。

表1-2 1923年初中必修科目表

学科	社会科			言文科		算学学科	自然科	艺术科			体音科		总计
科目	公民	历史	地理	国语	外国语			图画	手工	音乐	生理卫生	体育	
学分	6	8	8	32	36	30	16	12			4	12	164

表1-3 1929年初中暂行科目表

科目	国文	外国语	历史	地理	算术	自然	生理卫生	图画	音乐	体育	工艺	职业科目	总计
学分	36	20 或 30	12	12	30	15	4	6	6	9	9	15 或 5	180

虽然初中外语课学分有所减少,高中的外语课学分却由16增至26,这一变化实际上是增加了高中外国语教学的分量,对于高中外语教学质量和水平的提高是有利的。

2. 初、高中英语教育调查

这一时期,外语教学界非常重视教材建设和教学研究。有史料记载的大型英语教学情况调查有两次,分别由心理学家、外语教育家艾伟教授等组织。

1929—1930年调查。心理学家艾伟重视学科心理研究,对英语教学的研究重点放在英语词汇负担、英语语法学习心理及英语阅读能力上。对这一时期的书面调查涉及英文教学时数、拼字练习与默写读本、预习与教师讲解、教学与翻译练习、英语与国语授课、口头问答与作文等项目。调查的对象是北京、天津、湖北、安徽等省市的20所学校的高中和13所学校的初中,学校的性质包括省立、县立、私立和教会学校等。调查方式是拟定题目,书面函发至有关学校,然后根据各校的书面答复整理成报告。①

1931—1937年调查。在此期间,艾伟教授受中华教育文化基金董事会的委托与张士一教授合作从事英语教学研究,并与郭柟、汤鸿鼐、朱亚南、费景瑚、谢子清等合作,对全国九省高中英语阅读水平进行大规模调查。此项调查因交

① 李良佑,等. 中国英语教学史[M]. 上海:上海外语教育出版社,1988:146.

通、纸张等原因,历时 7 年,才告完成。调查结束,正遇抗日战争爆发,整理已不可能。艾伟教授将材料带至台湾,于 1956 年才整理成文,题为《九省高中英语默读测量》,完稿第二天,艾伟教授与世长辞。

此次调查测试地区包括华北四省河北、山东、河南、山西,华南五省广东、广西、江苏、浙江和安徽。参加测试的学校共有 9 个省的 71 所中学,184 个班级 8 277 名高一至高三的学生。这些学校包括国立、省立、市县立、私立及教会立五种,涵盖面比较广泛。测试题分为三类,每类题各含 8 篇短文,前 5 篇较浅,后 3 篇较深,每篇短文之后有四五个问题,学生多选一,40 分钟完成阅读并回答 50 个问题,到时交卷。

此次调查从高三年级报告的成绩看,第一类的平均成绩第一名是教会立与国立学校,第二类测试第一名是教会立学校,第三类测试第一名是教会立学校。这说明教会学校的英语教学水平是较高的。

3. 毕业会考、招生考试及留学考试

如果说课程设置反映学科地位,教学调查反映施教水平,那么毕业会考及招生考试则反映学科发展的水平。1932—1947 年实行了毕业会考,并且大学招生考试进行了一系列的改革,此外,留学考试也推动了英语教育的发展。

从 1932 年到 1947 年,国民政府教育部组织实施毕业会考,先后持续 16 年,在中国近现代考试史上乃至整个教育史上都有一定影响。

1932 年 5 月国民政府教育部颁布《中小学生毕业会考规定》。会考科目小学以国语、算术、社会、自然、体育为主;初中以国文、算学、历史、地理、外国语、体育、自然为主;高中普通科为党义、国文、算学、历史、地理、物理、化学、生物学、外国语、体育。会考科目皆及格,方能毕业。

根据如上规定,1932 年全国共有 18 个省市进行了中小学毕业会考。尽管当时会考存在不少问题,如"标准太高,记分方式不一,小学生压力过大"①等,但将英语纳入初中、高中会考科目并严格考核,大大地加强了英语学科的教学监控和激励力度,对于英语教育的发展是有利的。

除会考外,高等学校招生考试对于英语教学也有着重要的引导作用。

早在民国初,中国高等教育就有了较大的发展。从 1922 年到 1926 年的短短 5 年间,公私立大学便由 13 所增至 51 所,增加了近 3 倍。政府重视考试的指挥棒作用。"五四"时期,人们对考试给予各种各样的批评,但并没有改变教育考试日渐加强的趋势。"五四"以后,加强考试、整齐学生水平的呼声日益高涨,

---

① 杨学为. 中国考试通史(卷四)[M]. 北京:首都师范大学出版社,2004:354-355.

最终导致了 1927 年后教育部对高等和中等学校毕业考试权的收回。高校招生考试权也逐步回收。

1927 年国民党政权建立后,高等学校招生考试仍是各高校自主招生,这一招生方式延续到 1932 年,1933 年至 1937 年实行计划招生。1937 年教育部令中央大学、武汉大学、浙江大学、北京大学、清华大学等试办联合招生考试。考试科目统一,文科考中国文学、外国文学、哲学、心理学、历史、地理以及考生报考系科的科目。理工科考数学、物理、化学、生物以及考生报考系科的科目,师范生考国语、英语、史地、公民训育、算术、理化、教育等科目。这次联合招生为以后全国统一招生考试创造了条件。于是 1938 年到 1940 年进入统一招生阶段。分为两个步骤进行。第一步,1938 年实行国立高等学校统一招生,1940 年实行公立高等学校统一招生。在此期间的 1938 年,教育部颁布《二十七年度国立各院校统一招生命题及评分标准的规定》,对试题和评分标准做了详细的规定。1938 年、1939 年新生入学考试分笔试和口试。笔试科目为 7 门,其中公民、国文、英文(同济大学和中山大学医学院考德文)和本国史地 4 门为公共必试科目。1940 年招生,笔试科目一律定为 8 门,公民、国文、英文(或德文)、生物 4 门为公共必试科目。1941 年到 1949 年开始实行联合招生、委托招生等方式。据 1945 年联合招生规定,笔试分初试与再试两部分。初试科目为国文、英文、数学 3 科,录取入学时根据志愿依照组别,再试其他规定科目,成绩合格者,编入一年级肄业。再试成绩较次者,暂予试读,或派入先修班肄业。

从以上情况看,不论是和平时期还是战争时期,英语这个学科都没有被忽视,高校招生考试科目设置对英语教育的发展起到了重要作用。

此外,1922—1949 年的公费和自费出国留学考试科目设置也刺激了英语学科在中小学的发展。其中公费留学中,我们以清华大学留美考试和庚款留英考试为例来说明。

1928 年,清华学校改为国立大学。1929 年,清华学校最终结束其留美预备学校的历史。此后,它仍设置有公费留学名额。清华大学每届留学考试由教育部主持,由知名专家、学者命题阅卷。记分方式为:各科成绩共计 100 分,普通科目占 20%(国文 8%,英文 8%,德文或法文 4%);专门科目(考 5 科,个别学科考 6 科或 7 科,各科成绩平均计算)占 70%;研究及服务成绩(毕业论文可作为研究及服务成绩)占 10%。留美考试共进行 6 届,选送 132 人。

1922 年 12 月,英国政府仿效美国,宣称以后中国应付庚款,英国预备全部退还,作为发展两国互有利益事业之用。庚款留英考试分普通科目和专门科目两类。普通科目第五届以前考国文和英文两门。此类考试从 1933 年至 1944

年共 8 届,录选 177 人,人数虽然不多,但其中涌现出许多著名学者。例如钱钟书、卢嘉锡等都是庚款留英出身。①

四、摇摆期(1950—1976 年)

1950 至 1976 年是我国政治、经济、文化、教育大变动时期。此间,学习苏联,加上十年"文化大革命",使得英语教育时兴时衰,时重时轻,时有时无,时多时少。这些体现在"转、停、废"三次大的摇摆上。

第一次摇摆:英语转向俄语,英语教育在曲折中前行

新中国建立前后,中国共产党曾采取一系列措施,试图与美国建立起一种正常的外交关系,但由于美方的原因,这种努力没有达到预期效果。鉴于中国共产党与苏联长期的友好关系和中美关系的恶化,中国共产党采取了向苏联"一边倒"的政策。要向苏联学习,首先必须培养一大批懂俄语的人才。于是从 1949 年到 1950 年短短两年间,连同新中国建立前已有的俄文学校(院),共有十九所高校相继建立俄文系。1954 年 4 月 3 日政务院发布《关于全国俄文教学工作指示》明确指出:"高等学校应开设俄文课"。"高中和中等技术学校可设俄文课,但由于师资缺乏,目前可先在有条件的学校开设,然后再逐渐普及……"在此之前的 1952 年进行院系调整时,撤消合并了大部分学校的英语系科,全国只剩下 8 个英语教学点,使得中小学英语师资来源匮乏,加上"一边倒"的外语教育政策,大部分英语教师改行教授俄语或其他学科,使得中小学英语遭受不应有的损失。后来,为了满足对西方国家交流和学习的需要,中小学以及大学英语教育又逐步得到加强。

第二次摇摆:初中英语被叫停,主课地位后又死而复生

早在 1954 年政务院就颁布了"关于全国俄文教学工作的指示"(政文习字第 13 号)。《指示》指出:"初中一般不设外国语,如已设立并办有成绩者,可继续办下去,并应办得更好。"同年 4 月 28 日教育部下发《关于从 1954 年秋季起中学外国语科设置的通知》,有关内容如下:1. 从 1954 年秋季起初中不设外国语科;二、三年级原已授外国语科的一律停授;外国语科停授后,各校不得任意增加其他学科的授课时数与教材份量。2. 高中设外国语科,一、二、三年级每周授课时数均为 4 小时;从一年级起授俄语,个别地区如缺少俄语师资的可授英语;二、三年级原授英语的,可继续授英语,如有俄语师资而学生又愿意改授俄

---

① 杨学为. 中国考试通史(卷四)[M]. 北京:首都师范大学出版社,2004:371.

语并对英语教师能作妥善安置者,可改授俄语。3. 各地在停授初中外国语之前,应做好准备工作,指示各中学行政领导向师生进行思想教育,说明初中停授外国语科的理由,是为了减轻学生的学习负担,使学生能更好地学习本国语文及其他学科。防止因停授外国语引起师生不必要的思想波动。4. 初中外国语停授后对外国语教师必须妥善安置。文献记载,直至 1957 年和 1958 年,对初中是否开设外语,中央教育行政部门仍然举棋不定。经过征求各方面的意见,教育部于 1959 年 3 月 26 日下达了《关于在中学加强和开设外国语的通知》。《通知》指出:"从目前中学外国语教学情况看,从培养高级建设人才和科学研究人才看,在初中开设外国语,在高中加强外国语教学,使学生在中学就打好一种外国语的基础,已经日益深感必要。"为此,决定"今后全日制中学拟分为甲、乙两类……从 1959～1960 学年度起,全日制的甲类中学一定要在初中开设外国语……中学设置各种外国语的比例,大体上可以规定约有三分之一的学校教俄语,三分之二的学校教英语及其他外国语。"同年 4 月 11 日又颁发了《关于在中学加强和开设外国语的补充通知》,《通知》中指出:"初中开设外国语,从一年级开始。"自此,英语教学得到加强,1963 年 7 月,教学计划规定外语课时初高中为 7 - 6 - 6 - 6 - 6 - 5 课时/周,这是自 1921 年以来英语课时最多的一个计划。为加强英语教学,国务院外事办公室、国务院文教办公室、国家计委、高教部、教育部等五部门于 1964 年 10 月联合制订了《外语教育七年规划纲要》,纲要提出:第一,确定英语为第一外语;第二,加强普通中学的外语教育,比例先要求调整为一比一,1970 年以后再逐步做到二比一;第三,大力发展外国语学校,要求从 1964 年的十四所发展到 1970 年的四十所,在校生三万人。《外语教育七年规划纲要》是我国英语教育史上的一个重要文件,它虽然因"文化大革命"开始只实行了两年时间,但却是遵循外语教育规律,正确选择语种,英语教育向正确方向摆动的成果体现。这个文件对于"文化大革命"结束以后的英语教育政策也有着不小的影响。经过这次摇摆,英语的主课地位得到恢复,英语教学质量有了一定程度的提高。

第三次摇摆:文化大革命爆发,英语教育经历阵痛

1966 年开始的直至 1976 年才告结束的"文化大革命"中,英语教育遭受挫折。群懿等人著的《外语教育发展战略研究》一书对于这一时期的外语教育分析得比较透彻。书中指出:1. 由于宣扬什么"我是中国人,何必学外文,不学 ABC,照样干革命"这样愚昧无知、荒唐可笑的谬论,致使"外语无用论"的思潮到处泛滥,从根本上取消和破坏了外语教育。2. 借口批判"外语特殊论",从根本上否定教育的特点和规律。3. 挥舞"崇洋媚外"和"里通外国"等大棒,把一

切带"外"字的都说成是反动的,凡是外国的东西都不准接触,不准创造外语学习环境,致使外语教育处于严重的封闭状态。4. 片面强调教材的政治思想性,强调所谓"要把政治思想性落实到每个词上"、"发生什么事情就学什么文章"等。5. 炮制"两个估计",给外语教师加上种种罪名,或长期下放农村劳动,或强迫改行,甚至残酷迫害,使外语教师队伍受到严重的摧残。形势的发展却需要英语教育。1970 年 ~1972 年多个国家与我国建交,1971 年 10 月,中国在联合国合法席位得到恢复;1972 年 2 月美国总统尼克松访华。西方的大门打开了一条缝,中国需要世界,中国需要对外交往,中国需要外语教育。在那样的恶劣政治环境中,广大的师生还是积极创造条件自编教材,狠抓课堂质量。周恩来在那样的恶劣政治环境中,广大的师生还是积极创造条件自编教材,狠抓课堂质量。周恩来总理顶着压力,于 1970 年 11 月 6 日至 20 日,用五个夜晚同北京外国语学院、北京大学等外语系师生座谈外语教育问题。周恩来在谈到中华人民共和国成立 17 年外语教学工作时指出:"对外语教育,要一分为二,不能把合乎毛主席思想合乎规律的也否定了。"周恩来着重讲了培养又红又专的外语人才和练好"三个基本功"的问题。他指出"基本功包括三个方面:政治思想、语言本身、各种文化知识。""苦练应当成为原则。要学好语音、语法、词汇,做到能听、能说、能读、能写、能译,这才能适应社会主义革命和社会主义建设的需要。"周总理的讲话对于高校外语师生是个鼓舞,对广大中小学教师和学生也是一种激励。他的讲话对于广大师生把握英语教育教学规律,掌握正确的教与学的方法,对于"文革"结束以后的中国中小学英语教育发展无疑具有重要的作用。①

五、恢复期(1977—1984 年)

"文化大革命"结束,百废待兴。教育秩序的恢复为英语教育的恢复创造了条件。这一时期,主要做了四个方面的工作,对英语教育的全面恢复起到了决定性作用。

(一)恢复高考,引导中小学英语教育

1977 年 8 月 8 日,邓小平在科教工作座谈会上发表了重要讲话。他以无产阶级革命家、政治家的胆略和气魄,旗帜鲜明地把锋芒指向"两个估计",尖锐指出:"对全国教育战线 17 年的工作怎样估计? 我看,主导方面是红线。"并且肯定绝大多数知识分子"取得了很大的成绩"。在谈到关于教育制度和教育质量

---

① 群懿,等.外语教育发展战略研究[M].成都:四川教育出版社,1991:61 –63.

问题时,他说:"一个是高等学校招收应届高中毕业生的问题。今年就要下决心恢复从高中毕业生中直接招考学生,不要再搞群众推荐。从高中直接招生,我看可能是早出人才、早出成果的一个好办法。"根据邓小平的指示,教育部于8月13日召开本年度第二次招生工作会议,历时44天,否定了6月29日在山西太原晋祠召开的第一次招生会议关于"群众推荐"的意见。11月全国高校统一招生考试在停考十多年以后再次开考,这一年全国报考人数达到573万,全国中小学学生学习热情空前高涨。① 高考的恢复,给中小学英语教学注入了动力和活力。

(二)领导重视,推动中小学英语教育

1977年5月24日,邓小平谈"尊重知识、尊重人才"问题时说:"我们要实现现代化,关键是科学技术要跟上去。发展科学技术不抓教育不行……现在看来,同发达国家相比,我们的科学技术和教育整整落后了20年","抓科技必须同时抓教育。从小学抓起,一直到中学、大学,我希望从现在做起,5年小见成效,10年中见成效,15年20年大见成效。办教育两条腿走路,既注重普及又注重提高"②。

为了落实邓小平的指示和全国教育工作会议精神,研究如何推进外语教育工作,经国务院批准,教育部于1978年8月28日至9月10日在北京召开了全国外语教学座谈会。人大常委会副委员长廖承志和中国社会科学院副院长周扬在会上做了讲话。会上总结了28年来办外语教育的经验和教训,研究了加强外语教育、提高外语教育质量的办法和措施。会议确定今后一个时期发展外语教育的方针是:千方百计提高外语教育质量,切实抓好高等学校专业外语和公共外语教育的同时,大力开展多种形式的外语业余教育。会议还提出,要集中精力办好一批重点外语院系,使之成为培养水平较高的外语人才的基地,会议决定编写出版(包括影印)英、日、德、法、俄5个语种的387种教材。

(三)重在建设,中小学外语教育得到恢复

1978年,全国外语教学座谈会后,各地为了尽快恢复和发展中小学外语教育,在师资培训方面做了大量工作。据有关统计,截止到1982年,全国仅中学外语师资已达26万多人,其中英语教师25万多人。这为开展中小学英语教学奠定了基础。

1978年1月,教育部颁布十年制中小学教学计划试行草案。小学从三年级

---

① 教育部高校学生司,等. 我的高考[M]. 北京:人民教育出版社,1999:7-9.

② 《中国教育事典》编委会. 中国教育事典:小学卷[M]. 石家庄:河北教育出版社,1994:57.

始设外语课。中学从初一到高中毕业止。几年内,外语课的周学时分别是 4 -
4 - 4 - 5 - 4 - 4 - 4 - 4,保证了学习时间和学习的连续性。

早在"文化大革命"前几年,我国外语电教事业就有了很大发展,如录音机、
收音机、电唱机、幻灯机、电影放映机等视听设备,学校特别是高校都有配置。
"文化大革命"期间,因为外语教育遭到破坏,所以很多学校的电教设备或弃置
不用,或损坏严重。1978 年 3 月 18 日在全国科学大会上,国务院副总理方毅同
志提出:"要逐步实现教育手段的现代化,发展电化教育,充实和改善学校的实
验设备。"同年,经国务院批准,教育部成立了电化教育局,建立了中央电化教育
馆,并于 1980 年出版《电化教育》这一全国性的刊物,以推动各地电教事业的开
展。自此以后,各地外语教学设施大为改善,发达地区的一些学校到 80 年代初
已经用上了语言实验室等先进的英语教学设备,这对于英语教育现代化,提高
英语教学质量起到了积极的作用。

为了做好中小学英语和其他语种的教学研究,1978 年以后,北京师范大学
《中小学外语教学》(英语版和俄文版)、华东师范大学《中小学英语教学与研
究》等刊物创刊;1981 年 11 月,中国中小学外语教学研究会正式成立。这是
1949 年中华人民共和国成立后成立的以中小学外语教学为专题研究对象的群
众性团体。这些刊物的创刊以及中小学外语教学研究会和各省市外语教学研
究会的成立为加强中小学英语教育教学研究、提高中小学英语教学水平起到了
一定的保证作用。

(四)落实意见,确保中小学外语教学质量

在中小学外语教育恢复阶段,教育部颁发了两个非常重要的意见,促进了
外语教学的迅速恢复和后续发展。

一是 1979 年 3 月 29 日,教育部针对我国当时外语教育中存在的问题印发
了《加强外语教育的几点意见》。该意见主要包括八个方面的内容:①必须加强
中小学外语教育,中小学外语课是一门重要的基础课,应当受到充分重视;②要
大力办好高等学校公共外语教育和各种形式的业余外语教育,培养既懂专业、
又掌握外语的科技人才;③集中精力办好一批重点外语院系,使之成为培养水
平较高的外事翻译、高校专业外语师资和外国语言文学研究人才的基地;④语
种布局要有战略眼光和长远规划,当前主要的任务是大力发展英语,但也要适
当注意日、法、俄、德等其他通用语种的教育以及其他非通用语种的开发;⑤大
力抓好外语师资队伍的培养和提高;⑥编选出版一批相对稳定的大、中、小学外
语教材,每套教材力争配以唱片、录音、幻灯、电影等各种视听教材,以提高教学
效果;⑦加强外语教学法和语言科学的研究,不仅要注意引进外国语言教学的

先进理论和方法,还必须大力开展外语语言方面的基础理论和应用科学的研究;⑧尽快把外语电化教学搞上去。根据上述意见,1981 年 4 月,教育部又颁发《全日制六年制重点中学教学计划(试行草案)》和《全日制五年制中学教学计划(试行草案)的修订意见》,其中提出,把语、数、外 3 门列为重点科目,要求扎扎实实打好基础。外语课语种是英语或俄语、日语等,一般以英语为主,有条件的学校可适当提高要求,努力做到一种外语基本过关。

二是 1982 年 5 月教育部召开了全国中学外语教育工作会议,7 月颁布了《关于加强中学外语教育的意见》。意见认为,"中学外语教育应从实际出发,区别要求,讲求实效,积极创造条件,努力提高质量,有计划地逐步发展"。"中学外语教学可以分为条件好的、一般的和不具备条件的三种情况对待;语种设置要有战略眼光和长远打算。中学外语课的语种设置,以英语为主,俄语占一定比例。有合格师资条件的学校,可以根据需要适当开设日语,一经确定,不要轻易变更;建立一支合格的师资队伍;加强教材建设,改进教学方法;积极改善教学条件;切实办好外国语学校。"这些意见是实事求是的,也是非常中肯的。

经过约 7 年的艰苦努力,到 1984 年,我国的中小学英语教学和其他外语语种教学恢复到了一定的水平。其主要的标志是:第一,实现了多语种的教学,全国开设外语语种已达 34 个;第二,建成了规模巨大的多形式、多层次的外语教育网,对于中小学英语教学有积极的影响作用;第三,拥有数以百万计的外语学习者;第四,拥有一支几十万人的外语师资队伍;第五,大量外语毕业生活跃在各条战线上;第六,组成了一支生气勃勃的外语教学科研队伍;第七,建立印刷出版基地,出版了大批外语教材、教学参考书、词典等书籍;第八,外语电化教学蓬勃发展。① 还有一个更为直接的标志是,从 1983 年开始,中考考英语。自 1983 年开始英语成绩 100% 计入高考总分。这说明,全国的中小学外语教育尽管发展还不平衡,教学条件仍然不尽相同,但英语教学质量通过几年的恢复已达到相当水平。

六、提高期(1985—1991 年)

经过"文化大革命"以后若干年的恢复,"至 1985 年,中学的英语教学总的水平已达到'文革'前的水平,在某些方面甚至超过'文革'前的水平"②。

---

① 付克. 中国外语教育史[M]. 上海:上海外语教育出版社,1986:95.
② 李良佑,等. 中国英语教学史[M]. 上海:上海外语教育出版社,1988:331.

之后几年中，中共中央、全国人大和国家教委出台了几个文件和政策，对于英语师资队伍建设、教材建设、适龄儿童公平地接受教育、提高英语教学质量都起了关键作用。

1985年5月27日颁布《中共中央关于教育体制改革的决定》，决定提出，"教育体制改革的根本目的是提高民族素质，多出人才、出好人才"，"教育必须为社会主义建设服务，社会主义建设必须依靠教育……要造就数以亿计的工业、农业、商业等各行各业有文化、懂技术、业务熟练的劳动者。要造就数以千万计的具有现代科学技术和经营管理知识，具有开拓能力的厂长、经理、工程师、农艺师、经济师、会计师、统计师和其他经济、技术工作人员。还要造就数以千万计的能够适应现代科学文化发展和新技术革命要求的教育工作者、科学工作者、医务工作者、理论工作者、文化工作者、新闻和编辑出版工作者、法律工作者、外事工作者、军事工作者和各方面党政工作者。"加强科技教育、管理知识教育，培养科技工作者、理论工作者、外事工作者，都需要加强外语教育，这为外语教育发展提供了难得的机遇。

在外语教育规模扩大、外语师资紧张的情况下，针对外语师资外流或改行弃教的现状，为确保教师队伍质量和稳定，决定指出："师范院校要坚持为初等和中等教育服务的办学思想，毕业生都要分配到学校任教，其他高等学校毕业生也应有一部分分配到学校任教。任何机关、单位不得抽调中小学合格教师改任其他工作。"

1986年4月12日第六届全国人民代表大会第四次会议通过了《中华人民共和国义务教育法》（以下简称《义务教育法》），这是新中国第一部实施义务教育的大法，对于促进儿童教育机会平等、提高全民族文化素质都具有划时代的意义。尽管民国时期提出过实施义务教育，但都未真正实施。因此，这部法又具有历史意义。义务教育法的颁行对外语教育的普及是个促进。

1986年10月7日至12日全国中学外语教学改革座谈会通过了《关于改革和加强中学外语教学的几点意见》，意见提出目前亟待研究和解决的问题：一是明确中学外语教育的工作方针；二是明确中学外语教学的指导思想；三是加强中学外语师资队伍的建设；四是解决有关非英语语种开设的问题；五是改革外语教材教法；六是加强外语教学科研工作；此外，还对如何办好外国语学校，如何充实必要的电教设备等问题提出了意见和建议。本次座谈会的一个最大的成果是提出在外语教学指导思想方面，应树立正确的教学观，教学不仅要传授知识，而且要使学生的认知、情感意志、个性、特征等得到发展。外语教学要激发学生的动机，培养学生的能力，应以语言使用作为教学的主要目标。这是教学理念上的一个重大转变。

在这种有利的形势下,各方面配套的工作也紧锣密鼓地开展起来,保证了英语教学质量的提高。

《义务教育法》颁布后,国家教委、国家计委、财政部、劳动人事部四部委联合拟定了《关于实施〈义务教育〉若干问题的意见》,其中规定:"我国九年制义务教育的学制年限实行小学六年、初中三年的'六·三制',或小学五年、初中四年的'五·四'学制或九年一贯制。"统一了学制,保证了教学秩序。

1986 年国家教委颁布了《全日制中学英语教学大纲》,这个大纲既总结了解放后 30 多年来中学外语教学的经验,又吸收了当前国际上有实用价值的外语教学理论,是 1949 年以来制定颁布的中学英语教学大纲中最为完善的一份。① 这个大纲突出了听、说、读、写的训练和交际能力的培养,该大纲于 1990 年做了修订,词汇量要求有所降低,从 1986 年以前的 2 000—2 500 个,到 1986 年大纲降为 1 800 个,再到 1990 年降为 1 500 个,但"四会"能力即听、说、读、写的能力要求提高了。

为了制定更为有效的英语教育政策,搞好英语教学改革,进一步提高英语教学质量,1985 年 4 月至 1986 年 7 月,国家教委组织了全国中学英语教学调查。这次调查的对象是 15 个省市 105 所首批办好的重点中学和 35 所非重点中学,主要了解中学师资队伍和英语教学状况,并通过测试对学生的成绩进行了评估和分析。接受调查的学生 57 080 人,英语教师 1 614 人,数百名调研人员经过认真、努力的工作,取得了 245 万多个数据。

调查结果表明,"自 1978 年以来,我国中学英语教学取得了长足的进步。人们不会忘记,中学英语教学作为'文革'的重灾区,在 1978 年以前处于师资奇缺、教学秩序不稳定和教材与设备匮乏的困境之中。然而时隔八年,这一领域已面目一新。各地有条件的中学已使英语教学走上正轨;继 1978 年颁发了《全日制十年制中小学英语教学大纲(试行草案)》后,1982 年又制定了《全日制六年制重点中学英语教学大纲(征求意见稿)》并编写和发行了全国通用的英语教材;1985 年中学英语教师的人数比 1978 年几乎增加了一倍,师资质量也有所改进;中学生学习英语的积极性大为提高,水平逐年上升。"但"另一方面,测试结果表明,中学生总体英语水平偏低:各类测试的平均答对率重点中学未达 60% ,非重点中学未达到 45% "②。

---

① 李良佑,等. 中国英语教学史[M]. 上海:上海外语教育出版社,1988:335.

② 左焕琪. 中学英语教学调查对改革的启示[J]. 中小学英语教学与研究,1987(5):1.

针对外语教学中存在的问题,各地方一方面注意加强师资队伍建设,提高师资质量,另一方面加强教材建设和设施建设,在此基础上,自1986年开始进行英语教育改革。从改革观念入手,不断改进教学方法,完善教育目标和教学目标,到1991年,全国中小学的英语教学质量大大提高。

七、繁荣期(1992—2001年)

中小学英语经过改革开放以后十几年的发展,到20世纪90年代进入课程、教材、教法的繁荣阶段。在此期间,整个教育也在经历着重大的变革。

1993年2月13日,中共中央、国务院印发《中国教育改革和发展纲要》。纲要提出了教育面临的形势和任务,教育事业发展的目标、战略和指导方针,对教育体制改革、全面贯彻教育方针、全面提高教育质量、教师队伍建设、教育经费等也提出了要求。尤其是在教材建设方面提出:"学校教材要反映中国和世界的优秀文明成果以及当代科学技术文化的最新发展。中小学教材要在统一基本要求的前提下实行多样化。提倡各地编写适应当地农村中小学需要的教材。"这为90年代教材的多样化提供了政策保障。

此外,纲要强调了教师队伍的重要性,对教师培养和培训工作也提出了较高要求。纲要指出:"振兴民族的希望在教育,振兴教育的希望在教师","进一步加强师资培养和培训工作。师范教育是培养中小学师资的工作契机,各级政府要努力增加投入,大力办好师范教育,鼓励优秀中学毕业生报考师范院校。进一步扩大师范院校定向招生的比例,建立师范毕业生服务期制度,保证毕业生到中小学任教。其他高等院校也要积极承担培养中小学和职业技术学校师资的任务。要制定教师培训计划,促进教师特别是中青年教师不断进修提高,使绝大多数中小学教师更好地胜任教育教学工作。到本世纪末,通过师资补充和在职培训,绝大多数中小学教师要达到国家规定的合格学历标准,小学和初中教师中具有专科和本科学历者的比重逐年提高。"抓住了教师引进和培养这两个重要环节,使20世纪90年代和21世纪的教师数量与质量得到提高,保证了英语教育的可持续发展。

为了进一步促进教育振兴,教育部于1998年12月24日印发《面向21世纪教育振兴行动计划》。该计划提出实施"跨世纪园丁工程","大力提高教师队伍的整体素质,特别要加强师德建设。3年内,以不同方式对现有中小学校长和专任教师进行全员培训和继续教育……2010年前后,具备条件的地区力争使小学和初中专任教师的学历分别提升到专科和本科层次,经济发达地区高中专任

教师和校长中获硕士学位者应达到一定比例。""重点加强中小学骨干教师队伍
建设。1999 年、2000 年,在全国选培 10 万名中小学及职业学校骨干教师(其中
1 万名由教育部组织重点培训)"。另外,"实行教师聘任制和全员聘任制,加强
考核,竞争上岗,优化教师队伍。"这些都是教师队伍建设的重大措施。

为进一步深化教育改革,克服我国教育领域内存在的"应试教育"的种种弊
端,更好地贯彻党的教育方针,构建一个充满生机的有中国特色的社会主义教
育体系,中共中央、国务院于 1999 年 6 月 13 日颁布了《关于深化教育改革全面
推进素质教育的决定》。这对英语教育如何为提高人的素质服务提出了更高的
要求。

在这样的大背景下,英语教育获得了前所未有的进步。

(一)颁布、修订了初、高中英语教学大纲。1992 年颁布《九年义务教育全
日制初级中学英语教学大纲(试用)》,2000 年修订为《九年义务教育全日制初
级中学英语教学大纲(试用修订版)》;1993 年颁布《全日制高级中学英语教学
大纲(初审稿)》,1996 年修订为《全日制普通高级中学英语教学大纲(供试验
用)》。这部大纲与九年义务教育课程方案相衔接。1997 年起,这部大纲随同
与之配套的人民教育出版社编写的教材在江西、山西、天津两省一市进行了试
验。2000 年,教育部对试验稿进行了修订,颁发了《全日制普通高级中学英语教
学大纲(试验修订版)》。人民教育出版社对教材进行了修订,于秋季扩大到 10
个省市继续试验。2001 年 7 月教育部颁发《全日制义务教育普通高级中学英语
课程标准(实验稿)》供新课程改革实验使用。这次新颁课程文件将原来的沿用
几十年的教学大纲改为课程标准,同时对课程目标结构和实施要求做了详细描
述。这个课程标准反映了我国中小学英语教学研究和语言理论研究的最新
成果。

(二)组织对义务教育完成后初中毕业生教学状况和义务教育实施以后首
届高中毕业生教学状况的调查研究。百年里我国大规模进行英语教学状况调
查有 5 次:一是如前所述艾伟教授在民国时期(1929—1937 年)组织了两次,二
是 1985 年国家教委组织的调查,还有 1995—1997 年由西南—西北地区外语教
学法研究会与西南师范大学外语学院牵头,在全国范围内对义务教育首届初中
毕业生的教学状况进行的调查研究。鉴于这届学生于 1999 年高中毕业,对教
学状况进行调查,对于改革课程、改进教材、改善教法有着特殊意义。于是从
1998 年到 2000 年教育部基础教育司领导并委托西南师范大学外语教育研究中
心组织了一次高中毕业生教学状况调查。本次调查选取 31 个省区市的 147 所
中学为样本学校,总共有 15 937 名学生接受主体性和参照性调查。本次调查表

明:中学英语教学成绩确有提高,主要表现为水平普遍提高,校与校之间差距缩小。虽然总体上我们的英语教学效果还没达到优秀水平,但是有较大进步,且是大面积的进步;重点中学之间、非重点中学之间以及重点中学与非重点中学之间的差距缩小了。此外,中学英语教学正在进行着五种转变:从应试教育转向素质教育,从教师中心转向学生中心,从知识型教学转向能力型教学,从机械操练为主转向兼用言语活动,教学语言从汉语转向英语。还有,1993年投入使用的中英合编教材通过了检验。最后,英语教学大纲(1999年未修订过的正在使用的)必须更新,原因是存在三个问题:一是对英/外语课程的价值认识太狭隘;二是英语课程的目标不够合理;三是教学内容的选取存在问题。①

(三)小学普遍开设英语课程。英语在我国的小学课程中大部分时间里是随意科。中华人民共和国成立以前,只在条件好的学校或城镇学校开设,但没有统一的大纲、教材,1978年有了统一的《中小学英语教学大纲》,但对小学英语没有非常明确的要求。经过20余年的发展,2001年教育部颁发了《关于积极推进小学开设英语课程的指导意见》,意见指出:"把小学开设英语课程作为21世纪初基础教育课程改革的重要内容。"英语进入小学课程体系,是我国教育改革和发展的必然结果,也是中小学英语教育改革与发展的必然结果。

第二节　中小学英语教育变革的社会动因分析

英语从最初进入中国的中小学到20世纪90年代初达到繁荣,这期间发生了很多变革,这些变革是有深刻的社会原因的,分析起来,主要有四个方面的需要:一是经济需要,二是政治需要,三是科技需要,四是文化需要。

一、英语教育变革的经济需要

社会的发展是以经济为基础的,英语教育的变革也是紧紧围绕经济发展的需要展开的。

中国经济的发展与其他国家经济的发展路径有着许多相似之处,大致经历了从一元经济到多元经济、从一国经济到多国经济、从萧条经济到繁荣经济这样一个过程。英语教育也随之不断地发展着、改革着、调整着。

---

① 张正东,等. 英语教学的现状与发展[M]. 北京:人民教育出版社,2001:101-108.

（一）从一元经济到多元经济

中国以农业立国。长期的奴隶社会、封建社会基本上是以农业经济为主，农民日出而作、日落而息、单门独户、自给自足，不用与外界有更多的经贸往来。加之中国东南临海，西北戈壁，我们无法选择更远的贸易对象，因为当时我们的交通工具没有现在这样发达。长期的一元经济为主的社会使得我们用母语交流就能够达到交际的目的，学习其他民族语言或外语没有必要。

但农业立国的社会却孕育着商业和手工业的萌芽。农民耕种收获需要农具，出外作战需要武器，不论是青铜器还是铁器，都需要手工完成。因此手工业者产生。工具和武器做得多了，需要与别人或其他民族交换甚至贸易，商业也就诞生了，这样，一元经济的发展也就衍生出另外的非一元经济的产生。这时，对外交流和贸易需要学习其他民族语言或外国语，逐步地，学习其他民族语言或外国语也就成为一种自发的行动，但还没有成为一种广泛的自觉的行动。

然而，真正使得我们认识到外语学习重要性的时代是伴随着我国经济近代化或现代化的过程而来的。1840 年鸦片战争让我们这个东方封建帝国一败涂地，甲午战争我们输得更惨。这期间我们先是向我们以前的学生——日本学习，日语学习成为一种自觉行动，后来我们又向欧美学习，"中学为体，西学为用"，建立新学堂，派人留学，引进格致之学，发展近代工业，我们认识到，不学习外语特别是英语是不行了。这时，中国的一元经济为主的社会，已经变成多元经济并存的社会。于是到 1902 年，启动中学英语教育也就成为一种必然。

经济的发展并未止步。改革开放以后，中国对外的大门开得更大了，经济更加多元化，对外经贸的发展、知识经济的发展，使得中国需要培养大量的外语人才，因此，中国成为外语教育大国也就不难理解了。

那么，我们可能也会产生疑问：在知识经济、信息经济发展的今天，不开展外语教育会有什么结果？看一看发达国家外语教育发展情况就会得出答案。

1957 年 11 月，苏联第一颗人造地球卫星发射成功，震动了美国的教育和科技界。当时的美国总统成立一个专门委员会调查分析美国为什么落后，得出的结论是美国的教育落后，具体表现是科学、数学和外语落后，于是 1958 年经国会通过并由总统签署了《国防教育法案》，提出了加强科学、数学和外语的规划。美国政府在 1958—1963 年 5 年间共拨款 5 800 万美元用于发展外语教育，并规定阿、汉、印地－乌尔都语、日、葡、俄、西班牙语 7 种外语为战略语言，18 种外语为次级需要的外语，60 种为应予注重的外语。《国防教育法案》颁布后，美国的外语教育有了很大的发展。但随着时间的推移，政府不再为发展外语教育拨大笔专款，《国防教育法案》的效用越来越小，再加上英语处于世界性语言地位，因而 70 年代美国的外语教育出现了明显的倒退,到 70 年代后期濒于危机,大、中、小学学生中学外语的人员占学生总数的 1%—2%。这种倒退的后果是可怕的,美国日后的对外交往和经贸为此付出了很大的代价。当时,日本派驻美国的商业代表约有 10 000 人,绝大部分能讲英语,而美国派驻日本的商业代表只有 900 人,能讲日语的却寥寥无几。由于外贸人员懂外语的很少,不能及时掌握国际贸易行情,这种"信息差"导致美国出口下降,逆差很大,这种状况引起了美国教育、外交、贸易界的严重不安,也引起了政府的关注。

1979 年 10 月 15 日,一份题为《智慧出实力:美国外语能力的鉴定》的调查报告呈递给总统。报告惊呼:"美国人在外语上的无能已经令人愤慨而且每况愈下","认为我们不会别国语言是无关紧要的这种愚蠢想法,使得我国的重大利益受到损害"。为了推动教育改革,提高外语教育质量,1983 年 4 月美国高质量教育委员会给教育部长写了一份报告,题为《国家处在危险之中,教育改革势在必行》,其中指出:"较熟练地掌握一门外语,一般需要学习 4—6 年。因此,外语学习应该从小学开始。"①

可见,多元经济的发展需要外语教育的发展并促其做出各种变革。美国外语教育所走过的弯路当成为我们的一个借鉴。

(二)从一国经济到多国经济

传统的民族经济没有变为地球村经济之前是不需要外语的。一国之内的经济贸易往来用母语沟通联系就够了,然而当一国经济需要更大发展,需要走出国门,需要参与世界经济竞争时,外语这个工具就是不可或缺的了。

我国在古代,对外交往途径是陆上和海上的丝绸之路。两千多年间被誉为"东方绚丽的彩霞"的中国丝绸,经由这些通道大量运往亚非欧各国,亚非欧各国的商品亦经由这些通道源源运入我国。这时中国的经济已经由一国经济变为多国经济,经贸往来需要外语作为交际工具,中国外语教育是从这时开始的,但是这时,外语作为学科还没有进入中国学校的课程,或至少还没有成为一个成熟的学科。

直至近代,洋务运动中中国的工业吸取了西方工业发展的经验快速发展起来,到民国,中国的工业已经有了相当的基础。中华人民共和国成立后,中国的工业突飞猛进,特别是实行"对内改革、对外开放"政策以后,我国的工业、农业、商业、建筑业、食品业、服装业、运输业等发展速度举世瞩目,中国需要世界,世界需要中国,我们的贸易伙伴遍天下。循着一国经济变为多国经济的历程,西

---

① 群懿,等.外语教育发展战略研究[M].成都:四川教育出版社,1991:33-35.

史、西艺、西政逐步进入我国的新式学堂中,养兵练兵之法逐步进入我国的军事学堂中,各种科学技术逐步进入我国的工业学堂中。在这个过程中,英语这个世界通用语逐步取得在中国学校的地位,伴随着改革开放的步伐,又得以不断地提高。这不是以人的意志为转移的,是经济发展国际化的必然要求。

那么在经济国际化的过程中,不重视外语教育或忽略它的作用会造成什么结果呢?我们还是结合美国与日本的贸易来说明这个问题。美国的语言是英语,而英语又是国际通用语言,因而是占据着优势的,但是就是这样的强势语言,如果无视其他语言的作用,在对外经贸中也会失去强势而居劣势。大家知道,外贸对美国经济有举足轻重的地位,但美国与另一贸易大国日本在贸易往来过程中年年入超。为此美国对日本施压,日本商人理直气壮地争辩说:两国贸易不平衡不赖日本,应该怪美国自己。美国的产品说明书是用英文写的,没有日文,因此日本的老百姓没法购买和使用美国产品,而日本输出到美国的产品都有英文说明书,给美国人使用日本产品提供了方便。你吃亏能怨我们吗?

一国经济变为多国经济的过程,也是外语教育获得地位、获得发展机遇的过程。外语教育的发展满足了多国经济发展的需要,在此期间,自身也得到了发展。

(三)从萧条经济到繁荣经济

经济发展有其自身的规律,有时萧条,有时繁荣。萧条经济时代,自给自足尚难以保证,无须对外贸易,或者对外贸易需求不大,因而对外语教育需求也不大,外语教育只能是由多变少,由有变无。这一点在英语教育变革的“摇摆期”中体现得很充分。

20世纪50年代,我国采取“一边倒”的外交政策,政治上如此,文化上如此,经济上更是如此。关闭了对西方国家的大门,只与苏联进行经济和贸易往来,俄语教育获得了前所未有的发展,达到了“全国人民齐上阵”普及学习俄语的地步。然而中俄关系不久出现了矛盾和问题,我们又关闭了与苏联往来的大门,经贸关系也开始冷淡,俄语学习也开始降温。由于我们关闭了西方的大门,只好与广大的亚非拉第三世界国家广交朋友,这时,英语虽然能够派上用场,但由于我们与这些国家的联系和交往只是政治上的考虑多一些,加上我们国家经过“大跃进”、“三年困难时期”和“文化大革命”,经济已接近崩溃的边缘,我们与这些国家的经贸往来是微乎其微的。因此萧条的经济使得外语教育特别是英语教育失去了往日的地位,外语或英语教育的规模和质量也受到相当影响。

1978年十一届三中全会上我们制定了改革开放的国策,结束了几十年相对封闭的局面。开放的中国需要大规模的外语教育,不仅要求数量,并且要求质量。1978 年召开外语教学座谈会,后又发布《加强外语教育的几点意见》,颁发大纲,编写教材,配齐队伍,使得我国中学外语教学在短短的几年中就得到了恢复。

改革开放使得我国的综合国力增强,我国的国民经济进入繁荣阶段。这时我国需要对外交流、对外贸易,外经、外贸、外交、外事等人才奇缺,我们采取"两条腿走路"的方针:一是立足于国内培养,二是送出国门培养。两种培养方式都推动了外语教育的发展。立足于国内培养,需要我们办好中学和大学的外语教育。借鉴国外特别是欧美国家的经验,又要考虑如何办好小学的外语教育,这样就开始在规划和课程改革中考虑如何实现"大中小学英语教育一条龙"的问题。送出国门培养,需要学员打下一个很好的外语基础,如按照接收留学生培养国家的要求,需要学生具有 GRE、托福、雅思的成绩等,没有一定的外语培训,要达到合格标准是很难的,这样也就推动了外语教育的发展。"两条腿走路",使得学校英语教育和社会英语教育相辅相成、相互促进,这些都是繁荣经济时代才能实现的。

二、英语教育变革的政治需要

英语教育要满足社会的经济需要,更要满足社会的政治需要。英语和其他语种一样有着非常强的政治敏感性,无时无地不带着政治的烙印。

英语教育变革是随着政治形势变化的需要而发生的,其中因素很多,但主要还是由对外关系的变化和政府态度的变化所决定的。

(一)对外关系的变化

我国与其他一些国家很早就建立了商贸联系。早在汉代,确切地说西汉以后我国大量的丝和丝织品经甘肃、新疆,越过葱岭,运往西亚、欧洲各国,这条"丝绸之路"把我国与有经贸往来的国家紧紧地联系在一起,这种对外关系离开外语是建立不起来的。

鸦片战争前,清朝统治者一向夜郎自大,自诩"天朝文明",非"夷狄之邦"所能比拟,奉行闭关自守、盲目排外政策。鸦片战争后,许多有识之士认识到中国必须学习"经世致用"之学,必须"求富图强"。而鸦片战争后的 1844 年签订的中美《望厦条约》准许美国人在通商之五口岸(上海、宁波、福州、厦门、广州)建造礼拜堂。同年的中法《黄埔条约》又进一步准许法国人在"五口地方居住",建造礼拜堂、医人院、周济院、学堂。这样,在中国大门外等待近两百年之久的西方各国传教士终于得到在中国传教、办学的权利,但起初限制在通商五城市中。1846年2月,道光皇帝下诏解除"教禁",从而为基督教在中国的传播从法律上扫除了障碍。①

1860年中国首都被迫开放,容许外国使臣居住,因而不能不培植翻译人才,以为外交之助。1858年签字的《中英天津条约》规定:①嗣后英国文书俱用英文书写;②暂时仍以汉文配送;③自今以后遇有文辞辩论之处,总以英文作为正义,此次定约汉英文字详细核对无讹,亦照此例。② 弱国无外交。处于弱势的战败国只好屈从外患,而又生内忧。忧的是中国无翻译之材,与列强们谈判,只好依赖无赖的"通事"们,恐又生事端。于是清政府从1862年开始陆续办了京师同文馆、上海广方言馆、广州同文馆等。中国学校英语教育开始了。

1902年以后,随着近代学制的颁行,我们吸取了洋务运动中的经验和教训,到1949年近半个世纪的过程中,随着中国对外关系的发展,我们国家的英语教育在复杂的政治环境中发展起来。一是晚清政府要拯救摇摇欲坠的帝国大厦,需要不断地向西方学习,离不开英语;二是教会学校蓬勃发展起来,传播教义的同时,引进了西方的科学技术,离不开英语;三是中国共产党在寻求建立新政权的同时,需要与国际广泛联系,又考量在建立新政权后,必须与世界各国建立更加广泛的联系,因而建立了延安外国语学校等培养外语、外交人才的教育机构;四是国民政府在此期间建立学堂,派人留学,注重研究,提高质量,使得我国的外语教育特别是英语教育获得了较快的发展。可以说,中华人民共和国成立以后的英语教育的发展不论是师资、教材还是教法都是与这近半个世纪英语教育发展密切相关的。

中华人民共和国成立以后,我们在对外政策上走过一段弯路。但就是在这个非常特殊的时期,我们还是克服了重重阻力和困难,尽一切可能搞好英语教育,以满足对外交流之需。

1956年1月14日在一次专门讨论知识分子问题的会上,周恩来做了《关于知识分子问题的报告》。他在报告中强调要扩大外国语的教学,并且扩大外国重要书籍的翻译工作。之后的1963年底至1964年初,周总理在陈毅副总理的陪同下,对埃及、阿尔及利亚等14个亚非欧国家进行友好访问。在访问过程中,他们更加深切地感受到,我国的外语人才无论是在数量上还是在质量上都适应不了我国外交事业的发展需要。他们当即向国内发出指示,要

---

① 李良佑,等. 中国英语教学史[M]. 上海:上海外语教育出版社,1988:5.
② 朱有瓛. 中国近代学制史料:第一辑(上)[M]. 上海:华东师范大学出版社,1983:159.

求努力解决外语人才不足和质量不高的问题。于是 1964 年北京第二外国语学院便告诞生。而后又制定了一个中国英语教育史上非常重要的文件《外语教育七年规划纲要》,呈报时任中共中央总书记的邓小平同志,并获批准实施。

1966—1976 年我国的对外关系也经历了很大的变化,英语教育也随之做出调整。1972 年 2 月 21 日美国总统尼克松访问中国,这实际上宣布了中国与美国相互敌视关系的结束。1972 年 9 月 25 日,日本首相田中角荣访华,两国建立大使级外交关系,中日邦交正常化。1970—1975 年西方国家的加拿大、德国、意大利、澳大利亚、英国等相继与我国建立外交关系。1972—1976 年底,我国先后向英国、法国等 49 个国家派遣 1 629 名留学生。这些留学生中 90% 以上学习科目和专业集中在语言方面。1971 年以后外国来华特别是西方国家派团数量增多。例如美国、日本、法国、英国、加拿大、德国、澳大利亚等国教育代表团先后来我国访问,其中美国在 1971—1976 年几乎每年至少派一个教育代表团来访。① 外交关系的改善使英语教育发展看到了新的希望。

1978 年以后,我国改革开放的政策使得中国向世界各国敞开了大门。开放的中国与世界各国的政治、经贸、科教、文化、卫生等方面的联系更加紧密,外语教育特别是英语教育经过 20 多年的努力终于进入繁荣时期。"截止到 2001 年,中国小学、初中、高中在校学生人数分别为 13 000 万,5 700 多万和 1 000 多万。学校开设的外语主要是英语、俄语和日语。俄语和日语主要集中在东北三个省和内蒙古。分别有 35 万学生和 12 万学生学习俄语和日语,其余中学生全部学习英语。小学开设英语呈迅速上升的趋势,从 1994 年以来几乎每年递增一百多万。据不完全统计,到 1999 年为止,约有 900 万小学生在校学习英语,除近 8 万所普通中学开设外语课外,全国约有 50 多所外国语学校开设外语课。此外,目前全国所有职业高中和技校都要求开设英语课。可见,我国中小学在校学习外语的人数接近一亿,中国切实成了'外语教育大国'。"②

"外语教育大国"是全面对外开放政策实施的结果,是中国迈向世界的结果,是加强与世界各国人民联系的结果。

(二)政府态度的变化

时势的变化往往引起政府态度的变化。政府态度的变化有显性的,也

---

① 田正平.中外教育交流史[M].广州:广东教育出版社,2004:1009-1013.
② 刘道义,等.中国学校外语教育的发展[J].中小学外语教学,2001(1):1-4.

有隐性的,但不论政府采取何种方式做出反应,都会对外语教育的发展产生影响。

政府态度的变化是政府面对时势的变化所采取的态度,或顺应,或逆行。而这种态度恰恰会最终影响社会的政治、经济,特别是教育。

八国联军 1900 年对中国发动侵略战争,镇压中国人民反帝爱国主义义和团运动。1901 年 9 月清政府被迫签订丧权辱国的《辛丑条约》,中国不得不割地赔款。清政府就这笔"庚子赔款"与美国多次交涉,要求核减退款。美国政府提出这笔退款应用于派遣中国留学生留学美国,意在将这些未来的栋梁"全盘西化",以为他们所用。美国伊里诺大学校长詹姆士(Edmund J. James)在 1906 年给美国总统的一份备忘录中说[①]:

> 中国正临近一次革命……哪一个国家能够做到教育这一代中国青年人,哪一个国家就能够由于这方面所支付的努力,而在精神和商业的影响上取回最大的收获。如果美国在三十年前已经做到把中国学生的潮流引向这一国家来,并能使这个潮流继续扩大,那么我们现在一定能够使用最圆满和巧妙的方式——从知识上与精神上支配中国领袖的方式,控制中国的发展。

清政府无奈,采取了积极顺应的态度,于是有了清华学校,有了四批"庚款留美生"。由于出国考试要考英文,刺激了各省英语学科的发展,这恐怕是美国当局所想不到的。

我国在 20 世纪 50 年代到 70 年代,英语教育一直处于摇摆的状态。在这复杂的政治形势中,面对时时涌动的试图扼杀英语教育的暗流,为了满足国家对外交往的需要,政府还是采取了各种各样的措施,以把英语教育的损失减到更小的程度。上海外国语大学校长戴炜栋回忆说:"我在中学时学的是俄语,1958 年夏考大学时,我报考的是俄语专业,这是当时第一届从高中毕业生中招考,但因家庭成分不好,却被录取到英语专业。"[②]由此可见,在"一边倒"政策盛行、俄语成为主要外语语种时,英语虽然退为其次,也并没有从学校课程中完全砍掉。

---

① SMITH A H. China and America today[M]. New York Edition,1907:213-218.
② 束定芳. 外语教育往事谈(第二辑)——外语名家与外语学习[M]. 上海:上海外语教育出版社,2005:239.

我国的外语教育是政府态度的宣示,也是对外政策的晴雨表。对于中小学应不应开设外语,实际上一直存在非常激烈的斗争。这种斗争实际上从中华人民共和国成立以后就一直在进行,为此,党和国家领导人一直在表明自己的态度。

1956 年 4 月 25 日,毛泽东在中共中央政治局扩大会议上做了《论十大关系》的讲话。在论述第十个关系——中国和外国的关系时,他说:"我们提出向外国学习的口号,我想是提得对的。现在有些国家的领导人就不愿意提,甚至不敢提这个口号。这是要有一点勇气的,就是要把戏台上的那个架子放下来……我们的方针是,一切民族、一切国家的长处都要学,政治、经济、科学、技术、文学、艺术的一切真正好的东西都要学。"向外国学习,就需要学习外语,就需要在学校开设外语。

毋庸讳言,我国的外语教育曾经得到了历届政府的重视。李岚清副总理对文化至尊主义的批评可以看作中国政府态度的政治宣示。

李岚清副总理在批评文化至尊主义时说:"鸦片战争后的一百多年,我们为什么从一个强盛的国家,一落千丈,备受列强侵略、欺侮、宰割?文艺复兴以后,欧洲实现了工业革命,科学技术、经济、文化都有了突飞猛进的发展。日本效法欧美,实行政治维新,也由一个弱国变成了强国。而中国呢?仍陶醉在康乾盛世的历史陈迹的睡梦之中,对世界的进步和发展视而不见,根本不愿在继承发扬我国优秀文化传统的同时,学习、借鉴、吸收世界上一切先进的文明成果。这种狭隘的民族主义思想,甚至到邓小平同志开创改革开放伟大事业以后,仍时有反映。我认为提高我国全民族的外语水平,首先要解决文化至尊主义的认识问题。"①这种态度和胸襟是令人叹服的。

在外语教育方面,与前人相比,我们的政府以更加开放的胸怀面对世界和世界一切先进的文明成果正在变成自觉行为。

三、英语教育变革的科技需要

英语学科与科技发展息息相关。美国著名学者 *David Crystal* 在其(*English as a Global Language*)一书中回顾了英语的发展历史,描述了英语的现状。他认为,人们要推动科学技术发展的强烈愿望已经在国际范围内营造了一个极为重视知识与科研的氛围,任何一种语言处在这样一个爆炸性氛围的中心,都会突

---

① 李岚清. 李岚清教育访谈录[M]. 北京:人民教育出版社,2003:346.

然发现自己拥有一个全球性地位,而英语正是恰逢其时其地的这样一种语言。他举出统计数字来说明英语使用的广泛性:到 1995 年,在世界上的 76 个国家和地区,共约 20 亿人口的范围内有 33 700 万人将英语作为第一语言,有 23 500 万人将其作为第二语言,这还不包括中国、俄罗斯、德国、法国、日本、南非等国家。①

"科学技术是第一生产力"是邓小平的科学论断。美国传教士丁韪良《同文馆记》曾记述一段和我国一位农夫的对话,颇耐人寻味:"几年以后我和西山一位硬手硬脚、正在山上耕种一块石质田地的农夫谈话。他问我:'为什么你们外国人不灭我们的国呢!'我说:'你以为我们灭得了吗?'他说:'当然灭得了,'同时手指着山下的电线,'发明那电线的人就够灭我们的国。'"②

可见,这位农夫意识到中国的"四书五经"不能救国,还得需要"经世致用"之学,还得需要科学技术,还得需要向西方学习。

然而中国的科学技术以前是并不落后的,纵观中外科技发展交流史,其经历了科技输出、科技输入和科技交流三个阶段。

(一)科技输出

我国是有五千年文明的大国。我们的先民曾创造了灿烂的文化,科学技术在元以前曾经特别发达。《新华词典》(2001 年修订版)附录中记载有世界科学技术的重大发现发明,笔者做了一个统计,中国科学技术的重大发现发明在元以前世界 20 项中占有 12 项,元以后,世界有 166 项,中国只有 4 项,其中一项还是中美合作。列表如下(表 1 - 4):

表 1 - 4　中国历史上重大的发现发明一览表③

序号	发现发明者	时间	发现发明
1	不详	前 700 年	滑轮
2		约前 221—前 206 年	建成秦万里长城
3	蔡伦	105 年	纸
4	张衡	约 117 年 约 132 年	浑天仪 候风地动仪
5	祖冲之	462 年	计算出圆周率的分数值 355/113

---

① 范东生. 如何看待今天英语的通用语地位[J]. 中小学外语教学,2002(10):1-5.
② 朱有瓛. 中国近代学制史料:第一辑(上)[M]. 上海:华东师范大学出版社,1988:196.
③ 商务印书馆辞书研究中心. 新华词典[M]. 北京:商务印书馆,2001:1375-1382.

（续表）

序号	发现发明者	时间	发现发明
6	不详	约581—808年	火药
7	不详	868年	雕版印刷
8	不详	1000年	凸轮
9	不详	1000—1200年	固体火药火箭
10	毕昇	1041—1048年	活字印刷术
11	不详	1100年左右	指南针
12	不详	1280年	火铳（火炮原型）
13	裴文中	1929年	在北京周口店古人类遗址发现第一个北京猿人头盖骨
14	杨振宁 米尔斯	1953年	提出规范场理论
15	中科院和北京大学	1965年	人工合成牛胰岛素
16	袁隆平	1973年	水稻杂交技术

在前12项中，造纸术、印刷术、火药、指南针是中国的四大发明，我们的发明影响着中国，输出到国外也影响了全世界。例如迄今已知的第一本书是约公元868年中国用雕刻的木版制成的《金刚经》。1041—1048年，中国人毕昇发明活字印刷术，传到西方，第一本英文书印于1477年。最早的印刷机是木制机，后来相继发明了蒸汽动力印刷机、旋转印刷机和胶版印刷机。1976年世界上第一台激光照排机在英国问世，1985年美国和德国共同研制出彩色桌面出版系统，标志着人类的图文信息出版技术告别"铅与火"，进入"光与电"的时代，可见印刷术的发明对整个人类文明起了极其重要的作用。

可以想象，当时科技输出到西方，我们必须用语言进行沟通，没有外语的学习，没有外语的运用，科技输出没法完成，科技近现代化就不可能实现。

（二）科技输入

1368年进入明朝以后，明太祖朱元璋出身贫寒，深知读书的作用，他崇儒纳士，与刘基一起创行八股取士，科举"从四书五经中命题，以八股制义为定式"并以朱熹的《四书章句集注》为标准答案，士人们"只能代圣人立言，不得阐发己意"，自此，文化专制，人们思想受到禁锢。这就不难理解从明开始直至清代中国几乎无一项重大科技发现发明产生的原因了。如果这种文化专制不是全部原因,至少应该是其中的原因之一。

　　然而明清及民国时期,西方的科技已开始源源不断地传入中国。西方科技的输入是从传教士来华传教开始的。

　　15—16 世纪,明朝政府实行全面而严厉的海禁政策,因此早期的耶稣会士虽不远万里,历经千难万险,远涉重洋,来到中国的大门口,还是难以进门。明清之际来华的西方耶稣会士有沙勿略(F. Xavier)、罗明坚(M. Ruggieri)、利玛窦(M. Ricci)等。沙勿略努力未果,贫病死去。罗明坚则比较幸运,1585 年获准在广州传教。利玛窦与罗明坚同来广州肇庆,来肇庆后"不久感觉传道必须先获华人之尊敬;以为最善之法莫若渐以学术收揽人心,人心既附,信仰必定随之"①。因而他选择了"学术传教"路线。继这三人之后,又有艾儒略、毕方济、傅讯际、高一志等成为明清之际第二代来华的西方耶稣会士,并且继承了"学术传教"路线。

　　到两次鸦片战争以后,洋务运动开展起来,新式学堂办了起来,教会学校兴盛起来,聘请外教上课,引进科学技术,英语不论是在方言学堂还是在工业学堂甚或军事学堂都是必不可少的学科或教学语言。英语在格致之学引进、科技现代化中起到了其他学科所不能起的作用,当然当时的英语还只是一个工具而已。这一点从《西潮》中可以看得很清楚②:

　　　　顾名思义,中西学堂教的不但是我国的旧学而且有西洋学科。这在中国教育史上还是一种新尝试。虽然先生解释得很粗浅,我总算开始接触西方知识了。在这以前,我对西洋的认识只限于进口的洋货,现在我那充满了神仙狐鬼的脑子,却开始与思想上的舶来品接触了。

　　　　我在中西学堂里首先学到的一件不可思议的事是地圆学说,我一向认为地球是平的。后来先生又告诉我,闪电是阴电和阳电撞击的结果,并不是电神的镜子里发出来的闪光;雷的成因也相同,并非雷神击鼓所生,这简直使我目瞪口呆。从基本物理学我又学到雨是怎样形成的,巨龙在云端张口喷水成雨的观念只好放弃了。了解燃烧的原理以后,我更放弃了火神的观念。过去为我们所崇拜的神佛,像是烈日照射下的雪人,一个接一个融化,这是我了解一点科学的开端,也是我思想中怪力乱神信仰的结束。

---

①　费赖之. 在华耶稣会士列传及书目(中文 1 版上)[M]. 北京:中华书局,1995:32.
②　朱有瓛. 中国近代学制史料:第一辑(下)[M]. 上海:华东师范大学出版社,1986:746-747.

校中外语分为英文、日文、法文三组。英文是一位中国老师教的,他的英语发音错的一塌糊涂,后来我千辛万苦才算改正过来。他一开始就把我们导入岐途,连字母发音都咬不准,最可笑的是他把字母 Z 念成"鸟才"。

可见,科技输入的过程也是国人思想解放、认识科学化的过程,伴随着科学技术的输入,英语教育在曲曲折折中也获得了发展。

(三)科技交流

科学是没有国界的。中国曾一度领先世界,在科技发展中做出过划时代、影响深远的贡献。中国也曾一度落后,在科技发展中跟在外国后面亦步亦趋,但又在某些领域后来居上,领先一步。这时我们才有了对外进行科技交流的权利。

中外科技交流在洋务运动期间、晚清及民国时期大多是单向的,也就是我们向人家学习。中华人民共和国成立前后,我国与国外的交流增多,具体来看就是教育、科技、文化的交流增加了。科技、文化的交流主要是通过教育交流实现的,教育交流主要是通过互派留学生等方式完成的。

中国公费留学从容闳率领 120 名幼童留美始,1872 年、1873 年、1874 年、1875 年每年派遣 30 名。虽然这次留学活动因顽固派与洋务派之争中途夭折,但毕竟开了中国大批学生留美之先河。20 世纪初的"庚款留学"以及民国时期的各类留学促进了西学与国学的交流,促进了英语教育的发展,也促进了中国科技事业的发展。

改革开放以后,邓小平非常重视留学教育。1978 年 6 月 23 日下午,时任中共中央副主席的邓小平、国务院副总理方毅、教育部部长刘西尧等,一道听取清华大学校长兼党委书记刘达的工作汇报,在听取汇报过程中,邓小平对留学生工作发表了重要指示:"我赞成留学生的数量增大,主要搞自然科学。留学生的管理方法也要注意,不能那么死,跟人家搞到一块,才能学到东西,这是五年内快见成效,提高我国水平的重要方法之一,要成千成万地派,不是只派十个八个……现在我们的格格太小,要千方百计加快步伐,路子要越走越宽。我们一方面要努力提高自己大学的水平,一方面派人出去学习,这样也能有一个比较,看看我们自己办的大学究竟办得如何?……今年派三千出去,怎么选派,派到哪里,要订好计划。可以分两种,一种是外语好的,今年直接派出去的,一种是办预备班,先补习外语。"①邓小平这段话表明政府决定要扩大留学规模,要增加

---

① 李滔. 中国留学教育史录:1949 年以后[M]. 北京:高等教育出版社,2000:365-366.

自然科学留学生的比例,同时要通过中外比较,提升我国大学的水平。其中还有一点是要提高外语的水平,因为外语的基础很重要。

根据邓小平的指示,我国扩大了外派留学生的规模并扩大了接受外国留学生和外国专家的规模。1979—1991 年国家教委(教育部)公费派出和政府各部委派出留学生与回国留学人员分别为 43 469 人和 20 947 人,1980—1991 年来华留学生人数为 48883 人,1979—1991 年国家教委(教育部)直属高等学校聘请外国专家、教师(含长期外国专家、教师和短期外国专家)共 17 578 人。①

中华人民共和国成立前后及改革开放前后派出的留学生归国以后为我国语言教学研究和科技研究事业做出了很多令人注目的成绩。例如在 1955 年中国科学院公布的 233 个学部委员中,有留学经历者 188 人,占总数的 81%,而其中大半为留美毕业生,仅清华大学的留美学生就有周培源、梁思成、汤用彤、杨石先等 29 人。② 李佩姗曾对五册《中国科学家辞典》(山东科学技术出版社出版)列出的 877 名科学家(教授级)做过一些统计分析,结果表明,这 877 名科学家有 662 人有海外留学经历,占总数的 75.5%,其中留美学生 393 人,居首位,留英学生次之,为 91 人。③ 英美留学者必须有很好的英文基础,科技交流需要英语教育作为基础,留学教育和科技交流促进了英语教育的发展。

四、英语教育变革的文化需要

社会文化包括物质文化、精神文化和制度文化。在中外文化传播与交流中英语教育至为重要。

中外文化传播与交流经历了东学西渐、西学东渐和中西融合的过程。文化的流向是伴随着经济、政治、科技的流向而由强势文化向弱势文化的。

(一)东学西渐

中国曾是世界文明的中心,中国的文化曾对世界产生过重大的影响。

从物质文化方面看,中国对世界产生重大影响的首推四大发明。四大发明改变了教育、出版印刷、航海交通、军事装备,影响了世界发展的进程。例如雕版印刷术发明以后,马克思曾把它同火药、指南针一起看成"预告资产阶级社会

---

① 田正平. 中外教育交流史[M]. 广州:广东教育出版社,2004:1029-1031.

② 田正平. 中外教育交流史[M]. 广州:广东教育出版社,2004:872.

③ 李佩姗.1949 年以后归国留学生在中国科学、技术发展中的地位和作用[J].自然辩证法通讯,1989(4):28.

到来的三大发明"。他说:火药把骑士阶层炸得粉碎,指南针打开了世界市场并建立了殖民地,而印刷术却变成新教的工具,总的来说,变成科学复兴的手段,变成为精神发展创造必要前提的最强大的杠杆。① 四大发明传到国外形成影响,没有外语参与做媒介是不可想象的。

从精神文化层面看,魏晋南北朝时期中国与西方、南方及东北各邻邦,就已开始有更多的交流活动。五经、《论语》、《千字文》这时期都传到日本和朝鲜去了。日本开始采用中国汉字,并开始派留学生到中国学习。唐朝《左传》《文选》、诸子百家等书籍,通过留学生传入新罗,对朝鲜文化教育的发展产生了一定的影响。日本同唐朝交往的重要方式是派"遣唐使",随同"遣唐使"到中国的日本留学生先后共 132 人。他们十几年、几十年生活在中国,对唐朝经济、政治、文化教育各领域都进行了深入的学习和研究,有的留学生还在唐朝考中进士,当时称为"宾贡进士",有的留学生还担任了唐朝的官职。② 元代意大利旅行家马可·波罗 1271 年取道中亚来中国,1275 年到达今内蒙古多伦西北,此后在元朝担任官职 17 年,并游历中国各地,1291 年由海路回意大利。回国后,他口述了东方见闻,由别人记录整理出版了《马可·波罗行记》一书。书中描述了东方的富庶,对欧洲人力求发现通往亚洲的新航路产生影响。实际上,在精神文化传播方面我国一直没有放弃过努力。改革开放以后,我国大量接收来自世界各地的留学生学习中国文化,并在全世界各地建立孔子学院等都是精神文化向世界传播的很好例证。在这一传播的过程中,外语教育获得了发展,外语发挥着越来越重要的交际作用。

从制度文化方面看,东学西渐对西方的影响更大。我国隋炀帝大业三年(607 年)建立了举世瞩目的科举制度,至我国清末 1905 年废弃,中间历经唐、宋、元、明、清约 1 300 年。这个制度先是对朝鲜、越南和日本产生影响,继而在 18—19 世纪对西方国家产生了重大影响。研究表明:公元 788—1893 年,朝鲜实行以儒学为标准的科举考试制度;公元 1075—1919 年,越南以儒学为标准实行科举考试制度;公元 676 年日本设立大学寮,分经、音、书、算 4 科,入学的资格及手续、科目考试的内容及方法,都与唐代科举考试制度类似。这一先进的考试制度于 18 世纪到 19 世纪传到欧洲。欧洲各国逐步推行的文官考核制度也吸取了中国科举考试的合理因素。1791 年,法国首先试行文官考核制度;1806 年,英国东印度公司开始实行文官考核制;1855 年,英国开始推行文官考

---

① 王炳照,等. 简明中国教育史[M]. 北京:北京师范大学出版社,1994:129-130.
② 王炳照,等. 简明中国教育史[M]. 北京:北京师范大学出版社,1994:121-122.

核制。孙中山先生在所著《五权宪法》中说:"现在各国的考试制度,差不多都是学英国的。穷流溯源,英国的考试制度,原来还是从我们中国学过去的。"①科举制度是中国的官吏选拔制度,是我们中华民族的一大创造,也影响了世界上很多国家。在这 ·制度的传播过程中,不论我们是主动还是被动,没有外语作为桥梁和纽带是不可能实现中西方沟通的。

(二)西学东渐

明清两代,我们闭关锁国,因而政治、科技、文化、教育、军事慢慢地落后了。"落后就要挨打",鸦片战争、甲午战争我们惨遭失败。在此期间,西方对中国的侵略不仅有军事上的、经济上的,还有文化上的。这便是西学东渐。西学东渐自恶意始,却从善果终,这是西方人意想不到的。

如前所述,明清之际,传教士利玛窦等遭遇海禁、教禁等政策,历尽千辛万苦才叩开中国的大门,但那时传教是要羞羞答答、偷偷摸摸的,不得不赔着笑脸,收买人心,甚至收买皇帝、大臣的贪贿之心,才在中国立稳脚跟。而鸦片战争以后签订的不平等条约,使得我国的海禁大开,传教士们便迫不及待地把西学引进我们这个古老的国度里。他们推进西学东渐的方式有多种:布道传教、建校传教、带人留学。

布道传教主要是一些天主教徒、基督教徒利用一些机会说服上层官僚和民众信奉他们鼓吹的宗教教义,并适时传授一些现代科学知识。但这不是主要的方式。

传教士们主要的传教方式则是建立教会学校,广招学生,用宗教教义和科学知识来改变中国的未来公民与栋梁。

教会学校的开办虽然是以传教为目的的,但对于外语教育和科技教育都有很重要的推动作用。正如著名科学史专家李约瑟在评价耶稣会士的历史地位时指出的那样,"即使说他们把欧洲的科学和数学带到中国只是为了达到传教的目的,但由于当时东西两大文明仍相互隔绝,这种交流作为两大文明之间文化联系的最高范例,仍然是永垂不朽的。"②

教会学校开办初期大多是小学、中学等初级学校,后来才有了大学,民国时期发展最快。教会学校初办时,应该说困难重重。

一是国人对外国语的抵触心理。在漫长的封建社会里,由于以小农自然经济为主,实行重农抑商政策,农民被牢牢地束缚在土地上,人们"安土重迁",习

---

① 王炳照,等. 简明中国教育史[M]. 北京:北京师范大学出版社,1994:128.
② 李约瑟. 中国科学技术史(中文 1 版第 4 卷)[M]. 北京:科学出版社,1975:693.

惯于闭关自守。这种社会形态阻碍了语言交流。张志公曾举一例子说明这种现象:唐朝诗人贺知章《回乡偶书二首》中有"少小离家老大回,乡音无改鬓毛衰。儿童相见不相识,笑问客从何处来。"的诗句。贺知章在辞去朝廷官职、告老还乡的时候,已经 80 多岁,这时距他中年离乡已有 50 来个年头了。可是他一点外乡语都没学,还是操着乡音回到老家,执着地要说家乡话,以至排拒任何非家乡语,这种普遍的语言心理一直流传,至少是影响到现在。[①] 连他乡的方言都有抵触的国人,当初接触外国语时自然也是存在这种传统的抵触心理的。

二是对外国传教士的抵触心理。对外国传教士,当时国人并不了解。对于他们的政治、经济、文化、风俗等国人更不知晓。由于风气未开,大家对于传教士及其开办的教会学校当然也存有抵触心理。查时杰在《中国基督教人物小传》中有一段论述让人发笑:"那时候大家还相信,白天和洋鬼子在一起,大概还不至有什么,一到晚上,这是他们的世界,等你在朦胧入睡,他们便可以来挖眼睛了。这样的话,现在说来,似乎荒诞不经,其实在陶淑女塾刚收住校生的时候,有七个学生来校,隔了二三天,逃得却剩一个了。"可见,当时国人还是把传教士当作洪水猛兽,把他们办的教会学校看成魔窟的。然而随着时间的推移,"成千上万的中国学生赴欧美留学。由于英语是奖学金考试的重要内容,因此教会大学的学生有着真正的有利条件,录取比例往往很高。懂英文也是在外交、电报、铁路、海关等部门寻找职业的本钱,许多教会大学的毕业生进入这些部门工作,因而许多非基督徒学生也选择了教会大学。所以这个阶段的教会学校发展很快,到 20 年代达到了巅峰"[②]。

传教士们推进西学东渐的方式还有带人留学。当年容闳就是在马礼逊学堂于道光二十七年(1847 年)随校长美籍传教士布朗赴美留学的。他先入马萨诸塞州孟松学校,后入耶鲁大学,回国后为发展我国的留学事业、建立新学、介绍西学等都做出了突出的贡献。

在传教士们推进西学东渐的过程中,我们起初是被动的,后来还是非常主动的。例如,有选择地翻译经书、教材、著作、科技文献等,派人出国留学、参观考察等,这些也大大地推动了西学东渐的进程,并带动了英语教育的蓬勃发展。总之,西学东渐的过程经历了从消极被动到积极主动的转变过程,这种转变为中西文化融合创造了条件。

---

① 张志公. 加紧开展英语教学的研究[J]. 中小学英语教学与研究,1985(3):91.
② 卫道治. 中外教育交流史[M]. 长沙:湖南教育出版社,1998:242.

（三）中西融合

东学西渐和西学东渐在时间上并不是截然分开的，是一个连续不断的过程，从未停止过。只不过伴随着强势经济、政治、科技、文化，强大的一方对弱小的一方有着巨大的吸引力。当双方旗鼓相当、互有短长时，融合便开始了。

在中西方文化融合过程中，借助于外语的沟通，双方的文化互相吸引、互相补充、互相整合，你中有我、我中有你，推动了人类文明的进步。中外文化交流经历了理解、沟通、交往等不同的几个阶段。

理解在文化交流过程中占据着非常重要的位置，因为中外许多思想文化层面的冲突来自相互隔阂或互不理解。例如，我国某教育机构曾派英语教师到新西兰参加外语技能培训。那儿的房东戴着八路军帽，穿着八路军服迎接我们的教师，教师们大惑不解，房东却乐呵呵地说：你们国家现在不就穿这衣服吗？我这样穿戴，就是让远道而来的朋友们有宾至如归的感觉。这种文化上的隔阂让人哭笑不得。

中西文化融合的基础在于对文化差异的理解。中西文化有何差异？严复的论点是："中国最重三纲，而西人首明平等；中国亲亲，而西人尚贤；中国以孝治天下，而西人以公治天下；中国尊主，而西人隆民；中国贵一道而同风，而西人善党居而州处；中国多忌讳，而西人众讥评。其于财用也，中国重节流，而西人重开源；中国追淳朴，而西人求欢虞。其于接物也，中国美谦屈，而西人务发舒；中国尚节文，而西人乐简易。其于为学也，中国多夸识，而西人尊新知。"[1] 有专家评论，严复对中西文化的宏观比较，为近代中国教育界开创了一种把教育问题放在古今中外广阔的文化视野中考察把握的新的研究思路，标志着中国教育一个新的历史时期的开端；中国教育界向西方学习的运动逐渐突破了"中体西用论"的思想框架，拉开了由器物、制度层面向思想、观念、精神层面过渡并进行综合考察的历史帷幕。[2] 实际上没有对中西文化差异的考察比较，我们无论如何也不能明确孰优孰劣，这种综合考察基础上的理解是必需的。

在文化交流过程中，如果说理解是前提的话，那么沟通就是关键了。沟通重在思想、观念、习俗等的交流，而这种交流的方式有很多，其中最重要、影响最大的便是译著活动。

有关史料记载，苻秦时代（350—394 年），在释道安（314—385 年）的主持下设置了译场，从此经书翻译便成了一项有组织的活动。释道安请来了天竺（印

---

① 严复. 严复集：第 1 册 [M]. 北京：中华书局，1986：3.

② 田正平. 中外教育交流史 [M]. 广州：广东教育出版社，2004：337.

度)鸠摩罗什(344—413年),后者在我国译著了《金刚经》《法华经》等共300余卷。南北朝时,梁武帝又聘请天竺佛教学者真谛(499—569年)来中国讲经。真谛共译了49部经论,其中《摄大乘论》对中国佛教思想的影响尤为明显。唐代出现了古代翻译界巨星玄奘(602—664年)。玄奘在唐太宗贞观二年(628年)从凉州出玉门关西行赴天竺求经,历时17年,回国时带回佛经657部,并主持了规模更大、组织更为健全的译场。① 明代,设立四夷馆,以翻译邻国和少数民族文字,四夷馆既是翻译机构,又是教育机构。明万历十年(1582年),意大利传教士利玛窦历尽千辛万苦来到中国,先是在广东肇庆传教,后又抵北京,进献自鸣钟等物,深得皇帝和士大夫的喜爱。他采取了"学术传教"的路线,教中国人天文、历法、数学、测量、水利等学科知识。我国著名的科学家徐光启(1562—1633年)与利玛窦交往甚密,他于1629年主持了我国历史上第一个重要的科技翻译机构——历局,编了《崇祯历书》,并译著了许多科技书籍,其中与利玛窦合译的《几何原本》影响最大。

清代,洋务运动的"中学为体,西学为用"改变了中西长期以来"老死不相往来"的局面。1898年"百日维新"中教育实行了改革,提出"废除八股,改革科举制度","兴办学堂,提倡西学","派人员出国留学","建立译书局,编辑教科书,编译中外要书",这为日后的中西实质性的交往、交流奠定了基础。

根据现在掌握的材料,清末至民国翻译出版的重要教育著作列表如下(表1-5)。

表1-5 1898—1939年翻译出版的重要教育著作

序号	译著名称	原著作者	译者	出版社	出版年份
1	《天演论》	赫胥黎	严复		1898
2	《平民主义与教育》	杜威	常道直	商务印书馆	1922
3	《教育论》	斯宾塞	任鸿隽	商务印书馆	1923
4	《康德教育论》	康德	瞿菊农	商务印书馆	1926
5	《教育论》	罗素	周意彪	北京文化学社	1930
6	《爱弥儿》	卢梭	魏肇基	商务印书馆	1933
7	《普通教育学》	赫尔巴特	尚仲衣	商务印书馆	1936
8	《教育漫话》	洛克	傅任敢	商务印书馆	1937
9	《大教授学》	夸美纽斯	傅任敢	商务印书馆	1939

---

① 付克. 中国外语教育史[M]. 上海:上海外语教育出版社,1986:4.

除了这些重要的教育著作以外,我们在中华人民共和国成立前后还引进和翻译了大量的教材、著作、科技文章,当然我国的经典著作四书五经等也翻译成外文,远播海外,这些都为我国与西方思想、观念等方面的沟通创造了条件。

理解和沟通实质上是为了交往,只有相互长时间的交往才能做到文化上的交融。中西交往的方式有很多,如贸易往来、文化交流、互派使团等,我们认为文化交流的一种重要方式——互派留学生在中西文化交融中起到了重要作用。

在我国历史上国力较强且文化较盛的一些朝代,中国文化受到外国青睐。很多国家都曾派遣留学生不远万里来中国留学,这种留学活动始于汉代,盛于唐代。如前所述,这是东学西渐的一部分。

到清代,我国国力衰减,文化势弱,我们不得不"师夷之长技以制夷",此为西学东渐。从1872年派遣幼童留学生始,至1877年船政学堂派若干人到英法学习,又到"庚款留学",再到中华人民共和国成立后尤其是改革开放后大规模派人留学,大规模接纳外国留学生来中国学习科技、教育、文化,中西文化的交往日益加深,中西文化正在慢慢地、谨慎地、悄悄地融合在一起,差异仍然有,但严复所讲的中西方的那种种差异有的已在悄悄地变为历史。

总之,东学西渐和西学东渐促进了中西方文化的最终融合。尽管中西方文化永远不可能融为一体,成为一种文化,但它们对人类文明的共建却是功不可没的。在这个过程中,外语作为媒介、纽带和桥梁,其作用是不言而喻的。

第二章

不同时期的英语课程变革

　　课程在学校教育中处于核心地位。"课程"一词在我国最早出现在唐朝。唐孔颖达在《五经正义》里为"奕奕寝庙,君子作之"句注疏:"教护课程,必君子监之,乃得依法制也。"宋朱熹在《朱子全书·论学》中亦有"宽着期限,紧着课程""小立课程,大作功夫"之说。我国学者对课程的定义有学科说、进程说和总和说。①

　　英语是中小学的一门主要课程。为什么要在学校里教学外语呢?张士一先生说,我们只要一看我们在农、工、商、外交、军备和学术各方面的情形,外国语的需要是显而易见的。不但国际的贸易和外交、社交等是直接需用外国语做工具的,就是其他一切事业,假使我们不甘落后而要和世界各国并驾齐驱,那么我们也免不了要靠外国语来知道世界上的进步。总而言之,在职业上和文化上,我们都需要外国语。②外语不仅具有实用功能,也具有发展功能,这已经成为大家的共识。

　　英语在我国中小学被列为第一外语,有着诸多的因素,张士一对此曾有过论述。他说:一共有六个方面的原因。第一,国族最强;第二,文化最盛;第三,世界上最久用;第四,世界上最多用;第五,我国最久用;第六,我国最多用。归根到底单是一个"实用"原则就可以概括其余的了。③目前在中小学开设英语并把英语列为第一外语无外乎这几个方面的因素。

　　英语课程清末正式进入中学,民国初年进入小学,自此一直在发生着变革。研究英语课程变革,重点应研究课程设置、课程目标、课程实施、课程评价变革,其依据文件是我国官方颁布的教学大纲或课程标准(含意见或通知)。我国外语教育自晚清开始启动,发展至2001年将近百年。从1902年到2001年近百年

---

① 顾明远.教育大辞典(上)[M].上海:上海教育出版社,1998:892.
② 张士一.中学英语教学法的教育学基础[J].中小学英语教学与研究,1988(5):17.
③ 张士一.中学英语教学法的教育学基础[J].中小学英语教学与研究,1988(5):18.

中我国官方颁行的类似文件约有 47 个,见表 2 - 1。

表 2 - 1　1902—2001 年颁发的教学大纲、课程标准或课程文件①

年份	文件名称	层次
1902	钦定中学堂章程	中学
1904	奏定中学堂章程	中学
1909	学部奏变通中学堂课程分为文科实科折	中学
1912	小学校令	小学
1912	小学校教则及课程表	小学
1912	中学校令施行规则	中学
1913	中学校课程标准	中学
1915	高等小学校令	小学
1916	高等小学校令施行细则	小学
1923	新学制课程纲要初级中学外国语课程纲要	中学
1923	新学制课程纲要高级中学公共必修的外国语课程纲要	中学
1929	初级中学英语暂行课程标准	中学
1929	高级中学普通科英语暂行课程标准	中学
1932	初级中学英语课程标准	中学
1932	高级中学英语课程标准	中学
1936	初级中学英语课程标准	中学
1936	高级中学英语课程标准	中学
1941	六年制中学英语课程标准草案	中学
1941	修正初级中学英语课程标准	中学
1941	修正高级中学英语课程标准	中学
1948	修订初级中学英语课程标准	中学
1948	修订高级中学英语课程标准	中学
1951	普通中学英语科课程标准草案	中学
1954	关于从 1954 年秋季起中学外国语科设置的通知	中学
1954	关于初中不设外国语科的说明的通知	中学
1956	关于中学外国语科的通知	中学

① 课程教材研究所. 20 世纪中国中小学课程标准·教学大纲汇编:外国语卷(英语)[S]. 北京:人民教育出版社,2001:2.

（续表）

年份	文件名称	层次
1956	高级中学英语教学大纲（草案）	中学
1959	关于在中学加强和开设外国语的通知	中学
1959	关于在中学加强和开设外国语的补充通知	中学
1962	对小学开设外国语课的有关问题的意见	小学
1963	全日制中学英语教学大纲（草案）	中学
1978	全日制十年制中小学英语教学大纲（试行草案）	中小学
1979	关于印发《加强外语教育的几点意见》的通知	中小学
1980	全日制十年制中小学英语教学大纲（试行草案）	中小学
1982	印发《关于加强中学外语教育的意见》的通知	中学
1985	关于印发调整初中数学、物理、化学、外语四科教学要求意见的通知	中学
1986	全日制中学英语教学大纲	中学
1988	九年制义务教育全日制初级中学英语教学大纲（初审稿）	中学
1990	全日制中学英语教学大纲（修订本）	中学
1992	九年义务教育全日制初级中学英语教学大纲（试用）	中学
1993	全日制高级中学英语教学大纲（初审稿）	中学
1994	关于印发中小学语文等23个学科教学大纲调整意见的通知	中小学
1996	关于现行高中数学、英语两学科教学内容与初中义务教育课程方案衔接处理意见的通知	中学
1996	全日制普通高级中学英语教学大纲（供试验用）	中学
2000	九年义务教育全日制初级中学英语教学大纲（试用修订版）	中学
2000	全日制普通高级中学英语教学大纲（试验修订版）	中学
2001	全日制义务教育普通高级中学英语课程标准（实验稿）	中小学

从表中得知，百年来，我国政府颁布的英语课程文件中以中学（初、高中）为主，共有42个，其中单独文件37个，小学只有10个，单独文件仅有5个。

第一节 课程设置变革

一、小学课程设置及变革

小学英语课程在我国英语滥觞期已经开始设置,当时教会学校里英语课程或相关课程设置较为普遍,后又在条件较好的其他小学开始设置,随意性较大,没有统一的课时、统一的教学目标、统一的教材。但是积累了一定的课程实施经验,对后来的课程有一定的影响。

民国初年1912年9月,教育部公布了《小学校令》,其中第三章教科及编制第十二条规定:"视地方情形,农业可以从缺,或改为商业,并可加设英语,遇不得已,手工、唱歌亦得暂缺","视地方情形,可改英语为别种外国语"。同年11月又公布了《小学校教则及课程表》,教则第十八条规定:高等小学第三学年加授英语或别种外国语。英语首宜授发音及单词短句,进授浅近文章之读法、书法、作法、语法,每周授课时数为3小时。虽明确了设置,但为随意科。

1916年1月公布并于同年10月修正的《高等小学校令施行细则》第一章教科及编制第一节教则规定:"高小自第二学年开始设置英语,每周二课时为随意科。"并规定:"外国语视地方情形,亦得自一学年始"。本教则的特点是:外语设置年龄下移,课时减少1课时。

1923年《新学制课程纲要初级中学外国语课程纲要》内容和方法中规定:"新学制小学以不教外国语为原则",小学英语再次成为随意科。

1962年7月30日教育部颁发《对小学开设外国语课的有关问题的意见》,意见指出:"试验新学制的五年一贯制小学的外国语课,一般在四、五年级开设为宜。大中城市首先要解决全日制中学的外国语课的师资问题;个别基础较好的六年制小学如果有外国语教师,也可以在五、六年级开设外国语课。授课时数一般可按每周三课时安排。"但当时课本没有解决,只好规定:"英语的班级暂时使用现行十二年制英语课本初中第一册的第一至第十一课(第1页至第49页)","小学两年学完新编初中课本第一册,这些学生升入初中一年级后,可以继续学习新编初中课本第二册、中学阶段可以提前一年学完中学课本,然后再学一些补充教材,以提高程度。"可见,课本不完备,此时开设英语只是权宜之计。

1978年,教育部颁发《全日制十年制中小学英语教学大纲(试行草案)》,该大纲规定:"英语课从小学三年级起开设。"又提出:"鉴于目前的具体条件,有些学校的英语课也可从初中一年级开设。"并规定小学三年级、四年级、五年级周课时为4课时。1980年《全日制十年制中小学英语教学大纲(试行草案)》又重申了上述规定,然而又结合各地师资等实际情况,明确提出英语课的设置有两种办法:一种是从小学三年级起开设,另一种是从初中一年级起开设。

直至20多年以后的2001年,为贯彻第三次全国教育工作会议精神,进一步落实"教育要面向现代化、面向世界、面向未来"的战略指导思想,教育部决定,把小学开设英语课程作为21世纪初基础教育课程改革的重要内容。为此,教育部于2001年1月18日颁发了《关于积极推进小学开设英语课程的指导意见》。意见提出推进小学开设英语课程的基本目标是:2001年秋季始,全国城市和县城小学逐步开设英语课程,2002年秋季,乡镇所在地小学逐步开设英语课程。小学开设英语课程的起始年级一般为三年级。至此,英语课程经历了百年沧桑才算在小学真正落下了脚。

二、中学课程设置及变革

中国中学英语课程设置比较稳定,尤其是高中课程设置更为稳定。

1902年《钦定中学堂章程》规定中学堂课程一星期时刻表,外国文为每周9课时;1904年《奏定中学堂章程》规定各学科程度及每星期教授时刻表,每周改为8课时。

1909年《学部奏变通中学堂课程分为文科实科折》提出:"至中学堂之宗旨,年齿已长,趣向已分;或令其博通古今以储治国安民之用,或令其研精艺术以收厚生利用之功,于是文科与实科分焉……拟将中学堂分为文科实科,其课程仍照奏定章程十二门分门教授……文科以读经讲经、中国文学、外国语、历史、地理为主课……实科以外国语、算学、物理、化学、博物为主课。"中学堂分为文科实科以后,增加了实科外语课的授课钟点数。

1912年《中学校令施行规则》第一章学科及程度第一节规定外国语以英语为主。1913年3月颁发的《中学校课程标准》外国语课时男女做了区分。由于1923年《新学制课程纲要初级中学外国语课程纲要》提出新学制小学以不教外国语为原则,故初级中学第一年级学生学英语,应自字母教起。该纲要对教学目的、内容和方法、毕业最低限度标准都做了比较详细的规定,是一个自清末以来比较详细的大纲。1922年壬戌学制颁行,1923年颁布《新学制课程纲要高级中学公共必修的外国语课程纲要》,规定了授课时间及学分、主旨、教材、方法等。该纲要提出了学分的要求,并对四个学期学分分布做了规定。

1929 年至 1949 年共颁行了 11 个英语课程标准或修订标准,保证了中学英语教育的发展,也为中华人民共和国英语教育的发展奠定了基础。

1951 年公布了《普通中学英语科课程标准草案》,词汇量要求比较高,初、高中共约 5 000 字。此后,俄语发展,英语消退。1956 年国家意识到语种单一的问题,下发了《关于中学外国语科的通知》。通知提出“必须注意扩大和改进英语教学。从 1956 年秋季起,凡英语师资条件较好的地区,从高中一年级起应增设英语课;高中二、三年级原教英语的更应该继续教下去”。同年,教育部颁布了《高级中学英语教学大纲(草案)》。1959 年国家为进一步解决语种单一、俄语人才过剩问题,又发布了《关于在中学加强和开设外国语的通知》,提出外国语语种设置比例,“大体上可以规定约有三分之一的学校教俄语,三分之二的学校教英语及其他外国语。”这样,英语教育的发展就有了一个可以操作的数量规划。

1963 年制定并颁发了《全日制中学英语教学大纲(草案)》,这是中华人民共和国成立以来教学要求最高、教学内容最多、课时也最多的一部大纲。[1] 该大纲使用时间很短,“文化大革命”开始后被迫停止使用。

1978 年召开了全国外语教育座谈会,并颁发了《全日制十年制中小学英语教学大纲(试行草案)》。大纲规定“英语课从小学三年级起开设……有些学校的英语课也可以从初中一年级起开设”。条件好的地区和学校具备师资条件的自即年起开始在小学设置外语课,全国初中普遍开设了英语课,为英语教育迅速恢复和普及以及高中英语教育的发展创造了条件。

1986 年,制定和颁发了《全日制中学英语教学大纲》,1990 年进行了修订,教学要求有所降低,教学内容有所减少。高中英语分为必修和选修两部分,高一、高二英语为必修课,高三为选修课。这是一个较大的变化。

1993 年颁行《全日制高级中学英语教学大纲(初审稿)》,1996 年此大纲被修订为《全日制普通高级中学英语教学大纲(供试验用)》。1997 年起这部大纲随同与之配套的人民教育出版社编写的教材在山西、江西、天津两省一市进行首轮试验。2000 年教育部颁发试验修订版,试验区扩大到 10 个省市。

2001 年新课程改革开始,同年 7 月颁发了《全日制义务教育普通高级中学英语课程标准(实验稿)》。全国 38 个实验区开展实验,中小学英语教育进入一

---

①　课程教材研究所.20 世纪中国中小学课程标准·教学大纲汇编:外国语卷(英语)[S].北京:人民教育出版社,2001:2.

个新的探索阶段。

第二节　课程目标变革

课程目标是课程要完成任务的预期,应包括教育目标和教学目标两个部分。教育目标是教学目标的上位概念,有时二者又很难分开。为了研究上的方便,我们认为教育目标侧重全面发展要求,教学目标侧重学业发展要求。

一、中小学英语教育目标变化

中国中小学英语教育目标在英语教育启动期和启动期之后有明显变化。

（一）启动期英语教育目标

1904 年《奏定中学堂章程》明确提出英语课程进入中学课堂之初教育目标应放在"临事应用""入高等专门各学堂""读西书""远适异域,不假翻译""与之对话,知其情状"上。

1912 年《小学校教则及课程表》教则第十五条规定:"英语要旨,在使儿童略解浅易之语言文字,以供处事之用。"1912 年《中学校令施行规则》第一章学科及程度第四条规定:"外国语要旨在通解外国普通语言文字,具运用之能力,并增进智识。"

明显地,这一时期的英语教育目标定位在"实用""处事"之上。

（二）启动期以后英语教育目标

1923 年胡宪生起草的《新学制课程纲要初级中学外国语课程纲要》颁布。该纲要提出学生应能自动补充阅读故事、书报,做最普通会话,能造简单语句,能做简单之翻译(汉译英)等。同年教育部颁发了《新学制课程纲要高级中学公共必修的外国语课程纲要》,由朱复起草。该课程纲要对养成学生欣赏优美文学的兴趣、培养学生通常会话的优良习惯、鼓励学生表演能力、学习修辞学和作文法的知识都提出了明确的要求。

1951 年《普通中学英语科课程标准草案》初级中学英语课程标准草案部分提出要使学生养成阅读和练习英语的兴趣,打下继续进修的基础,养成语言习惯,要在学习中发现规律并利用好规律。高级中学英语课程标准草案中规定:要养成阅读和练习英语的志趣,打下进修专科用的英语基础,要丰富学生的阅读经验,训练学生的自学能力,要求书写整齐优美,克服潦草散漫的偏向,等等。

1963 年《全日制中学英语教学大纲(草案)》指出:英语是世界上使用范围非常广泛的语言。掌握英语对吸取有益于我国社会主义建设的科学技术成果,或者向友好的国家和人民介绍我们的经验,对加强与各国人民之间的联系,团结各国人民共同对帝国主义做斗争,都会有许多便利。因此,在中学里把英语列为重要课程之一。开设英语目的是使学生初步掌握英语这个工具,具有初步阅读英语书籍的能力。为了开阔学生视野,高中所用教材中的课文英文原著和名著的英译占的分量比较大,其中高一占 60% ,高二占70% ,高三占 80% 。

1978 年《全日制十年制中小学英语教学大纲(试行草案)》指出:英语是世界上使用范围非常广泛的一种语言。在国际阶级斗争、经济贸易联系、文化技术交流和友好往来中,英语是一个重要的工具……我们要在 20 世纪内实现农业、工业、国防和科学技术现代化,把我国建设成为强大的社会主义国家;我们要坚持无产阶级国际主义,继续贯彻执行毛主席的革命外交路线。这就需要培养大量又红又专并通晓外语的各方面人才。因此,我们要切实加强中小学的英语教学。这一段表述尽管富有某种时代气息,但从“又红又专并通晓外语”教育目标的角度看,已接近全人教育的本义。

1993 年《全日制高级中学英语教学大纲(初审稿)》指出:外国语是学习文化科学知识、获取世界各方面信息与进行国际交往的重要工具。我国实行对外开放政策,国内经济、政治、科技和教育体制的改革正在全面展开,世界范围的新技术革命正在兴起,为了把我国建设成为文明、民主的社会主义现代化国家,教育要面向现代化、面向世界、面向未来,要贯彻德、智、体全面发展的方针,培养大批有理想、有道德、有文化、有纪律,并在不同程度上掌握一些外国语的各方面的人才,以提高中华民族的思想道德素质和科学文化素质。这个大纲对“三个面向”“四有”“德智体”“思想道德素质和科学文化素质”的提法虽然语义上有交叉重复的问题,但显然是全人教育最完整的表述。

2001 年,教育部颁发《全日制义务教育普通高级中学英语课程标准(实验稿)》。课程标准将语言技能、语言知识、情感态度、学习策略和文化意识统称为综合语言运用能力。其目标总体分为九级描述。一、二级为小学目标,三、四、五级为初中目标,六、七、八、九级为高中目标。列表如下(表 2 - 2)。

表2-2　2001年英语课程标准综合语言运用能力一级至九级目标总体描述

级别	目标总体描述
一级	对英语有好奇心,喜欢听他人说英语。能根据教师的简单指令做游戏、做动作、做事情(如涂颜色、连线)。能做简单的角色扮演。能唱简单的英文歌曲,说简单的英语歌谣。能在图片的帮助下听懂和读懂简单的小故事。能交流简单的个人信息,表达简单的情感和感觉。能书写字母和单词。对英语学习中接触的外国文化习俗感兴趣。
二级	对英语学习有持续的兴趣和爱好。能用简单的英语互致问候,交换有关个人、家庭和朋友的简单信息,能根据所学内容表演小对话或歌谣。能在图片的帮助下听懂、读懂并讲述简单的故事。能根据图片或提示写简单的句子。在学习中乐于参与、积极合作、主动请教。乐于了解异国文化、习俗。
三级	对英语学习表现出积极性和初步的自信心。能听懂有关熟悉话题的语段和简短的故事。能与教师或同学就熟悉的话题(如学校、家庭生活)交换信息。能读懂小故事及其他文体的简单书面材料。能参照范例或借助图片写出简单的句子。能参与简单的角色扮演等活动。能尝试使用适当的学习方法,克服学习中遇到的困难。能意识到语言交际中存在文化差异。
四级	明确自己的学习需要和目标,对英语学习表现出较强的自信心。能在所设日常交际情景中听懂对话和小故事。能就熟悉的生活话题交流信息和简单的意见。能读懂短篇故事。能写便条和简单的书信。能尝试使用不同的教育资源,从口头和书面材料中提取信息,扩展知识,解决简单的问题并描述结果。能在学习中相互帮助,克服困难。能合理计划和安排学习任务,积极探索适合自己的学习方法。在学习和日常交际中能注意到中外文化的差异。
五级	有较明确的英语学习动机和积极主动的学习态度。能听懂教师有关熟悉话题的陈述并参与讨论。能就日常生活的各种话题与他人交换信息并陈述自己的意见。能读懂供7—9年级学生阅读的简单读物和报刊,克服生词障碍,理解大意。能根据阅读目的运用适当的阅读策略。能根据提示起草和修改小作文。能与他人合作,解决问题并报告结果,共同完成学习任务。能对自己的学习进行评价,总结学习方法。能利用多种教育资源进行学习。进一步增强对文化差异的理解与认识。
六级	进一步增强英语学习动机,有较强的自主学习意识。能理解口头或书面材料中表达的观点并发表自己的见解。能有效地使用口头或书面语言描述个人经历。能在教师的帮助下计划、组织和实施各种英语学习活动。能主动扩展和利用学习资源,从多渠道获取信息。能根据自我评价结果调整学习目标和策略。能体会交际中语言的文化内涵和背景。

（续表）

级别	目标总体描述
七级	有明确和持续的学习动机及自主学习意识。能就较广泛的话题交流信息,提出问题并陈述自己的意见和建议。能读懂供高中学生阅读的英文原著改写本及英语报刊。具有初步的实用写作能力,如通知、邀请信等。能在教师的指导下,主动参与计划、组织和实施各种语言实践活动。能主动利用多种教育资源进行学习。具有较强的自我调控能力,初步形成适合自己的学习策略。理解交际中的文化差异,初步形成跨文化交际意识。
八级	有较强的自信心和自主学习能力。能就熟悉的话题与讲英语的人士进行比较自然的交流。能就口头或书面材料的内容发表评价性见解。能写出连贯且结构完整的短文。能自主策划、组织和实施各种语言实践活动,如商讨和制订计划、报告实验和调查结果。能有效利用网络等多种教育资源获取和处理信息。能自觉评价学习效果,形成有效的英语学习策略。了解交际中的文化内涵和背景,对异国文化采取尊重和包容的态度。
九级	有自主学习能力。能听懂有关熟悉话题的演讲、讨论、辩论和报告的主要内容。能就国内外普遍关心的问题如环保、人口、和平与发展等用英语进行交谈,表明自己的态度和观点。能做日常生活的口头翻译。能利用各种机会用英语进行真实交际。能借助字典阅读题材较为广泛的科普文章和文学作品。能用常见应用文体完成一般的写作任务,并具有初步使用文献的能力。能自主开拓学习渠道,丰富学习资源。具有较强的世界意识。

从上述目标看,英语教育进入发展期以后,教育目标的描述逐步具体、丰富、全面。其中不仅包含智力方面的发展要求,也包含了非智力方面的发展要求。教育目标不仅重视语言的工具功能,更注重其发展功能。

二、中小学英语教学目标变化

英语教学目标侧重对学业发展的要求。启动期和启动期之后目标要求变化也比较明显。

（一）启动期教学目标

1904 年《奏定学堂章程》规定教学内容及目标为:当先审发音,习缀字,再进则习简易文章之读法、译解、书法,再进则讲普通之文章及文法之大要,兼使会话、习字、作文。

1912 年《小学校教则及课程表》教则第十五条规定:英语宜授发音及单词短句,进授浅近文章之读法、书法、作法、语法。同年《中学校令施行规则》中规定外国语首先应教学发音拼写,逐步学习文章的读法、书法、译解、默写,进而传授普通文章及文法要略、会话、作文。

（二）启动期之后教学目标

1923 年《新学制课程纲要初级中学外国语课程纲要》提出英语教学要达到三个目的：第一，使学生能阅浅易的英文书报。第二，使学生能用英语作浅近的书札及短文。第三，使学生能操日用的英语。实际上是听、说、读、写四项技能的基本要求。同年《新学制课程纲要高级中学公共必修的外国语课程纲要》中提出了诸多目标要求如阅读能力（复述、分解、摘记、领受、自译）、会话能力、作文能力（说明的、辩证的、描写的、记载的）、语法翻译能力等。

1951 年颁发的《普通中学英语科课程标准草案》初级中学英语课程标准草案中提出了比较具体的教学目标：能认识 1000～1500 个一般的常用字；能练习运用常用的典型短语（包括片语，简单的会话）约两百句；能阅读生字不超过十分之一二的浅近英语；能做清晰熟练的书写（常用之书写体，印刷体仅能辨认即可）。上述目标要求是语音、词汇、语法方面的要求，也是听、说、读、写方面的要求。同年颁发的《普通中学英语科课程标准草案》提出了比较具体化的教学目标：除了复习、继续运用初中所学的 1000～1500 个单字以外，能再加修大约 3000～4000 个一般通用的单字（连初中共约 5000 字）、能练习运用普通英语，包括简单的会话和写作；能认识一种标音制（如国际音标或韦氏音标）；能利用字典、词典，阅读一般性的英文书报杂志。同时对高一年级的读音、单字、语法、写作，高二年级的读音、单字、语法、写作、字典、词典的使用以及继续课外阅读，高三年级阅读、单字、语法、写作、字典、词典及参考书后所附索引的使用和继续课外阅读等目标提出了明确的要求。

1963 年《全日制中学英语教学大纲（草案）》提出中学英语教学的要求是教学生掌握 3 500—4 000 个单词和一定数量的惯用词组，以及必要的语音、语法的知识和技能，指导学生熟读一定数量的文章，进行阅读、会话、作文的各种训练。其中高中阶段，要求在初中掌握 1500—2000 个单词和一定数量的惯用词组的基础上，继续掌握 2000 个左右的单词、一定数量的惯用词组和进一步的语法知识，具有借助词典初步阅读书籍的能力，就日常生活方面的题材进行简单会话和作文的能力以及初步的翻译能力。该大纲对各年级教学提出了总的要求，见表 2-3。

表2-3 1963年《全日制中学英语教学大纲(草案)》各年级教学总要求

年级	教学总要求
初一	掌握字母、音标,打好语音基础,掌握一定数量的单词和简单句式。通过发音、拼写、朗读、问答、背诵、听写等各种训练,培养良好的学习习惯。
初二	巩固语言技能,具有初步的用词造句能力。
初三	比较牢固地掌握所学的词汇和语音、语法知识,学会造各种简单句和普通的复合句,初步阅读浅易的短文,并就熟悉的题材作简单的会话。
高一	复习和巩固初中学过的词汇和语法知识,进一步补充必要的语法知识,分析比较复杂的句子,从阅读较短的课文逐步过渡到阅读篇幅较长的课文,初步具有阅读简易读物的能力。
高二	继续增加词汇和惯用词组,补充构词知识、词的用法知识,通过课文讲读补充个别新语法现象的知识,逐步扩大阅读范围并提高阅读速度,要求逐步做到不太费力地阅读简易读物。
高三	最后达到初步具有阅读浅近英语原著的能力。

从1963年高中各个年级的总的教学要求中我们不难发现,词汇、语法、阅读中特别把阅读能力放在了非常重要的位置。强调阅读并且强调阅读英语原著是这个时期英语教学的特点。

1978年《全日制十年制中小学英语教学大纲(试行草案)》规定:小学阶段,侧重听说,使学生通过模仿和口头练习掌握基本语音与少量词汇以及简易的语法项目,同时进行一些笔头练习,养成良好的拼写和书写习惯。其中对小学三年级提出了字母、语音、书法、语法、词汇和听写方面的要求。对四年级提出了语音、语法、词汇、听写方面的要求。对五年级提出了语音、语法、词汇和听写方面的要求。对于知识技能要求更加具体化。初中阶段,在归纳复习小学出版的语音、语法和词汇的基础上,通过听、说、读、写、译等方式继续进行并完成基本语法的教学。其中对初一年级语音、书法、语法、词汇、课文提出了具体的目标要求;对初二年级语音、语法、词汇、课文提出了具体的目标要求;对初三年级的语音、语法、词汇、课文、造句、会话提出了具体的目标要求。不仅重视语言的基本训练,并且重视知识的初步灵活运用。高中阶段着重培养阅读能力,并进行一些较难较深的语法项目的教学,同时进行适当的听、说、写、译的训练。为了实现这一目的,必须培养学生学习词汇的能力,掌握基本语法,具有分析句子的能力,朗读能力,口笔头问答、复述、会话能力,英译汉能力,借助词典阅读的能力和短文、书信写作的能力等,"双基"之上的能力培养是教学的出发点,也是归宿。

1992年《九年义务教育全日制初级中学英语教学大纲(试用)》中提出:义务教育全日制初级中学英语教学的目的,是通过听、说、读、写的训练,使学生获得英语基础知识和为交际初步运用英语的能力,激发学生的学习兴趣,养成良好的学习习惯,为进一步学习打好初步的基础;使学生受到思想品德、爱国主义和社会主义方面的教育;发展学生的思维能力和自学能力。大纲规定初中英语按不同情况分两级要求:从一年级起学习两年的为一级要求;根据需要和可能继续学习一或两年的为二级要求。一、二级要求对听、说、读、写、语音、词汇、语法分别制订了要达到的目标,并规定了为达到上述目标需要掌握的日常交际用语、语音、词汇和语法的具体教学内容。

2001年《全日制义务教育普通高级中学英语课程标准(实验稿)》指出:基础教育阶段英语课程的总体目标是培养学生的综合语言运用能力(含语言技能、语言知识、情感态度、学习策略和文化意识)并将小学至高中的英语教学目标(含语言技能、语言知识、情感态度、学习策略和文化意识教学目标)分为九级,其中一、二级为小学目标,三、四、五级为初中目标,六、七、八、九级为高中目标。语言技能是教学的出发点和归宿,其中语言技能各级目标如下(表2-4)。

表2-4　2001年英语课程标准语言技能一至九级目标描述

级别	技能	目标描述
一级	听做	1. 能根据听到的词语识别或指认图片或实物; 2. 能听懂课堂简短的指令并做出相应的反应; 3. 能根据指令做事情,如:指图片、涂颜色、画图、做动作、做手工等; 4. 能在图片和动作的提示下听懂简单的小故事并做出反应。
	说唱	1. 能根据录音模仿说英语; 2. 能相互致以简单的问候; 3. 能相互交流简单的个人信息,如:姓名、年龄等; 4. 能表达简单的情感和感觉,如:喜欢和不喜欢; 5. 能够根据表演猜测意思、说词语; 6. 能唱英语儿童歌曲15—20首,说歌谣15—20首; 7. 能根据图、文说出单词或短句。
	玩演	1. 能用英语做游戏并在游戏中用英语进行简单的交际; 2. 能做简单的角色表演; 3. 能表演英文歌曲及简单的童话剧,如《小红帽》等。
	读写	1. 能看图识字; 2. 能在指认物体的前提下认读所学词语; 3. 能在图片的帮助下读懂简单的小故事; 4. 能正确书写字母和单词。

（续表）

级别	技能	目标描述
一级	视听	1. 能看懂语言简单的英语动画片或程度相当的教学节目； 2. 视听时间每学年不少于 10 小时（平均每周 20—25 分钟）。
二级	听	1. 能在图片、图像、手势的帮助下，听懂简单的话语或录音材料； 2. 能听懂简单的配图小故事； 3. 能听懂课堂活动中简单的提问； 4. 能听懂常用指令和要求并做出适当反应。
	说	1. 能在口头表达中做到发音清楚、语调达意； 2. 能就所熟悉的个人和家庭情况进行简短对话； 3. 能运用一些最常用的日常套语（如问候、告别、致谢、致歉等）； 4. 能在教师的帮助下讲述简单的小故事。
	读	1. 能认读所学词语； 2. 能根据拼读的规律，读出简单的单词； 3. 能读懂教材中简短的要求或指令； 4. 能看懂贺卡等所表达的简单信息； 5. 能借助图片读懂简单的故事或小短文，并养成按意群阅读的习惯； 6. 能正确朗读所学故事或短文。
	写	1. 能模仿范例写句子； 2. 能写出简单的问候语； 3. 能根据要求为图片、实物等写出简短的标题或描述； 4. 能基本正确地使用大小写字母和标点符号。
	玩演视听	1. 能按要求用简单的英语做游戏； 2. 能在教师的帮助下表演小故事或童话剧； 3. 能表演歌谣或简单的诗歌 30—40 首（含一级要求）； 4. 能演唱英文歌曲 30—40 首（含一级要求）； 5. 能看懂英文动画片和程度相当的英语教学节目，每学年不少于 10 小时（平均每周不少于 20—25 分钟）。
三级	听	1. 能识别不同句式的语调，如：陈述句、疑问句和指令等； 2. 能根据语调变化，判断句子意义的变化； 3. 能辨认歌谣中的韵律； 4. 能识别语段中句子间的联系； 5. 能听懂学习活动中连续的指令和问题，并做出适当反应； 6. 能听懂有关熟悉话题的语段； 7. 能借助提示听懂教师讲述的故事。

（续表）

级别	技能	目标描述
三级	说	1. 能在课堂活动中用简短的英语进行交际； 2. 能就熟悉的话题进行简单的交流； 3. 能在教师的指导下参与简单的游戏和角色扮演活动； 4. 能利用所给提示（如图片、幻灯片、实物、文字等）简单描述一件事情； 5. 能提供有关个人情况和个人经历的信息； 6. 能讲述简单的小故事； 7. 能背诵一定数量的英语小诗或歌谣，能唱一些英语歌曲； 8. 能在上述口语活动中语音、语调基本正确。
	读	1. 能正确地朗读课文； 2. 能理解简短的书面指令，并根据要求进行学习活动； 3. 能读懂简单故事和短文并抓住大意； 4. 能初步使用简单的工具书； 5. 除教材外，课外阅读量应累计达到 4 万词以上。
	写	1. 能正确使用常用的标点符号； 2. 能使用简单的图表和海报等形式传达信息； 3. 能参照范例写出或回复简单的问候卡和邀请卡； 4. 能用短语或句子描述系列图片，编写简单的故事。
四级	听	1. 能听懂接近正常语速、熟悉话题的语段，识别主题，获取主要信息； 2. 能听懂简单故事的情节发展，理解其中主要人物和事件； 3. 能根据连续的指令完成任务； 4. 能听懂广播、电视中初级英语教学节目。
	说	1. 能根据提示给出连贯的简单指令； 2. 能引出话题并进行几个回合的交谈； 3. 能在教师的帮助下或根据图片用简单的语言描述自己或他人的经历； 4. 能在教师的指导下参与角色扮演等活动； 5. 能在上述口语活动中使用正确的语音、语调。
	读	1. 能连贯、流畅地朗读课文； 2. 能读懂说明文等应用文体的材料； 3. 能从简单的文章中找出有关信息，理解大意； 4. 能根据上下文猜测生词的意思； 5. 能理解并解释图表提供的信息； 6. 能理解简易读物中的事件发生顺序和人物行为； 7. 能读懂简单的个人信件； 8. 能使用英汉词典等工具书帮助阅读理解； 9. 除教材外，课外阅读量应累计达到 10 万词以上。

（续表）

级别	技能	目标描述
四级	写	1. 能正确使用标点符号； 2. 能用词组或简单句为自己创作的图片写出说明； 3. 能写出简短的文段，如简单的指令、规则； 4. 能在教师的帮助下或以小组讨论的方式起草和修改作文。
五级	听	1. 能根据语调和重音理解说话者的意图； 2. 能听懂有关熟悉话题的谈话，并能从中提取信息和观点； 3. 能借助语境克服生词障碍、理解大意； 4. 能听懂接近正常语速的故事和记叙文，理解故事的因果关系； 5. 能在听的过程中用适当方式做出反应； 6. 能针对所听语段的内容记录简单信息。
五级	说	1. 能就简单的话题提供信息，表达简单的观点和意见，参与讨论； 2. 能与他人沟通信息，合作完成任务； 3. 能在口头表达中进行适当的自我修正； 4. 能有效地询问信息和请求帮助； 5. 能根据话题进行情景对话； 6. 能用英语表演短剧； 7. 能在以上口语活动中语音、语调自然，语气恰当。
五级	读	1. 能根据上下文和构词法推断、理解生词的含义； 2. 能理解段落中各句子之间的逻辑关系； 3. 能找出文章中的主题，理解故事的情节，预测故事情节的发展和可能的结局； 4. 能读懂常见体裁的阅读材料； 5. 能根据不同的阅读目的运用简单的阅读策略获取信息； 6. 能利用字典等工具书进行学习； 7. 除教材外，课外阅读量应累计达到 15 万词以上。
五级	写	1. 能根据写作要求，收集、准备素材； 2. 能独立起草短文、短信等，并在教师的指导下进行修改； 3. 能使用常见的连接词表示顺序和逻辑关系； 4. 能简单描述人物和事件； 5. 能根据所给图示或表格写出简单的段落或操作说明。

（续表）

级别	技能	目标描述
六级	听	1. 能抓住所听语段中的关键词,理解句子之间的逻辑关系; 2. 能从听力材料、简单演讲或讨论中提取信息和观点; 3. 能听懂正常语速的故事或记叙文,了解其中主要人物和事件以及他们之间的关系; 4. 能听懂日常的要求和指令,并能根据要求和指令完成任务。
	说	1. 能传递信息并就熟悉的话题表达看法; 2. 能通过重复、举例、解释等方式澄清意思; 3. 能有条理地描述个人体验和表达个人的见解和想象; 4. 能用恰当方式在特定场合中表达态度和意愿; 5. 能使用恰当的语调、语气和节奏表达自己的意图。
	读	1. 能从一般文字资料中获取主要信息和观点; 2. 能利用上下文和句子结构猜测词义; 3. 能根据上下文线索推理、预测故事情节的发展; 4. 能根据阅读目的确定不同的阅读策略; 5. 能通过不同信息渠道查找所需信息; 6. 除教材外,课外阅读量应累计达到 20 万词以上。
	写	1. 能用恰当的格式写便条和简单的信函; 2. 能描述简单的人物或事件,并表达自己的见解; 3. 能以小组为单位把课文改编成短剧; 4. 能用恰当的语言书写不同的问候卡; 5. 能给朋友、笔友写信,交流信息和情感。
七级	听	1. 能识别语段中的重要信息并进行简单的推断; 2. 能根据所听内容做笔记; 3. 能根据话语中的线索把相关事实和信息联系起来; 4. 能听懂故事中对人和物的描写、情节的发展及结果。
	说	1. 能用英语进行语言实践活动,如访谈; 2. 能根据命题,稍做准备后,作简短的发言; 3. 能针对问题提出解决问题的建议和办法; 4. 能就一般话题作口头陈述; 5. 能对询问和要求做出恰当的反应。
	读	1. 能从文章中获取主要信息并能摘录要点; 2. 能理解文章主旨、作者意图; 3. 能提取、筛选和重新组织简单文章中的信息; 4. 能利用上下文的线索帮助理解; 5. 能理解和欣赏一些浅显的经典英语诗歌; 6. 除教材外,课外阅读量应累计达到 30 万词以上。

（续表）

级别	技能	目标描述
七级	写	1. 能用文字及图表提供信息并进行简单描述； 2. 能写出常见体裁的短文，如报告或信函； 3. 能描述人物或事件，并表达自己的见解； 4. 能填写有关个人情况的表格，如申请表、求职表； 5. 能做简单的书面翻译。
八级	听	1. 能识别不同语气所表达的不同态度； 2. 能听懂有关熟悉话题的讨论和谈话并记住要点； 3. 能抓住简单语段中的观点； 4. 能基本听懂广播、电视英语新闻的主题或大意； 5. 能听懂委婉的建议、劝告等。
	说	1. 能使用恰当的语调和节奏； 2. 能根据学习任务进行商讨和制订计划； 3. 能报告实验和调查研究的过程和结果； 4. 能经过准备就一般话题作 3 分钟演讲； 5. 能在日常人际交往中有效地使用语言进行表达，如发表意见、进行判断、责备、投诉等； 6. 能做一般的生活翻译，如带外宾购物、游览等。
	读	1. 能理解阅读材料中不同的观点和态度； 2. 能识别不同文体的特征； 3. 能通过分析句子结构理解难句和长句； 4. 能在教师的帮助下欣赏浅显的文学作品； 5. 能根据学习任务的需要从电子读物或网络中获取信息并进行加工处理； 6. 除教材外，课外阅读量应累计达到 36 万词以上。
	写	1. 能写出连贯且结构完整的短文，叙述事情或表达观点和态度； 2. 能根据课文写摘要； 3. 能在写作中做到文体规范、语句通顺； 4. 能根据用文字及图表提供的信息写短文或报告。
九级	听	1. 能听懂有关熟悉话题的演讲、讨论、辩论和报告； 2. 能听懂国内外一般的英语新闻广播及天气预报； 3. 能抓住较长发言的内容要点，理解讲话人的观点及目的； 4. 能从言谈中判断对方的态度、喜恶、立场； 5. 能理解一般的幽默； 6. 能在听的过程中克服一般性的口音干扰。

（续表）

级别	技能	目标描述
九级	说	1. 能就国内外普遍关心的问题如环保、人口、和平与发展等用英语交谈，表明自己的态度和观点； 2. 能把握交谈时的分寸，会用客套语，会提出问题，会结束谈话； 3. 能经过准备就一些专题作5—10分钟演讲并回答有关提问； 4. 能用英语接受面试； 5. 能做一般性口头翻译； 6. 能在交际中恰当地表达自己的情感； 7. 能对交际中产生的误会加以澄清或解释。
	读	1. 能阅读一般的英文报刊，获取主要信息； 2. 阅读一般英文原著，抓住主要情节，了解主要人物； 3. 能读懂各种商品的说明书等非专业技术性的资料； 4. 能根据情景及上下文猜测不熟悉的语言现象； 5. 能使用多种参考资料和工具书解决较复杂的语言疑难； 6. 有广泛的阅读兴趣及良好的阅读习惯； 7. 能有效地利用网络等媒体获取和处理信息。
	写	1. 能用英文书写摘要、报告、通知、公务信函等； 2. 能比较详细和生动地用英语描述情景、态度或感情； 3. 能阐述自己的观点、评述他人的观点，文体恰当、用词准确； 4. 能在写作中恰当地处理引用的资料及他人的原话； 5. 能填写各种表格、写个人简历和申请书，用语基本正确、得当； 6. 能做非专业性的笔头翻译； 7. 在以上写作过程中做到文字通顺，格式正确。

中小学英语教育在启动期以前以知识传授和技能培养为主。经过启动期以后，教学要求更为明确、具体，在注重知识传授的基础上，更加注重心理规律研究、语言能力培养、自学能力培养、学生智力发展等，教学要求具有明显的现代教育特征。

第三节　课程实施变革

课程实施涉及内容选择、课时安排、教学原则、教学手段等，本书主要探讨操作性较强的课时安排和教学原则方面的变化。

一、课时安排变化

小学、初中、高中英语课程各有其阶段性特点。1912 年以前我国的小学称为小学堂,初中、高中不分,统称为中学堂。1912—1913 年壬子癸丑学制将小学称为小学校,初中、高中仍不分,称为中学校,1922 年壬戌学制采取"六三三"制,即小学 6 年,初中 3 年,高中 3 年,初中、高中相分离。在此之前的初中、高中英语课程是 4 年或 5 年一贯而下的,小学课程多为随意科。1902—1912 年小学、中学英语周课时表见表 2－5。

表 2－5 1902—1912 年小学、中学英语周课时表

层次 周课时 年份	小学									中学					
	1	2	3	4	5	6	7	8	9	1	2	3	4	5	6
1902										9	9	9	9		
1904										8	8	8	6	6	
1909										6	6	6	6	6	文
										10	10	8	8	8	实
1912							(3)			7	8	8	8	男	
										6	6	6	6	女	
备注	(1)1909 年中学周课时分文科和实科,课时不一。 (2)1912 年小学(3)为随意科。 (3)1912 年中学周课时分为男女,课时不同。														

从表 2－5 得知,壬寅学制中学课时 4 学年均为每周 9 课时,癸卯学制 5 学年中学英语课时有所减少,这是为了加强国学,缓和中西学矛盾采取的一项措施。1909 年学部奏《变通中学堂课程分为文科实科折》,中学堂分为文科、实科,分十二门教授。文科以读经讲经、中国文学、外国语、历史、地理为主课,而以修身、算学、博物、理化、法制理财、图画、体操为通习;实科以外国语、算学、物理、化学、博物为主课,而以修身、读经讲经、中国文学、历史、地理、图画、手工、法制理财、体操为通习。实科外语课时高于文科外语课时是为了加强实科的外语教学,为格致之学的引进和学习创造条件。1912 年 11 月颁发的《小学校教则及课程表》规定高等小学可加授英语或别种外国语,凡授外国语的学校,每周其他科目减少 3 小时。1912 年中学为四年制,需要注意的是男女外语课时不同。

因按《中学校令施行规则》，女子中学校加课家事、园艺和缝纫，因而外语课时比男生少 1—2 节。

20 世纪 20 年代至 21 世纪初约 80 年中，国家的经济、政治、科技、文化发生了许多变化，课程特别是英语课程也随之变化，课时的变化也反映出课程地位的变化。1923—2001 年小学、初中、高中英语周课时表见表 2 – 6：

表 2 – 6 1923—2001 年小学、初中、高中英语周课时表

层次 周课时 年份	小学						初中			高中		
	1	2	3	4	5	6	1	2	3	1	2	3
1923（学分）							12	12	12	8	8	
1932							5	5	5	5	5	5
1940							5	5	5	5	5	5
1951							3	3	3 + 1	5	5	5
1954							0	0	0	4	4	4
1963							7	6	6	6	6	5
1978			4	4	4		5	4	4	4	4	
1986							5	5	5	5	5	4
1990							5	5	5	5	5	4
2001			4	4	4	4	4	4	4	4	4	4

备注：(1)1951 年初中 3 + 1 是指加 1 课时翻译和文法。
(2)1963 年初中、高中课时为平均课时。
(3)2001 年小学 4 课时为教学活动，含长短教学活动。

1923 年英语课程实行学分制，初中英文教材分三个段落，每段约占 12 学分。高中内容两年授毕，共 16 学分。

1932 年、1940 年课时稳定，也保证了英语教育稳定发展。

中华人民共和国成立以后的 1951 年颁发的《普通中学英语科课程标准草案》中，初中课时基本延续了 1948 年《修订初级中学英语课程标准》所定课时，所不同的是 1951 年课程标准中第三学年在每周 3 课时基础上加 1 课时的翻译和文法。这是那个时期"自觉对比法"强化的结果。1951 年高中课时与中华人民共和国成立前相比比较稳定。

1954 年形势有变。初中停授外语课，高中外语课时也降到历史上最低。教

学时间不能保证,中小学英语教学质量不能保证。

1957 年秋季初中恢复外语课程。经过几年的努力,到 1963 年中国中小学外语教育又迎来了发展的机遇。《全日制中学英语教学大纲(草案)》颁发,初中、高中 6 年课时高达平均每周 6 课时,这是中国中小学英语教育史上英语课时最多的一个时期,从中也可以看出对外语学科的重视。

"文化大革命"结束以后的 1978 年,教育部颁发的《全日制十年制中小学英语教学大纲(试行草案)》中规定小学三年级开设外语课,也可在初中一年级开设外语课。小学三年级开设外语课,3 年的课时分别为 4/4/4,初中 5/4/4,高中 4/4。这样的课时安排,保证了中小学英语的计划性和连续性,为迅速恢复中小学英语教学发挥了作用。

1986 年中国的中小学英语教育经过几年的恢复,进入提高期。外语教育质量和水平有所提高,课程稳定,课时充裕。初中、高中 6 年课时分别为 5/5/5/5/5/4。

1990 年修订了 1986 年《全日制中学英语教学大纲》,教学要求适当降低,考虑到个别地区学生学习负担过重的问题,教学内容有所减少。高一、高二年级为必修,高三为选修,但初中、高中英语课时并未减少,每周课时分别为 5/5/5/5/4/5,这又保证了英语教学的质量。

2001 年全国城市和县城小学逐步开设英语课程。小学开设英语课程的起始年级一般为三年级。为保证教学质量和教学效果,小学开设英语课程应遵循长短课时结合、高频率的原则,保证每周不少于 4 次教学活动。三、四年级以短课时为主;五、六年级长短课时结合,长课时不低于两课时。2001 年新课程改革在全国 38 个实验区推开,综合语言运用能力成为教学的总体目标。初中、高中课时分别为 4/4/4/4/4/4。

二、教学原则变化

教学原则体现教学思想,同时又含有国家、政府对教学的要求以及教育规律、语言规律对教学的要求。教学原则或教学中应注意的问题是现代英语教学大纲或课程标准中一个很重要的内容,也是课程实施中一个极其重要的内容。研究教学原则的变化,可以对我国中小学外语教育的发展有更清楚的认识。

教学原则指导着教学活动,也是课程实施必须遵循的。研究一下,我们发现教学原则的形成和变化是英语教学从随意到有意、从不自觉到自觉的过程,也是英语教学遵循教学规律、语言规律的过程。在这一过程中,英语教学原则经历了诸多变化,其中称谓变化、内容变化和目的变化颇有意义。

（一）称谓变化

教学原则在百年的教学大纲或课程标准中称谓几经变化。1912年《小学校教则及课程表》中有"教则",1923—1948年大纲或课程标准中有"方法""教学要点"或"实施方法概要",这些含有教学原则的内容,但又不同于教学原则。其在1978—1986年称为"教学原则",1988—2000年称为"教学中应该注意的问题",中间偶有反复,如1990年称为"教学原则",2001年改为"实施建议",包括教学建议、评价建议、课程资源的开发与利用建议以及教材的编写和使用建议等。

教学原则是理论自觉的表现,受教育学、教育原理、心理学理论的影响,然而改为"教学中应该注意的问题",主要是考虑"教学有法,但无定法",灵活性、机动性交给了教师;改为"实施建议"后,教师在教学原则的指导下,实施课程的自由度、主动性将更强。因此,教学原则称谓的变化也是英语教学理论和实践发展的结果。从必须遵守到主动创造是理念的飞跃。

（二）内容变化

教学原则在百年中的变化也体现在内容的变化上。内容的变化表现有三:一是由单一到多元,二是由方法到理念,三是由微观到宏观。

1912年《小学校教则及课程表》指出:英语要旨,在使儿童略解浅易之语言文字,以供处事之用。这既是教育目标,也是教学原则,要求比较单一,即教育实用或实用教育原则。而1978年《全日制十年制中小学英语教学大纲(试行草案)》教学原则中列出要处理好的四对关系即政治思想教育和语言教学的关系,理论与实践的关系,听说与读写的关系,教与学的关系,这已经超出了实用教育原则。2000年《全日制普通高级中学英语教学大纲(试验修订版)》提出教学中应该注意的问题共有八个:树立符合素质教育精神的外语教育观;处理好语言知识和语言运用的关系,培养学生用英语进行交际的能力;听、说、读、写综合运用,侧重培养阅读能力;尽量使用英语,适当利用母语;处理好语言和文化的关系;确立学生的主体地位,发挥教师的指导作用;提高课堂教学质量,积极开展课外活动;积极使用现代教育技术,广泛利用和开发各种教育资源。这个要求显然是一个多元化的要求。而2001年的《全日制义务教育普通高级中学英语课程标准(实验稿)》实施建议中更是包括了教学建议、评价建议、课程资源的开发与利用建议以及教材的编写和使用建议等,具体内容见表2-7。

表 2 - 7　2001 年英语课程标准具体实施建议

建议项目		建议内容
教学建议		1. 面向全体学生,为学生全面发展和终身发展奠定基础; 2. 关注学生的情感,营造宽松、民主、和谐的教学氛围; 3. 倡导"任务型"的教学途径,培养学生综合语言运用能力; 4. 加强对学生学习策略的指导,为他们终身学习奠定基础; 5. 开阔学生的文化视野,发展他们跨文化交际的意识和能力; 6. 利用现代教育技术,扩展学生学习和运用英语的渠道; 7. 组织生动活泼的课外活动,促进学生的英语学习; 8. 不断更新知识结构,适应现代社会发展对英语课程的要求; 9. 遵循课时安排的高频率原则,保证教学质量和效果。
评价建议		1. 体现学生在评价中的主体地位; 2. 注重形成性评价对学生发展的作用; 3. 注意评价方法的多样性和灵活性; 4. 注重评价结果对教学效果的反馈作用; 5. 终结性评价要注重考查学生综合运用语言的能力; 6. 注意三至六年级英语教学评价的特殊性; 7. 注意处理教学与评价的关系; 8. 各级别的评价要以课程目标为依据。
课程资源的开发 与利用建议		1. 英语教材是英语课程资源的核心部分; 2. 除英语教材以外,学校和教师还应积极开发与利用其他课程资源,如广播影视节目、录音、录像资料、网络资源、报刊等; 3. 学校应该鼓励和支持学生参与课程资源的开发; 4. 课程资源的开发和利用要考虑当地经济发展水平以及学生家长的经济承受能力; 5. 在开发和利用课程资源过程中要坚决制止编写、销售和使用粗制滥造的教辅材料。
教材编写和使用建议	教材编写原则	1. 发展性和拓展性原则; 2. 科学性原则; 3. 思想性原则; 4. 趣味性原则; 5. 灵活性和开放性原则。
	教材使用建议	1. 对教材内容进行适当的补充和删减; 2. 替换教学内容和活动; 3. 扩展教学内容或活动步骤; 4. 调整教学顺序; 5. 调整教学方法; 6. 总结教材使用情况。

如上建议涉及教学、评价、课程资源和教材四个方面。不仅是多元化的要

求,更突破了原来的方法框架,更多的是理念上的要求。不仅有微观的要求,宏观上对教学及评价、课程资源和教材编写都提出了要求,这为英语教育的发展开辟了一片新的境地。

(三)目的变化

教学是有目的性的认识活动。中小学英语教学原则体现着不同的目的观,如知识观、技能观、智能观、交际观等。

知识观认为英语教学是以传授知识为主的,主要侧重英语语音、词汇、语法知识。1902 年《钦定中学堂章程》规定中学堂 4 年的课程分年表为:第一年读法、习字;第二年读法、习字、讲解;第三年讲解、文法、翻译;第四年讲解、文法、翻译。1904 年《奏定中学堂章程》规定中学堂 5 年的外国语课程均为读法、讲解、会话、文法、作文、习字。可见这两个章程中规定的外语课程是以语音、词汇、语法为主的。时隔半个世纪的 1956 年《高级中学英语教学大纲(草案)》说明中指出:"为了达到这个目的,在高中三年内必须使学生学会发音、拼写、朗读等方面的基本技巧,学会一千五百个单词,获得必要的语法知识并能应用这些知识,进行造句、问答、翻译等练习","三年里面,依次以语音、语法、词汇为重点。"[①]在此后的很长一段时间里,大纲或课程标准教学内容的编排都还是以语音、词汇、语法为主线的。由此可见,知识目的观在英语教学中占据着非常重要的地位,在某种程度上也正确地反映了英语语言学习的规律:知识为基础,能力为归宿。

技能观认为英语教学不仅应传授知识,更应训练听、说、读、写甚至译的技能,应该说,这是英语目的观的历史进步,它更科学地反映了语言学习的规律。技能观也是在我国中小学英语教学中长期占主导地位的目的观之一,只不过经历了从不自觉到自觉的这样一个过程。自 1929 年《初级中学英语暂行课程标准》开始,直至 1948 年《修订高级中学英语课程标准》颁行,几乎所有的大纲或课程标准均在时间支配一项规定:每周上课不得分某几个小时专属读本等,某几个小时专属语法等。实际上,这是防止英语课上只传授知识特别是防止语法知识与课文学习相互分离的一项有效的规定。1963 年《全日制中学英语教学大纲(草案)》在教学中应该注意的几点中提出,英语是一门工具课。英语教学的目的是使学生确实掌握英语,作为学习文化科学知识和进行国际交往的工具。为此,英语教学必须重视基本训练。基本训练就是指导学生听音和发音,写字,

---

① 课程教材研究所.20 世纪中国中小学课程标准·教学大纲汇编:外国语卷(英语)[S].北京:人民教育出版社,2001:89.

掌握单词和惯用词组,合乎语法、合乎习惯地造句等训练。英语教学的任务就是要通过基本训练的途径来培养阅读、会话和作文的能力。教学的一切活动,包括课堂教学和课外指导,都要服从这个任务。词汇和语音、语法知识的讲解,课文语音和内容的讲解,课内和课外的练习作业,都要从这个任务出发。只有切切实实地抓紧基本训练,培养好各项能力,才能完满地达到英语教学的目的。

智能观认为英语教学的目的不仅在于传授知识、学习技能,更在于促进人的智能的发展。人的智能主要是指智力因素,包括观察能力、记忆能力、想象能力、思维能力等,核心是思维能力。语言是思维的载体,人的一切思维活动都是以语言为媒介进行的。确切地说,认识到英语学习可以促进人的智能的发展是在 20 世纪 90 年代。虽然 1904 年《奏定中学堂章程》提出"习外国语要义在使得临事应用,增进智能",1912 年《中学校令施行规则》中提出"外国语要旨在通解外国普通语言文字,具运用之能力,并增进智识";但是"智能""智识"两词显然与我们现在所说的"智能"尚有很大距离。明确提出英语教学可以增进学生的智能发展,体现在三个课程文件中。第一个是 1992 年颁布的《九年义务教育全日制初级中学英语教学大纲(试用)》。该大纲明确提出,外国语教学有助于对学生进行思想情感教育,有助于学生发展智力,开阔视野和提高文化素养。第二个是 1993 年《全日制高级中学英语教学大纲(初审稿)》,该大纲提出,全日制高级中学英语教学的目的,是在义务教育初中英语教学的基础上,巩固、扩展学生的基础知识,发展听、说、读、写的基本技能……发展智力,提高思维、观察、注意、记忆、想象、联想等能力。第三个是 2001 年 7 月颁发的《全日制义务教育普通高级中学英语课程标准(实验稿)》,该课程标准提出英语课程的学习既是学生通过英语学习和实践活动,逐步掌握英语知识和技能,提高语言实际运用能力的过程;又是他们磨砺意志、陶冶情操、开阔视野、丰富生活经历、开发思维能力、发展个性和提高人文素养的过程。可以认为,智能观是对语言教学规律更全面的认识。

交际观认为英语教学的目的既要传授知识、学习技能、发展智能,更要培养交际能力,交际是根本。交际观是对语言教学规律最本质的认识。交际观是对知识观、技能观、智能观的发展,也是思想认识的飞跃。从本质上讲,我们教是为了交际,学也是为了交际,失去了交际的目的和作用,语言学习也就失去了其本来的社会意义。可以这样认为,交际观的形成是经历了较长一段时间的摸索和思考的。尽管交际能力的培养目前还有这样和那样的困难与问题,但其价值和作用是毋庸置疑的。从历史上看,交际能力培养的提出经历了实用阶段、语训阶段和社会交际阶段。中小学英语教育发展的滥觞期和启动期即 1922 年以前,中小学英语教育是以实用为主的教育,这些在 1904 年《奏定学堂章程》、1912 年《小学校教则及课程表》《中学校令施行规则》,1916 年《高等小学校令施行细则》等课程文件中都有阐述,在此不一一赘述。1922 年以后,中小学英语教育进入发展期,后又进入摇摆期,直至"文化大革命"结束以前这段时间中小学英语教育是强调语言训练的时期,为语言而语言,虽有"直接法"的影响,但文学课程、语法课程、翻译课程仍占很大比重。重视听、说、读、写、译的训练,但仍是虚拟的语言训练。1978 年以后,我国的中小学英语教育相继进入恢复期、提高期和繁荣期,实际运用英语能力的培养引起重视。1978 年《全日制十年制中小学英语教学大纲(试行草案)》提出:中小学英语教学的目的是培养学生一定的听、说、读、写、译的能力,教师不可满足于向学生讲解语言知识而忽视实际运用英语能力的培养。1986 年《全日制中学英语教学大纲》明确规定,要精讲语言基础知识,着重培养学生运用语言进行交际的能力。2000 年颁布的《全日制普通高级中学英语教学大纲(试验修订版)》也再次强调交际能力的培养。培养学生运用语言进行交际的能力是语言教学理论和实践上的突破。从某种程度上看,既抓住了语言教学的要害,也抓住了语言作用的本质——为交际而学习语言。更为关键的是,它在注意语言实用功能的同时,还注意了语言交际功能的社会性,在一定程度上说,这对于促进学生个体社会化是有益处的。

第四节 课程评价变革

课程评价分为课程设置评价和课程实施评价。前者涉及社会发展需要、个体发展需要等诸多问题,第一章已多有论及,本章重点讨论课程实施评价问题。

一、几种不同的测试方式

众所周知,课程实施评价的方式有很多,其中测评与考试即测试是最有效的方式之一。左焕琪等对英语测试的类型和流派曾做过研究。他们认为按语言学理论测试可分为分列式测试(discrete-point tests)如对听、说、读、写或词汇、语音、语法等单项测试,综合性测试(integrate tests)如听写、完形填空等测试,交际性测试(communicative tests)如测实际生活中用语言进行交际的能力等;按测试目的又可分为学业成绩测试(achievement tests)如期中、期末考试等,水平测试(proficiency tests)如 EPT 考试、会考等,能力倾向测试(aptitude tests)如智力测验等,诊断测试(diagnostic tests)如为改进教学而组织的针对某个项目进行的测试;按评分方法又可分为客观性测试(objective tests)和主观性测试(subjective tests);按规模和正规化程度可分为标准性测试(standardized tests)和课堂测试(classroom tests);按评估学生成绩时的不同参照对象又可分为常模参照测试(norm-referenced tests)如高考和准则参照测试(criterion-referenced tests)如会考、毕业考试等。[1] 按用途又可以将测试分为形成性测试和终结性测试。形成性测试重视对学习过程的评估和评判,是一种激励式的发展性的评价,而终结性测试重视对学习结果的评估和评判,是一种甄别式的选拔性的评价。形成性评价有教师观察、座谈、问卷、自我评价、相互评价、读书笔记、多媒体项目展示、学生档案等。[2] 形成性评价非常重要,也非常复杂,在课程实施评价中是必不可少的,其方式方法多样。终结性评价是一种结果性评价,可以通过测试看出课程内容的广度、深度以及实施后的效度情况。

我们知道,考试作为评价手段始于科举即分科举人。然而,科举尽管与汉代的察举制和曹魏的九品中正制相比有很大进步,其人为化的因素还是造成不公。考试内容、考试方式、考试风气是影响考试信度和效度的主要因素,考官和皇帝的好恶也可能成为一个士人取舍的依据。据有关资料记载,殿试时的排名往往要受到考生形象、姓名读音等因素的影响。明代时对前三名的考生形象非常关注,残疾或形象不佳者,即使考试成绩名列前茅,也难以位居榜首。永乐二十二年(1424 年)初定孙曰恭为状元,成祖以其名竖行书写时"曰恭"二字合为"暴",于是将排名第二的邢宽改为状元,成祖说,"孙暴不如邢宽",表明他在统治后期以宽治事的思想。又嘉靖二十三年(1544 年)内阁拟定吴情为状元,"吴情"与"无情"音同,世宗说"无情岂宜第一?"因夜有雷声,世宗便将秦鸣雷定为状元。[3] 可见,这样的评价有多么不科学。

英语课程的评价早在我国英语教育的滥觞期就已存在,后来又得到了发展。据史料记载,京师同文馆的考试共分为四类:第一,月课——每月初一,由教习拟定文条,发给学生翻译,"教习分别等第注册备查。"第二,季考——每季度第二个月的初一进行,形式与月考相似。第三,岁考——每年十月初十前进行,面试。第四,大考——每届 3 年,举行总考试一次,由总理衙门执行。每届

---

① 左焕琪,等. 英语测试的类型和流派[J]. 中小学英语教学与研究,1984(1):39-40.

② 北师大外语系课题组. 对现行外语教学评价体制的反思[J]. 中小学外语教学,2001(6):4.

③ 杨学为. 中国考试通史(卷三)[M]. 北京:首都师范大学出版社,2004:97.

考试优秀者可授九品至七品官阶,劣者则降草革馆。① 显然这四类考试的前三类似可算作形成性的测试,而第四类考试则可作为终结性考试。

二、不同测试方式的变革

近现代以来,测试的方式逐步科学规范。值得提出的是,学业水平测试与选拔性测试的改革如毕业会考和升学考试改革是我国中小学课程评价改革的重要依托与支撑。

毕业会考是学业水平测试的一种。我国曾两次建立会考制度:第一次会考制度是从 1932 年到 1947 年,考试情况前文有述。第二次会考制度则是 1990 年至今在全国普通高中实施的毕业会考制度。早在 1983 年,教育部在《关于进一步提高普通中学教育质量的几点意见》中提出,"毕业考试要和升学考试分开进行,有条件的地方可按基本教材命题,试行初、高中毕业会考。"1985 年上海率先进行普通高中毕业会考与高考改革的试验,1988 年浙江省进行了高中毕业会考,1989 年海南、云南、湖南三省也开始试行普通高中毕业会考。1990 年国家教委总结了一些省、自治区、直辖市试行普通高中毕业会考的经验,指出:"实践证明,实行普通高中毕业会考制度,对全面贯彻教育方针、落实高中教学计划,加强教学管理,克服偏科现象,全面提高教育质量具有重要作用。"因此国家教委决定,从 1990 年起用两年左右的时间有计划地在全国逐步实行普通高中毕业会考制度。会考采取考试和考查两种方式。考试科目为:语文、数学、外语、政治、物理、化学、生物、历史、地理。考查科目为:劳动技术课和物理、化学、生物的实验操作。考试科目的成绩可分为若干等第。考查科目的成绩分为合格与不合格两种。② 从 1990 年到 2001 年各省区市会考科目虽然有一些调整,但英语一直是作为考试科目参与测评的。

民国时期和中华人民共和国两次会考制度的不同之处在于前者包含小学、初中和高中三个学段,而后者只有高中学段。

我国中小学除毕业会考制度外,小升初、中考和高考这三类考试对课程评价起着引导作用,也是课程评价的主要方式之一。

我国小学升初中考试民国时期就有。据季羡林先生回忆,20 世纪 20 年代,小学升初中是要考试的。他回忆说:"我万万没有想到,学了一点点英语,小学

---

① 李良佑,等. 中国英语教学史[M]. 上海:上海外语教育出版社,1988:22.

② 杨学为. 中国考试通史(卷五)[M]. 北京:首都师范大学出版社:2004:20.

毕业后报考中学时竟然派上了用场。考试的其他课程和情况,现在完全记不清楚了。英文出的是汉译英,只有三句话:'我新得到了一本书,已经读了几页,但是有几个字我不认识。'我大概是译出来了,只是'已经'这个字我还没有学过,当时颇伤脑筋,耿耿于怀者若干时日。"①季羡林先生生于1911年,高小一年级开始学习英语,考中学时应是20世纪20年代。说明当时虽然英语在小学是随意科,但考中学时也是要测试的。

初中升高中、技校、中专考试习惯上称为中考。中考除"文化大革命"期间有所中断外,一直变化不大,在此免于赘述。

高中升大学考试是我国的一项重要的人才选拔制度。1905年科举废除以后,孙中山先生提出了"五权宪法"的政治设想,后全国设立高校统一招生制度,这是历史的巨大进步,也是教育史上的大事。

民国时期的高等学校招生如前所述经历了四个阶段的变化。中华人民共和国成立以后,高等学校经过1950年、1951年两年大区联考,自1952年又开始实行全国统一考试。1952年以后,经过逐步调整改革,至1956年,全国统考的各项制度已基本完备。在此期间,为了照顾部分高级中学未开设外语课或外语教学进度不一、程度不齐的情况,1954—1957年高等学校招生入学考试暂停考试外国语。1958年恢复外国语考试,但考试成绩没有作为正式分数,仅供录取时参考。1961年12月8日,教育部发出通知,为了提高教学质量和加强普通中学外国语教学,决定从1962年起,在高等学校录取新生时,将外国语考试成绩作为正式分数。1966年6月12日,中共中央、国务院发出通知,决定高等学校招生工作推迟半年进行,然而,实际不是半年,而是6年,考试则被废止了11年。

1977年8月8日,邓小平在科学和教育工作座谈会上讲话,他说"今年就要下决心恢复从高中毕业生中直接招考学生,不要再搞群众推荐"。② 从1977年起,恢复高考。1978年开始全国统一考试,由教育部组织命题,各省、自治区、直辖市组织考试、评卷。考试分为文、理两科。文科考6科,包括政治、语文、数学、历史、地理、外语,理工科考6科,包括政治、语文、数学、物理、化学、外语。外语成绩1978年暂不计入总分,作为录取参考。没有学过外语的可以免试。报考外语院校或专业的,还须进行口试,外语笔试成绩计入总分,数学作为参

---

① 季羡林,等. 外语教育往事谈——教授们的回忆[M]. 上海:上海外语教育出版社,1988:1-2.

② 杨学为. 中国考试通史(卷五)[M]. 北京:首都师范大学出版社,2004:1.

考分。

1977 年恢复高考确是我国教育史上的一件大事。拨乱反正,公开报考;报考费标准由中央政治局决定;印刷试卷的纸不够,中央决定调用印刷《毛泽东选集(卷五)》的纸印刷试卷。自 1978 年开始,又经过 5 年左右的努力,我国的外语教育已恢复到一定水平,外语成绩计入高考总分的比例逐年有所提高。

1979 年:10% 计入总分;

1980 年:30% 计入总分;

1981 年:50% 计入总分;

1982 年:70% 计入总分;

1983 年:100% 计入总分。

回顾晚清至 2001 年中国英语教育发展的历史,我们从高考试题的变化中,可以看到英语教育的变化、改革和进步。我们用如下四份史料来做初步的分析。

史料一:梅绍武的回忆

1946 年我怀着当时大多数中学毕业生都怀有的那种"工业救国"的想法,考进了杭州之江大学机械工程系,但攻读外语的念头始终甩不掉,乃于 1947 年暑假又报考了燕京大学。事先已听说燕大西语系相当难考,据说有一年的英语考题只有一道:"试把陶渊明的《桃花源记》译成英文",而且不附中文原文,不少考生为此吃了鸭蛋。[①]

可见当时的考试设计有些过于随意。不过 1916 年建校的燕京大学作为著名的教会大学英文要求是很高的,不仅要看英文功底,还要看中文功底,并且侧重翻译水平的测试,由此可见一斑。

史料二:北京大学 1922 年预科招生考试英文试题

(1)翻译汉文:

A man must indeed know many things which are useless to a child. Must a child learn all that the man must know?

Teach a child what is useful to him as a child. (Rousseau)

---

① 季羡林,等. 外语教育往事谈——教授们的回忆[M]. 上海:上海外语教育出版社,1988:313.

（2）Analyse the above sentences.

（3）翻译英文：

a. 考试是一种竞争，就同赛跑一样。

b. 赛跑只有一个人能得第一名，其余的人难道就因此都不肯跑了吗？

c. 一千五百人同考，而大学只录取三百人，其余的人难道也就因此都不肯来考了吗？

d. 有人说考试是有害的，你想我们应该用什么法子来代替考试？

新学制颁行后，北京大学的招生考试试题仍是以"英译汉""汉译英""语法分析"为主要题型，这与当时的教学指导思想有关。然而，简单几个考题其覆盖面、难度、信度、效度、区分度也很难有所保证。

史料三：1977 年天津市高校招生统一考试英语试卷

Ⅰ Fill in the blanks with"a"，"an"or"the"where necessary（1 mark for each correct answer）. 用"a"，"an"或"the"填空，不用填的，在空格上作"×"号。（每空一分，10%）

1. I can finish my work in _____ hour or two.

2. Chairman Mao calls on us to store _____ grain everywhere.

3. _____ barefoot doctor in our village was _____ middle school student three years ago.

4. There is _____ little flour in the bag. You'd better go to the grain store to buy some, or we won't have enough flour to make bread with.

5. I can speak _____ little English, so when our teacher asks me questions in English, I can answer a few of them.

6. Yesterday we placed a wreath on _____ monument as _____ tribute to the martyrs.

7. We drink _____ tea out of _____ cup.

Ⅱ Fill in the blanks with prepositions（1 mark for each correct answer）. 用介词填空。（每空一分，10%）

1. We have friends all _____ the world.

2. Mr. Smith has been _____ Peking for several years. He's now living in the eastern part of the city.

3. Mr. Smith has been _____ Peking. He's now living in Tientsin together

with his family.

4. She is looking _____ the window _____ the busy street.

5. The examination will be held _____ the afternoon of November 10.

6. Get _____ the bus here and get _____ at the third stop.

7. We go _____ socialist construction, because we want to make China a great socialist country by the end of the century.

Ⅲ Supply correct tense(2 marks for each correct sentence). 用动词的正确时态填空。(每句二分,20%)

1. _____ you _____ (remember) my name, or _____ you _____ (forget) it?

2. My younger brother _____ (break) the cup just a moment ago. We _____ _____ (buy) a new one at the Tientsin Department Store.

3. Li Ming isn't in Tientsin. He _____ (leave) for Shanghai.

4. Li Ming isn't in Tientsin. He _____ (leave) for Shanghai a couple of days ago.

5. I _____ (tear) my coat and _____ (want) to have it mended.

6. When I last _____ (see) him, he _____ (live) in Peking.

7. Large crowds _____ (wait) at the station when the Taching workers _____ _____ (arrive).

8. When the armyman _____ (find) that everything _____ (be) all right, he was very happy.

9. While we _____ (do) our homework, suddenly there _____ (come) a knock at the door.

10. I _____ (come) as soon as my work is finished.

_____ you _____ (be) ready?

Ⅳ Turn the following sentences into the passive voice. 把下列句子变为被动语态。(10%)

1. We praise a pupil when he works hard.

2. They have made him group leader.

3. The PLA man will take her to an army hospital tomorrow.

4. The commune members are building a new bridge.

5. Nobody heard a sound.

Ⅴ Combine the simple sentences so as to form complex ones. 把简单句合并为

复合句。(15%)

1. The man is standing at the door.

He is Chang Hua's brother.

2. We were in the countryside last autumn.

We often worked together with the commune members.

3. The Party secretary came to the fields.

We were cutting rice.

4. We'll go out to help the commune members with their harvest.

Autumn will come.

5. Why didn't he come yesterday?

The reason is simple.

Ⅵ Translate the following sentences into English (2 marks each for sentences 1—8；4 marks for the last sentence)。把下列句子译成英语。(一至八句,每句二分；最后一句,四分。20%)

1. 我的自行车出了毛病了。你能修理吗?

2. 从她下乡以来,没有给我来过信。

3. 在她歇班的日子里,她常常给王奶奶担水,洗衣服。

4. 苏珊(Susan)的衣服又新又干净,但汤姆(Tom)的衣服又脏又破。

5. 解放前我父亲太穷,上不起学。

6. 多亏共产党和毛主席,我们过着幸福的生活。

7. 当我在你这样年纪的时候,我像奴隶一般地给地主干活。

8. 三个姐妹中,她最高。

9. 毛主席说:"我们是主张自力更生的。"英雄的中国人民记住毛主席的这个教导,靠着他们的双手,建立起了大寨和大庆。

Ⅶ Translate the following passage into readable Chinese. 把下列短文译成通顺的汉语。(15%)

Chairman Mao lived and worked in the village for over 50 days. It was harvest time. As soon as Chairman Mao arrived, he sent the soldiers to help get in the millet. Later, during the planting season, Chairman Mao asked the army cadres to give wheat to peasants who were in need of seed grain. Wheat was also given to families of martyrs and armymen.

The day before he left, he and the other comrades swept the courtyard and cleaned the rooms. They returned all the things they had borrowed and paid for anything damaged according to its price. All the villagers were deeply moved.

"文化大革命"结束以后的 1977 年恢复高考均为各省区市命题。题目的难度、分量、形式都有研究的价值。首先,难度不大。其次,分量不足。再有,题型基本上是以语法和翻译为主。这份试题足以体现当时的课程实施情况。

史料四:2001 年普通高等学校招生全国统一考试(天津卷)

本试卷分第一卷(选择题)和第二卷(非选择题)两部分。第一卷 1 至 14 页。第二卷 1 至 4 页。共 150 分。考试时间 120 分钟。

第一卷(三部分,共 115 分)

注意事项:

1. 答第一卷前,考生务必将自己的姓名、准考号用黑色钢笔或签字笔填写在答题卡上。

2. 每小题选出答案后,用铅笔把答题卡上对应题目的答案标号涂黑。如需改动,用橡皮擦干净后,再选涂其他答案标号。不能答在试卷上。

3. 考试结束,考生将本试卷和答题卡一并交回。

第一部分:听力(共两节,满分 20 分)

做题时,先将答案划在试卷上。录音内容结束后,你将有两分钟的时间将试卷上的答案转涂到答题卡上。

第一节(共 5 小题;每小题 1 分,满分 5 分)

听下面 5 段对话。每段对话后有一个小题,从题中所给的 A、B、C 三个选项中选出最佳选项,并标在试卷的相应位置。听完每段对话后,你都有 10 秒钟的时间来回答有关小题和阅读下一小题。每段对话仅读一遍。

例:How much is the shirt?

A. £ 19. 15.   B. £ 9. 15.   C. £ 9. 18.

答案是 B。

1. Where did this conversation most probably take place?

A. At a concert.

B. At a flower shop.

C. At a restaurant.

2. What did Paul do this morning?

A. He had a history lesson.

B. He had a chemistry lesson.

C. He attended a meeting.

3. What can we learn about the man from the conversation?

A. He's anxious to see his sister.

B. He wrote to his sister last month.

C. He's expecting a letter from his sister.

4. At what time does the train to Leeds leave?

A. 3:00.

B. 3:15.

C. 5:00.

5. What is the man's problem?

A. He can't decide how to go.

B. He can't drive himself.

C. He doesn't like travelling by train.

第二节(共15小题;每小题1分,满分15分)

听下面5段对话或独白。每段对话或独白后有几个小题,从题中所给的A、B、C三个选项中选出最佳选项,并标在试卷的相应位置。听每段对话或独白前,你将有时间阅读各个小题,每小题5秒钟;听完后,各小题将给出5秒钟的作答时间。每段对话或独白读两遍。

听第6段材料,回答第6至8题。

6. What is Sally doing?

A. Reading a letter.

B. Washing clothes.

C. Making a phone call.

7. Why does Tom ask Sally and John to call him?

A. He wants to meet them at the station.

B. He wants to invite them to dinner.

C. He wants them to visit his family.

8. What is Tom's telephone number?

A. 680 – 6840.

B. 780 – 6842.

C. 780 – 7842.

听第7段材料,回答第9至11题。

9. Why did Bob call Nancy?

A. To ask if she's got the tickets.

B. To invite her out for an evening.

C. To offer his help with her new flat.

10. What will Nancy be doing next Saturday afternoon?

A. Watching a tennis match.

B. Cleaning up the new flat.

C. Visiting a friend with Margaret.

11. What has Nancy agreed to do with Bob next Saturday?

A. To see a play.

B. To attend a concert.

C. To buy concert tickets.

听第 8 段材料，回答第 12 至 14 题。

12. Who are the speakers?

A. A passer-by and a policeman.

B. A passer-by and a driver.

C. A passenger and a taxi-driver.

13. What is the woman's house number?

A. 1323.　　　　　B. 3023.　　　　　C. 4023.

14. Why can't the man turn left?

A. It is rush hour.

B. It is a one-way street.

C. The street is too narrow.

听第 9 段材料，回答第 15 至 17 题。

15. What did the man ask the woman to do?

A. To book a hotel room for him.

B. To meet an old friend of hers.

C. To pass a message to Mary.

16. What is the relationship between the two speakers?

A. Neighbors.　　　　B. Father and daughter.　　　C. Husband and wife.

17. What is Mary probably doing?

A. Staying at a hotel.

B. Talking on the phone.

C. Chatting with her husband.

听第 10 段材料,回答第 18 至 20 题。

18. Who is the speaker?

A. A student.　　　B. A teacher.　　　C. An office clerk.

19. Why did the speaker get a parking ticket?

A. His car was parked for too long.

B. His car took up too much space.

C. He left his car in a wrong place.

20. Which of the following words best describes the day the speaker had?

A. exciting　　　B. unlucky　　　C. tiring

第二部分:英语知识运用(共两节,满分 45 分)

第一节:单项填空(共 15 小题;每小题 1 分,满分 15 分)

从 A、B、C、D 四个选项中,选出可以填入空白处的最佳选项,并在答题卡上将该项涂黑。

例:It is generally considered unwise to give a child _____ he or she wants.

A. however　　　B. whatever　　　C. whichever　　　D. whenever

答案是 B。

21. ——Good morning, Grand Hotel.

　　——Hello, I'd like to book a room for the nights of the 18th and 19th.

　　—— _____

A. What can I do for you?　　　　　B. Just a minute, please.

C. What's the matter?　　　　　D. At your service.

22. The film brought the hours back to me _____ I was taken good care of in that far-away village.

A. until　　　B. that　　　C. when　　　D. where

23. As we joined the big crowd I got _____ from my friends.

A. separated　　　B. spared　　　C. lost　　　D. missed

24. Selecting a mobile phone for personal use is no easy task because technology _____ so rapidly.

A. is changing　　　　　B. has changed

C. will have changed　　　　　D. will change

25. The Parkers bought a new house but _____ will need a lot of work before they can move in.

A. they　　　B. it　　　C. one　　　D. which

26. We didn't plan our art exhibition like that but it _____ very well.

A. worked out   B. tried out   C. went on   D. carried on

27. The home improvements have taken what little there is _____ my spare time.

A. from   B. in   C. of   D. at

28. It is generally believed that teaching is _____ it is a science.

A. an art much as   B. much an art as

C. as an art much as   D. as much an art as

29. The warmth of _____ sweater will of course be determined by the sort of _____ wool used.

A. the；the   B. the；不填   C. 不填；the   D. 不填；不填

30. I _____ ping-pong quite well, but I haven't had time to play since the new year.

A. will play   B. have played   C. played   D. play

31. A computer can only do _____ you have instructed it to do.

A. how   B. after   C. what   D. when

32. Visitors _____ not to touch the exhibits.

A. will request   B. request   C. are requesting   D. are requested

33. I was really anxious about you. You _____ home without a word.

A. mustn't leave   B. shouldn't have left

C. couldn't have left   D. needn't leave

34. _____ is known to everybody, the moon travels round the earth once every month.

A. It   B. As   C. That   D. What

35. _____ such heavy pollution already, it may now be too late to clean up the river.

A. Having suffered B. Suffering   C. To suffer   D. Suffered

第二节:完形填空(共 20 小题;每小题 1.5 分,满分 30 分)

阅读下面短文,掌握其大意,然后从 36—55 各题所给的四个选项(A、B、C 和 D)中,选出最佳选项,并在答题卡上将该项涂黑。

He has been called the "missing link." Half-man, half-beast. He is supposed to live in the highest mountain in the world – Mount Everest.

He is known as the Abominable Snowman. The _____36_____ of the Snowman has been around for _____37_____ . Climbers in the 1920s reported finding marks like those of human feet high up on the side of Mount Everest. The native people said they _____38_____ this creature and called it the"Yeti,"and they said that they had _____39_____ caught Yetis on two occasions _____40_____ none has ever been produced as evidence(证据).

Over the years, the story of the Yetis has _____41_____ . In 1951, Eric Shipton took photographs of a set of tracks in the snow of Everest. Shipton believed that they were not _____42_____ the tracks of a monkey or bear and _____43_____ that the Abominable Snowman might really _____44_____ .

Further efforts have been made to find out about Yetis. But the only things people have ever found were _____45_____ footprints. Most believe the footprints are nothing more than _____46_____ animal tracks, which had been made _____47_____ as they melted(融化) and refroze in the snow. _____48_____ , in 1964, a Russian scientist said that the Abominable Snowman was _____49_____ and was a remaining link with the prehistoric humans. But, _____50_____ , no evidence has ever _____51_____ been produced.

These days, only a few people continue to take the story of the Abominable Snowman _____52_____ . But if they ever _____53_____ catching one, they may face a real _____54_____ : would they put it in a _____55_____ or give it a room in a hotel?

36. A. event   B. story   C. adventure   D. description
37. A. centuries   B. too long   C. some time   D. many years
38. A. heard from   B. cared for   C. knew of   D. read about
39. A. even   B. hardly   C. certainly   D. probably
40. A. as   B. though   C. when   D. until
41. A. developed   B. changed   C. occurred   D. continued
42. A. entirely   B. naturally   C. clearly   D. simply
43. A. found   B. declared   C. felt   D. doubted
44. A. exist   B. escape   C. disappear   D. return
45. A. clearer   B. more   C. possible   D. rare
46. A. huge   B. recent   C. ordinary   D. frightening
47. A. strange   B. large   C. deep   D. rough
48. A. In the end   B. Therefore   C. After all   D. However
49. A. imagined   B. real   C. special   D. familiar

50. A. so	B. besides	C. again	D. instead
51. A. rightly	B. actually	C. normally	D. particularly
52. A. lightly	B. jokingly	C. seriously	D. properly
53. A. succeed in	B. insist on	C. depend on	D. join in
54. A. decision	B. situation	C. subject	D. problem
55. A. zoo	B. mountain	C. museum	D. laboratory

第三部分:阅读理解(共20小题;每小题2.5分,满分50分)

阅读下列短文,从每题所给的四个选项(A、B、C和D)中,选出最佳选项,并在答题卡上将该项涂黑。

A

Shanghai:Car rentals(出租) are becoming more and more popular as an inexpensive way of taking to the roads. Business people,foreigners and families alike are making good use of the growing industry.

The first car rental firm opened in Shanghai in 1992 and now 12 car rental players are in the game,with more than 11 500 cars in their books.

The largest player – Shanghai Bashi Tourism Car Rental Center offers a wide variety of choices-deluxe sedans,minivans,station wagons,coaches. Santana sedans are the big favorite.

Firms can attract enough customers for 70 percent of their cars every month. This figure shoots up during holiday seasons like National Day,Labor Day and New Year's Day,with some recording 100 percent rental.

The major market force rests in the growing population of white-collar employees (白领雇员),who can afford the new service,said Zhuang Yu,marketing manager of Shanghai Angel Car Rental Co.

56. The words"deluxe sedans","minivans"and"station wagons"used in the text refer to _____.

　A. cars in the making　　　　　　B. car rental firms

　C. cars for rent　　　　　　　　　D. car makers

57. Which of the following statements is true according to the text?

A. 70% of the cars can be rented out on holiday.

B. 70% of the customers are white-collar employees.

C. More firms are open for service during holiday seasons.

D. Some firms rent out all their cars during holiday seasons.

58. Shanghai's car rental industry is growing so fast mainly due to _____ .

A. better cars supplied by producers

B. fast service offered by car rental firms

C. the increasing number of white-collar employees

D. people's growing interest in travelling during holidays

B

Holidaymakers who are bored with baking beaches and overheated hotel rooms head for a big igloo. Swedish businessman Nile Bergqvist delighted with his new hotel, the world's first igloo hotel. Built in a small town in Lapland, it has been attracting lots of visitors, but soon the fun will be over.

In two weeks' time Bergqvist's ice creation(作品) will be nothing more than a pool of water. "We don't see it as a big problem," he says. "We just look forward to replacing it."

Bergqvist built his first igloo in 1991 for an art exhibition. It was so successful that he designed the present one, which measures roughly 200 square meters. Six workmen spent more than eight weeks piling 1 000 tons of snow onto a wooden base; when the snow froze, the base was removed. "The only wooden thing we have left in the igloo is the front door," he says.

After their stay, all visitors receive a survival certificate recording their success. With no windows, nowhere to hang clothes and temperatures below 0℃, it may seem more like a survival test than a relaxing(轻松的) hotel break. "It's great fun," Bergqvist explains, "as well as a good start in survival training."

The popularity of the igloo is beyond doubt: it is now attracting tourists from all over the world. At least 800 people have stayed at the igloo this season even though there are only 10 rooms. "You can get a lot of people in," explains Bergqvist. "The beds are three meters wide by two meters long, and can fit at least four at one time."

59. Bergqvist designed and built the world's first igloo hotel because _____ .

A. he believed people would enjoy trying something new

B. he wanted to make a name for the small town

C. an art exhibition was about to open

D. more hotel rooms were needed

60. When the writer says "the fun will be over", he refers to the fact that _____ .

A. hotel guests will be frightened at the thought of the hard test

B. Bergqvist's hotel will soon become a pool of water

C. holidaymakers will soon get tired of the big igloo

D. a bigger igloo will replace the present one

61. According to the text, the first thing to do in building an igloo is _____.

A. to gather a pool of water

B. to prepare a wooden base

C. to cover the ground with ice

D. to pile a large amount of snow

62. When guests leave the igloo hotel they will receive a paper stating that _____.

A. they have visited Lapland

B. they have had an ice-snow holiday

C. they have had great fun sleeping on ice

D. they have had a taste of adventure

63. Which of the four pictures below is the closest to the igloo hotel as described in the text?

A.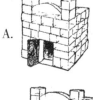

B.

C.

D.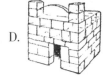

C

Many cities around the world today are heavily polluted. Careless methods of production and lack of consumer demand for environment (环境) friendly products have contributed to the pollution problem. One result is that millions of tons of glass, paper, plastic, and metal containers are produced, and these are difficult to get rid of.

However, today, more and more consumers are choosing "green" and demanding that the products they buy should be safe for the environment. Before they buy a product, they ask questions like these: "Will this shampoo damage the environment?" "Can this metal container be reused or can it only be used once?"

A recent study showed that two out of five adults now consider the environmental safety of a product before they buy it. This means that companies must now change the way they make and sell their products to make sure that they are "green", that is, friendly to the environment.

Only a few years ago, it was impossible to find green products in supermarkets, but now there are hundreds. Some supermarket products carry labels(标签) to show that the product is green. Some companies have made the manufacturing(生产) of clean and safe products their main selling point and emphasize it in their advertising.

The concern for a safer and cleaner environment is making companies rethink how they do business. No longer will the public accept the old attitude of "Buy it, use it, throw it away, and forget it." The public pressure is on, and gradually business is cleaning up its act.

64. It becomes clear from the text that the driving force(动力) behind green products is _____.

A. public caring for the environment

B. companies' desire for bigger sales

C. new ways of doing business

D. rapid growth of supermarkets

65. What would be the best title for the text?

A. Business and People   B. Business Goes Green

C. Shopping Habits Are Changing   D. Supermarkets and Green Products

66. The underlined word "it" in the fourth paragraph refers to _____.

A. a selling point   B. the company name

C. a great demand for healthy foods   D. the manufacturing of green products

D

If you ask people to name the one person who had the greatest effect on the English language, you will get answers like "Shakespeare", "Samuel Johnson", and "Webster", but none of these men had any effect at all compared to a man who didn't even speak English – William the Conqueror.

Before 1066, in the land we now call Great Britain lived peoples belonging to two major language groups. In the west-central region lived the Welsh, who spoke a Celtic language, and in the north lived the Scots, whose language, though not the same as Welsh, was also Celtic. In the rest of the country lived the Saxons, actually a mixture of Anglos, Saxons, and other Germanic and Nordic peoples, who spoke what we now call Anglo-Saxon (or Old English), a Germanic language. If this state of affairs had lasted, English today would be close to German.

But this state of affairs did not last. In 1066 the Normans led by William defeated the Saxons and began their rule over England. For about a century, French became the official language of England while Old English became the language of peasants. As a result, English words of politics and the law come from French rather than German. In some cases, modern English even shows a distinction (区别) between upper-class French and lower-class Anglo-Saxon in its words. We even have different words for some foods, meat in particular, depending on whether it is still out in the fields or at home ready to be cooked, which shows the fact that the Saxon peasants were doing the farming, while the upper-class Normans were doing most of the eating.

When Americans visit Europe for the first time, they usually find Germany more "foreign" than France because the German they see on signs and advertisements seems much more different from English than French does. Few realize that the English language is actually Germanic in its beginning and that the French influences are all the result of one man's ambition.

67. The two major languages spoken in what is now called Great Britain before 1066 were _____.

A. Welsh and Scottish

B. Nordic and Germanic

C. Celtic and Old English

D. Anglo-Saxon and Germanic

68. Which of the following groups of words are, by inference, rooted in French?

A. president, lawyer, beef

B. president, bread, water

C. bread, field, sheep

D. folk, field, cow

69. Why does France appear less foreign than Germany to Americans on their first visit to Europe?

A. Most advertisements in France appear in English.

B. They know little of the history of the English language.

C. Many French words are similar to English ones.

D. They know French better than German.

70. What is the subject discussed in the text?

A. The history of Great Britain.

B. The similarity between English and French.

C. The rule of England by William the Conqueror.

D. The French influences on the English language.

E

Betty and Harold have been married for years. But one thing still puzzles(困扰) old Harold. How is it that he can leave Betty and her friend Joan sitting on the sofa, talking, go out to a ballgame, come back three and a half hours later, and they're still sitting on the sofa? Talking?

What in the world, Harold wonders, do they have to talk about?

Betty shrugs. Talk? We're friends.

Researching this matter called friendship, psychologist Lillian Rubin spent two years interviewing more than two hundred women and men. No matter what their age, their job, their sex, the results were completely clear: women have more friendships than men, and the difference in the content and the quality of those friendships is "marked and unmistakable".

More than two-thirds of the single men Rubin interviewed could not name a best friend. Those who could were likely to name a woman. Yet three-quarters of the single women had no problem naming a best friend, and almost always it was a woman. More married men than women named their wife/husband as a best friend, most trusted person, or the one they would turn to in time of emotional distress(感情危机). "Most women," says Rubin, "identified(认定) at least one, usually more, trusted friends to whom they could turn in a troubled moment, and they spoke openly about the importance of these relationships in their lives."

"In general," writes Rubin in her new book, "women's friendships with each other rest on shared emotions and support, but men's relationships are marked by shared activities." For the most part, Rubin says, interactions(交往) between men are emotionally controlled – a good fit with the social requirements of "manly behavior."

"Even when a man is said to be a best friend," Rubin writes, "the two share little about their innermost feelings. Whereas a woman's closest female friend might be the first to tell her to leave a failing marriage, it wasn't unusual to hear a man say he didn't know his friend's marriage was in serious trouble until he appeared one night asking if he could sleep on the sofa."

71. What old Harold cannot understand or explain is the fact that _____.

A. he is treated as an outsider rather than a husband

B. women have so much to share

C. women show little interest in ballgames

D. he finds his wife difficult to talk to

72. Rubin's study shows that for emotional support a married woman is more likely to turn to _____.

A. a male friend　　B. a female friend　　C. her parents　　D. her husband

73. According to the text, which type of behavior is NOT expected of a man by society?

A. Ending his marriage without good reason.

B. Spending too much time with his friends.

C. Complaining about his marriage trouble.

D. Going out to ballgames too often.

74. Which of the following statements is best supported by the last paragraph?

A. Men keep their innermost feelings to themselves.

B. Women are more serious than men about marriage.

C. Men often take sudden action to end their marriage.

D. Women depend on others in making decisions.

75. The research done by psychologist Rubin centers around _____.

A. happy and successful marriages　　B. friendships of men and women

C. emotional problems in marriage　　D. interactions between men and women

第二卷(共 35 分)

注意事项：

第二卷共 4 页,用黑色钢笔或签字笔答在答题卡上,答在试卷上无效。

题号	第一节	第二节	总分
分数			

第四部分:写作(共两节,满分 35 分)

第一节:短文改错(共 10 小题;每小题 1 分,满分 10 分)

此题要求改正所给短文中的错误。对标有题号的每一行做出判断:如无错误,在该行右边横线上画一个勾(√);如有错误(每行只有一个错误),则按下列情况改正:

该行多一个词:把多余的词用斜线(\)划掉,在该行右边横线上写出该词,并也用斜线划掉。

该行缺一个词:在缺词处加一个漏字符号(∧),在该行右边横线上写出该加的词。

该行错一个词:在错的词下划一横线,在该行右边横线上写出改正后的词。

注意:原行没有错的不要改。

Like most of my schoolmates, I have neither brothers   76. _____

nor sisters – in any other words, I am an only child. My parents 77. _____

love me dearly of course and will do all they can make sure   78. _____

that I get a good education. They did not want me to do   79. _____

any work at family; they want me to devote all my time to   80. _____

my studies so that I'll get good marks in all my subject. We   81. _____

may be one family and live under a same roof, but we do   82. _____

not seem to get much time to talk about together. It looks   83. _____

as if my parents treat me as a visitor and a guest. Do they   84. _____

really understand their own daughter? What things are in   85. _____

other homes, I wonder.

第二节:书面表达(满分 25 分)

假设你是李华,你的澳大利亚朋友 Dick 听说中国的中小学正在减轻学生的学习负担,来信询问有关情况。请你根据下表提供的信息,写一封回信,谈一谈减负给你的学习和生活带来的变化。

周末活动(减负前)	周末活动(减负后)
白天:上课、做作业	白天:参观博物馆、学习电脑、绘画等
晚上:做作业	晚上:看新闻、读书、看报
就寝时间:11:30	就寝时间:10:00

注意:1. 词数 100 左右;

　　　2. 开头已为你写好。

生词:减轻学习负担—— reduce learning load

Dear Dick,

　　How nice to hear from you again. _____

_____

_____

                                                   Best wishes,

                                                        Li Hua

2001 年天津市与山西、内蒙石、辽宁、吉林、黑龙江、江苏、浙江、安徽、福建、湖北、湖南、海南、四川、陕西共 15 个省区市实行 3 + X 高考方案。3 是指语文、数学、外语。X 为文科综合考历史、地理、政治,三科为一份试卷或理科综合考物理、化学、生物,三科为一份试卷,简称小综合,这份英语试卷是教育部为天津市单独命制的试题。与 1922 年北京大学预科考试题目相比,题量大。与 1977 年天津市高校招生英语试卷相比,题目难。无论是从难度、信度、效度、区分度来评价,还是从题目的分量、题目的类型来评价,都可以反映出百年里中国英语课程评价更加科学,更加规范。更为有意义的是,1977 年中国高考试题显然是以语音、词汇、语法知识为立意进行命题的,而 2001 年中国高考试题显然是在考核知识基础上重点考核学生的语言运用能力,这对引导中小学英语课程实施无疑具有重要意义。

第五节　课程变革特点和相关问题分析

经过 100 多年的发展,中国中小学英语教学取得了很大进步。"从课程角度看,民国期间,英语一直是一门最受重视的学科。"①经过滥觞期、启动期进入发展期以后,中小学英语教育特别是中学英语教育发展很快,中学生的英语水平是理想的。"总体上看,教会学校教学水平高于一般校,沿海省市特别是上海、北京、天津等大城市学校高于内地学校。"②中华人民共和国成立以后英语教育获得了前所未有的进步,但在课程方面也还存在一些值得研究的问题。

一、变革特点分析

(一)课程设置变革特点

1. 重视中学,放开小学

自 1902 年壬寅学制与 1904 年癸卯学制规定中学设置英语科以来,英语一直是学校最重要的学科之一。总的趋势是重视高中和初中,小学大部分时间则是随意科。

中学开设英语,高中百年里几乎没有中断,即使是抗日战争期间和教育遭

---

① 李良佑,等. 中国英语教学史[M]. 上海:上海外语教育出版社,1988:203.
② 李良佑,等. 中国英语教学史[M]. 上海:上海外语教育出版社,1988:210.

受严重挫折的"文化大革命"期间也没有完全中断,因此,高中英语的发展基本上是有序的、平稳的。初中英语也受到重视,除 1940 年受战争影响改为必修,1954 年停授,"文化大革命"期间遭受挫折外,一直是受到重视的。初中英语对高中、大学英语教育教学有着重要的影响。初中英语基础的好坏,直接影响高中、大学英语学习,因而政府、教育主管部门以及学校都十分重视。

小学开设英语,争议颇多,世界各国或地区外语开设的起始年龄和要求也五花八门。1999 年有学者介绍,日本从中学开设外语课,共设 315 个学时,每学年 105 学时,平均 3 课时/周;加拿大在四至八年级(10—14 岁)开始设置法语(第二语言)课程,共 600 学时,平均 4 课时/周,有四级要求;英国在七至十一年级(11—16 岁)开设外语课程,对听、说、读、写四项技能提出八级要求;中国香港特别行政区从小学一年级开设英语,小学词汇量约为 800 个(相当于内地目前初中的要求);中国澳门特别行政区从小学一年级或五年级开设英语课程,未定词汇要求,但有详细的科目大纲和课程教学计划;中国台湾地区现阶段初中开设外语课,并从 2001 年起在小学五、六年级开设外语课。① 2002 年有学者介绍,欧盟 15 国中,同为义务教育的必修课,从小学一年级开始设置外语的有 3 个国家,从三年级开始设置的有 4 个国家,从四年级开始设置的有 1 个国家,从五年级和六年级开设的分别有 4 个国家和 2 个国家,有一个国家把外语作为义务教育的选修课。② 中国小学开设外语课时间很早,如果从教会学校算起,已经有相当长的一段时间了,而真正地全面普及是在 2001 年以后。在此之前,英语在小学大多是作为随意科的,自此以后,才真正成为必修课。为什么过了 100 多年才成为必修课呢? 这主要是基于两个方面的原因:一是师资力量不足,二是小学课程与初中课程始终没有得到很好的衔接。

2. 敏感度高,变化较大

鸦片战争以后,由于对外交涉,需要翻译人才,于是诞生了京师同文馆、上海广方言馆、广方言馆、湖北自强学堂,英语课程开始进入方言学校。洋务运动中,兴办学堂,派人留学,为更好地"西学为用",需要向西方学习,又兴办了更多的新式学堂,英语课程更多地进入学校。1902 年壬寅学制和 1904 年癸卯学制以后,英语普遍进入中学堂。1922 年新学制后,受西方学制特别是美国学制的

---

① 王蔷. 面向廿一世纪义务教育阶段外语课程改革的思考与意见[J]. 中小学外语教学,1999(7):2-3.

② 张志远,等. 欧洲中小学外语教学改革[J]. 中小学外语教学,2002(9):1-4.

影响,英语不仅进入学校,而且获得了较大较快的发展。中华人民共和国成立以后,英语教育虽遭遇挫折,但获得了前所未有的发展。

英语与社会经济、政治等联系密切,经济、政治等的改革与变迁对英语课程的设置影响很大。不仅国内如此,国外也是如此。我们应该吸取日本和美国的外语教育经验和教训。日本是近代史上"现代化"最成功的国家之一。日本在其经济发展的各历史阶段,十分重视外语教育的发展,明治维新,日本开始以学习英、美为主,在国民中逐步普及英语教育。20 世纪 20 年代至 30 年代,日本政府聘请了英国语言学家帕默到日本指导英语教学,组织编写辞典,出版教材。由于国民外语(英语)的普及和提高,终于迎来了从英美大量引进科学技术的高潮,日本的工业和科技也日新月异地飞快发展——在日本,国家规定英语为中学的主课,大学生要求学习两门外语。美国呢,由于母语是英语,所以建国初期,在引进西欧文化和先进技术中没有碰到什么外语的障碍。1941 年珍珠港事件后,美国被迫参战,战线延伸到欧、亚各大洲,颇感外语人才不足,必须结束不重视外语教育的状况,于是他们专门请语言学家布龙菲尔德写了《实际掌握外语的指导提纲》,在一年内训练了数千名在作战地区能听能说的外语人才,并在18 所大学里开设了 25 种外语。①

日本外语教育的成功和美国外语教育政策的修正能为我们提供借鉴,我国无论是在晚清,还是在民国或者是在中华人民共和国成立以后,外语教育政策的制定,课程设置的变化都是经济、政治、科技、文化变化的必然反应。停授英语,改授俄语是由于中苏关系的改善,强化英语,调整俄语是由于中外关系的改变。在课程史上,没有哪个学科能像英语学科那样敏感,也没有哪个学科能像英语学科那样引起政府和民众的关注,也没有哪个学科能像英语学科那样发生那么多变化。

3. 统一要求,逐步灵活

从英语课程设置情况看,我国百年里走过的路径是:统一要求,逐步灵活。

中国地域辽阔,人口众多,各地经济、政治、科技、文化状况比较复杂,民族差异、城乡差别都对课程设置产生着影响。

认真地研读百年教学大纲或课程标准,我们也不难看出,为了推动英语教育的发展,我们在相当长的一段时间里是采取整齐划一的课程政策的,特别是中学英语课程设置刚性有余,柔性不足。而后,我们又采取了比较灵活的课程政策,课

---

① 群懿,等. 外语教育发展战略研究[M]. 成都:四川教育出版社,1991:30-33.

程设置规定方面又有了一定的柔性,使各地英语课程设置有了调适的余地。

小学英语课程设置因百年里大部分时间是随意科,在哪个年级设置为好其规定不是硬性的。1912 年《小学校教则及课程表》规定高小第三学年始授外语课,且是随意科。1978 年《全日制十年制中小学英语教学大纲(试行草案)》规定:英语课从小学三年级起开设,又规定:鉴于目前的具体条件,有些学校的英语课也可以从初中一年级起开设。到 1980 年,《全日制十年制中小学英语教学大纲(试行草案)》仍规定:英语课的设置有两种办法,一种是从小学三年级开设,一种是从初中一年级开设。2001 年教育部《关于积极推进小学开设英语课程的指导意见》中指出,2001 年秋季始,全国城市和县城小学逐步开设英语课程,2002 年秋季,乡镇所在地小学逐步开设英语课程。小学开设英语课程的起始年级一般为三年级。"逐步"和"一般"的概念仍是柔性的、可调的。

中学英语课程设置在晚清和民国不论是文理分科还是不分科基本上都是刚性的。中华人民共和国成立以后,教育部充分考虑各地的不同情况,有了灵活性的要求。1959 年《关于在中学加强和开设外国语的通知》指出,今后全日制中学拟分甲、乙两类:甲类教学计划要求较高,设置最高限度的科目;乙类教学计划要求较低,设置最低限度的科目。从 1959—1960 年度起,全日制的甲类中学一定要在初中开设外国语,在高中加强外国语教学。全日制乙类中学的初中或完全中学的初中部,一般可不开设外国语。中学设置各种外国语的比例,大体上可以规定约在 1/3 的学校教俄语,2/3 的学校教英语及其他外国语。这个规定实际上是考虑到了中学的不同情况,并试图扭转俄语比例过高的局面。中学英语分从初中设置或从高中设置到 1986 年仍然沿用。1986 年《全日制中学英语教学大纲》规定:在现阶段,中学英语课有两个起点。一个是从初中一年级开设,另一个是从高中一年级开设,其要求接近初中一年级起始的英语课的要求。

(二)课程目标变革特点

1. 从重实用到重发展

从课程目标演变情况看,课程目标变革的第一个特点就是从最初的重视语言的实用功能演变成后来的重视语言的发展功能。这一特点不论是小学还是初中、高中的教育目标或教学目标都有体现。

从 1904 年到 2001 年历经近百年,课程目标逐步演变。仔细做一下对比,从重实用到重发展的特点一目了然。

光绪三十九年即 1904 年颁布的《奏定中学堂章程》学科程度章第二第四节中规定英语课程目标如下:"盖中学教育,以人人知国家、知世界为主,上之则入高等专门各学堂,必使之能读西书;下之则从事各种实业,虽远适异域,不假翻译。方今世界舟车交通,履欧美若户庭;假令不能读其书,不能与之对语,即不能知其情状。"而2001年颁布的《全日制义务教育普通高级中学英语课程标准(实验稿)》中对课程性质和目标是这样规定的:外语是基础教育阶段的必修课程,英语是外语课程中的主要语种之一。英语课程的学习,既是学生通过英语学习和实践活动,逐步掌握英语知识和技能,提高语言实际运用能力的过程,又是他们磨砺意志、陶冶情操、开阔视野、丰富生活经历、开发思维能力、发展个性和提高人文素养的过程。基础教育阶段英语课程的任务是:激发和培养学生学习英语的兴趣,使学生树立自信心,养成良好的学习习惯和形成有效的学习策略,发展自主学习的能力和合作精神;使学生掌握一定的英语基础知识和听说读写技能,形成一定的综合语言运用能力;培养学生的观察、记忆、思维、想象能力和创新精神;帮助学生了解世界和中西方文化的差异,开阔视野,培养爱国主义精神,形成健康的人生观,为他们终身学习和发展打下良好的基础。显然,1904年中学英语课程目标是强调语言的实用性和工具性的,而2001年高中课程目标在实用性和工具性的基础上又增加了教育性和发展性的因素。

2. 从重知识到重能力

从教学目标的变化看,我国的初中及高中英语教育起初是重视知识技能的,1923年以后开始注意在学好知识、技能的基础上培养学生灵活运用语言的能力。至2001年《全日制义务教育普通高级中学英语课程标准(实验稿)》颁行,明确提出培养学生综合语言运用能力,该标准不仅规定了如前所述的语言技能目标,还规定了语言知识目标、情感态度目标、学习策略目标和文化意识目标,这些共同构成综合语言运用能力目标,这是英语教学理论的一次重大变化。

语言技能是构成语言交际能力的重要组成部分,它包括听、说、读、写四个方面的技能以及这四种技能的综合运用能力。听和读是理解的技能,说和写是表达的技能,这四种技能在语言学习和交际中相辅相成、相互促进。语言技能一级目标、二级目标为小学技能目标,包括一级的听做、说唱、玩演、读写、视听,二级的听、说、读、写、玩演、视听;三级至九级目标为初、高中技能目标,包括听、说、读、写技能目标。

语言知识是语言能力的有机组成部分,是发展语言技能的重要基础。标准中列出二级、五级、八级的分级目标,包括语音、词汇、语法、功能、话题的具体目标要求。

情感态度指兴趣、动机、自信、意志和合作精神等影响学生学习过程与学习效果的相关因素以及在学习过程中逐渐形成的祖国意识和国际视野。标准中列出了二级、五级、八级的分级目标。

学习策略指学生为了有效地学习和发展而采取的各种行动和步骤。其中二级列出了基本学习策略 10 条,五级和八级分别列出认知策略、调控策略、交际策略、资源策略若干条。

文化意识是指对所学语言国家的历史地理、风土人情、传统习俗、生活方式、文学艺术、行为规范、价值观念等的认识。标准中列出二级、五级、八级分级目标要求共 31 条。[①]

从重知识到重能力特别是重交际能力是语言本质规律的重要体现。它将对语言教学产生深刻的影响。

3. 从重教到重学

英语语言教学是教师教、学生学的双边活动的统一。长期以来,我们的英语课堂受母语教学和其他学科教学的影响是以教师传授为主的,"一言堂""满堂灌""重知识""重语法""重应试"导致语言教学效率低下。这种现象一直得到人们的关注,经过百年的演变,正在由重教到重学演变。

自学能力和自主学习意识是英语教育应培养的目标。1932 年颁发的《高级中学英语课程标准》教法要点十五中指出:逐渐使学生在课外自修未见过之新教材,大概第一年每课自修一小部分,第二年一大部分,第三年全部,使能充分利用教学时间与逐渐养成自修能力。1951 年颁发的《普通中学英语课程标准草案》指出:在学生对英语有相当根基后,应采自学辅导的精神,训练学生的自学能力,教学要辅助学生自行解决困难,避免灌输式的教学,教学的工作要点在于指示学习方法,检查学习效果并纠正偏差,自学辅导的精神应该逐年地提高其比重。

1978 年颁发的《全日制十年制中小学英语教学大纲(试行草案)》在教学目的和要求中更明确提出了中小学英语教学的目的,是着重培养学生的阅读和自学英语的能力,并培养一定的听、说、写和译的能力,为毕业后进一步学习和运用英语或进入高等学校学习打好基础。

2001 年《全日制义务教育普通高级中学英语课程标准(实验稿)》一至九级应达到的综合语言运用能力目标更加强调教向学的转变。目标总体描述中一级要求学生对英语有好奇心,喜欢听他人说英语;二级要求学生对英语学习有持续的兴趣和爱好;三级要求学生对英语学习表现出积极性和初步的自信心;

---

① 教育部. 全日制义务教育普通高级中学英语课程标准(实验稿)[S]. 北京:北京师范大学出版社,2001:9-27.

四级要求学生明确自己的学习需要和目标,对英语学习表现出较强的自信心;五级要求学生有较明确的英语学习动机和积极主动的学习态度;六级要求学生进一步增强英语学习动机,有较强的自主学习意识;七级要求学生有明确持续的学习动机及自主学习意识;八级要求学生有较强的自信心和自主学习能力;九级要求学生有自主学习能力。自主学习意识和能力的提出是重教向重学的转变,也是学生可持续发展能力的客观需要。

(三)课程实施变革特点

1. 政府关怀,注重普及

由于对外关系的需要,中国政府重视外语课程,并对课程实施给予了特别的关注,课程实施经历了试验、调整、普及的几个不同的阶段,中国政府在制定外语政策方面做了很多努力。

首先是明清时期的四夷馆(四译馆)的建立和发展,然后是京师同文馆、上海广方言馆、广方言馆、湖北自强学堂等外语专门学校的建立和发展,无不饱蘸着从大臣到皇帝许多人的心血。这应该是我国外语教育的试验阶段。

之后是壬寅学制、癸卯学制颁行,英语进入中学课堂,这时的英语教育规模超过从前。但后来由于对外关系的变化和办学经验的不足,我们的英语教育一直处于调整之中。

中华人民共和国成立前后,党和国家领导人对英语教育更为关注。对外语课程实施给予直接关怀的领导人有很多,其中,周恩来、廖承志、陈毅和李岚清对外语教育关心最甚。

早在 1944 年初,周恩来从重庆回到延安后听了俄文学校领导人的工作汇报,当即做出指示,不能只局限于培养俄文干部,眼光要放长远一些,要看到未来世界发展的趋势。他说世界上多数国家用的是英文,英文干部将来大有用武之地,因而除了办好俄文系外,还应开办英文系。在他的关怀下,英文系得以建立。中华人民共和国成立以后,周恩来对外语教育更加重视,从发展规划、培养计划、师资配备,到技能训练、教学方法等方面都倾注了他许多心血。

廖承志副委员长也历来关心我国的外语教育事业。他重视提高外语教育质量,并倡导实行"一条龙"的课程计划和培养模式。在 1978 年全国外语教育座谈会上,他说:"现在我们的外事任务很重,而翻译能力不高。比如到联合国担任翻译,有一条规定,要懂两、三种语言,起码要懂英文、法文,在联合国才能算是个合格的翻译。我们去联合国的,只懂英文,加上自己的中文是两种……我们新毕业的大学生当翻译,大部分水平不高。""如果中学毕业后才开始学

ABC 的话,那我们坐飞机也赶不上人家……解决这个问题的唯一办法,是小学要开设外语课,至少从小学三年级开始抓,加上中学五年,再加大学四年,共十二年。……我坚决主张从小学开始,在中等城市实行一条龙的外语教育,为大学储备力量。"我们相信他的这一愿望应该在不久的未来变成现实。

陈毅副总理在 1962 年对外语院系的学生做了一次语重心长的谈话。这次谈话对我国的外语教育有着重要影响。他说:"不要把外语工作看得太简单,不要把外语工作看作技术工作。外语本身就是政治斗争的工具。掌握了外语可以把外国人的长处介绍到中国来提高我们中国的经济和文化。掌握了外语可以把我们中国的革命斗争经验介绍出去,扩大我们的革命影响,加强对帝国主义的打击。""发音一关先要突破,发音不准确,人家听不懂,结果就搞成中国人听到你讲外文,外国人听到你讲中文……要突破生字难关,至少要记五千个字,此外多多益善……一个生字要读它许多遍,要多和它见面,还要运用它,才能记住……要克服学法上的困难……要创造外语环境,起码上外语课要坚持使用外语"。陈毅副总理的讲话抓住了语言学习的性质和规律,对外语学习和普及起到积极作用,对中小学英语教育水平提高有促进作用。①

李岚清副总理一直关心我国中小学外语教育。他亲自下校听课,强调统一学习年限,避免时间浪费,主张利用网络、信息技术等手段普及外语教育,提出学好外语要注意六点:一是兴趣,二是勤奋,三是实践,四是勇气,五是坚持,六是信心。他还特别强调教学方法和教学环境问题。② 他亲自撰文推广张思中外语教学法,为中小学外语教育发展鼓与呼。

2. 保证投入,注重质量

英语教育质量的提高取决于投入。这种投入有很多方面,如时间投入、设备投入等,在百年的课程实施过程中,我国的外语教育投入是巨大的。

外语时间投入主要是指教学时间即课时以及课外所用的学习时间,课外学习时间是不可控的,因人而异,因地而异,因时而异。单从颁行的教学计划或课程计划来看,我们看到从晚清到中华人民共和国英语的课时与母语的课时大致相当,有时还高于母语的课时数。从史料上分析,中华人民共和国成立前英语课时数与母语课时数此消彼长或此长彼消的情况都出现过,总的看来,外语时间的投入是有保障的,见表 2 - 8。

---

① 付克. 中国外语教育史[M]. 上海:上海外语教育出版社,1986:105-119.
② 李岚清. 李岚清教育访谈录[M]. 北京:人民教育出版社,2003:348-350.

表2-8　历年中学英文、国文周学时对比表①

年份	学制		每周总学时或学分	外国语(英语)		国文		备注
				周学时(分)	占总学时比例(%)	周学时(分)	占总学时比例(%)	
1902	四		36	9	25	3	8	
1903	五		36	8—6	20	3—5	10	
1909	文	五	36	6	16.6	7—6	18	
	实	五	36	10—8	25	24.4		
1912	四		33—35	7—8	22.6	7—5	17.5	
1922	初中		164分	36	22	32	20	
	高中	一组	67分	16	23.8	16	23.8	学分制
		二组	64分	16	25	16	25	
1928	初中		180分	20—30	13.8	36	20	学分制
	高中		150分	26	17.3	24	16	
1932	初中	表1	34—35	5	14.5	6	17	学制各为3年
		表2	35—36	5	14	6	17	
	高中	表1	31—34	5	15	5	15	学制各为3年 周学时为主科
		表2	31—36	5	14	5	14	
1936	初中		31	4	13	5	16	
	高中		30	5	17	5	17	
1940	初中		32	5	16	7—5	19	
	高中		26—31	5	17.5	5—4	15.7	
1948	初中		27—32	3—4	11.8	5	17	
	高中		25—29	5	18.5	5	18.5	

　　中华人民共和国成立以后,除1963年课时安排初中高中6年为7/6/6/6/6/5外,大多数都是4—5课时/周,时间投入相对说来是比较充裕的。

　　除时间投入外,百年里教学设施的投入也有很大的变化和改观。中国的外语电化教学起自20世纪三四十年代。当时金陵大学(南京大学的前身)与上海柯达公司合作翻译教学影片60多部,还自己摄制了《蚕丝》等教学影片3部。

---

① 李良佑,等. 中国英语教学史[M]. 上海:上海外语教育出版社,1988:204.

到 1948 年他们置备的 16 毫米教学影片达千部,幻灯片数百卷,教师在教学中都可使用这些软件。更为难得的是,该校先后开办过三期为时两个月的短训班以及二年制的专修科,培养了一批电教人才。① 中华人民共和国成立后,先是由初期的外语广播教学开始,继而收音机、电唱机、扩音器、幻灯机、电影放映机逐步进入大学外语课堂。然后到 1960 年以后,听说领先法使得录音机、幻灯机进入高校以及部分重点中小学的课堂,各种电教软件,如外语教学唱片、幻灯片、外语录音带等也能在校际复制和供应。1978 年 3 月 18 日在全国科学大会上,方毅同志提出:要逐步实现教育手段的现代化,发展电化教育,充实和改善学校的实验设备。同年,经国务院批准,教育部成立了电化教育局,建立了中央电化教育馆,并于 1980 年出版《电化教育》这一全国性的刊物,以推动各地电教事业的开展。在短短的 6 年里,至 1984 年全国教育系统拥有各种幻灯机、投影仪近 20 万台,录音机 20 余万台,电唱机 7 万多台,各种类型的电影放映机 2 万多台,各种电视机 4 万多台,闭路电视系统近 700 套,开路电视 20 余套,录像系统约 400 套,还有数量不少的语音实验室和其他电化教室。进入 20 世纪 90 年代以后,计算机的普及,CD、VCD、DVD 光盘的广泛使用,使得学校外语教育设施大为改善,效率大为提高。微型随身听、收音机、手提电脑等设施改变了学生学习外语的方式。

3. 理念先行,注重研究

在英语进入学校百年时间里,为了实施好英语课程,广大的理论工作者和实际工作者理念先行,注重研究,逐步成为自觉。理念决定行为、行动,研究支撑行为、行动。

英语教育理念反映在价值观、教学观上,它一直指导着教育实践。英语教育理念的变化突出反映在学科地位作用和师生地位作用上。

1904 年《奏定中学堂章程》指出:"外国语为中学堂必需而最重之功课。"尽管当时对其价值的认识仅是以实用做考量的,但它奠定了外语课程的地位。近 100 年后的 2001 年颁发的《全日制义务教育普通高级中学英语课程标准(实验稿)》不仅再次肯定了外语课程的地位,而且再次明确了英语课程在外语课程中的地位。该标准指出:外语是基础教育阶段的必修课程,英语是外语课程中的重要语种之一。此外,对英语课程价值的认识除实用价值外,更强调了非智力因素培养和全人教育的功能。

教师在英语教学中起主导作用,教学中还要发挥学生的主体作用。传统的教

---

① 孙宗仰. 电化教育是怎样发展起来的[J]. 外语电教,1981(2):10 – 12.

学是侧重强调教师的主导作用的,因而语法翻译法教学长期主导中小学英语课堂。教师主导作用发挥较好,学生主体作用发挥较差。为了改变这种情况,1922年新学制颁行后,对语法翻译法进行了改造,强调用直接法。1963年颁发的《全日制中学英语教学大纲(草案)》强调语言基本训练,1978年颁发的《全日制十年制中小学英语教学大纲(试行草案)》提出要正确处理英语教学中理论与实践的关系。2001年新的课程改革为更好地解决这一问题,提出:此次英语课程改革的重点就是要改变英语课程过分重视语法和词汇知识的讲解与传授、忽视对学生实际语言运用能力的培养的倾向,强调课程从学生的学习兴趣、生活经验和认知水平出发,倡导体验、实践、参与、合作与交流的学习方式和任务型的教学途径,发展学生的综合语言运用能力,使语言学习的过程成为学生形成积极的情感态度、主动思维和大胆实践、提高跨文化意识和形成自主学习能力的过程。

英语课程实施过程中,研究工作除"文化大革命"期间外,也一直没有中断。改革开放以后的1981年5月成立了以季羡林先生为会长的中国外语教学研究会。1982年5月28日至6月1日又在昆明正式成立了中国英语教学研究会。会长由王佐良担任,副会长由李赋宁、吴景荣、王多恩、李宜燮、陈嘉、杨小石、江家骏、潘耀焜、殷钟崚、孙骊、戴镏龄担任。秘书长由丁往道担任。

中华人民共和国成立前后,又有很多外语期刊出版,可以为大中小学教师教学及研究提供参考的资料。据不完全统计,中华人民共和国成立前外语期刊有19种之多,其中有世界语、日语、英语等。见表2-9。

表2-9　中华人民共和国成立前主要外语期刊

刊物名称	出版单位及地点
《日语研究》	北平同学会学校日语研究室
《日语月刊》	上海东方日文补习学校
《世界语周刊》	广州中山大学踏绿社
《南开世界语》	南开大学南大青年世界语学会
《现代日语研究杂志》	上海中华职业教育社补习学校日语科
《广州世界语月刊》	广州市立世界语师范讲习所
《日文》	北京
《日文研究》	东京
《日文与日语》	北京
《中华日语月刊》	上海

（续表）

刊物名称	出版单位及地点
《立生星语星期刊》	北京
《希望月刊》	汉口
《长风英文半月刊》	上海
《英语周刊》	上海商务印书馆
《英语杂志》	上海商务印书馆
《英文知识》	上海
《英文月刊》	重庆
《时代英文》	上海
《云南世界语运动周刊》	昆明

中华人民共和国成立以后，从1950年到1986年各类外国语言文学刊物陆续编辑出版，可为大、中、小学教师提供丰富的教学与研究资源。将其分为三类，制表如下（表2-10～表2-12）①：

表2-10　外国语言研究与教学类刊物

省区市	主办单位	刊物名称
北京	北京外国语学院	《外语教学与研究》
	北京外国语学院	《英语学习》
	北京外国语学院	《法语学习》
	北京外国语学院	《德语学习》
	北京语言学院	《语言教学与研究》
	北京语言学院	《对外汉语教学》
	北京外贸学院	《日语学习与研究》
	北京师范大学	《中小学外语教学》
	北京航空学院	《大学英语》
	北京第二外国语学院	《学丛》
	北京高教电教协会	《视听英语》
	商务印书馆	《英语世界》
	商务印书馆	《日语学习》
	翻译工作者协会	《翻译通讯》

---

① 付克. 中国外语教育史[M]. 上海：上海外语教育出版社，1986：188-191.

（续表）

省区市	主办单位	刊物名称
上海	上海外国语学院	《外国语》
	上海外国语学院	《中国俄语教学》
	上海外国语学院	《外国语言教学资料报导》
	华东师范大学	《国外外语教学》
	华东师范大学	《中小学英语教学与研究》
	复旦大学	《现代英语研究》
	上海交通大学	《科技英语学习》
	上海对外贸易学院	《外贸教学与研究》
湖南	国防科技大学、湖南大学	《公共外语教学》
广东	广州外国语学院	《现代外语》
	华南师范大学	《高等英语教学》
黑龙江	黑龙江大学	《外语学刊》
陕西	西安外国语学院	《外语教学》
辽宁	大连外国语学院	《外语学报》
	大连外国语学院	《日语知识》
四川	四川外国语学院	《外国语文》
河南	洛阳解放军外国语学院	《教学研究》
江苏	南京解放军外国语学院	《教学研究》
山东	山东师范大学	《山东外语教学》
福建	福建师范大学	《福建外语》
江西	江西师范大学	《英语辅导》
湖北	华中师范学院	《中小学外语》（俄语版）
		《中小学外语》（英语版）

表 2 – 11 外国文学研究与翻译类刊物

省区市	主办单位	刊物名称
北京	北京师范大学	《苏联文学》
江苏	南京大学	《当代外国文学》
北京	北京外国语学院	《国外文学》
北京	北京外国语学院	《苏联文艺》

（续表）

省区市	主办单位	刊物名称
北京	北京大学	《外国文学》
上海	上海外国语学院	《中国比较文学》
湖北	武汉大学等三校	《外国文学研究》
湖北	武汉大学等九校	《俄苏文学》
山东	山东大学	《美国文学研究》
辽宁	辽宁师范学院	《俄苏文艺》
江苏	江苏人民出版社	《译林》
上海	上海社会科学院	《外国文学报道》
上海	上海译文出版社	《外国文艺》
北京	中国社会科学院外国文学研究所	《世界文学》
湖南	湖南省外国文学研究会	《外国文学作品欣赏》
广东	花城出版社	《译丛》
吉林	吉林人民出版社	《日本文学》
辽宁	辽宁人民出版社《外国小说报》编辑部	《外国小说报》
北京	社会科学院外国文学研究所	《外国文学研究集刊》
	美国文学研究会	《美国文学丛刊》
	北京师范大学中文系外国文学教研组	《外国文学参考资料》
	华东六省一市二十院校《外国文学教学参考资料》选编组	《外国文学教学参考资料》

表 2 – 12 其他类刊物

省区市	主办单位	刊物名称
北京	北京外国语学院	《课外学习》
上海	上海外国语学院	《阿拉伯世界》
湖北	武汉大学	《法国研究》
天津	天津外国语学院	《文化译丛》
上海	上海外国语学院	《外语电教》

　　到 2001 年，经 20 世纪 90 年代 10 年左右的发展，英语报刊已蔚为壮观。单是河北省邮政局邮发的报刊（英文版）已有 59 种之多。这些报刊不仅有针对教师编的，也有针对学生的，为英语教学提供了便利。见表 2 – 13。

表 2-13 2001 年河北省 59 种邮发英语报纸、杂志①

2001 邮发报刊（英语类）

序号	类别	名称	发刊局	刊期	刊号
1	报纸类	《中国日报（英）》	北京	周六	CN11-0091
2		《商业周刊（英）》	北京	周二	CN11-0091
3		《北京周末报（英）》	北京	周五	CN11-0189
4		《21 世纪报（英）》	北京	周四	CN11-0229
5		《上海英文早报》	上海	周四	CN31-0092
6		《广州英文早报》	广州	周五	CN44-0177
7		《深圳特区报（英）》	深圳	周三	CN44-0178
8		《上海学生英语报》	上海	周二	CN31-0044
9		《上海日报（英文）》	上海	周五	CN31-0004
10		《英语辅导报》	辽宁	周一	CN22-0701/F
11		《英语周报》	山西	周二	CN14-0705/F
12		《学英语》	山西	周三	CN14-0702/F
13	杂志类	《英语世界》	北京	月	CN11-3164/H
14		《英语学习》	北京	月	CN11-1254/H
15		《今日中国（英）》	北京	月	CN11-2663/Z
16		《北京周刊（英）》	北京	月	CN11-15576/G2
17		《中国画报（英）》	北京	月	CN11-1429/Z
18		《世界针灸杂志（英）》	北京	季	CN11-2892/R
19		《世界胃肠病学杂志（英）》	北京	双月	CN14-1219/R
20		《中国文学（英）》	北京	双月	CN11-2560/Q
21		《中国中西医综合杂志（英）》	北京	季	CN11-3690/R
22		《世界经济与中国（英）》	北京	双月	CN11-3297/F
23		《中国药理学报（英）》	上海	月	CN31-1347/R
24		《英语画刊（初中）》	上海	月	CN33-1059/H
25		《英语画刊（高中）》	上海	月	CN33-1051/H
26		《中国激光（英）》	上海	双月	CN31-1415/TN
27		细胞研究（英）》	上海	季	CN31-1503/Q

---

① 中国邮政局. 二○○一年度邮政局征订报刊目录[Z]. 河北:河北省报刊发行局编印，2000.

（续表）

2001 邮发报刊（英语类）

序号	类别	名称	发刊局	刊期	刊号
28		《中国化学（英）》	上海	月	CN31-1547/O6
29		《核技术（英）》	上海	季	CN31-1521/TL
30		《亚洲男性杂志（英）》	上海	季	CN31-1525/H
31		《英语通（双语）》	铁岭	月	CN22-1315/H
32		《英语通（大学四六级）》	铁岭	月	CN22-1315/H
33		《空中英语教室》	长春	月	CN22-1221/H
34		《东北数学（英）》	吉林	季	CN22-1070
35		《高等学校化学研究（英）》	长春	季	CN22-1161/O6
36		《哈尔滨工业大学学报（英）》	哈尔滨	季	CN23-1378/T
37		《中国地质大学（英）》	武汉	季	CN42-1279/P
38		《中外文化交流（英）》	北京	双月	CN11-3005/G2
39		《大学英语》	北京	月	CN11-1159/J
40		《中国翻译》	北京	双月	CN11-1354/H
41		《土壤圈（英）》	北京	季	CN32-1043/P
42		《中国地球化学（英）》	北京	季	CN52-1034/P
43		《计算机科学与技术学报》	北京	双月	CN11-2209/TP
44	杂志类	《外语教学与研究》	北京	双月	CN11-1251/G4
45		《英语文摘》	北京	月	CN21-1449/T
46		《英语沙龙》	北京	月	CN11-2253/TU
47		《外国语》	上海	双月	CN31-1038/H
48		《国外外语教学》	上海	季	CN31-1055/H
49		《中小学英语教学与研究》	上海	双月	CN31-1122/Q4
50		《外语电化教学》	上海	季	CN31-1036/G4
51		《英语自学》	上海	月	CN31-1030/H
52		《外语界》	上海	双月	CN31-1040/H
53		《中学生语数外》	天津	月	CN12-1163/G4
54		《英语学习辅导》	四平	月	CN22-1132
55		《中学生英语之友》	呼和浩特	半年	CN15-1152/G4
56		《校园英语》	石家庄	月	CN13-1298/G4
57		《海外英语》	合肥	月	CN34-1209/G4
58		《中学英语园地》	开封	月	CN41-1043/H
59		《英语广场》	武汉	双月	CN42-1616/G4

(四)课程评价变革特点

1. 从侧重考核知识到侧重考核能力

考试是评价的重要手段之一。邓小平于1978年4月22日在全国教育工作会议上提出:"考试是检验学习情况和教学效果的一种重要方法,如同检查产品质量是保证工厂生产水平的必要制度一样。"①

然而考试如何才能发挥评价的作用是个长期一直在探索的问题。有人对"文化大革命"以前考试模式的缺陷提出过批评。第一,没有理论指导;第二,没有考试目标;第三,没有专职机构实施考试,也没有相对稳定的命题队伍;第四,依据教学大纲"知识点"命题,重知识,轻能力;第五,题型基本是主观题,评分误差大;第六,上述原因必然造成试卷难度不稳定;第七,手工操作,效率低,误差大,不能保证考试质量;第八,分数制度不科学;第九,考试结束,考试质量如何,既无评价标准,也无评价工作;第十,录取结束,则分数作废,没有利用考试,统计各种数据,分析反映教学中的问题。②

针对这种情况,广东省于1985年首先试行高考英语标准化考试。标准化考试规定知识考查占40%,能力考查占60%,即语音、词汇、语法知识占40%,综合运用知识的能力考查占60%,分为英语知识(K)、英语运用(U)、能力倾向(A)三个部分。1986年起,类似的标准化考试扩大至山西、山东、辽宁等省、自治区、直辖市,1987年,四川、湖北、陕西三省也实行英语标准化考试。

1991年,国家教委在《关于印发高中毕业会考后普通高校招生全国统一考试工作实施方案(试行)的通知》中第一次明确指出,由于实行了会考,"会考后的高考,在考查基础知识的同时,注重考查能力",这成为以后高考命题的指导思想。

1999年广东实行"3+X"考试,此后在全国推广。2001年高考英语试卷卷面配置有了变化。该年高考英语试题除河北省外,甚至各省区市都增加了听力测试,其中天津、浙江、广东、福建等省区市还将听力成绩计入总分,分为30分和20分两种,以后统一为30分。卷面减少了单句层次的多项选择题,取消了语音知识题、补全对话题和单词拼写题。命题侧重考查学生的能力和素质。③

① 邓小平. 邓小平文选(1975—1982)[M]. 北京:人民出版社,1983:102.

② 杨学为. 中国考试通史(卷五)[M]. 北京:首都师范大学出版社,2004:150-151.

③ 李宝忱. 从3+X考试改革谈高考英语试题的变化趋向[J]. 中小学外语教学,2002(3):12-13.

2. 从侧重定性考核到侧重定量考核

定性考核和定量考核是考核的两种基本方式。定性是模糊的、不确定的一种考核方式,定量是明确的、量化的一种考核方式。

最早开设英文时,评价是以等第计分的。这一点从陈其璋《请整顿同文馆疏》中可以看出大概:("伏思都中同文馆,为讲求西学而设,学生不下百余人,岁费亦需耗万两,而所学者祇算术、天文及各国语言文学,在外洋只称为小中学塾,不得称为大学堂。且自始至终,虽亦逐渐加深,仍属有名无实,门类不分,精粗不辨,欲不为外洋所窃笑也难矣。计自开馆以来,已历三十余年,问有造诣精纯,洞悉时务,卓为有用之才乎? 所请之洋教师,果确知其教法精通,名望出众,为西国上等人乎? 授受之法,固不甚精,而近年来情弊之多,尤非初设馆时可比。向章有月考,有季考,立法尚严,今则洋教师视为具文,并不悉心考校,甚至瞻徇情面,考列等第,不尽足凭。但论情谊之浅深,不论课艺之优劣。学生等平时在馆,亦多任意醋嬉,年少气浮,从不潜心学习,间有聪颖异人者,亦只剽窃皮毛,资为谈剧。及至三年大考,则又于洋教师处,先行馈赠,故作殷勤,交通名条,希图优等……"[1]可见当时考核评价的一般情况:等第校考,先严后松。

定量考核主要是百分计分法。百分计分法是用 0—100 分表示不同质量的学习成绩的评分方法。这种评分方法以 60 分为及格,60 分以下为不及格。中国采用此法最早是于清光绪二十八年(1902 年)颁布的《钦定学堂章程》:"评定分数以百分为满格,通过各科平均计算,每科得 60 分者为及格,不及 60 分者为不及格。"此记分法沿用到今天。[2] 目前,我们的考核评价间或使用等级评定或五级评定法,但等级评定或五级评定法在大采样情况下考核评价结果仍然流于模糊,因此选拔考试多采用量化、明确的定量考核法,从民国到 21 世纪初近百年间的高校选拔考试大多是用百分计分法这种定量考核评价方式的。

3. 从以主观题为主到主客观题相结合

考试题型基本上分为主观题和客观题两种题型。主观题与客观题在考查学生、评价学生知识与能力方面各有优长,也各有弊端。分析起来,主观题难以控制评分误差,但便于考核评价学生知识运用能力。客观题易于控制评分误差,但不便考核评价学生知识运用能力。

著名学者胡适参加留美考试时的一件趣事可以帮助我们认识主观题的利弊。据有关资料记载,游美学务处先后举行过 3 次考试,共录取赴美学生 183

---

① 陈学恂. 中国近代教育史教学参考资料(上)[M]. 北京:人民教育出版社,1986:30.

② 顾明远. 教育大辞典(上)[M]. 上海:上海教育出版社,1998:47.

人。胡适是 1910 年考取赴美留学的。他在《四十自述》中回忆道："留美考试分两场,第一场考国文、英文,及格者才许考第二场的各种科目。国文试题为'不以规矩不能成方圆',我想这个题目不容易发挥,又因我平日喜欢看杂书,就做了一篇乱谈考据的短文,开卷就说:'矩之作也,不可考矣。规之作也,其在周之末世乎?'下文我说周髀算经作圆之法足证其时尚不知道用规作圆;又孔子说'不逾矩',而并不举规矩,至墨子、孟子始以规矩并用,足证规之晚出。这完全是一时异想天开的考据,不料那时看卷子的先生也有考据癖,大赏识这篇短文,批了一百分。英文考了六十分,头场平均八十分,取了第十名。第二场考的各种科目,如西洋史,如动物学,如物理学,都是我临时抱佛脚预备起来的,所以考得很不满意。幸亏头场的分数占了大便宜,所以第二场我考了个第五十五名。取送出洋的共七十名,我很接近榜尾了。"①试想,阅卷的那位先生如果不喜欢考据,胡适可能榜上无名了。而换用客观题来考,胡适的这种考据能力又难以考核出来。

英语考核评价走的路径是先以主观题为主,后又主客观题相互结合、相互补充。从前文列举的 3 份高考试题看,北京大学 1922 年预科招生考试试题是以主观题为主的,而天津市 1977 年高校招生考试试题以及 2001 年天津市高校招生考试试题明显地增加了客观题的成分,这对控制评分误差是有好处的。

二、相关问题分析

100 多年里,中国中小学英语课程设置、目标、实施、评价历经变化,取得不少进步,但也存在不少问题,我们择要进行分析。

(一)在英语课程设置方面,长期以来,缺少一个统一的规划。清末、民国如此,中华人民共和国成立初期也如此。

1963 年制定过《外语教育七年规划纲要》,实行不久"文化大革命"开始了,自此我国中小学甚至大学下一级目标与上一级培养目标缺乏有效衔接。目前,我国引进的英国少儿剑桥英语有一至三级,公共英语等级考试 PETS 有一至四级,义务教育及高中英语有一至九级,大学公共英语有四级、六级,专业英语有四级、八级,设置重复,互不对话,造成学生时间、精力和财力的浪费。值得提到的是,1998 年清华大学成立了"大、中、小学一条龙英语教学"实验项目组并于次年开始实验。"一条龙"概念的提出主要出于两个方面的考虑:一方面是对英

---

① 杨学为. 中国考试通史(卷三)[M]. 北京:首都师范大学出版社,2004:505-506.

语教学体系的思考,每一阶段各自为政的教学体系束缚了外语教学的整体发展与提高;另一方面是对大学英语教学现状的思考,相当部分通过了四、六级考试的学生仍然没有运用英语的实际能力。项目组由清华大学外语系、附属中学、附属小学和清华大学出版社联合组成。成立之后,该项目组进行了系列化的英语教学改革的研究,并首先在清华附小进行改革实践,随后向全国推进。2000年,"大、中、小学一条龙英语教学管理模式研究"被教育部高教司列入国家"新世纪高等教育教学改革工程"的外语类重点项目。

清华大学"大、中、小学一条龙英语教学管理模式研究"课题是一种有益的探索,对于我国大、中、小学英语教育的科学规划和管理是一种促进。

(二)课程目标经过百年发展更加符合社会发展和人的发展需要,更具体、更丰富、更全面。然而存在的一个突出问题是目标的制定存在"一刀切"和"随意性"的问题。

"一刀切"和"随意性"是两个极端,一个是统得过死,一个是放得太活。前者表现为不顾民族、地域等千差万别的情况运用一把标尺、整齐划一,后者表现为目标忽高忽低、难以捉摸。

《中小学英语教学与研究》自1985年开始刊载了一些少数民族地区学校外语开设情况的文章。摘录于下,可以帮我们找出存在的问题。

哈萨克族外语开设情况:哈萨克文是一种拼音文字……哈萨克族学生学习英语,在文字和语言(包括词汇知识)方面,比汉族学生有明显的优势,在语言结构和语法概念方面,大体相当,互有优长;在文化背景和教学条件方面,则处于不利地位。[1]

藏族外语开设情况:甘孜藏族自治州外语教学存在四大问题:设在藏族聚居区、主要为藏族服务的中学太少;课程设置不够合理,藏族学生只能从藏语和英语中选学一种,这就产生了两个问题:一是藏语是藏族学生的本族语,英语是外语,将两者并列,进行二选一,等于使二者对立。藏族家长因而对英语产生反感,是完全可以理解的。二是当地社会对英语尚无直接运用的需要,想使学生选"无用"而又难学的英语而放弃易学而实用的藏语是很困难的;改善外语教学条件的关键是领导重视;从少数民族中培养教师是解决师资问题的根本办法。[2]

蒙古族外语开设情况:过去曾有人主张以不学外语的愚昧办法来回避"双语"或"三语"教学中客观存在的矛盾,使蒙古民族学校的"双语"或"三语"教学

---

① 　沈学潜. 以哈萨克族学生为对象的英语教学[J]. 中小学英语教学与研究,1985(4):7-10.

② 　张正东. 甘孜藏族自治州英语教学问题[J]. 中小学英语教学与研究,1985(4):5-6.

走了很长一段弯路。蒙古民族学校存在的"双语"或"三语"现象,不完全是其独一无二的特点,全国大多数有自己民族语言文字的少数民族,他们的民族学校也存在同样的问题。世界上许多有少数民族的国家也正在努力探索研究"双语"或"三语"现象。总之,这是民族教育中值得研究的一个课题。无论是搞"双语"还是"三语"教学,都要以"一语"为基础,蒙古语授课班开设外语较汉语授课班复杂,困难大,争论也多。从蒙古语授课班实际情况出发,搞"三语并学"比"双语教学"更有好处。粉碎"四人帮"后在蒙古语授课班搞"三语并学",赤峰蒙古族中学已有两次失败的教训。第一次是在 1978 年冬的"英语热"中,盲目地在蒙古语班开了英语课,不到两个月就草率收尾,不了了之。第二次是从 1981 年秋又在蒙古语班开设了日语课,后来由于内蒙古对"三语并学"蒙古族学生的高考计分政策未定,于是领导对开日语的劲头和学日语的积极性与日俱下,"虎头蛇尾",挫伤了师生积极性。①

黎族外语开设情况:海南是我国黎族主要聚居的地区,占黎族总人口 93%的黎族同胞集中分布在三亚、通什、东方、乐东、保亭、琼中、白沙、陵水和昌江九个县市。该研究在广泛调查的基础上,选取了海南省新兴的旅游城市三亚 1986年高考总分前 20 名的黎族学生和高考总分前 20 名的汉族学生的英语成绩为样本进行了差异显著性检验……办学条件差、师资水平低是黎族学生外语成绩地域性差异的主要原因;教学方法脱离民族学生特点是黎汉两族学生外语成绩差异的主要原因。各级外语教学研究长期以来存在着"两多三少",即研究汉族的多,研究少数民族的少,研究城市的多,研究农村的少,研究少数民族山区外语教学问题的就更少。黎族学生在语言学习方面有着如下特点:第一,具有自尊心较强、自卑感较重的双重心理;第二,黎族学生喜欢群读,害怕独答,性格多内向;第三,黎族学生常借助黎语进行思维,思维方式具体形象。第四,黎族学生具有意简、句短、调长的语言表达特点。②

从以上资料看,少数民族地区外语开设情况各地区发展不很平衡。经济发展、文化发展、心理因素、师资水平、语言差异等对外语开设都有很大影响。列举的 20 世纪 70—80 年代的几个少数民族外语开设情况反映了全国各个地区少数民族外语教学的一般情况,90 年代以后虽然情况有所改善,但其中的一些影响是持久的、深远的,"一刀切"的课程目标对少数民族的外语教学是不适应的。

---

① 纪才俊. 内蒙古赤峰蒙古族中学[J]. 中小学英语教学与研究,1989(2):9-12.
② 冼上海. 黎族学生外语成绩偏低成因初探[J]. 中小学英语教学与研究,1989(2):13-16.

地域发展的不平衡也对外语开设有相当大的影响,安徽省颍上县江店中学刘道军的一篇文章引人思考。他认为,进入 21 世纪的中国农村英语教育尽管发展迅速,但仍然存在这样或那样的问题。文章说农村英语教学存在十个方面的困难。第一,师资缺,颍上县 20 世纪八十年代至 21 世纪初未分配来一个英语专业本科毕业生;第二,设备差,很多学校连录音机都没有;第三,班级大,多则 100 多人,少则七八十人;第四,信息闭塞;第五,思想守旧,认为英语无用;第六,观念落后;第七,教研不正常,时间没保证,形式随意,内容盲目,领导不重视;第八,教法单一,教师讲得"多、细、累",学生听得"苦、厌、烦";第九,学法片面,一味做题,死啃语法;第十,考核不规范,评价不科学,只有笔试,没有口试。①由此可见,"一刀切"的课程标准也是与农村的教育现状不相符的。

随意性的问题也很严重,中小学生究竟掌握多少词汇才适宜?我国从 1948 年起,几乎每十年修订一次英语教学大纲,对高中毕业时的词汇量的要求逐次降低,到 2001 年又有回升,列表如下(表 2 - 14):

表 2 - 14　1948—2001 年我国高中毕业生词汇量要求一览表　　　个

年份	词汇量
1948	6 000 个
1951	5 000 个
1963	3 500—4 000 个
1978	2 200 个
1986	1 800—2 000 个
1992	1 200 个(另学习 800 个左右的生词)
2001	3 300 个

为什么降低词汇量?与国外对高中生的词汇量要求相比,与学生的学习潜能相比,这个要求显然是比较随意的,需要做大量的研究才能定出科学合理的标准。

(三)课程实施,教师是关键。教师的教学思想、教学能力、专业水平、教学方法等都制约着课程实施的质量。我们亟待提高师资水平。

英语课程进入学校之初,中国尚没有自己足够的合格外语师资。因此,1902 年《钦定中学堂章程》中提出:"以上各科,均由中教习讲授,惟外国文一门

---

① 刘道军. 农村中学眼里的新《英语教学大纲》[J]. 中小学英语教学与研究,2002(6):4.

必用外国教习,或以中教习之通外国文者副之。将来各学堂通外国文者渐多,中学堂教习即可辍聘西人以省经费。"

民国时期英语有了很大发展,但同样的问题是师资特别是合格的师资不足。例如陈用仪先生在他的《外语学习甘苦谈》中回忆说:他是在香港念小学时开始学英语的。当时香港虽然政治上是英国统治的,但语言环境同内地并没有多大差别,社会上几乎完全没有什么英语环境。除了几家只有少数人能进的完全用英语上课的"书院"之外,当时一般的学校里讲授英语的方法都十分落后。连发音也没有严格的科学方法,学生只能听着比附着。不少人讲起英语是一口广州腔,甚至有人满足于拿一些由英语改头换面借用到"港式"广州语来的单词当作英语单词来发音,如什么"士担"(stamp)、"士的"(stick)、"燕梳"(insurance)、"波"(ball)、"恤"(shirt)、"士巴拿"(spanner)、"仙士"(cents)、"士多啤利"(strawberry)……现在回想起来都觉得可笑。①

中华人民共和国成立以后,英语教育取得了更多的进步。但经历了"文化大革命"挫折后,英语师资又遇到了困难。1982 年 7 月 30 日印发的《关于加强中学外语教育的意见》指出中学外语教育中存在的问题之一是师资问题。"师资水平低,数量奇缺。现在全国中学外语师资有二十六万多人(其中英语二十多万人)。大部分英语教师是中学毕业经过短期培训和从俄语或其他学科改教英语的,近几年师范院校英语专业毕业生分配到中学任教的数量很少。现有中学英语教师不少人语言水平低,教学不得法,不能胜任工作。有的首批办好的重点中学,连一个英语骨干教师都没有。数量也很缺乏。现有中学如按 1981 年教学计划规定的外语课时开足,至少要补充十五万名外语教师,需要相当长的时间才能配齐。"

即使是进入 20 世纪 90 年代,各地师资发展情况也不均衡。据李岚清撰文说:"有一次我去西部贫困地区一个小学考察,听了一堂英语课。应当说老师的工作态度是认真负责的,但发音问题不少。当时我就觉得,这样教出来的外语,恐怕外国人听不懂,中国人也听不懂。据说,这位教师还是从外省请来的。"②

到 21 世纪初,中国中小学英语师资数量和质量都得到了很大的提高。但随着 2001 年小学普遍开设英语计划的实施,师资短缺的矛盾再次凸现。据某直辖市各区县反映,当年开课时,由于师资不足,小学一年级、三年级安排的师

---

① 季羡林,等.外语教育往事谈——教授们的回忆[M].上海:上海外语教育出版社,1988:343-344.

② 李岚清.李岚清教育访谈录[M].北京:人民教育出版社,2003:348.

资基本上是"瓜菜代",即由其他专业教师经过英语短期培训上岗,这在某种程度上影响了英语教学的质量,特别是影响了学生的英语基础。数量是如此,师资质量也不容忽视,教师职前培训和职后培训都应制订出中长期规划,以保证教师的可持续的专业发展。

(四)英语课程的评价应看学生在接受了某些课程后发生了哪些影响和变化。我们在评价方面存在的一个亟待解决的问题是:考试要与能力考核相结合。尽管几十年里我们在这方面做了很大的努力,问题还是很严重,这引起了不少专家学者的关注。

王蔷在1999年谈到义务教育阶段外语课程改革时指出,当前我国英语教学中存在的问题之一是学生掌握了一定的语言知识,但语言运用能力仍然较低。①

教育部高中英语课程标准研制组提出,在高中英语教学中存在的问题也是突出的,主要表现之一就是在高中英语教学中还普遍存在着重知识、轻能力的现象。②

这种现象也直接影响着大学的课程评价。有学者指出了问题所在,并提出了解决的办法。原文援引如下③:

"没有哪个学科问题像英语这样严重!"2002年的初春,清华大学外语系原副主任孙复初教授在同记者谈到中国的外语教育时,这样感慨地说。

尽管在"全民学英语"的热潮中,人们近乎疯狂地在学英语,但孙教授忧虑地指出:我们究竟是在为英语而疯狂,还是在为英语考试而疯狂? 更重要的是,我们的英语考试是否值得人们这样疯狂?

因为我一直从事清华公共外语教学工作,而且教的是大班,所以我的学生人数很多,每年平均五百来人,从1977、1978届恢复高考开始,到2001年,我教的学生就有一万多人了,各种水平的学生都接触过,所以对于我国大学生的英语水平,我还是比较了解的。

清华的学生比较有代表性,从英语来讲,有全国最棒的,也有底子比较弱的,解剖清华这个麻雀,可以了解整个大学生英语水平究竟怎样。应该

① 王蔷. 面向二十一世纪义务教育阶段外语课程改革的思考与意见[J]. 中小学外语教学,1999(7):1.

② 教育部高中英语课程标准研制组. 关于《普通高中英语课程标准(征求意见稿)》的说明[J]. 中小学外语教学,2002(11):1.

③ 孙复初. 疯狂英语,疯狂为哪般? [EB/OL]. http://www.e4in1.com.

说从 1977 年到现在,整个外语水平还是有很大的提高,特别是在朗读、听说方面。像布什来清华演讲,一些非英语系的学生还是能够听懂他的演讲的,并具备了一定的口语能力。

可是学生中像这样能够比较顺利地同国外进行交流的有多少呢?根据我对清华学生的调查来看,同时我也问过很多人,包括各系的老师和学生——这样的学生不超过 1/3。我们的外语重点班、试点班、提高班等等里面,达到这样水平的学生一般也就 25%,最多 30%。大多数的学生,不能说没有掌握,但是不能做到把外语作为工具应用的地步!

所以你看现在的很多博士生,博士论文完全达到了国际水平,把论文翻译成英文寄到国外去,被退回来了。什么意思呢?外国人看不懂,就是说,连基本表达都做不到。

我们的英语考试存在一个根本的问题:考试同能力脱节。也就是说,分数高并不能够代表能力强。这方面的例子是很多的。有两位一直在国外工作的外交官,孩子也在国外学到大学二年级,英文水平跟国外的学生是一样的。我们的学生要能达到这样的水平就好了。两位外交官回国,儿子插到清华。考英文,不及格。可是我们不少六级考试得高分的同学不会说、不会写、不会听。

现在有很多题把我们很多外语教授都考住了,说明考的不是语言的基本功。但学生又必须做对,因为做不对就上不了高中,考不上大学。

关键是改革我们的英语考试。外语一定要与学生的学习生活结合起来。中学必须把外语课延伸到所有课里去。外语环境很重要,我们就模拟这个环境。必须转变考试方式,避免投机取巧。比如阅读,一个学生,选择题都做对了,我用同样的试卷问他对那段原文一些理解上的问题,结果一个都答不出来。我就把这个题删掉,换成我刚才的问题考学生,结果同样的题,我这样的考法就不及格,那种考法就得满分,这不就有问题了吗?

孙教授的话让我们思考一个问题:评价如何起到引导教学的作用?围绕这个问题,我们要考虑怎样才能提高考试的效度,测出要测的东西。还有怎样才能实现能力立意测试,以便更好地引导中小学英语教学,这些方面我们要研究的课题和要做的工作还有很多。

第三章

不同时期的英语教材变革

教材是指教师和学生据以进行教学活动的材料。教材包括文字材料(含教科书、讲义、讲授提纲、图表、练习册、教学参考书等)和视听材料。

教材建设十分重要。一部好的英语教材应能体现自然和社会发展成果,体现语言规律、教学规律,体现教育目的、教学任务,教材是学校教学赖以存在、学生赖以发展的主要媒体。

100 多年来,英语教材随着社会经济、政治、文化、科技等的变迁发生着巨大的变化。教材的变革涉及教材指导思想、教材编用制度、教材选编内容、教材编写方法等方面的变革。这些变革又集中反映在教材的建设方式上。概括地讲,我国中小学英语教材建设方式共有三种:教材外部引进、教材自行编写和教材中外合编。本书拟从引进的、自编的以及中外合编的有代表性的教科书入手展开研究。

第一节　教材外部引进

一、清末、民国引进的英语教材

我国清末中小学开设英语课程之初,办学经验缺乏,师资缺乏,教材更为缺乏,因而,引进教材就是必然的了,这形成了教材引进的第一次高潮。

教材引进有两种方式:一是搬来就用,二是编译再用。在教科书的引进和编译方面,教会学校功不可没。据有关文献记载,在英语教育启动期(1902 年)以前,在华基督教传教士学校和教科书委员会自 1877 年成立到 1890 年的 13 年间,一共出版发行了约 3 万册教科书及各种图表,其中包括数理化读本和外国史地教科书。中文现在使用的"教科书"一词也就是这时产生的。[1]

进入英语教育启动期以后,直至1949年,英语教育取得很大发展,教材包括各学科英文版教材大量引入、编译,促进了英语教育的开展和英语教材的繁荣,也为英语教材和其他自然科学学科教材的本土化奠定了基础。1897年商务印书馆在上海创办,不久便立即着手编译各种教材。1898年即出版《华英初阶》《华英进阶》。商务印书馆"其始翻印印度英文读本,而以华文译注之,名曰《华英初阶》,在当时初学英语者甚传之"[2]。此书在1902年前后,使用比较广泛。

壬戌学制颁行以后直至1949年,由于受美国教育的影响,中国教育对美国的模仿与依赖,远远超过其他国家。任鸿隽曾于1933年对全国公私立大学中30所略具规模之理学院及200个立案之高中做专项调查,其中有回音的大学20所,高中109所。高中普通科理科教科书统计表见表3－1。

表3－1　1933年高中普通科理科教科书调查统计表

学科	英文教本数(百分比)	中文教本数(百分比)	教本总数
算学	255(80%)	62(20%)	317
物理	117(70%)	50(30%)	167
化学	105(63%)	61(37%)	166
生物	19(21%)	71(79%)	90
总计	496(67%)	244(33%)	740

英文教本在高中教本中占了60%以上,而且,"凡大学高中所采用的西文教科书,都是美国出版品,绝无欧洲出版的教科书掺杂其中"[3]。英文教本引入和采用,对英语教育的发展是有利的。

由于早期英语课本在大多数图书馆没有馆藏,因而只能通过文献记载和当时的教学情况回忆来分析引进教材的使用情况和特点。

(一)教授们的回忆

20世纪前半叶是中国社会大振荡时期,也是我国英语教育迅速发展的时期。这一时期培养出不少后来的英语名家和其他领域的专家,他们的回忆可以让我们洞悉当时英语教材的发展情况。

---

[1]　李良佑,等.中国英语教学史[M].上海:上海外语教育出版社,1988:82.
[2]　蔡元培.商务印书馆总经理夏君传[M].北京:商务印书馆,1987:1-2.
[3]　任鸿隽.一个关于理科教科书的调查[J].独立评论,1933,第61号.

范存忠的回忆①:

　　1915 年春天,在崇明镇小学。第一本教科书是商务印书馆出版的。第二本教科书是从外国来的,叫作什么《国学文编》,从儿童如何玩跷跷板谈起,同第一本教科书不相衔接,老师也换了人,后来进了太仓中学,情况好了一些。英文课有读本,还有语法。1920 年暑期,我考入上海交大附属中学二年级。一进交大,就觉得它同我以前上过的学校都不一样。它设置的课程,除"国文"和"修身"而外,都用英语课本,也用英语讲解,真是国内学习外语的良好环境;我在那里,中学读了三年,大学读了一年。有史地、数学、理化、制图。工厂实习课上,听的是英语,读的全是英语,其中有些内容甚为奇特。例如:"公民学"一课用的是美国中小学的课本,谈论美国公民的权利和义务。附中二年级的英语课程分三项:读本、语法、练习。语法课上用的是日本的斋藤编的《英语语法》。

葛传椝的回忆②:

　　我学英语是从 1917 年秋季进入县立高等小学一年级开始的。我有的唯一的英语书是英国人编的 *English Primer*,汉语名《英文初阶》,书上没有语法,也没有注音。

梁思庄的回忆③:

　　天津中西女子中学是美国美以美会传教士开办的。中西女中必须冠上"天津"二字,以此来区别上海——同名教会女中"上海中西女塾"。……我是 1919 年秋季从天津严氏(天津著名人士、南开中学创办人严范孙)女学初小毕业后考入该校的,在那里学习将近六年,1925 年离开。
　　课程以英语为主,完全将美国课本搬过来。英语之外,其他如史、地、数、理、化课程,也是全部由外国人用英语讲授。可是数、理、化程度很浅,

①　季羡林,等. 外语教育往事谈——教授们的回忆[M]. 上海:上海外语教育出版社,1988:44.
②　季羡林,等. 外语教育往事谈——教授们的回忆[M]. 上海:上海外语教育出版社,1988:57.
③　朱有瓛,等. 中国近代学制史料:第四辑[M]. 上海:华东师范大学出版社,1991:363-364.

数学只学初级代数和平面几何……最可笑的,必修课之一的"公民学",用的是美国课本,实际上是想把我们培养成美国公民,那时美国搞的文化渗透到了何等程度呀!

陆佩强的回忆[①]:

1916年,我出生在一个知识分子家庭里。父亲十几岁时在清末最后的几科科举中考上秀才。之后,他自学英语,从故乡常熟来到上海,考上了当时的游学预备科(即清华前身)。1909年他赴美留学,于1914年获哥伦比亚大学化学硕士学位后回国。由于他受过中西合璧的教育,所以小时候在家里既背过四书五经,也跟父亲以"夜读书"的方式学英语,用的是当时商务印书馆出版的《华英初阶》《英文津逮》《泰西五十轶事》等。

胡明杨的回忆[②]:

我是从中学才开始学外语的,学的是英语。课本用的是生活书店的英语课本。老师先教了我们国际音标,然后读生词,读课文,讲语法,做练习,跟现在的英语课差不多,只是课文全是原文,有伊索寓言,也有泰西五十轶事的选文,不同的是没有中国人自己写的中国式的英文课文,也没有口语和会话的内容。

(二)引进的几种教材

清末至民国全国没有统一的教材,教材数量繁多,各地各校使用的教科书由教师选定。这段时期引进的使用比较广泛的部分英语教材(含编译或外国教师在华编著的教材)见表3-2。

---

① 季羡林,等. 外语教育往事谈——教授们的回忆[M]. 上海:上海外语教育出版社,1988:236.
② 束定芳. 外语教育往事谈(第二辑)——外语名家与外语学习[M]. 上海:上海外语教育出版社,2005:94.

表 3 - 2　清末民国引进的部分英语教材（含编译或外教编著教材）

书名	册数	编著/编译者	出版商	初版年份
《华英初阶》 *E& C Primer*	1	谢洪赉	商务印书馆	1898
《华英进阶》 *E & C Readers*	6	谢洪赉	商务印书馆	1898
《英华初学》	1	E. A. Spencer	商务印书馆	1898
《英文初范》	1	商务编译	商务印书馆	1905
《华英初学》	2	约翰书院施女士	一新书局	1906
《增广英文法教科书》	1	G. L. Kittredget & S. L. Arnold	商务印书馆	1909
《初级英语读本》（初集、二集）	2	商务印书馆编译所编纂（教育部审定）	商务印书馆	1909 年 8 月
《简要英文法教科书》	1	据 Newson 之书编译	商务印书馆	1910
《英文格致读本》	（全5 册）	（美）吉斯特（N GistGee）原著邝富灼校订（教育部审定）	商务印书馆	1911 年 3 月
《英语锐进》	1	（美）薛思培著	商务印书馆	1911 年
《英文新读本》	1	（美）安迭生著 邝富灼校订（学部审定）	商务印书馆	1911 年 9 月之前
《新体英语教科书》	1	（英）蔡博敏著	商务印书馆	1911 年 9 月之前
《英语易通》	1	商务印书馆编译所编纂	商务印书馆	1912 年 12 月
《高级英文范》	1	（英）蒙哥马利（R. R. Montgomery）编纂（教育部审订）	商务印书馆	1913 年 7 月 1921 年 12 月
《实习英语教科书全编》（第 1册）:语言练习	1	English Learned by Use, Book1（complete）, First Lessons in Speaking （美）盖奇（Brownell Gage）编纂（教育部审定）	商务印书馆	1915 年 2 月

续表

书名	册数	编著/编译者	出版商	初版年份
《实习英语教科书》(第2册):英文程式	1	English Learned by Use, BookII Lessons in the Forms of English (美)盖奇(Brownell Gage)编纂(教育部审定)	商务印书馆	1916年10月
《实习英语教科书》:会话法规 原名:语言练习下册	1	English Learned by Use Second Book of Lesson in Speaking (美)盖奇(Brownell Gage)编纂(教育部审定)	商务印书馆	1917年7月 (2版)
《日用英语会话教本》	1	The English Echo 布赖恩(J. I. Bryan)编纂	商务印书馆	1917年9月
《新体英文法教科书(上、下册)》	2	商务印书馆编译所编纂	商务印书馆	1918年4月
《英文津逮》 Mastery of English	3	H. B. Graybill	伊文思公司	1919
《中学英语会话读本(第1册)》	1	Conversational Readers for Middle Schools Book 1 布赖恩(J. I. Bryan)编纂	商务印书馆	1926年10月
《英语活用读本(第4册)》	1	Living English Book 4 福西特(Lawrence Fauceit)编纂	商务印书馆	1928年4月
《日用英语读本(前、后编)》	1	Every-day English Book1,2、A Book of Classified Sentences 格雷比尔(H. B. Graybill)编	商务印书馆	1932年后编出版,1938年前编出版
《中学英文法教科书》	1	Lessons in English Grammar for Use in Chinese Schools 威廉斯(E. M. Willians)	商务印书馆	1935年6月
《直接法英语读本》	1	文幼章	中华书局	1932
《直接法英语读本(改订本)》	1	文幼章	中华书局	1937年7月

续表

书名	册数	编著/编译者	出版商	初版年份
《新编初中英文法教科书(第1册)》	1	A New English Grammar for Junior Middle Schools, Book One 爱德华(M. C. Edward)	商务印书馆	1939 年
《高级英文模范作文》	1	林荫编译	春明书店	1946 年 11 月

(三)几种有影响的教材分析

1.《英文津逮》

1919 年出版,共 3 册,1 299 个词汇。特点如下:

第一,采用直接法。重视听、说、读、写的全面训练,而以语法为主要线索,课文、语法、练习综合编排。课文分讲读课、语言课。

第二,主要练习以课文形式出现,占 30%—50%,方式多样。

第三,突出重点和难点,有教师参考书。①

2.《基本英语文法》

1933 年出版,系语法学习指导用书。基本篇章如下:

第一章　基本英语的由来

第二章　基本英语的组成

第一节　翻译指针

第二节　初学指针

一、名词

二、形容词

三、动词(附助动词)

四、前置词

五、副词

六、代名词

七、接续词

八、比较词

---

① 周流溪.中国中学英语教育百科全书[M].沈阳:东北大学出版社,1991:47.

十九、气息的段落

二十、音的抑扬

从本书章节分析看,特点有三:

第一,重视翻译,不同于现在的语法用书。

第二,重视发音,不同于国外引进的其他语法教科书。

第三,不但重视教法,也重视学法。

二、中华人民共和国成立后引进的英语教材

经历了十年"文化大革命"以后,特别是改革开放以后,我国教育事业百废待兴,英语教育师资缺乏,教材缺乏,因而需要向欧美国家学习外语教学的经验,需要引进一些我国急需的外语教材。这样就形成了英语教育发展史上的第二次教材引进高潮。

据史料记载,教育部自 1977 年 8 月起,开始从美国、英国、西德、法国、日本等国家引进大、中、小学教材供我国编写教材参考。至 1978 年 2 月,进口的外国教材已达 2 200 册,其中小学教材占 15% ,中学教材占 20% ,大学教材占 65% 。[①] 短短的时间内,引进教材速度之快,数量之多都是惊人的。

进入 20 世纪八九十年代,我国引进的教材包括视听教材更多,其数量和影响都超过了 70 年代。这一时期是我国英语教育的提高期和繁荣期。自 70 年代末以来引进的教材包括 *Look*,*Listen and Learn*,*New Concept English*,*English This Way*,*New Active English*,*Access*,*Situational English*,*English* 900,*New Prince English*,*Follow Me* 等。其中亚历山大和金斯伯里合编的 *Follow Me* 影响最大。它由英国广播英语教材部、朗文公司协同联邦德国电视台、联邦德国民间学校委员会和欧洲共同体合作委员会合作摄制,曾在 30 多个国家和地区使用。中国引进该教材时有所改动,于 1982 年 1 月起在中央电视台播出。几种有影响的引进教材分析见表 3 – 3。

---

① 《中国教育事典》编委会. 中国教育事典(中等教育卷)[M]. 石家庄:河北教育出版社,1994:313.

表 3－3 改革开放以后引进的几种有影响的英语教材①

书名	册数	编著者	出版商	适用年级	主要内容及特点
Look，Listen and Learn（《视、听、学》）	4	Alexander（亚历山大）(英)	朗文公司	小学、初中。国家教委推荐在江苏、浙江、广东和上海部分学校使用。	1. 每册 60 单元，每单元两课，共 120 课。 2. 全套课本 480 课，约 1 900 个单词。 3. 第一课看图听录音、学说话，第二课着重操练句型。 4. 重视训练学生听、说、读、写技能，主张"未听不说、未说不读、未读不写"。
New Concept English（《新概念英语》）	4	Alexander（亚历山大)(英)	朗文公司	初中,高中。重点中学把它作为补充教材。	1. 系视听法教材。 2. 由浅入深,循序渐进,零点起始,逐步深入。 3. 第一册 First Things First（《英语入门》）属基础水平, 约 800 词。第二册 *Practice and Progress*（《实践与提高》）属中级水平的预备阶段,每课课文是训练听、说、读、写四会的多用途课文,课文大多为小故事,短小精悍,含蓄幽默,引人发笑。第三册 *Developing Skills*（《技能的培养》）属中级水平,写作词汇量由 150 个词增加到 300 个词。第四册 *Fluency*（《流利的英语》）属高级水平,课文内容题材广泛,作文最后要求写 600 个词的记叙文、描写文或议论文。

---

① 制表资料来源:周流溪. 中国中学英语教育百科全书[M]. 沈阳:东北大学出版社,1995:45-46.

（续表）

书名	册数	编著者	出版商	适用年级	主要内容及特点
New Active English (《新活用英语》)	6	D. H. Howe（英）	（英）牛津大学出版社	小学,初中。供香港小学使用,曾在上海、湖南、无锡等地一部分初中使用。	1. 以基本句型为核心,1—4 册侧重听说,5—6 册重阅读。 2. 注重教授发音和单词的拼读规则。 3. 图文并茂,能引起儿童兴趣。
English This Way (《这样学英语》)	12	Victor Dowd	麦克米伦出版公司	初中,高中,成人。	1.1—6 册教基本的语法结构,着重培养听说技能。 2.7—12 册着重培养读和写的能力,继续进行听说训练。
English for Today (《今日英语》)	6	William R. Slager, 美国英语教师全国委员会（The National Council of Teachers of English）	Mcgraw – Hile Macmi – llian 麦格劳－希尔公司/麦克米伦出版公司	初中,高中。	1. 第一册 *At Home and at School* (《在家庭和学校》),教基本语法,侧重语法句型训练。 2. 第二册 *The World We Live in* (《我们生活在其中的世界》)继续教语法,结合课文进行句型训练。 3. 第三册 *The Way We Live* (《我们的生活方式》),继续教基本语法,开始注意读写训练,仍继续口语训练。 4. 第四册 *Our Changing Technology* (《我们变化中的技术》),侧重阅读理解和写作技能。 5. 第五册 *Our Changing Culture*(《我们变化中的文化》)仍侧重阅读理解和写作。 6. 第六册 *Literature in English*(《英语文学》),不仅收入英美文学作品,还收入爱尔兰、加拿大、澳大利亚和印度等地作者的作品。主要是对学生进行文化意识培养。

（续表）

书名	册数	编著者	出版商	适用年级	主要内容及特点
Follow Me（《跟 我 学》）	1	Alexander & Roy Kingsbury	BBC，朗文公司，联邦德国电视台等	小学，初中，初学者。	根据功能教学法大纲《初阶》和《入门阶段》编写，对象主要是初学英语的成年人。

改革开放以后引进的英语教材还不止如上这些，引进的英语教材对于我国教材内容的改进和教材编写的改进都是一个促进，特别是教材编写中采用的视听法、听说法、交际法等教学方法为我国中小学英语教育提供了借鉴。

第二节　教材自行编写

一、清末、民国自编的英语教材

清末和民国时期我国英语教育经历了滥觞期、启动期和发展期三个阶段。在经历了教材引进以后，我国也建立了教科书编审制度，并开始自己编写英语教材。

我国教科书审定制度起初是国定制，延续了近百年。有史料记载，1906 年清廷学部设立了图书编译局，制定了编译章程九条，这是我国部编教科书的开始。该年，学部颁布第一次审定"初等小学书目""高等小学暂用书目表"和"中学暂用书目表"。1909 年学部变更初等学堂章程，将部编各教科书书目注于各科目之下，从此时起也就产生了"国定教科书"的说法。[①]

1906 年学部颁布的"中学暂用书目表"中列入的外语类教科书有两本，一本是《应用东文法教科书》，由湖北官书馆印刷发行；另一本是《帝国英文读本》，由商务印书馆印刷发行，该书 1904 年正式出版，伍光建编。1910 年 2 月 7 日，学部"关于《编辑国民读本分列试行》的奏折"后附有的《学务第一次审定中学堂初级师范学堂暂用书目凡例》其中有关外语教科书的一个说明是："英文读本以伍光建所编为最佳，前已察定暂充高等小学之用，而其程度实与中学为宜，

---

① 李良佑，等. 中国英语教学史[M]. 上海：上海外语教育出版社，1988：181.

仍作为中学教科书。"①

据《中国英语教学史》提供的资料,1902—1912 年各地采用的课本见表3－4。

表3－4　1902—1912 年部分自编英语教材②

书名	册数	出版商
《帝国英文读本》	3	商务印书馆
《应用东文法教科书》	1	湖北官书馆
《初、中、高等英文典》	3	商务印书馆
《新法英文教程》	1	商务印书馆
《英语作文教科书》	1	商务印书馆
《简要英文法教科书》	1	商务印书馆
《英文汉诂》	1	商务印书馆
《英语捷径前后编》	2	商务印书馆
《英文典(初、中、高)》	3	商务印书馆

1912 年 1 月中华民国成立。同年 9 月公布《审查教科书规程》,规定"中小师范学校用教科书,须经本部审定"。1918 年,中华民国教育部第一次公布重新审定的教科书。1923 年,教科书编纂处撤销,另设图书审定处,两年后即 1925年又改图书审定处为编审处,另设编译处。1937 年,国民党政府教育行政委员会设立教科书审查委员会。早在 1932 年,教育部设立国立编译馆,行使审查教材图书之职。1933 年朱家骅任教育部长,竭力主张部编教材,5 月成立"中小学教科书编审委员会",吴稚晖等出任委员。1937 年前,上海各出版社根据部颁课程标准竞相出版、编写教材,所以各地中学英语教科书并不缺乏。抗战爆发后,历来从事教科书编辑的出版社只有正中书局一家内迁至后方,以致教材奇缺。1942 年,教育部将 1933 年 5 月成立的"中小学教科书编审委员会"归于国立编译馆,改设教科用书组,责令编辑中、小学各科教材。出版单位也由正中书局一家供应改由商务印书馆、中华书局、正中书局、世界书局、大东书局、开明书店、文通书局七家联合供应,至此,教材缺乏的情况有所缓解,至 1949 年,尽管英语教材在某种程度上一直处于失控的局面,但还是繁荣起来,表现为题材广泛、数量繁多。1913—1928 年全国流行较广的自编英语教科书见表 3－5。

---

① 　大清清规大全续编:十九卷[M].
② 　李良佑,等. 中国英语教学史[M]. 上海:上海外语教育出版社,1988:100-102.

表 3-5　1913—1928 年部分自编英语教材

书名	编著者	出版商	出版年份
《最新英华会话大全》	李登辉、杨锦森	中华书局	1913
《英文尺牍大全》	李登辉、杨锦森	中华书局	1916
《初等英文法》	刘崇裴	中华书局	1916
《纳氏英文法》	沈彬改订	中华书局	1917
《共和国教科书·中学英文读本》			1917
《新世纪英文读本》	邝富灼等	商务印书馆	1917
《英语模范读本》	周越然	商务印书馆	1917
《英文尺牍教科书》	张士一	商务印书馆	1922
《英文读本文法合编》	胡宪生等	商务印书馆	1923
《英语基本练习》	张士一	中华书局	1924
《开明初中英文读本》	林语堂	开明书店	1927
《文化英文读本》	李登辉	商务印书馆	1928

1929 至新中国成立经教育部正式审定的部分中学英语教材见表 3-6 和表 3-7。

表 3-6　1929—1949 年部分自编中学英语教材（初中）

书名	册数	编著者	送审者	审定日期
《英语新学制初中读本文法合编》	3	胡宪生等	商务	1929 年 3 月 8 日
《新学制初中英文法教科书》	1	胡宪生	商务	1929 年 5 月 10 日
《新中学教科书英语读本》	3	沈彬等	中华	1929 年 6 月 14
《初中直接法英语教科书》	6	张士一	商务	1930
《英语模范读本》	3	周越然	商务	1930 年 1 月 6 日
《开明英文读本》	3	林语堂	开明	1930 年 2 月 26 日
《现代英语初中教科书》	3	周越然	商务	1930 年 9 月 9 日
《英语标准读本》	3	林汉达	世界	1931 年 4 月 21 日
《开明英文读本》	3	林语堂	开明	1934 年 6 月 30 日
《国民英语读本一、二册》	2	陆步青	世界	
《初中英语标准读本》	4	林汉达	世界	1934 年 5 月 1
《英语模范读本》	3	周越然	商务	1933 年 10 月 27

（续表）

书名	册数	编著者	送审者	审定日期
《新标准初中英语》（第一册）	1	赵廷为等	开明	
《综合英语读木》	6	王云五等	商务	1934 年 11 月 23 日
《初中英语读本》	4	李唯建	中华	1935 年 4 月 2 日
《初中英语》（第一册)》	1	薛俊才	正中	1935 年 12 月 21 日
《新标准初中英语（第三册)》	1	赵廷为、戚叔含	开明	1935 年 3 月 27 日
《初中英语读本》	1	沈彬	大东	1947 年 5 月
《初中活用英语读本》	1	詹文浒	世界	1949 年
《初中新英语》	1	林汉达	世界	1949 年 3 月

表 3 - 7　1929—1949 年部分自编中学英语教材（高中）

书名	册数	编著者	送审者	审定日期
《新中学教科书高级英语读本》		朱友渔	中华	1929 年 2 月 5 日
《英文修词学》	1	林天兰	中华	1929 年 12 月 21 日
《新中学高级英文典》	1	王昌社	中华	1931 年 1 月 8 日
《高中英文选》	3	苏州中学教员《英文研究会》	中华	1931 年 6 月 16 日
《高中英语读本》	3	林汉达	世界	1935 年 6 月 8 日
《高中英语读本》	3	李儒勉	中华	1935 年 3 月 23 日
《高中活用英语读本》	1	詹文浒	世界	1937 年 7 月
《新中国教科书高级中学英语》	1	林天兰	正中	1944 年 8 月

　　民国期间除了引进以后编译的部分教材外，我国自编了大量的英语教材，这些教材在教学中发挥了重要作用。其他读本及教学参考书尚有：龚质彬的《北新英文读本》，胡毅的《中级英文读本》，张士一的《英华会话合璧》，周越然的《中等英语会话》，刁敏谦的《初级英文会话》，王步贤的《英语会话范本》，王元章的《学生英语会话》，王学谦的《英语图解会话》，林语堂的《开明英文文法》，吕叔湘的《开明新编中等英文文法》（上、下两册），陈竹君的《基本英文文法》，鲍屡平的《英文成语例解》《续英文成语例解》《英文习用法举隅》，葛传椝的《英文作文教本》，姚慕谭的《英语作文范本》等。①

---

　　①　李良佑,等. 中国英语教学史[M]. 上海:上海外语教育出版社,1988:183-184.

　　浏览一下全国总书目,有关民国时期的英语学习法、英语发音学、英语缀字学、英语文法、英语作文、英语会话等方面的课本、专著蔚为大观,大部分为自编英语教材,这些都为民国时期乃至中华人民共和国成立初期的英语教育发展提供了教材保障。根据李平心先生编的《全国总书目》有关语文学的书目,我们可知民国期间出版的可供中小学师生参考和使用的教学课本、工具书和参考书尚有几百种(与前面重复的除外),列表如下(表3-8)。

表3-8　民国期间出版使用的各类英语课本、工具书和参考书①

种类	书名	作者	出版商
英语学习法	《怎样学习英语》	开仁	南强
	《英文修学指导》	李儒勉	中华
	《英文捷径》*A Short Cut to English Language*	王常	作者
	《革新的外国文学习法》	陆殿扬	世界
	《英文单词之记忆法》	姚哀	北新
	《英文背诵 ABC》	林汉达	世界
	《英文拼法 ABC》 *The A B C of Spelling*	张仕章	世界
	《绘图英文识字初步》 *First Step in Learning Useful English Words*	周振宏	商务
英语发音学	《英语发音学》	魏肇基	商务
	《英文读音 ABC》 *The A B C of Pronunciation*	张仕章	世界
	《英语语音学纲要》(英文本) *An Outline of English Phonetics*	周由廑	商务
	《英语正音教科书》(三册) *A Text-Book on English Phonetics*	胡宏纶	中华
	《英语正音课本》	周椒青	作者
	《英字读音》(英文本) *A Primer of Enlish Sounds*	周越然	商务
	《英字切音》(英文本) *English Spelling*	周越然	商务

① 平心. 全国总书目[M]. 上海:上海书店,1991:488-505.

（续表）

种类	书名	作者	出版商
英语文法通论	《高级英文法研究》 *A Study of English Grammar for Advanced Students*	王安宅	商务
	《实验高级文法》 *Experimental English Grammar for Advanced Students*	邓达澄	商务
	《高等英文法》	陈器	文化社
	《高级实用英文法》	钟作猷	北新
	《简易英文法》（二册） *Easy Lessons in English Grammar*	刘尚一	中华
	《简明英文法》（二册） *Concise English Grammar*	王翼廷	中华
	《活的英文法》 *A Working English Grammar*	詹文浒	世界
	《活用英文法》（上下） *The Living English Grammar*	林汉达	世界
	《中等英文法》 *The Essentials of English Grammar*	梅殿华	中华
	《开明英文文法》（上下） *Kaiming English Grammar*	林语堂	开明
	《英文法讲义》	王文川	开明
	《纳氏英文法讲义》（中文）（四册） *Nesfield's English Grammar Series*	陈喜	求益
	《余氏英文文法》	余天希	世界
	《英文法(初中用)》	王古鲁	大东
	《英文文法纲要》	余慕陶	光华
	《英文范纲要》 *Outlines of English Grammar for the Use of Chinese Students of That Language*	伍光建	商务
	《英文文法纲要》	西度	开明
	《英文法撮要》		广中大
	《英文文法精义》	葛传椝	开明
	《英文文法易解》 *English Grammar Simplified*	温宗尧	商务

（续表）

种类	书名	作者	出版商
英语文法通论	《英文法捷径》 *Helps to English Grammar and Composition*	庄尚德	商务
	《英文法捷径》（二册） *A Short Cut to English Grammar*	陶秋英	中华
	《英文法要略》	李振南	商务
	《英文文法 ABC》 *The A B C of English Grammar*	林汉达	世界
	《汉译初级实用英文法》 *A Working English Grammar for Beginners Explained in Chinese*	平海澜	商务
	《初等英文法》 *Elements of English Grammar*	梅殿华等	中华
	《英文初步》	范允臧	开明
	《初步英文法》	平海澜等	科学社
	《英文法阶梯》（五册） *First Steps in English Grammar*	邝富灼	商务
	《新英文典》（二册） *English Grammar*	邝富灼	商务
	《基本英文典》 *Basic English Grammar*	钟作猷	中华
	《英文会话文法》 *A Conversation Grammar*	徐志诚	中华
	《英文法结晶》 *Crystals of English Grammar*	朱树蒸	作者
	《英文法结晶教案》 *Key Lessons in English Grammar*	朱树蒸	作者
	《简要英文法》	杨雨人	百城
	《自修英文法》	刘思训	汉文
	《第三英文典》	陈文	作者
	《归纳法的英文法要义》（上下）	尹让辙	南京
	《英文文法作文合编》 *Intermediate English Grammar and Composition*	吴献书	商务
	《英文文法作文典》	刘思训	合众

（续表）

种类		书名	作者	出版商
英文文法图解		《英文文法图解范式》	姚慕谭	开明
		《高级英文图解（上册）》	李冠英	文化社
		《英文图解大全（增订）》	杨成章	文化社
		《英文句语分析与图解》 *Sentence Analysis and Diagram*	李振南	商务
		《英文语句图解分析》	富守仁	大公报
		《英文法与图解》（上册） *English Grammar with Diagram*	倪明村	知新
		《英文法图解》	杨景茵	大公报
		《图线剖解英文文法镜》 *The Mirror of English Grammar*	史雨文	作者
		《表解英文法》	梁铭东	文化社
英语品词文法	a. 英语动词	《英文云谓字规范》 *The Verb*	陈登謦	商务
		《英文动词用法 ABC》 *The A B C of How to Use Verbs Correctly*	俞瑞元	世界
		《英文动词浅释》	苏闽波	世界
		《英文动词》	赵德先	大公报
	b. 英语前置词	《英语前置词之用法》	施督辉	商务
		《前置词用法大全》（英文本） *How to Use the Prepositions Correctly*	施督辉	商务
		《英文介系词用法》	俞皞如	中华
		《英文介系词用法 ABC》 *The A B C of How to Use Prepositions Correctly*	周德辉	世界
英语文法练习		《分类英文法习题》 *Classified English Grammar Exercises for Advanced Students*	汪毓周	商务
		《英文标准文法实习》（高中用）	沈彬	大东
		《英文标准文法实习》（初中用）	沈彬	大东
		《英文法练习》	西度	开明

（续表）

种类	书名	作者	出版商
英文标点法	《英文标点法 ABC》 *The A B C of Punctuation*	王翼廷	世界
英文修辞学	《英文修辞学》 *English Composition and Rhetoric*	林天兰	中华
	《英文修辞学 ABC》 *The A B C of Rhetoric*	王翼廷	世界
	《英文修辞格》	谢大任	中华
	《英文实用修辞学》 *Practical English Rhetoric for Colleges*	陆殿扬	作者
	《实用英文修辞学》	陈器	立达
	《李氏英语修辞作文合编》 *Lee's Rhetoric and Composition*	李登辉	商务
	《英文修辞学及作文法》	凌慎之	文化社
英语作文概论	《英文作文法纲要》 *Learning to Write*	龚质彬	中华
	《英文作文易解》（附答案） *Easy Lessons in Composition*	周越然	商务
	《英文作文要略》 *Hints on English Composition*	周越然	商务
	《英语作文初步》 *First Step in English Composition*		商务
	《英文文章作法》	余慕陶	光华
	《英语作文教科书》（二册） *Elementary Composition; Intermediate Composition*	邝富灼	商务
	《高中英文作文》 *English Composition for Senior Middle Schools*	方荣天	商务
	《英文文法作文》	秦鹤皋等	合众
	《英文典与作文法》 *Essentials of English Composition*	黄添福	中华
	《英文作文讲义》（北大讲义）		北大

（续表）

种类	书名	作者	出版商
英语作文概论	《英华作文范本》 *Specimen Composition in English & Chinese*	程承祖	
	《初级英语作文（直观法）》 *Beginning English Composition（Direct Method）*	周越然	商务
	《实用英语作文法》	戴骅文	文化社
	《实用英文分解》 *Practical English and Analysis*	叶劲风	生活
英文造句	《英语构造法》 *Sentence Construction*	陆殿扬	商务
	《英文造句作文法》 *English Sentence Formation and Composition*	孙立源	世界
	《英文造句法》 *Sentence Formation*	周越然	商务
	《英文造句法》	王超度	光华
	《英文造句法 ABC》 *The A B C of Sentences Making*	俞天韵	世界
	《英文造句教科书》 *A Textbook of Sentence Formation*	张季源	商务
英语正误	《英语正误详解》 *Helps Towards Correct English*	吴献书	商务
	《英语正误自修册》 *The Student's Handbook to Accompany "Helps Towards Correct English"*	吴献书	商务
	《英语正误自修册答案》 *A Key to the Student's Handbook*	吴献书	商务
	《英语正误练习册》（二册） *Practice Leaves in Correct English*	吴献书	商务
	《英语写读指谬》	王宝昧	南京
	《英句正误 ABC》 *The A B C of Sentence Correction*	梵兆庚	世界

（续表）

种类	书名	作者	出版商
英语正误	《英文作文纠谬》 *A Guide to Composition and Letter Writing*	俞楠秋	作者
	《英文作文通常错误纠正》 *Common Errors in English Composition with Correction*	慎微之	求益
	《英文作文正误》	张鸿勋	新中国
	《英文改错释例》 *How to Avoid Mistake in English*	王程绪	作者
	《英文造句法正误详解》 *Guide to Sentence Making*	倪明材	作者
	《英文错误改正》 *Corrections of Common Errors in English*	薛德贵	文化社
	《英语正误示范》	熊克立	亚细亚
	《实用英文作文正误字典》 *A Practical Dictionary of English Correction*	王学谦	南京
	《英文四百句错误改正》	程豫生	南京
英文单字用法	《增广英字指南》 *Method for Learning English*	杨动	商务
	《英文单字用法 ABC》 *The A B C of Vocabulary*	吴永昌	世界
英文词语用法	《英文成语用法 ABC》 *The A B C of English Phrases and Idioms*	李厚甫	世界
	《英文各种词句运化模范实习》	朱树蒸	作者
	《英文各字词句虚拟词发微》	任充四	开明
英字辨异	《英语歧字辨异》（英文本） *English Synonyms Explained and Translated into Chinese*	周越然	商务
	《英文歧字用法 ABC》 *The A B C of English Synonyms*	俞瑞元	世界
	《英文同音异字汇解》 *English Homonyms*	林天兰	中华

（续表）

种类	书名	作者	出版商
英字辨异	《英汉合解歧字用法大全》 *Synonyms Discriminated*	杨道膑	新中国
	《英汉歧字类分大辞典》 *A Complete Dictionary of Synonyms*	陈戩	新中国
普通英语会话	《英语会话法程》 *A Textbook of Progressive Grammatical Conversation*	周庭桢	商务
	《英文会话 ABC》 *The A B C of Conversation*	俞天韵	世界
	《英语会话论》 *Key to English Conversation*	陈嘉	求益
	英文会话文法 *A Conversation Grammar*	徐志诚	中华
	《英语图解会话》 *Pictorial Conversation*	王学谦	商务
	《活用英文会话》 *A Handbook of English Conversation*	由稚吾	世界
	《复式英语会话》 *A Coat of Many Colours*		商务
	《华英对白会话》	鲁逐山	晓星
	《英文学生会话》 *English Conversation for Chinese Students*	张士一	中华
	《简易英华会话》 *Anglo-Chinese Short Conversation*	张慎伯	中华
	《模范英汉会话》 *Model English-Chinese Conversation*	陆费执	中华
	《最新英文会话大全》 *New Practical Anglo-Chinese Conversation*	杨锦森	中华
	《英汉实用会话大全》 *A Complete Handbook of Practical English Conversation*	谢福生	世界
	《华英会话文件辞典》 *An Anglo-English Conversational Dictionary*	奚若	商务

（续表）

种类	书名	作者	出版商
普通英语会话	《袖珍分类英语》 *A Pocket Classified Conversation*	徐维绘	商务
	《华英要语汇编》 *English and Chinese Conversations*		商务
	《英话会话小丛书》	王翼廷	亚细亚
	《日用英语会话》	钱歌川	北新
英文翻译	《英文翻译ABC》 *The A B C of Translation*	苏为光	世界
	《华英翻译金针》（二册） *Translation Exercises*	李文彬	商务
	《翻译小补》（英文本） *The Translator's Assistant*	吴嘉善	商务
	《实用翻译讲义》 *Talks on Translation*	章荣	作者
	《初级翻译指南》 *First Steps of Translation*	盛毂人	世界
	《高级翻译指南》 *The Translator's Guide*	严畹滋	世界
	《实用标准英文翻译注》	程豫生	南京
	《汉英文法翻译合解教科书》	张鹏云	新中国
英文读本	《文化英文读本》 *The Culture Readers*	李登辉	商务
	《文化英文读本（翻译问题解答）》（卷二卷三） *The Culture English Readers（Key to English Translation）*	李登辉	商务
	《英文会通》 *English Reader,Grammar and Composition*	林天兰	商务
	《英文捷径》	王常五	大东
	《英语进阶》	龚质彬	北新

（续表）

种类	书名	作者	出版商
英文读本	《英文读本》（新学制高中用）（第一册） *New System Series：English Readers for Senior Middle Schools*	胡宪生	商务
	《英语模范读本自修书》（二册）	李农笙	大公报
	《高中英语读法实习教本》	陈志云	文怡
	《演进式初级英文读本》 *An English Reader on the Gouin Method*	钱兆合	中华
	《速成英文读本》 *A Rapid Course in Every-day English*	关应麟	中华
	《自修英文读本》 *Supplementary Readers*	张世淦	商务
	《英语拾级》	崔梦禹	作者
	《新国民实用英语》	周庭桢	开明
	《新标准英语读本》（一册）	刘真甫	大公报
	《综合法英文读本》（第一册）	戴骅文	大公报
	《英文津梁读本》（三册）	何铭三	元新
一般英语应用文	《英文应用文》	刘真甫	文化社
英文书信	《日用英文尺牍》	钱歌川	北新
	《英文书翰论》（英汉对照） *Key to English Letter Writing*	陈光益	求益
	《新撰英文尺牍》	葛传椝	开明
	《英文尺牍初步》	陈肇绩	求益
	《汉英商业尺牍》	张鹏云	新中国
	《新撰商业尺牍》（二册）	徐珂	商务
美国语学	《美国语与英国语》 *Americanism and Britanism*	张慎伯	中华

（续表）

种类	书名	作者	出版商
基本英语	《基本英语初阶》 *The A B C of Basic English*	进步文学社	世界
	《自修适用基本英语》 *Talk on Basic English*	钱歌川	中华
	《初级基本英语读本》（第一册） *Basic Readers*	钱歌川	中华
	《基本英语留声片课本》 *Basic English Records*	赵元任	中华
	《基本英语讨论集》	基本英语研究社	中华
英华字典	《综合英汉大辞典》（缩本）（二册） *A Comprehensive English-Chinese Dictionary*	黄士复	商务
	《世界综合英汉辞典》 *A Complete English-Chinese Dictionary*	汪倜然等	世界
	《英汉模范字典》（求解作文两用） *Model English-Chinese Dictionary with Illustrative Examples*	张世鎏等	商务
	《英汉汉英两用辞典》 *English-Chinese and Chinese-English Dictionary*	严恩椿等	世界
	《英华合解辞汇》 *A Modern English-Chinese Dictionary*	翁良等	商务
	《袖珍英华双解字典》 *Chung Hwa Pocket English Dictionary*	杨锦森等	中华
	《新式英华双解辞典》 *A Modern Dictionary of the English Language*	张锷等	中华
	《新式英华词典》 *A Modern English-Chinese Dictionary*	沈彬等	中华
	《英华新字典》（增订缩本） *English and Chinese Pronouncing Condensed Dictionary*	郁德基	商务

（续表）

种类	书名	作者	出版商
英华字典	《英汉新辞典》 *A New English – Chinese Dictionary*	张鸿勋	新中国
	《英华高字字典》 *Anglo-Chinese Thorndike Dictionary*	陆费执	中华
	《英汉大字典》 （据 *Webster's New International Dictionary* 及 *Funk and Wagnalls New Standard Dictionary* 编）	张鹏云	新中国
	《袖珍新式英华学生辞典》 *A Modern Student's Pocket Anglo-Chinese Dictionary*	沈彬	中华
	《简明英汉字典》 *The World Concise English-Chinese Dictionary*	进步英文学社	世界
	《世界英汉小字典》 *English-Chinese Gem Dictionary*	林汉达等	世界
	《半寸小英汉字典》 *Lilliput Series English-Chinese Dictionary*	张世鎏等	世界
	《标准英汉辞典》（双解） *The Standard English-Chinese Dictionary*	吴康等	商务
	《标准初级英汉字典》 *The Standard Elementary English-Chinese Dictionary*	陆学焕	商务
	《世界标准英汉辞典》 *The World Standard English-Chinese Dictionary*	进步英文学社	世界
	《英文文法作文两用辞典》	詹文浒	世界
	《大东英汉学生辞典》	沈彬	大东
	《新生活英汉小辞典》	沈彬	大东
	《英华正音词典》 *An English-Chinese Phonetic Dictionary*	陆费执	中华
	《中华英汉商业辞典》 *Chung Hwa Commercial Dicionary*	李天注	中华

（续表）

种类	书名	作者	出版商
英语字汇	《英文基础一万字》 *A Classified English-Chinese Vocabulary*	陈嘉	求益
	《英文最常用四千字》 *The Four Thousand Commonest Words in English* （*According to Thorndike*）	张士一	
	《日用文语四千字》 *Four Thousand Words for Daily Use*	世界语言学社	世界
	《英文常用五百单字》	陈肇绩	求益
	《基本英语辞典》 *The Basic Words*	进步英文学社	世界
英文略语辞典	《详注略语辞典》（英汉双解·缩本） *An Anglo-Chinese Dictionary of Abbreviations and Contractions, with Explanatory Notes*	倪灏森	商务
英文成语辞典	《英文习语大全》（英华合解） *A Complete Dictionary of English Phrases*	翁良等	商务
	《英文成语辞典》（英汉双解） *Glossary of English Phrases with Chinese Translations*	伍光建	商务
	《英汉习语文学大辞典》 *Dictionary of English Phrases, Quotations, Proverbs and Maxims*	张鹏云	新中国
	《英文熟语大辞典》 *A Dictionary of English Phrase With Chinese Translation*	陈嘉	群益
	《标准英文成语辞典》（英汉双解） *The Standard Dictionary of English Phrases*	厉志云	商务
	《英汉成语辞典》 *A Complete English-Chinese Phrase Dictionary*	詹文浒	世界
	《英汉成语辞林》（缩本） *Dictionary of Idiomatic English Phrases*	陈茵明	商务

（续表）

种类	书名	作者	出版商
英文成语汇编	《六百个英文基本成语》 *600 Foundation English Idioms*	桂绍盱	中华
	《英文基础三千句》 *An A B C Phrase-book of Spoken English*	陈嘉	求益
	《英文成语五百熟语》	陈肇绩	求益
	《英文常用谚语》	陈肇绩	求益
	《最要英文熟语一千四百题》	谭成哲	晓星
	《活用英文习语八百句》	陈徐堃	世界
	《英语撮要》 *The Classified List of Miscellaneous Important Terms*		商务
英文俚语辞典	《标准英文俚语辞典》（英汉双解） *The Standard Dictionary of English Slang*	翁文涛	商务
汉英辞典	《汉英大辞典》 *A Complete Chinese-English Dictionary*	张鹏云	新中国
	《汉英辞典》 *A Chinese-English Dictionary*	张左新	商务
	《汉英新辞典》（缩本） *A New Chinese-English Dictionary*	李玉汶	商务
	《瞿氏汉英字典》	瞿重福	作者
	《模范汉英辞典》 *Model Chinese-English Dictionary*	王儒林	江东
	《模范汉英辞典》	林鹏英	经纬
	《中华汉英大辞典》 *Chang Hwa Chinese-English Dictionary*	陆费执、严独鹤	中华
	《世界汉英辞典》 *The World Chinese-English Dictionary*	盛毅人	世界
英汉汉英辞典	《汉英英汉辞典合璧》	张鹏云	新中国
	《世界英汉汉英两用辞典》 *The World English-Chinese Chinese-English Dictionary*	严恩椿	世界
	《实用英汉汉英词典》 *A Practical English-Chinese Chinese-English Pocket Dictionary*	李儒勉	中华

　　民国时期教材非常复杂,根据史料,我们试对有影响的几种教科书进行分析。

　　教材一:《英语模范读本》,周越然编,商务印书馆 1917 年出版,共 4 册,4 433 词。内容及编排特点是:①完全不用翻译法,所有讲解都用英文;②在第一册中间介绍国际音标,发音要求严格;③词汇丰富,一般较为实用,前三册侧重日常生活的内容;④第二、三册讲语法,以归纳为主,第四册讲修辞、作文;⑤第四册全部是英美古典文学片段,体裁多样,程度深。①

　　教材二:《英语基本练习》,张士一编,1924 年发行,中华书局出版,本书只有 1 册。完全的直接法口语练习,借助实物,建立概念联系,通过操练,培养技能。基本体例是:指导语(Directions):1. 将下列物品带入教室:一支钢笔,一本书,一块手表,一张报纸;2. 物品按图示放在书桌上;3. 分组操练。Unit One 1. ——What is this? ——This is a pencil. 2. ——What is this? ——This is a watch. 3. ——What is this? ——This is a book. 4. ——What is this? ——This is a newspaper. 5. ——What is this? ——This is a desk. ②

　　教材三:《开明初中英文读本》,林语堂编,开明出版社 1927 年出版,共 3 册,2 356 词。内容及编排特点:①从口语入门,重视语音训练和习惯表达方式,全书使用国际音标;②语法训练着重抓关键问题,着重比较;③课文生动、活泼,注重兴趣;④重视词汇、句型的重现。

　　教材四:《初中标准英语读本》,林汉达编,世界出版社 1930 年出版,共 3 册,约 2 500 词。内容及编排特点:①重视听、说、读、写全面训练;②语法例句多,重实用,理论讲述少;③课文注重兴趣,小诗、小故事多,体裁、题材多样;④重视词汇、句型的重现。

　　教材五:《高中英文选》,苏州中学教员英文研究会编,中华出版社 1929 年出版,共 3 册,词汇 2 628 个。内容及编排特点:①选欧美名作之富于兴趣者,由浅入深编排;②有问题造句、背诵、练习,平均每课 10 题左右;③注释及解说用英文。③

　　教材六:《标准高级英文选》,李儒勉编,商务印书馆 1931 年出版,共 3 册,词汇量 4 473 个。内容及编排特点:①选取欧美名作;②课文长且深;③练习要求高;有写出故事要点、用英语释义(paraphrase)等要求。

　　① 付克. 中国外语教育史[M]. 上海:上海外语教育出版社,1986:59.

　　② 张士一. 英语基本练习[M]. 上海:中华书局,1924:3-5.

　　③ 付克. 中国外语教育史[M]. 上海:上海外语教育出版社,1986:60.

教材七:《高中英语读本》(*New Standard English Readers for SMS*),教育部审定,新课程标准使用,1933 年 9 月发行,中华书局出版。全书共 3 册,供 3 年之用,要求在课本以外补充 1/4 左右补充教材。全书体例:①课文;②Aids to study;③Words;④Idioms and phrases;⑤ Questions;⑥ Sentence for Imitation。特点:①全书所选课文以英美名作为主;②全书文学体裁富有变化,难度适中;③字与成语之注释俱用中英文双解。

从以上分析看,民国时期教材有几个方面的特点:①体现教学法,已开始从语法翻译法向直接法过渡;②词汇量较大;③注重语音训练及读写训练;④选取大量欧美作品作为精读材料。

二、中华人民共和国成立后自编的英语教材

(一)20 世纪五六十年代我国自编的英语教材

中华人民共和国成立初期,教育部规定,初、高中均设一种外国语,根据具体条件设英语或俄语,教材由各地自行决定采用,并无统一教材。1950 年 7 月,教育部、国家出版署联合发出《1950 年秋季中小学教科书用书表》,以解决各地中小学教材版本不一、供应紊乱等问题。1950 年 8 月,教育部颁发了《中学暂行教学计划(草案)》,1951 年上海出版《新编初中英语》(丁秀峰编,商务印书馆出版),1952 年北京出版了《高中英语读本》(北京市中等学校教材编选委员会编,五十年代出版社出版),这是两套在中华人民共和国成立初期具有较大影响的英语教材。

20 世纪 50 年代由于学习苏联,盲目扩大俄语学习的比重,加之 1954 年至1957 年初中停开外语,教材建设受到一定影响。由于这一时期外语教育的摇摆,英语教材的数量不多。尽管如此,国家教育部仍做了大量工作,以弥补教材编写方面的不足。

首先,1950 年 12 月成立了人民教育出版社,由著名教育家叶圣陶先生出任社长,领导教材编写工作。

其次,采用或修订解放前使用的课本,如林汉达的《初中标准英语读本》《高中标准英语读本》,李儒勉的《标准高级英文选》等,解决了教材紧张的矛盾。

再有,开始重新编写中小学英语教材。1956 年 7 月,教育部下达《关于中学外国语科的通知》,决定扩大和加强中学外国语的教育,强调必须注意扩大和改进英语教学。于是人民教育出版社编写了中华人民共和国成立后首批在全国适用的中学英语教材,这批教材共两套,一套为初中英语,一套为高中英语,使

用至 1960 年。1958 年至 1959 年全国 18 个省区市各自编写了教材。1960 年 5 月北京师范大学外文系普通教育改革小组编写《九年一贯制试用课本(全日制)》1—18 册,一年级起用。1961 年 8 月北京师范大学外语系普通教育研究室为二至八年级学生编写了《十年制学校实验用课本(全日制)》英语 1—8 册。1960—1961 年,上海外院、北京外院又编辑了初中英语 1—3 册,课本每册之间不够衔接,1963 年又进行改编。委托上海市教育局组织人力改编英语课本,1963 年出版了《初级中学课本英语(暂用本)》第一、二、三册,从高中起始的《高级中学课本英语》第一、二、三册,在 1960 年也进行了改编。1960—1967 年人民教育出版社还编辑出版了衔接初中英语的高中代用课本各 3 册。英语初中课本(共 2 册,供 3 个学年用),加上高中代用课本单词量共计 2 212 个。

1960 年 10 月,教育部决定由人民教育出版社编写统一的十年制中小学教材,要求不提高程度,不改变体系,适当缩短年限,在 10 年内学完过去 12 年学完的课程。外语只编写中学阶段 5 年的教材。当时组织人民教育出版社内外人力编写了《十年制学校初中课本英语(试用本)》第一、二、三册和《十年制学校高中课本英语(试用本)》第一、二册。全套英语课本编入 2 700 个左右单词和一定数量的习惯用语,以及基本的语音、语法知识。从 1961 年秋季起,十年制课本在全国各地十年制试验学校开始使用。

1961 年中共中央高等教育小组指示,在总结过去编写教材经验基础上,重新编写一套质量较好的全日制十二年制中小学教材。据此,教育部决定从 1961 年 6 月开始进行准备工作。人民教育出版社研究了外国教材和中华人民共和国成立前的教材,总结了 10 年来自编教材的经验,提出了改进编辑工作的意见,统一了编辑人员的思想,1962 年夏初开始编写。各种课本的初稿于 1962 年秋季在少数学校试教。修改定稿后,1963 年秋季起各种课本的第一册在全国正式供应。这套教材只出版了一部分,包括教学大纲 14 种 14 册,课本和教学指导书各 19 种 46 册。英语课本初中 6 册,高中 3 册。

这套教材正式使用不久,一些地区反映内容深,分量重,教学困难。为此 1964 年 5 月发出《关于精简中小学各科教材的通知》。

1964 年,人民教育出版社在教育部党组领导下,根据毛泽东 1964 年春季关于教育问题的谈话精神和中共中央宣传部领导的意见,开始修订十二年制中小学教材,至 1965 年 4 月完成全部修改工作。1965 年 8 月对修改本再次做了修订,原计划在 1966 年秋供应,但中央宣传部领导又一次提出暂不使用。这样,一再精简修改的这套十二年制中小学教材没有在学校正式使用过。①

1951—1963 年全国普遍采用的或较有影响的中小学英语教材有多套,见表 3–9。

表 3–9 1951—1963 年我国中小学广泛采用或较有影响的英语教材

编写时间	教材	编著者	出版单位
1951 年	《新编初中英语》	丁秀峰	商务印书馆
1952 年	《高中英语读本》	北京中等学校教材编选委员会	五十年代出版社
1956—1957 年	高中英语课本(一) 高中英语课本(二) 高中英语课本(三)上 高中英语课本(三)下 初中英语(一) 初中英语(二)	周谟智 刘承沛 夏祖等 刘承沛等 应曼蓉 范瑛等	人民教育出版社
1958—1959 年	全国 18 个省区市各自编写教材,其中影响较大的有北京师范大学编写的九年一贯制英语课本。		
1960—1961 年	初中英语(一) 初中英语(二) 初中英语(三) 高中英语(一)(代用本)	上海外国语学院 北京外国语学院 北京外国语学院 人民教育出版社	人民教育出版社
1960—1962 年	十年制中学英语课本 初、高中共 5 册		人民教育出版社
1962—1963 年	新编十二年制中学英语 初中 6 册 高中 3 册		人民教育出版社

分析这一时期教材,可以看出当时教材编写的特点。

教材一:《高中标准英语读本》(*The Standard English Readers For Senior Middle Schools*),林汉达等编著,时代出版社出版。本书编排内容及特点是:①共 6 册,每学期教学 1 册,供高中 3 学年用;②本书与《初中标准英语读本》相衔接,全书生字约 3000 个,连同初中约计 4500 个;③本书编制以故事论文为纬、以语法为经,交叉配合,密切联系;④语法讲解与练习结合课文,有系统、有重点地分

---

① 《中国教育事典》编委会. 中国教育事典:中等教育卷[M]. 石家庄:河北教育出版社, 1994:306.

配到各册之中:第一册为词类的区别,第二册为各种片语的用法,第三册为句子的结构与分析,第四册为通常文法上错误的改正,第五册为复杂句的图解,第六册为以英译汉为主的翻译指导;⑤本书课文要求精读,与课文相结合之语法须讲解,反复练习。其他如会话翻译等虽亦编入课文内(一至五册),但此只是启发性质,教师可照实际情况,随时予以补充;⑥本书选用名著时,做了增删和改写。

教材二:《初级中学课本英语》第一册应曼蓉编,第二册范瑛等编,人民教育出版社出版。两册书共82课,编入约1 000个单词和一定数量的习惯用语。每课体例:课文、生词、语法、练习。第一册侧重语音教学,字母和国际音标同时讲授;第二册侧重基本语法教学。这套教材是中华人民共和国成立后第一套通用的初中英语教材。

教材三:《高级中学课本英语》,第一册周谟智编,第二册刘承沛编,第三册(上)夏祖等编,第三册(下)刘承沛等编,由人民教育出版社出版。高中一、二年级各1册,高三年级每学期1册,共95课,收入1 500个单词和一定数量的习惯用语,编排特点为:课文与语音、词汇、语法综合编排,以课文为中心。每课基本上由课文、生词、课文注释、语法、练习等项所组成。课文题材以日常生活为主,逐步涉及社会生活、文学作品等。第一册侧重语音教学,第二册侧重语法教学,第三册侧重词汇教学。这套课本是根据教育部1956年颁布的《高级中学英语教学大纲(草案)》为高中起始学习英语的学生编写的,是中华人民共和国成立后第一套全国通用的高中英语课本。

教材四:《十年制学校初中课本(试用本)英语》,根据教育部"十年完成十二年课程"的要求编写,人民教育出版社出版。共3册,72课,单词约1 500个,所选课文为改写的原著,语法与课文密切结合。每课包括课文、生词和短语、课文注释、会话用语、语音、语法、练习等内容。这套课本是中华人民共和国成立后第二套全国通用的初中英语课本。

教材五:《十年制学校高中课本(试用)英语》,也是根据教育部"十年完成十二年课程"的要求编写,与《十年制学校初中课本(试用本)英语》相衔接,人民教育出版社出版。共2册,一学年1册,共40课,收入单词约1 200个。在初中课本的基础上,补充了动名词、分词、虚拟语气、名词性从句等基本语法及21个新语法句型,并以表格形式归纳出初、高中学习的共37个句型。每课由课文、成语和习惯用语、语法、练习等项组成。这套课本是中华人民共和国成立后第二套在全国通用的高中英语课本。

这段时期的教材明显的共性特点是:①重视语音、词汇、语法。②课文中有大量的经改写的文学原著。③逐步向日常生活英语过渡。

（二）"文化大革命"中自编的英语教材

"文化大革命"十年，英语教育遭受重创，但由于国际国内形势的需要，中小学英语课特别是中学英语时兴时废，在某些地区、某些学校并未完全中断，只是由于教学秩序的破坏，教学质量不高。这一时期，由于英语课时断时续，因此，英语教材仍有需要，于是在无序的状态下，各地编了不少中小学英语教材以应当地之需，这些教材大都突出政治，总体来讲水平不高。该时期各地编写的部分英语教材整理列表见表 3－10。

表 3－10　文化大革命期间各地自编的英语教材

教材名称	册数	适用年级	编者	出版单位	出版时间
《上海市中小学课本英语》	5	小学	上海市中小学教材编写组	上海市中小学教材编写组	1970 年 12 月
《甘肃省中学试用课本英语》	1	初中	甘肃省中小学教材编写组	甘肃人民出版社	1971 年 1 月
《安徽省小学试用课本英语》	1	小学	安徽省中小学教材编写组	安徽省革命委员会出版发行局	1971 年 2 月
《陕西省初中试用课本英语》	2	初中	陕西省中小学教材编辑组	陕西省中小学教材编辑组	1971 年 2 月至 1971 年 6 月
《广东省中学试用课本英语》	2	初中	广东省中小学教材编写组	广东人民出版社	1971 年 5 月
《广东省中学试用课本英语》	2	高中	广东省中小学教材编写组	广东人民出版社	1971 年 5 月

（续表）

教材名称	册数	适用年级	编者	出版单位	出版时间
《广西壮族自治区中学试用课本英语》	1	初二	广西壮族自治区革命委员会中、小学教材编写组	广西人民出版社	1971 年 6 月
《广西壮族自治区中学试用课本英语》	1	高一	广西壮族自治区革命委员会中、小学教材编写组	广西人民出版社	1971 年 8 月
《贵州省中学试用课本英语》	1	初二	贵州省中小学教材编写组	贵州人民出版社	1971 年 8 月
《贵州省中学试用课本英语》	1	高一	贵州省中小学教材编写组	贵州人民出版社	1971 年 8 月
《北京市小学试用课本英语》	7	小学	北京市教育局中小学教材编写组	北京人民出版社	1972 年 6 月至 1973 年 1 月
《湖北省小学试用课本英语》	1	小学	湖北省中小学教学教材研究室	湖北人民出版社	1973 年 1 月
《福建省小学试用课本英语》	2	小学	福建省中小学教材编写组	福建人民出版社	1973 年 2 月
《上海市小学课本英语》	10	小学	上海市中小学教材编写组	上海人民出版社	1973 年 1 月—1973 年 12》
《福建省小学试用课本英语》	2	小学	福建省中小学教材编写组	福建人民出版社	1975 年 6 月—1975 年 8 月
《辽宁省中小学试用课本英语》	3	小学	辽宁省中小学教材编写组	辽宁人民出版社	1975 年 7 月—1975 年 12 月
《浙江省小学试用课本英语》	1	小学	浙江省中小学教材编写组	浙江人民出版社	1975 年 9 月
《英语书写》	1	小学	上海市中小学教材编写组	上海人民出版社	1976 年 9 月

　　由表 3 - 10 得知，"文化大革命"时期的中小学教材以各地自编为主，中学

阶段教材以 1971 年编辑出版的为最多。研究一下这些教材可以了解当时的英语课程实施状况,也更容易理解政治对外语教育的影响。

(三)改革开放以后自编的英语教材

1976 年"文化大革命"结束。1977 年 7 月至 9 月,邓小平多次提到教材建设。他指出,教材非要从中小学抓起不可,要加强基础理论教学和外语教学,要搞电化教育;要编印通用教材,同时引进外国教材。同年 9 月,教育部开始组织人力编写中小学各科通用教材,并决定在 1978 年秋季开学前向全国供应各科所编教材。教育部聘请了 45 名专家分别担任各科教材顾问。担任中小学英语教材顾问的是吴景荣、吕天石、陈嘉、李赋宁教授。这套由教育部编写的全国通用教材,于 1980 年上半年全部编完。1978 年 9 月开始使用新教材,包括各科课本的第一册 22 种,各科教学大纲 15 种,配合新课本教学的参考书 16 种。[①]

全日制十年制学校英语课本(试用本)包括小学试用本(1～6 册),中学试用本(1～9 册),高中代用本(1～2 册)以及配套教参,从 1978 年启用。1982 年增编了高中三年级英语暂用本(全 1 册)。从 1981 年起根据教育部颁发的《全日制六年制重点中学教学计划(试行草案)》和经过修订的《全日制五年制中学教学计划(试行草案)》,并参考各地教师在试用期间提出的意见,将初中试用本 6 册、高中试用本两册及高三暂用本 1 册修订为《初级中学课本英语》第 1～6 册和《高级中学课本英语》第 1～3 册。到 1987 年秋季,这套课本(包括试用本和正式本)完成 5 轮教学。同时,为适应农村和边远地区的需要,从 1982 年开始编写出版了供高中开始学习英语的班级使用的英语课本 1～6 册。

1986 年 7 月国务院颁行了《义务教育法》,同年 9 月在国家教育委员会直接领导下,在北京成立了全国中小学教材审定委员会,自此,我国中小学教材编写发生了重大的变化,由原来的"国定制"变为"审定制",开始实现"一纲多本"。统编教材、自编教材和引进教材并存。全国中小学教材审定委员会第二届委员会于 1991 年成立,1996 年第三届委员会成立。成立以后的十年间做了很多工作,审查了近 20 个学科的教学大纲(试用)、8 套义务教育教材以及近 20 套各种试验教材,审定了全国 40 多家编写单位编写的成套或学科教材近 1 300 种。十年间,参加审定、审查工作的人员有 170 多位。

1988 年,教育部颁发了《九年制义务教育教材编写规划方案》,根据这一方案,国家教育部委托人教社等十多家单位编写出 8 套半教材,目录如下(表3－11)。

---

① 李良佑,等 . 中国英语教学史[M]. 上海:上海外语教育出版社,1988:342.

表3-11　8套半教材一览表①

编写单位	教材类型	使用地区
人民教育出版社	六三制教材	全国
人民教育出版社	五四制教材	全国
北京师范大学	五四制教材	全国
广东省教育厅、华南师范大学	沿海版教材	沿海地区
四川省教委、西南师范大学	内地版教材	内地地区
八所高师院校出版社		
河北省教育科学研究所	农村复式教材	全国复式学校
上海市教育局	发达城市教材	上海市
浙江省教委	综合课教材	浙江省

在编写指导思想上,各地编写的教材采取不同的教学路子。表3-11所示教材审查通过后,于1993年开始正式使用。

1993年2月13日《中国教育改革和发展纲要》由中共中央、国务院印发。这个纲要是新世纪教育改革和发展的行动纲领。其中第33条对于"一纲多本"进一步提出要求:学校教材要反映中国和世界的优秀文明成果以及当代科学技术文化的最新发展。中小学教材要在统一基本要求的前提下实行多样化。

2001年1月,教育部基础教育课程教材发展中心就基础教育课程改革项目进行招标。2001年6月,教育部正式颁布了酝酿4年之久、凝聚了各方面智慧的《基础教育课程改革纲要(试行)》。7月,全日制义务教育各科课程标准(实验稿)正式出版。9月,义务教育课程标准实验教科书开始在全国38个国家级实验区展开实验。至此,新一轮教材改革拉开序幕。

"文化大革命"结束以后的英语教育伴着改革开放的步伐得到了很大的发展,是突飞猛进、快速发展的几十年。在这一时期,教材建设得到重视,教材内容得以改进。英语教材繁荣起来,并且出现了一些对中小学英语教育很有影响的教材。这一时期采用较多的人民教育出版社等出版社自编教材见表3-12。

---

① 课程教材研究所. 教材制度沿革篇(上册)[M]. 北京:人民教育出版社,2004:583-584.

表 3 - 12 改革开放前后我国自编的部分中小学英语教材

层次	教材名称	册数	适用年级	编著者	出版社	出版时间
小学	《英语》	3	小学	上海市中小学教材编写组	上海人民出版社	1977 年 6 月至 1977 年 7 月
	《英语(补充教材)》	1	小学	上海市中小学教材编写组	上海人民出版社	1977 年 1 月
	《英语》	6	小学	辽宁省中小学研究室	辽宁人民出版社	1977 年 7 月至 1977 年 12 月
	《英语》	2	小学	浙江省中小学教材编写组	浙江人民出版社	1977 年 2 月
	《全日制十年制学校小学课本(试用本)英语》	6	小学三至五年级	中小学通用教材英语编写组	人民教育出版社	1978 年 4 月至 1980 年 3 月
	《英语》	3	小学	辽宁省中小学教材编写组	辽宁人民出版社	1978 年 1 月至 1978 年 7 月
	《英语》及补充教材	4	小学	辽宁教育学院教研部	辽宁人民出版社	1979 年 1 月至 1979 年 11 月
	《五年制小学课本英语》	4	小学四至五年级	人民教育出版社中小学外语编辑室英语组	人民教育出版社	1982 年 1 月至 1983 年 3 月
	《英语》	2	小学	上海市中小学教材编写组	上海教育出版社	1987 年 月 6 日至 1987 年 12 月
	《小学课本英语》	4	小学五至六年级	人教社中小学外语编辑室英语组	人民教育出版社	1984 年 9 月至 1985 年 4 月

（续表）

层次	教材名称	册数	适用年级	编著者	出版社	出版时间
初中	《全日制十年制学校初中课本（试用本）英语》	6	初中一至三年级	中小学通用教材英语编写组	人民教育出版社	1978年3月至1980年2月
	《上海市中学课本初中英语阅读文选》	1	初中	上海市中小学英语教材编写组	上海译文出版社	1979年7月
	《初级中学课本英语》	6	初中一至三年级	人民教育出版社中小学外语编辑室英语组	人民教育出版社	1982年1月至1984年5月（用到1994年）
	《初级中学课本英语》	6	初中	延边教育出版社外语编辑室	延边教育出版社	1984年1月至1986年6
高中	《高中英语阅读文选》	1	高中	上海市中小学英语教材编写组	上海译文出版社	1979年1月
	《高中代用课本英语》	2	高一、高二	中小学通用教材英语编写组	人民教育出版社	1979年3月
	《全日制十年制学校高中课本（试用本）英语》	2	高一、高二	人民教育出版社中小学外语编辑室陈国芳、胡文静	人民教育出版社	1981年1月至1985年4月
	《高级中学三年级暂用课本英语》（全一册）	1	高三	陈国芳、胡文静	人民教育出版社	1982年11月
	《高级中学课本英语（供高中开始学习英语的班级用）》	6	高中1~3年级	李泽鹏等	人民教育出版社	1982年12月至1985年5月
	《高级中学课本英语》	3	高中一至三年级	人民教育出版社外语室英语组	人民教育出版社	1984年10月至1991年4月
	《高级中学课本英语》（分必修和选修，高三为选修）	3	高中一至三年级	人民教育出版社外语室英语组	人民教育出版社	1990年10月至1996年2月
	《高级中学选修课教材中学科技英语》	1	高三	马今也	人民教育出版社	1992年10月
	《高级中学选修课教材科技英语选读》	1	高三	马今也	人民教育出版社	1993年12月

如上我们列出了共 23 种教材。分析一下这一时期的典型教材,可以发现我国英语教育恢复期、提高期、繁荣期的变革状况。

教材一:《全日制十年制学校小学课本(试用本)英语》,中小学通用教材英语编写组编,共 6 册,含单词 550 个左右,供小学三至五年级使用。这套课本根据 1978 年中华人民共和国教育部制定的《全日制十年制中小学英语教学大纲(试行草案)》编写而成。每课内容一般分为"句型练习""课文"和"练习"三个部分。第一册从听说入门,随后进入字母与句型教学,从第四册起开始进行音标、拼读规则教学。

教材二:《五年制小学课本英语》,人民教育出版社中小学外语编辑室英语组编订,共 4 册,含单词 306 个,供小学四至五年级使用。1981 年 3 月 13 日教育部颁发《全日制五年制小学教学计划(修订草案)》,规定小学英语"在四、五年级开设,每周各三课时"。在对《全日制十年制学校小学课本(试用本)英语》修订的基础上,把试用本 6 册变为 4 册,缩减了教学内容,但编排体系未变。每课仍由"句型练习""课文""练习"三部分组成。

教材三:《小学课本英语》,人民教育出版社中小学外语编辑室英语组编订,共 4 册。根据 1984 年 8 月 15 日教育部颁发的《全日制六年制城市小学教学计划(草案)》"凡具备师资条件并能解决中小学外语教学衔接的地方,可在五、六年级开设外语课"的规定,在《五年制小学课本英语》基础上稍加修改而成,供小学五、六年级使用。

教材四:《全日制十年制学校初中课本(试用本)英语》,中小学通用教材英语编写组编,共 6 册,供初中一至三年级使用,每学期 1 册,课文 80 课,1 500 个左右单词和一定数量的短语。这套课本是根据 1978 年教育部颁发的《全日制十年制中小学英语教学大纲(试行草案)》编写的,是"文化大革命"结束以后第一套全国通用的初中英语教材。书中每课有句型练习、课文、生词和短语、注释、注音、语法、练习等内容,其中句型练习是各课的核心,体现了语法重点。入门阶段重视学生的语音练习,先教字母、拼读规则,后教国际音标,语法教学采用句型练习及归纳规则的方法。

教材五:《初级中学课本英语》,人民教育出版社中小学外语编辑室英语组编订,共 6 册,在《全日制十年制学校初中课本(试用本)英语》基础上修订而成。这套课本共编有 89 课,包括约 1 250 个单词、397 个短语及基本的语音、语法知识。与试用本比较,减少了生词的分量,将过于集中的语法知识分期编排。每册课本后附有补充阅读材料。配合课本另编有《教学参考书》6 册,《练习册》5

册,《初级中学英语复习练习册》1 册,《听力训练》3 册,《阅读训练》4 册,《初中英语句型情景教学》4 册,《抄写本》2 册等。这套课本自 1982 年出版以后,连续使用了 12 年,是中华人民共和国成立后使用时间最长的一套英语课本。

教材六:《高中代用课本英语》,中小学通用教材英语编写组编,共 2 册,是在 1978 年教育部颁发《全日制十年制中小学英语教学大纲(试行草案)》之后,为了满足当时高中英语教学的急需而编辑的过渡性代用课本。这套课本于 1979 年 3 月出版,主要选用了 1979 年高考复习大纲英语词汇表所列的词汇,并包括复习大纲所规定的基础语法知识。两册共有课文 40 篇,供两个学年使用。课文中每一课均由课文、生词和短语、课文注释、语法和练习等项组成。书中附有总词汇表、不规则动词表和各课练习答案。

教材七:《全日制十年制学校高中课本(试用本)英语》,人民教育出版社中小学外语编辑室及陈国芳、胡文静编,共 2 册,2 册书共 34 课,收生词约 1 100 个,与 1978 年至 1980 年出版的《全日制十年制学校初中课本(试用本)英语》第一至六册相衔接。课文题材广泛,体裁多样,大部分课文选自原著。每课均由课文、生词和短语、课文注释、语法、练习五个项目组成。每册课本后还附有 4 ~ 8 篇补充阅读材料供选用。

教材八:《高级中学三年级暂用课本英语》(全一册),陈国芳、胡文静编,1982 年 11 月出版。这个全一册是在 1981 年出版了《全日制十年制学校高中课本(试用本)英语》第一、二册之后,根据教育部颁发的《全日制六年制重点中学教学计划(试行草案)》的要求,为解决高中三年级英语教学的急需而增编的。程度与上述两册课本相衔接,编排体系相同,收入新词汇约 400 个。

教材九:《高级中学课本英语(供高中开始学习英语的班级用)》,李泽鹏等编,1982—1985 年出版,共 6 册。这套课本是根据教育部 1982 年《关于加强中学外语教育的意见》,为农村和边远地区从高中起始设英语课的班级编写的。编排方式与初中始学课本有所不同,把语音和语法知识归纳编排得比较集中,以适应高中学生理解力强、课时少的特点。课本以课文为主,按照各项基本训练的需要,循序渐进地编排各种材料。每课由课文、单词和习惯用语、注释、语音、语法、练习等项组成。字母拼法与国际音标集中在第一至九课。从第一册第六课开始的课文为主体,逐项进行语法教学。

教材十:《高级中学课本英语》,人民教育出版社外语室英语组编,共 3 册,每学年 1 册,以 1981 年至 1985 年出版的《全日制十年制学校高中课本(试用本)英语》第一、二册以及《高级中学三年级暂用课本英语》(全一册)为基础修订而成。是中华人民共和国成立以来使用时间较长的一套高中英语课本。课本内容及编排体系与上述 3 册课本基本相同,只是第一二册增加了单元复习,每册增加了一、二篇补充阅读材料。

教材十一:《高级中学课本英语》,人民教育出版社外语室英语组编,1990年 10 月出版了第一册(必修)和第二册(必修),1991 年 11 月出版了第三册(选修),1990 年,国家教委提出《现行普通高中教学计划的调整和意见》,将普通高中课程分为必修和选修两部分,外语教学的必修课时略有减少,教学要求略有降低。这套课本就是根据上述精神在 1984 年至 1991 年出版的《高级中学课本英语》第一至三册的基础上删减改编而成。基本内容与编排体系未变,其中第一册无变动,第二册课文从原来的 16 课减为 12 课,这两册为必修课本。第三册定为选修课本,课文仍为 12 课,难度有所降低。[①]

"文化大革命"结束以后,人民教育出版社编辑出版的中小学英语教材影响最大。最初编写的两套英语教材一套为小学三年级至五年级的小学英语课本(试用本),共 6 册,每学期 1 册,另一套是中学英语课本(试用本),共 9 册,其中初中英语 6 册,每学期 1 册,高中英语 3 册,每学年 1 册。对于这两套有影响的教材,有专家曾做过评价,评价意见如下:

(1)比较好地处理了思想教育和语言教学的关系,明确了英语教学的任务是使学生为社会主义现代化建设学好英语,因此是按照英语教学规律的要求来编写教材的,同时也注意选取内容健康、有助于学生树立正确的思想和培养良好的品质的材料,即寓思想教育于语言教学之中,把思想教育渗透到教材中去,使学生在学习英语的同时,在思想上也受到教育。

(2)在语言知识教学和能力培养的关系方面,教材重视能力的培养。如各册课本自始至终特别注意拼读规则的教学,并辅之以国际音标和构词法知识,以便更好地培养学生学习和记忆单词的能力。

(3)在听说和读写的关系方面,采用综合训练、阶段侧重的方法。如中学低年级以句型教学为主,侧重培养初步的听说能力,高年级以课文为主,侧重培养阅读理解能力。

但是,由于编写匆促,缺少认真的调查研究,特别是对于中华人民共和国成立以来编写英语教材的经验、教训的研究、吸收或借鉴都不够,又限于编者的水平,这套课本还存在不少问题。广大教师反映,初中英语试用本在程度上偏深,内容上偏难,分量上偏重。小学英语试用本也有类似的问题。究其原因,有课

---

① 人民教育出版社图书馆. 人民教育出版社书目(1950—1999):教材卷[M]. 北京:人民教育出版社,2000:151-156.

本本身的问题,也有一些客观的因素。其主要问题有:

1. 课本在内容的安排、取舍和表达方面都有不妥的地方。如初中课本中出现的单词量已超过教学大纲的规定约 250 个;词汇重现率小;每课书项目繁多,重点不突出或难点比较集中;语法安排计划不周;等等。

2. 客观的因素也有一些,如课时太少。1978 年教学计划规定,中学 5 年外语课时 656,而 1963 年中学 6 年有 1 238 课时,1978 年规定几乎只有 1963 年的一半。又如多年来对中学外语不够重视,高考外语不计满分,以致学生学习外语的积极性不高。再如师资缺乏,水平不高,等等。①

之后的小学、初中、高中课本大多是在这两套课本基础上修订而成,共性特点是:①课文分量减少;②词汇量减少;③逐步重视能力培养;④注重全人教育。

1986 年以后,教材编审分开,实行"一纲多本",小学由于不受考试的影响,各地方编写了一定数量的小学教材,如天津编写了如下一些英语教材,使用达 10 年之久(表 3 – 13)。

表 3 – 13　1992—2001 年天津市自编的小学英语教材

使用年限	教材名称	册数	组织编写单位	出版社	各册编者及出版时间			使用年级
1992—1998 年	《天津市小学英语课本(试用本)》	4	天津市教育教学研究室	天津教育出版社	第一册	董翠翠、陈家伟、阎志军	1992 年 7 月	四、五年级
					第二册	董翠翠、陈家伟、阎志军	1992 年 11 月	
					第三册	董翠翠、陈家伟、	1993 年 6 月	
					第四册	董翠翠、陈家伟	1993 年 11 月	

① 唐钧. 三十二年来的中学英语教材(1949-1981)[C]//中国中小学外语教学研究全会年会论文选(第一、二届),1984.

（续表）

使用年限	教材名称	册数	组织编写单位	出版社	各册编者及出版时间		使用年级
1999—2001 年	九年义务教育教科书英语（试用）	4	天津市教育教学研究室	天津教育出版社	第一册	董翠翠、李红英、佟俊英、张宏丽、蔡淑萍	1999 年 6 月	四、五年级
					第二册	董翠翠、李红英、佟俊英、张宏丽、蔡淑萍	1999 年 12 月	
					第三册	董翠翠、李红英、佟俊英、张宏丽、蔡淑萍	2000 年 7 月	
					第四册	董翠翠、李红英、佟俊英、张宏丽、蔡淑萍	2000 年 11 月	

第三节　教材中外合编

中外合作编写教材并不是现代才有的。一般来讲，编译、译介大多是著者、编译者并不谋面，可算是引进的一种。然而，中外合作译著却应算作合作编写的一种。据文献记载，合作译著明朝时期就已盛行。

1604 年徐光启进京考选为翰林院庶吉士，便师从利玛窦研究西方自然科学技术，他建议利玛窦选择合适的科学著作加以译介。利玛窦接受了徐光启的建议。他认为"中国人最喜欢的莫过于关于欧几里得的《几何原本》一书"①。"此

---

① 利玛窦，等. 利玛窦中国札记[M]. 北京：中华书局，1983：517.

书未译,则他书俱不可得。"①然而,译著此类著作在当时却并非易事。"嗣是以来,屡逢志士,左提右挈,而每患作辍,三进三止。"②瞿太素、张养默和一蒋姓举人虽有志助利玛窦一臂之力,然终因没有突出的天分而以失败告终。1606年徐光启决定自己承担这一工作,每天下午3—4时到利玛窦住处,请他口授,徐光启则做笔录,反复推敲,润色,三易其稿,于次年春译完了前六卷。③

除《几何原本》外,中外合作编译的著作还有《同文算指》《浑盖通宪图说》《灵言蠡勺》《寰有诠》《名理探》等自然科学和哲学著作。以上著作或教材当然还不是外语教育著述或课本,真正的外语教育著作或外语课本编译是在清末民国时期,是为引进,前面已经谈及,此处不再赘述。

其实,真正意义上的英语教材中外合作编写是在20世纪80年代后期,它书写了中外合作编写教材"以我为主,洋为中用,中外互补"实践的光辉篇章。

1988年7月我国政府与联合国开发计划署达成一项协议:联合国开发计划署提供资助,联合国教科文组织任执行机构,由我国人民教育出版社与英国朗文出版集团有限公司合作编写一套九年制义务教育初中英语系列教材。通过国际招标被选中的朗文公司是世界著名的出版公司之一,以出版教科书为主,拥有一支高水平的作者和编辑队伍。

合作工作从1988年9月下旬开始。英国作者乃威尔·格兰特和朗文国际教育部出版董事曾来华访问。乃威尔·格兰特是一位经验丰富的英语教科书作家,曾为一些非英语国家编写过许多深受欢迎的英语教材。在访问期间,他与人教社英语组的编辑人员通力合作,详细地制订了全套教材的编写方案,并已编写出第一册学生用书、教师用书和练习册的部分初稿。11月初,这套教材的高级顾问路易·亚历山大来华指导工作。亚历山大(Alexander)是世界著名的语言教学法专家和英语教科书作家。他编写的《新概念英语》和《视、听、学》以及《跟我学》都是我国英语教师和学生喜爱的英语教材。④

为什么要中外合作编写教材呢?它与自编教材、引进教材相比有什么优势呢?人教社的刘道义先生曾撰文做了精辟的分析:改革开放以来,中外文化交流大大加强。自20世纪80年代末至今,中外合作编写外语教材已不是罕事。现在不仅有中外合作编写的中学英语教材,还有口语教材。目的语国家的专家

① 徐光启·徐光启集[M].上海:上海古籍出版社,1984:75.
② 利玛窦·利玛窦中文著译集[M].上海:复旦大学出版社,2001:301.
③ 田正平·中外教育交流史[M].广州:广东教育出版社,2004:51.
④ 《中国教育事典》编委会·中国教育事典:中等教育卷[M].石家庄:河北教育出版社,1994:342.

参加编写,可以根据大纲要求和我国实际的需要设计情景,自由编撰,语言自然,真实,地道,可以运用现代语言教学理论和方法编写教材。教科书中各作者熟悉中国人学习外语的特点及中小学实际,多数有丰富的教学和教材编写经验。中外双方合作,能够做到改革创新与继承发扬相结合,既保证教材的语言质量,又保证教材符合我国的国情和教学的实际。①

第一套初中英语新编教材(JEFC)名为《义务教育三年制四年制初级中学教科书(实验本)英语》,共 4 册,其中 1~3 册供三年制、四年制初一至初三使用,第 4 册供初中四年级使用,该教材 1989 年开始试教,至 1992 年试教满 3 年,经过修订变为两套教材,一套名为《九年义务教育三年制初级中学教科书英语》,5 册,供初中三个年级使用,另一套名为《九年义务教育四年制初级中学教科书英语》,6 册,供初中 4 年用。1993 年秋在全国推广使用。

1993 年以来,在全国推广使用的初中英语新编教材以其崭新的教学思想、丰富有趣的内容和有机的编排体系受到广大中学英语教师的欢迎。1996 年以后,和初中课本相衔接的高中英语教材(SEFC)正式使用。

中英合编的初中和高中英语教材六套(种)见表 3-14,供分析。

表 3-14　20 世纪 80—90 年代中英合作编写的教材

层次	教材名称	册数	适用年级	编者	出版社	出版时间
初中	《义务教育三年制四年制初级中学教科书(实验本)英语》	4	初中一至三年级、初中一至四年级	人民教育出版社,(英)朗文公司	人民教育出版社	1989 年 10 月至 1992 年 10 月
	《九年义务教育三年制初级中学教科书英语》	5	初中一至三年级	人民教育出版社,(英)朗文公司	人民教育出版社	1992 年 10 月至 1994 年 10 月
	《九年义务教育四年制初级中学教科书英语》	6	初中一至四年级	人民教育出版社,(英)朗文公司	人民教育出版社	1992 年 10 月至 1995 年 10 月

① 刘道义. 展望 21 世纪初的中小学外语教材[J]. 中小学英语教学与研究,2000(3):1-4.

（续表）

层次	教材名称	册数	适用年级	编者	出版社	出版时间
高中	《高级中学教科书（实验本）英语》	6	高中一至三年级	人民教育出版社,（英）朗文公司	人民教育出版社	1993 年 3 月至 1995 年 9 月
	《高级中学教科书英语》	6	高中一至三年级	人民教育出版社,（英）朗文公司	人民教育出版社	1995 年 10 月至 1998 年 6 月
	《全日制普通高级中学教科书（试验本）英语》	5	高中一至三年级	人民教育出版社,（英）朗文公司	人民教育出版社	1996 年 12 月至 1998 年 12 月

这一时期中外合编教材以"结构—功能法"为理论基础和指导思想,这一点从以下教材分析中可以得到体现:

教材一:《义务教育三年制四年制初级中学教科书（实验本）英语》,人民教育出版社与（英）朗文公司合编,共 4 册,根据 1988 年颁发《九年制义务教育全日制初级中学英语教学大纲（初审稿）》的规定和要求编写而成。该套课本一改我国传统的教材编写模式,采取结构、功能相结合的教学路子,课文内容紧跟初中生的生活和社会实际,全套书均以四课为一个单元,每课只有一页,四课中在听、说、读、写技能训练方面各有侧重。

教材二:《九年义务教育三年制初级中学教科书英语》,人民教育出版社与（英）朗文公司合编,是 1992 年 10 月至 1994 年 10 月在 1989 年至 1992 年出版的《义务教育三年制四年制初级中学教科书（实验本）英语》的基础上修订而成。此版本与实验本无多大差别,只是在题目上和部分内容上有所调整。1994 年后,第二版将第一、二分册分别改为上、下册,因此,加上初中三年级全 1 册共是 5 册课本。

教材三:《九年义务教育四年制初级中学教科书英语》,人民教育出版社与（英）朗文公司合编,是在《义务教育三年制四年制初级中学教科书（实验本）英语》的基础上,经过两个学年的试教修订而成。与实验本相比,无大修改,只是个别课文题目和部分内容做了一些调整。1994 年后,与三年制课本一样,第二版教材将第一、二分册分别改为上、下册,因此加上初中三、四年级 2 册共计 6

册书。

教材四:《高级中学教科书(实验本)英语》,人民教育出版社与(英)朗文公司合编,是根据国家教委1993年制定的《全日制高级中学英语教学大纲(初审稿)》编写的,与1989—1992年出版的九年义务教育三、四年制初级中学英语教科书相衔接,编写的指导思想、理论基础、内容特点、编排体系、装帧插图等都与初中教材一脉相承。每个单元分为四课:第一课侧重说,第二课侧重读,第三课侧重词汇和语法,第四课侧重听、写。学习内容具有弹性,力求保证基础,区别要求,如词汇按听、说、读、写有不同程度的要求。

教材五:《高级中学教科书英语》,人民教育出版社与(英)朗文公司合编,是在1993—1995年出版的《高级中学教科书(实验本)英语》的基础上修改而成。除课文篇目略有变动外,基本内容与结构未变,高一、高二课本为必修,高三为选修。

教材六:《全日制普通高级中学教科书(试验本)英语》,人民教育出版社与(英)朗文公司合编,是在1995—1998年出版的《高级中学教科书英语》的基础上修订而成。与修订前相比,第二册的课文有所减少,第三册由原来的上下册缩编为一册,但基本内容与结构未变。2000年3月按教育部2000年颁布的《全日制普通高级中学英语教学大纲(试验修订版)》进行修订,开始出第二版教科书,以供试验地区使用。①

对于合编教材,研读一下每册的目录,可以发现很多与传统教材不同的特点。以1993—1995年出版的《高级中学教科书(实验本)英语》为例:

第一册(上)目录

Unit

   1. The summer holidays

   2. In the lab

   3. American English

   4. Travel

   5. Why do you do that?

   6. A new factory

   7. Enjoy your meals!

---

① 人民教育出版社图书馆. 人民教育出版社书目(1950—1999):教材卷[M]. 北京:人民教育出版社,2000:153-157.

Vocabulary

Four-skill words in Senior Book 1 B

Irregular verbs

Four-skill words in Junior Books I-III

第二册（上）目录

Unit

1. Newspapers

2. Charlie Chaplin

3. Canada

4. First aid

5. Saving the earth

6. Mainly revision

7. At the shop

8. Hurricane！

9. Natural energy

10. Albert Einstein

11. Girls

12. Mainly revision

Notes to the text

Grammar

Words and expressions in each unit

Vocabulary

Four-skill words in Senior Book 2A

Three-skill words in Senior Book 2A

Dictionary

第二册（下）目录

Unit

13. Satellites

14. A famous detective

15. The sea

16. A freedom fighter

17. Life in the future

18. Mainly revision

19. Disability

20. Music

21. A Tale of Two Cities

22. Telephones

23. Waste

24. Mainly revision

Notes to the text

Grammar

Words and expressions in each unit

Vocabulary

Four-skill words in Senior Book 2B

Three-skill words in Senior Book 2B

第三册(上)目录

Unit

1. Madame Curie

2. Captain Cook

3. Australia

4. Feed the world

5. Advertising

6. Mainly revision

7. Angkor Wat

8. A person of great determination

9. Gymnastics

10. The trick

11. The Merchant of Venice

12. Mainly revision

Notes to the text

Words and expressions in each unit

Vocabulary

Four-skill words in Senior Book 3A

Three-skill words in Senior Book 3A

第三册(下)目录

Unit

13. The USA

14. Roots

15. Study skills

16. Social and personal

17. My teacher

18. Mainly revision

19. New Zealand

20. Gandhi

21. Who gets the money?

22. Bees

23. The find of the century

24. Mainly revision

Notes to the text

Words and expressions in each unit

Vocabulary

Four-skill words and three-skill words in Senior Book 3B

对于中外合编教材,一线教师和研究者肯定了优点,也指出了不足。他们认为,中外合编教材促进了外语教育思想、教育目标、教育方法的转变。

新教材存在如下优点:

第一,培养学生运用英语进行交际的能力是外语教学的目标。

第二,扩大语言的输入量,采用循环式的教学方法。

第三,采用以学生为中心的教学模式。

第四,听说读写,全面发展,阶段侧重。

第五,语言学习和文化学习相结合。①

而新教材也存在如下不足:

第一,新教材中的教学内容较原统编教材有大幅度增加,而课时数不增反减,加之教学材料无精泛之别,教学中的匆忙之感就是必然的了。

第二,对于英语知识的系统掌握依赖循环编写、渐次掌握过于理想化,没有充分注意课时少、课外实践机会少的国情,以及高中学生抽象思维比较发达的

---

① 贺东亮. 对高中英语新教材指导思想的再认识[J]. 中小学英语教学与研究,1999(2):6-7.

特点,而把某一语法现象分散到几个单元甚至不同册中解决,且不做系统归纳,不利于学生对英语知识的系统掌握。

第三,教材把课文、练习、词汇、语法和注释等分割排列,这给教学带来的不便是显而易见的,此外,新教材还存在部分练习针对性差,巩固的扩展不充分等问题。①

第四节　教材变革特点和相关问题分析

百年中,英语教材特别是中小学英语教材经历了重大变化,并呈现不同的特点,其中存在的问题也引人思考。

一、变革特点分析

从以上三节所用史料看,在教材建设方面,中小学英语教材从滥觞期到繁荣期呈现出"无纲多本""有纲多本""一纲一本""一纲多本"四个不同的历史阶段特点。

（一）无纲多本阶段

1902 年前,中国中小学英语教学没有课程标准或教学大纲作为教学和考核评价的指导文件。自同文馆开始的英语教育,包括教会学校英语教育、普通学校英语教育等并无一定的教育理论遵循,教材五花八门,并不统一。教会学校英语教育要优于其他学校,无论是英语课还是其他学科课程大多是用引进的或编译过的英语教材,教学语言采用英语,教材选用也各行其便。

据有关史料记载,19 世纪 70 年代以后教会学校普遍强调英语教学。在1893 年举行的"中华教育会"第一届年会上,德国传教士花之安提出,教会学校应当广开英语课程,使英语逐渐取代汉语而成为东方的通用语。这届年会还提出,凡有条件的学校在校内制造一种全盘英语化的气氛,使学生在校内如同置身于英国、美国一样。1896 年举行第二届年会,美国圣公会牧师卜舫济（Francis Lister Hawks Pott）在会上提出,教会学校除国文外的所有课程,应尽量使用外语教材,用外语进行教学,这届年会后,在各地教会学校中,英语开始逐步成为

---

① 高洪德. 高中英语教材试用中的问题及对策[J]. 中小学外语教学,2000(8):10.

学校的基本教育语言。①

　　教会学校使用的英语教材大多为引进或传教士所编译的教材,就连同文馆使用的教材,据有关史料考证,也非自编教材。《中国英语教学史》记载:同文馆各年级所使用的教材,尚未发现有完整之资料。但从 1876 年同文馆课程表开首的一段说明"由洋文而及诸学共经八年。(馆中肄习洋文四种:即英、法、俄、德四国文字也。)其习英文者,能藉之以及诸课,而始终无阻;其余三国文字虽熟习之,间须藉汉文以及算格诸学"可以推测,当年英文馆所用的大都是英文原版教材。②

　　1902 年以前政府尚没有制定统一的英语教学大纲,因而教材多样,各地有条件开设英文的中小学开课随意,使用教材也很随意,因此,无纲多本的特点非常明显。

　　(二)有纲多本阶段

　　光绪二十八年(1902 年)和光绪三十年(1904 年)分别颁发《钦定中学堂章程》和《奏定中学堂章程》,1912 年又颁发《小学校令》,自此,教师配备、课程要求、课时分配、教育目标、教学目标、考核要求等都有了具体规定,然而,尽管有纲,教材选用仍旧很随意,从如下史料中可以发现如上特点。

　　1892 年春间创办的上海中西女塾于 1902 年制定的《上海中西女塾章程》十年课程如下:

　　　　第一年　英文(初号书、第一号书、二号书)算学(心算)圣道(三字经问答)

　　　　第二年　英文(三号书、浅文法)算学(笔算)圣道(耶稣言行传上半)

　　　　第三年　英文(四号书、浅文法)算学(笔算)格致(地理志)圣道(耶稣言行传下、圣经中史记一二)

　　　　第四年　英文(五号书、文法)算学(笔算)格致(地理志、地势学)圣道(圣经史记完)

　　　　第五年　英文(六号书、文法、作论)算学(笔算)格致(地势学、身理学)圣道(新约)

　　　　第六年　英文(作文法、作论)算学(笔算、代数)格致(动物新编、地学)圣道(天道溯源、性学)

①　李良佑,等. 中国英语教学史[M]. 上海:上海外语教育出版社,1988:83.
②　李良佑,等. 中国英语教学史[M]. 上海:上海外语教育出版社,1988:20.

　　第七年　英文(作文法、作论、万国通鉴)算学(代数)格致(格物、质学)圣道(旧约)

　　第八年　英文(万国通鉴、作论)算学(形学)格致(植物学)圣道(旧约)

　　第九年　英文(英文名家书、作论)算学(八线)格致(天文)圣道(旧约)

　　第十年　英文(英文名家书、作论)算学(八线)格致(化学)圣道(旧约)①

　　上海中西女塾是基督教教会学校,所用课本是一套系统。然而同是清末,雅礼中学英语课所用教材却是另一套系统:

　　早在 1901 年前后,美国耶鲁大学校友会成立了"雅礼协会"(*Yale in China*)。1906 年雅礼协会在长沙创办了雅礼中学,该校最重要的两门课是中文和英语,这两门课贯穿于 5 年的教育计划,其中中文每周至多不超过 7 小时,英语则为 10 小时。学生们很迫切地希望学习英语,因为未来的中国领导者至少应该掌握一门西方语言,作为了解和认识西方文化的手段。英语分为语法、写作和文学。其读物包括《朝圣者的进步》(*The Pilgrim's Progress*)、《格列佛游记》《鲁滨逊漂流记》《双城记》,还有富兰克林的《自传》(*B. Franklin's Autobiography*)。②

　　进入民国以后,教材品种更多。有引进的,有自编的,各校选用教材有比较大的自主权,这一情况一直延续到中华人民共和国成立。如私立的南开学校当时英语所用课本就与其他学校相区别,有自己的特点。据《南开学校一览(1921)》所提供的材料,该校代数、几何、物理、化学、经济、商学、簿记、世界地理、世界史等均用外语教材,而各年级英文用书也很独特:

　　第一学年:Gage's English Learned by Use

　　Book II Fifty Famous Stories Retold

　　第二学年 Mother Tongue II

　　Thirty More Famous Stories Retold

　　第三学年 Wooley:Written English

---

① 陈学恂. 中国近代教育史教学参考资料(下)[M]. 北京:人民教育出版社,1987:229-230.
② 田正平. 中外教育交流史[M]. 广州:广东教育出版社,2004:718-722.

Baldwin：Abraham Lincoln

第四学年

（文理商）Lewis and Hosic：Practical English for High Schools

Famous English Tales（Chung Hwa Book Co）

Lamb：Tales from Shakespeare

（文科）H. Van Dyke：The Other Wise Man

E. E. Hale：The Man without a Country ①

由此可见,清末与民国期间英语学科用书是带有明显的"有纲多本"特点的,这大概也与民国时期大学招生考试制度有很大关系。

（三）一纲一本阶段

如前所述,中华人民共和国成立之初,中小学英语教材紧缺,只能修订一部分中华人民共和国成立以前的课本。1950 年人民教育出版社成立,开始了我国自编英语教材的历程,中国(不含港澳台)自此进入"一纲一本"阶段。

中华人民共和国成立后,我国(不含港澳台)教科书制度分为两个时期,前一时期为统编制,或称为国定制,后一时期为审定制。实行统编制,"一纲一本"是明显特征,即由教育部颁布中小学各科教学大纲,由人民教育出版社统一编辑出版。正像人们说的那样,从 1950 年人民教育出版社成立到 20 世纪 80 年代末的 30 多年时间里,从天山南北到东海之滨,从白山黑水到海南北海,基本上都是采用人民教育出版社编写出版的统一的一种英语教材。这种情况到 20 世纪 80 年代末才有改变。

中国内地、台湾、香港、澳门教科书使用制度有统编制、审定制、选用制和自由制四种制度。② 比较之下,各有优点,各有缺点。

我国台湾地区的教科书制度经历了从统编制到审定制的变化,统编制时期也只有"一纲一本",由"编译馆"统一编写各学科纲要,以及编辑出版教科书。20 世纪 80 年代末,台湾地区逐步开放教科书市场,统编制改为审定制。

香港教科书制度采用选用制,香港教育署每年颁布"学校选用课本及学习材料须知",供学校校长和教师参考。为方便学校选择合适的课本和学习材料,各年级的"推荐书目表"在教育署的网上发表。

澳门教科书历来是自由制。澳门中小学私立学校多于公立学校,政府部门

---

① 南开学校. 南开学校一览(1921)[M]. 1921：17-19.

② 课程教材研究所. 教材制度沿革篇(下册)[M]. 北京：人民教育出版社,2004：850-855.

不介入教科书事务。澳门中小学的教科书有香港出版的、台湾出版的,也有内地出版的,唯独没有澳门出版的。

中国内地、台湾、香港、澳门的教科书制度,有的类似,如大陆和台湾都是先统编,后审定,并且改变的时间也基本一致,都是在20世纪80年代末。有的不同,如香港和澳门。总的来说,统编制有利于考核评价,有利于培养目标的制定,有利于人才规格的标准化,但不利于因地制宜、因校制宜、因人制宜。选用制和自由制需要严格推荐、选用标准和程序,防止过于自由而失控。

从国际上看,对教科书有完全不审的如英国和法国等,有省(州)审的如加拿大和德国,有由统编到审定的如韩国。我国的教材改革的路径是由统编到审定的。其标志是1986年成立了全国中小学教材审定委员会。1987年10月国家教委正式颁布《全国中小学教材审定委员会工作章程》,《中小学教材审定标准》,《中小学教材审定办法》,1995年5月颁布了《中小学教材编写、审查和选用的规定》,我国"一纲一本"时代结束。

(四)多纲多本阶段

从"一纲一本"即统编制到"多纲多本",其实有一个短暂的过渡即"一纲多本"时期,只不过这段时间较短,我们重点研究"多纲多本"。

近百年里,我国英语教育遵循的是课程标准或教学大纲。大纲由政府教育部门颁发,教科书编写严格遵循大纲,教学实施严格遵循大纲,教学评价严格遵循大纲。从历史上看,凡是坚持这"三严"的时期,大都是"一本"时期,教材制度不是很灵活,教学的个性不容易得到很好的发挥。

然而,进入20世纪90年代,在经历了漫长的"一纲一本"阶段和短暂的"一纲多本"时期以后,我国的英语教育逐步进入"多纲多本"阶段。

根据我们的统计,从1949年到1999年,教育部或国家教委至少颁发了22个大纲、计划或通知,但基本上是"一家之言"。然而1999年以后,情况发生了变化。从国外先后引进的教材所遵循的语言大纲不计其数,我国一些大学、教育机构也制定了一些教学大纲,其中以清华大学"大、中、小学一条龙英语教学"实验项目组制定的《小学英语教学大纲(讨论稿)》影响最大。该项目组于1999年5月制定了《小学英语教学大纲(讨论稿)》,首先在清华附小进行改革实践,编写出版了实验教材,并建立了数百所实验学校。①

清华大学"大、中、小学一条龙英语教学"实验项目组制定的《小学英语教学大纲(讨论稿)》包括前言、教学目的、教学要求、教学内容、教学中应该注意的几

---

① http://news.tsinghua.edu.cn.2005-10-24

个问题、积极开展英语课外活动、测试等几个部分,词汇要求为接触(听、说、认读)1 200个左右单词和一定数量的短语与习惯用语,能够拼写450个左右常用单词,1978年颁布的《全日制十年制中小学英语教学大纲(试行草案)》规定小学五年级能拼写所学的共计550个单词,与这个要求相比,"一条龙"教学大纲规定的认读词汇量要高于1978年的规定要求,拼写词汇量略低于1978年的规定要求。

"多纲多本"打破了"一纲一本"的僵局,突破了"一纲多本"的局限,为教学多样化、目标多元化、学生学习个性化创造了条件。

二、相关问题分析

教材的引进、自编、合编是教材建设的三个阶段,也是教材建设的三个主要的方式。那么,引进教材的内容适切性、自编教材的结构适切性以及合编教材的目标适切性是教材建设中应该注意的几个问题。

(一)引进教材的内容适切性

引进教材一般是目的语国家为本国学生学习语言编写的课本。由于对象不同,语言不同、环境不同、文化不同、基础不同,其内容是否适合我国的中小学生就成了一个重要的问题。

对于这个问题,有专家专门进行过探讨,首都师范大学外语学院英语教育系王丽萍先生曾对我国引进的初中教材在中国的适用性问题进行过研究。概括她的意见,我们对于引进的教材应考虑如下几个方面的不同:

第一,教学对象不同。原版外国英语教材一般针对日常交流语言是英语的学生而编写、设计,这些学生从一出生开始,周围的大人、小孩平常说话等都是使用英语,因此,这些孩子在接受正规的学校教育之前,其日常说话、与人交流就已经能讲很流利的英语,且可以用英语思考和分析问题了。这些孩子进入学校之后无须再进行日常英语口语交际、交流训练了。

对于小学阶段母语是英语的外国小学生来说,其英语教育相当于中国的语文课教育,是最重要的一门课程,其他课程如数学、科学、社会、综合实践课程等都是使用英文教学的课程,也就是说,这些外国小学生在小学阶段接受的教育都是英文课程教育。

外国小学生下课之后,日常的作业也是英文课程作业,除了上课做作业之外,日常游玩等都是英语环境,用英语交流,一个孩子除了每天10小时的休息之外,每天至少14小时以上在接受英语教育,在用英语思维。那么,每年这个学生有多少时间在接受英语教育呢？可以做这样一个简单的计算，14 小时 × 365 = 5 110 小时，6 年后小学毕业时共接受了 5 110 小时 × 6 = 30 660 小时的英语教育（还不包括上小学之前的英语教育）。

中国学生进入小学接受教育之前，其日常英语口语、交流的能力几乎全部为零，而绝大部分中国学生在小学毕业后进入初中接受教育之前，其日常英语口语、交流、交际能力也都为零。

中国小学生每周用于正式英语教育的时间为 3 × 40 分钟 = 120 分钟即 2 小时，中国小学生每年 52 周接受的英语教育时间为 2 小时 × 52 = 104 小时，三至六年级共 4 年接受英语教育的时间为 104 小时 × 4 = 416 小时。

而如前所述，英语国家的小学生其小学阶段 6 年接受的英语教育时间是 14 小时 × 365（天）× 6（年）= 30 660 小时，则英语国家小学生小学阶段英语教育时间与我国小学生小学阶段英语教育时间之比 = 30 660/416 ≈ 74。

也就是说，同样是小学毕业，英语国家的小学生接受英语教育的时间是我们中国小学生的 74 倍。

第二，知识基础不同。从上面的原版外国英语教材编写、设计的对象分析来看，由于母语是英语的外国小学生其小学阶段接受的英语教育时间是中国小学生的 74 倍左右，外国小学生小学毕业时的英语水平要比小学阶段学过一些英语的中国小学生毕业时的英语水平普遍高些，就很容易理解了。

英语专家经过抽样测试表明，按照我国教育部颁布的现行英语课程标准规定的英语水平划分标准，母语是英语的外国小学生小学毕业时的英语水平比中国小学生小学毕业时最优秀学生的英语水平要高 3 ~ 5 个级别，这也就是一些外国原版初中英语教材在中国的一些大中城市（小学阶段已开设英语的）甚至是国内比较发达的省会城市先被选用后遭弃用的主要原因。

第三，学习起点不同。引进教材没有语音、语调的学习内容。

首先，母语是英语的外国学生在接受正规学校教育之前就已经会说一口流利的英语了。在这种情景之下，要这些外国学生去学习语音、语调无异于要一个正常的成年人去学习如何爬行、如何走路。也就是说，要一个英语说得非常流利的外国学生去学习语音、语调纯粹是多此一举。这也是原版外国初中英语教材没有语音、语调学习内容的原因。

其次，我们中国学生除正常休息之外的日常学习、工作时间几乎全部沉浸在中文语言的环境里，日常交流几乎全部使用中文，上学之前的英语口语训练几乎为零。因此，中国学生要想学好英语，必须从英语最基本的发音开始学起，即中国学生要想学好英语必须先学好英语的语音、语调，这也是面向中国学生的英语教材必须安排语音、语调学习内容的原因。一些原版引进的外国初中英语教材目前就没有语音、语调的学习内容，而国内自主开发的英语教材都会考虑中国学生的英语学习实际情况而安排语音、语调的学习内容。

第四，文化环境不同。由于原版引进的外国初中英语教材是为母语为英语的国家初中学生编写的，必然与中国的现有国情存在非常大的差异。如果不加以改编或改编幅度不大便直接使用，会给教师的授课和学生的学习造成极大的不适应。主要存在以下几个问题：①起点过高，没有语音输入。②不同的生活习惯带来文化差异。如西方国家人士一般是早上洗澡。这点在原版引进的外国初中英语教材中也有体现，如谈论人的一天活动时，教材中说："你早上八点干什么？"回答是："Take a shower"（洗澡），这让学生大为费解；③原版引进的外国初中英语教材中充满了西方快餐文化，如学习形形色色的比萨种类，比萨配料有蘑菇（mushroom）、意大利香肠（pepperoni）、橄榄（olive）等，还有如制作smoothie（思木西，一种饮料）、爆米花、比萨、三明治等，要用到 blender（搅拌器）、cinnamon（肉桂皮）、popcorn popper（爆米花机）、mayonnaise（蛋黄酱）、turkey slices（火鸡片）、relish（调味品）、mustard（芥末）等学生感到很生疏的器具或配料，出现大量的超课标词汇，并让从未见过或尝过这些食物的中国学生说出喜好以及这些食品的制作过程，均给教与学造成无法解决的难题。④原版引进的外国初中英语教材的社会性及成人化倾向，有些原版引进的外国初中英语教材并不全是为外国的中学生量身定做的，带有浓烈的社会性、成人化色彩，如求职、招聘广告、职业的选择对外国初中学生生活来说，相距遥远，显得非常不现实，对中国初中学生来说更加不实际。⑤原版引进的外国初中英语教材使用者的生活方式与中国的国情存在严重差异，如私人物品收藏，各种音乐会，各种电视、电台节目等，均带有浓厚的西方生活方式，与中国初中学生的生活相距太远，无法适应学习。

第五，设计目标不同。国内一些原版引进的外国初中英语教材的前面加了3~6 个预备单元的学习内容，供小学没有学过英语的 7 年级学生在进入正式教材学习之前预备学习之用。加上这几个预备单元之后，这些加有预备篇的外国初中英语教材是否很适合小学没有学过英语的 7 年级学生使用？ 原版外国初中英语教材是母语为英语的外国小学生接受了 6 年正规小学英文课程教育之后进入 7 年级学习使用的外国初中英语课本（相当于中国语文），这些外国的初中英语教材并不是依据教育部 2001 年 7 月颁布的《全日制义务教育英语课程标准（实验稿）》来编写的英语教材（因为在《全日制义务教育英语课程标准（实验稿）》诞生之前，这些教材在国外已经出版使用多年），这些教材引进中国后，由于著作权或其他一些原因,一般情况下,教材内容的变动不是很大。这些外国教材由于在策划编写、设计时是针对外国的初中学生而编写设计的,起点特别高(英语4级以上水平),单词量特别大(起始点需掌握1 000~1 200个以上英语单词),其起始学习点的难易程度(级别)一般均超过上述标准的4级甚至5级以上水平(上述标准规定小学生小学毕业时只要求达到2级水平),且这些原版引进的外国初中英语教材大部分都没有语音、语调的学习内容。

外国原版英语教材在中国某些地区试用时,为了解决小学没有学过英语或小学阶段英语没有学好而无法与外国初中英语教材衔接的矛盾,大部分国内出版社都在原版外国初中英语教材之前增加了3~6个单元的预备篇,供英语基础为零或英语基础很差的中国初中学生在正式进入外国初中英语教材学习之前预习热身之用(约3~6个星期)。经过一个月左右时间的学习,教材的难度一下子就从0级跳到4级以上水平(相当于中国学生一个月左右时间要掌握外国学生小学6年以上的英文课程,这无异于揠苗助长)。

当然,对于小学没有学过英语或虽然学过但英语没有学好(基础很差)的中国初中学生来说,其英语学习是一门外国语言的启蒙教育,众所周知,语言启蒙教育须从零开始学,循序渐进,必须先有简单的字、词、句长时间的学习输入才能有完整的、优美的语篇的输出。

试想,如果把中国的初中语文教材拿到美国,让美国的初一学生(无中文基础)先经过一个月时间的预习培训,紧接着用正式的初一中文课文上课,美国的初中学生能接受得了吗?他们必然囫囵吞枣,学得半生不熟。①

王丽萍的分析是客观而深刻的。引进教材是否完全适合中国中小学生使用要做好几个方面的工作。第一,要把好教材审查关。引进的教材必须是质优教材、上乘之作。第二,要把好教材选用关。引进的教材要根据对象、基础、培养目标做出选择。第三,要把好内容选用关。引进的教材其内容不一定完全适用我们的学生,改编、选编或讲授时就要去粗取精,为我所用,或添加,或删减,使得教材内容能够适合学生使用;第四,要把好教材分析关。使用教材时,教师要采取实事求是的态度,认真分析教材,把握和正确对待中外文化差异,正确剖析,批判接受,在教材分析过程中让学生学到课本中学不到的东西。

(二)自编教材的结构适切性

任何教材的设计和编写都有个结构问题。教材的结构合理、科学,教材的质量就有保障。英语教材的结构至少应看几个方面的比例是否恰当,或至少应

---

① 王丽萍. 原版外国英语教材引入中国后适用性问题探秘[N]. 中国教育报,2007-03-19(4).

注意这几个方面的比例搭配。为了说明这个问题,我们选取几位名家的回忆文章片段来做分析。

张威廉的回忆①:

我于1902年出生在苏州。那时高小已有英语,读一本现已忘其名称的读本,老师只讲解课文,并不教造句写作。大概因为要教写作,就得讲语法。那时对"国文"也没有讲语法。如果要跟我们讲主语、谓语、时态等等,就会搞得我们越听越糊涂。因此,一课课故事读下去,不能把学到的词和句活用,更不用说对话了。但是老师常叫我们听写,当时叫作"默写",这是外语教学的一个重要环节,在当时小学生里已经受到重视了。

章振邦的回忆②:

我1918年生于北京,从六岁起在家里读了六年私塾,背了一些古书,同时也跟英文教师学英语。当时父亲在北京铁路上工作,从清末到民初干了二三十年。那时铁路上许多官员都是外国人,主要是英国人,事无大小给上司写报告都得用英文,而家父不懂英文,只得花钱请人代笔,深以不懂英文为苦。我的英语学习在初中阶段取得很大的进步。当时用的是林语堂编写的《开明英语读本》。这部教材我认为是当时编得最好的,也是我从中得益最大的中学英语课本,它有以下几个优点给我印象最深:一是语言材料丰富,每篇课文能保证一定的长度,语言地道、生动活泼,有个读头,也有个教头,不像现在有些中学课本,语言材料单薄,写得不生动,干巴巴的,课文像豆腐干似的,读来乏味。二是课文内容贴近生活,容易读,容易懂,容易上口,学了就能用。三是趣味性,书中编入了一些脍炙人口的神话故事,这些故事多为英国文学中常见典故的来源,经林先生用生动的当代英语一改写便栩栩如生,跃然纸上,读来兴味油然。四是科学性,林语堂编写这部中学英语课本时注意了由浅入深、循序渐进,对课文中语言上的处理比较细致,虽没有系统地讲语法,但对一些重要的语法现象还是结合着课文点到了。

① 季羡林,等. 外语教育往事谈——教授们的回忆[M]. 上海:上海外语教育出版社,1988:32.
② 束定芳. 外语教育往事谈(第二辑)——外语名家与外语学习[M]. 上海:外语教育出版社,2005:9.

刘炳善的回忆①：

　　解放前的高中英语教学大致可分为三派：教会学校与上海等大城市有些名牌中学重听说，采取"直接教学法"，老师讲课一律用英语，课堂上学生不许说中文；内地一般高中教师有的重文学阅读，有的重语法分析，随教师个人兴趣特长而定。……我们在课外则看林语堂的《开明英文文法》，因为这部语法写得生动活泼，书中所使用的英语和举出的例句也都不深。

　　解放前中学英语教师一般来说业务能力较强，其中一个重要因素是，大学外文系毕业生才具备中学（包括初中）英语教师的资格。更重要的是全面文化素质较高。譬如上述《高中英文选》，曾在上世纪三四十年代流行全国，编者就是苏州中学的英语教学组。

　　当时中学英语课本的确编得很好，能够引起学生的学习兴趣。那时候各大书店（出版社），如商务、中华、开明、北新都不惜重金礼聘外语界的大师名家编辑英语课本，互相竞争，各有特色：初中课本除林语堂、李唯建编的之外，还有林汉达编的；高中课本当中，林语堂曾编过《开明英文文学读本》，因内容过专（只收英国文学作品），没有怎么流行；后来开明又出了柳无忌编的《高中英语》，内容更广泛多样，在抗日战争中各地使用过。

　　透过外语名家的回忆，我们可知中华人民共和国成立以前部分教材的编辑和使用情况。关键的是我们也了解到名家眼里的好教材应该达到的标准：听说读写，综合训练；由浅入深，循序渐进；材料丰富，搭配合理；体现教法，生动有趣。

　　名家的观点给我们以启发，自编教材的结构怎样组织才科学合理、恰当适宜？我们从四个方面加以考量。

　　第一，知识部分与操练部分。一部英语教材总也离不开知识部分与操练部分。其中知识部分包括语音知识、词汇知识和语法知识，操练部分是指听、说、读、写四项技能的训练，高年级教材中还应有译的训练。一部好的英语教材首先要考虑知识部分与操练部分的比例安排问题。只是侧重知识的教材不是好教材，只是侧重操练的教材也不是好教材。语言的学习特别是外语学习首先应从知识入手，只有知识根基牢固才能学好语言，才能高效率地学好语言。但只

---

① 束定芳. 外语教育往事谈（第二辑）——外语名家与外语学习 [M]. 上海：上海外语教育出版社,2005:57-58.

是学会语言知识,而没有听、说、读、写、译的操练,语言的实用性、应用性目的就难以达到。英语是活的语言,是一个实践性很强的学科,如果没有语言的大量训练,语言的掌握和语言学习目标的达成是不可想象的。因此,知识与操练两部分在一部好的教材中都应有恰当的位置。知识方面的安排要充分考虑学习对象、学生基础和培养目标。要保证知识的基础性、系统性和连贯性,不揠苗助长,不支离破碎,不断断续续。操练方面的安排要充分考虑教学目的,听、说、读、写、译在每个学段都应有所侧重,注重综合,只有这样,学生综合运用语言的能力才能培养起来。

第二,原著部分与自撰部分。英语教材中有的课文是选自原著或改编过的原著,有的课文是根据教学目的需要自撰的文章,应该说,这两种类型的课文各有其长,也各有其短,在教材的安排上,应交叉排列,形成互补。一般来讲,我们选用的原著课文大多是名篇名作,脍炙人口,语言地道。这类文章的选用使我们的学生能够了解目的语国家的经济、政治、科技、文化、风土人情,能够使学生通过这些篇目的学习培养自己跨文化交际的能力和国际文化意识,这也是我们英语教育的最终目的之一。然而,国外的情况并不完全适合我国的国情、教情、学情,因此,原著的选用应考虑一定比例,不可过少但也不可过多。像刘炳善先生回忆中所说的文学读本选题过专的情况也应避免,要注意选材尽量宽泛一些,这可以使得学生的国际文化视野更为宽阔。另外,我们自撰的一些英语文章也是精选之作,贴近生活,教育性强。选取这类文章使学生感到亲切、自然。这些文章也是对学生进行爱国主义教育的好教材。但这类文章也要注意一个问题,就是语言的地道性和标准化。如果选材不地道,语言不标准,学生学习的语言并不适合目的语国家的用语习惯和标准,这样的语言学多了,学生听、说、读、写的技能再强,学生交际能力的培养也会大打折扣。因此,自撰文章的选用也要控制比例,严格编审。只要我们真正将原著与自撰课文材料做到合理搭配、比例适当、相互补充、相得益彰,教材的质量就会大大提高。

第三,直观材料与抽象材料。根据学习对象、学习层次需求要安排一定量的直观语言材料和抽象语言材料。这些语言材料安排得当,学生就能学得更好。"学不躐等",不超越学习阶段,不违反学生心理发展规律。一般来说,低年级学生的教材应直观生动,语言简朴,图文并茂,引人兴趣;高年级学生的教材由于学生抽象思维能力的提高,应取材广泛,语言幽默,思想性强,要尽量安排一些阅读文章,设计一些讨论题目,使得他们在阅读中提高语言理解和应用能力,在讨论中提高分析问题、解决问题的能力,特别是要提高语言表达和理性思辨的能力。直观与抽象材料的设计需要花费一定的时间和精力揣摩学生的学习心理与社会心理。要了解学生某一个学龄段心理状况、心理发展需求,并了解学生应达到的学习目标和社会期待标准,然后根据语言习得规律、学得规律设计编排课文材料。在实际编写的过程中,不可太过拘谨,使语言远离学生学习生活、家庭生活和社会生活,也不可太过随意,把一些不典型的、不健康的、有不良倾向性的、不合语言规范的语言编入教材。课本中的语言直观也好,抽象也罢,不能游离教育目标,不能游离教学目标。

第四,实用材料与综合材料。学语言的目的在于应用。语言的实用性是语言的第一特征,然而语言又是为了交际,其社会性又是不言而喻的。离开社会性,语言就变成自言自语,没有任何实际的意义。语言的实用性和社会性要求教材编排应安排一定量的实用材料,又要安排一定量的文学材料以及其他综合材料。具体地讲,应有说明文、报告、广告、演说词、书信、留言条等实用语言篇目,也要有议论文、记叙文、诗作、叙事文等鉴赏性语言篇目。教材中只有实用性篇目,会让学生感到呆板、枯燥、乏味。教材中只有鉴赏性篇目,又会让学生感到虚幻、不实、多变。100多年中英语教材的编排和设计注意到了这个问题。但从走过的路径来看,起初是侧重文学篇目,后来侧重实用体裁的文章,再到后来特别是现在的教材则兼而有之。这是社会的经济、政治、科技、文化发展和变革的需要。作为反映社会变迁情况的教材不反映社会现实是不可能的。我们在教材建设上,要贯彻"教育要面向现代化、面向世界、面向未来"的要求,不仅关注现在,更要关注未来,不仅关注中国,更要关注世界。教材要满足中国英语教育现代化的要求,学习活的语言,运用活的语言。英语教材的设计和编排应在培养学生语言实际运用能力的同时,使学生在思想上、精神上受到世界优秀文化的熏陶和影响,使学生获得全面发展。

(三)合编教材的目标适切性

中外合编教材有自编教材、引进教材所不具备的优势,也有一些不好解决的矛盾。例如教育目标、教学目标的适切性就不好解决,因为中外教育目标、教学目标是存在着较大差异的。我们解决这一问题采取的态度应该是:中为根基,洋为中用,以我为主,借鉴互补。

我们编写教材,不论是自编还是合编,定都是以教育部颁发的课程标准为依据的,课程标准是编写教材时制定教育目标和教学目标的基础,这是前提。不能想象编写中国的英语教材依据国外的课程标准,但国外的课程标准或相关课程文件制定的教育目标和教学目标应该成为我们的参照,因为国际上一些课程标准或相关课程文件反映了国际上语言或语言教学研究的成果,这些成果应该为我们制定课程文件或编写教材所借鉴。

合编教材应科学制定教育目标、教学目标。就教学目标而言有知识目标、技能目标等,其中知识目标有语音知识目标、词汇知识目标,还有语法知识目标。技能目标中则有听的目标、说的目标、读的目标和写的目标。限于篇幅,我们探究一下比较直观但又比较复杂的词汇知识目标问题。

对于词汇目标,中外要求差异较大。对此中外专家的意见值得我们思考。

首先,教材中应选用最常用的词汇。马俊明认为:英语中最常用的词汇是指人们在日常交流中口头和笔头都经常使用的词汇及其词义。最常用的词汇有其明显的特征:第一,发音特殊,读音规则特殊,如 come,have;第二,语法词形变化特殊,包括可数名词的特殊复数形式如 man—men 等和不规则动词的特殊形式如 to hang 与 to light 等;第三,最常用词的词类变化,包括名词转为动词,动词转为名词,副词转为名词,形容词转为副词,最常用的及物动词在一定情况下转为不及物动词,有些最常用动词作不及物动词时会有被动意味等。① 教材中选用的词汇应考虑这些词的特征,以尽量让最常用词汇为学生所掌握,这也是提高学生学习效率的一种方式。

其次,注意最常用词汇有层次之分。小学阶段有小学阶段最常用词汇,中学有中学最常用的词汇,大学有大学最常用的词汇。最常用的词汇还与从事的专业有关,如文、史、哲、理、工、管、财经等专业各自都有最常用的词汇。中国的大学生和科技人员掌握多少英语词汇才算过关呢? 许国璋教授在 1978 年谈到外语教学时曾写道:一般地说,电话谈话两千词可以了;通常会话 5 000 词;读报刊、文章非 8 000 不为多;关于科技则需万词以上,科技教授,据说需二至三万。他认为,要掌握科技外语,只有做到一小时读 10 页,不需借助词典,才算过关。由此,马俊明撰文说,从一门外语(英语)真正过关来看,最常用英语词汇量应规定为 1 万个左右,再加上 3 000 多个习惯用语。②

那么,大学毕业生和科技人员需要掌握 1 万左右词汇才算过关,中学阶段掌握多少词汇才不致给学生大学阶段造成太多的词汇压力并不致影响其一门外语过关呢?

平克虹指出,根据 Hatch Brown(1994)统计,西班牙的大学新生入学时英语词汇量为 6 000 个,日本为 5 900 个,大学毕业时达到 13 000 个。我国于 1948 年制定的英语教学大纲规定:初中毕业生词汇量应达到 2 000 个,高中毕业生应达到 6 000 个,与西班牙、日本等国大致相同。但 20 世纪 60 年代以来,我国中

---

① 马俊明. 英语最常用的词汇研究[J]. 中小学外语教学,2002(7):16-19.
② 马俊明. 英语最常用的词汇研究[J]. 中小学外语教学,2002(7):16-19.

学英语教学词汇量要求呈下降趋势,60 年代 3 500 ~ 4 000 个,后来降到了最低点,只要求学生学习和掌握 1 940 个单词。

多年的教学实践证明,如此低词汇量要求,不仅浪费了学生英语学习的黄金时间,而且直接影响了基础教育阶段的教学质量,同时也给大学英语教学造成了很大困难。根据国外权威机构的测定,一个人的英语词汇量低于 6 000 个时,他用英语进行读写交际会遇到严重困难。大学教师们认为,要把词汇量不足 2 000 个的大学新生培养成为掌握 6 000 个以上英语词汇,并且在听、说、读、写、译各方面都有一定能力的外语人才,这一任务是非常艰巨的。

一个外语学习者究竟掌握多大词汇量才能顺利进行阅读呢? 平克虹引用 Lanfer(1989)的调查分析:外语学习者如拥有 5 000 个的词汇量,阅读正确率可达 56%;若词汇量为 6 400 个,阅读正确率可达 63%;若词汇量为 9 000 个,阅读正确率可达 70%。英国语言学家 Driller(1978)根据词汇统计特征指出:如果我们认得 25 个最常见的英文单词,那么平均每页纸上的字我们就会认得 33%;如认得 135 个,则为 50%;如认得 2 500 个,则为 78%;如认得 5 000 个,则为 86%,一旦认得 10 000 个则可达 92%。

平克虹认为,教科书中 80% 的词汇是最常用的 2 000 个词汇,但是这些词汇显然是远远不够的。如果我们反思一下长期困扰我国外语教学"费时较多,收效较低"的状况,不难看出,词汇量要求过低是制约外语教学高效发展的瓶颈问题之一。事实上,6 年的中学英语教学只要求学习和掌握 1 940 个单词,这不仅违背外语教学的规律,并且还极大地浪费了青少年外语学习的黄金时间。

平克虹认为,Gains 和 Redman(1986)的观点值得研究:在外语教学的基础阶段,每课时最佳复用式词汇输入量为 8 个;而在较高阶段,每课时最少的复用式词汇输入量为 12 个。20 世纪 90 年代我国义务教育阶段初中三年制规定 400 个课时,英语词汇量要求为 1 000 个左右,平均每课时仅学 2.5 个左右单词;四年制 536 个课时,词汇量 1 200 个左右,平均每课时仅学 2.2 个左右单词。高中阶段按 20 世纪 90 年代末在两省一市进行实验的新课程计划教学大纲的规定,外语课时进一步削减,高一每周 4 节,高二每周 3 节,高三每周 2 ~ 4 节,3 年总课时约为 350 个,词汇量要求也是将近 1 000 个(在原初中基础上),平均每课时也只学习单词 2.85 个左右。需特别指出的是在中学阶段要求的总词汇量 1 940 个中,达到掌握程度的(相当于复用式)要求的仅 1 200 个,若按 6 年 750 课时算,仅 1.6 个/课时,要求过低了。①

---

① 平克虹. 外语学习词汇为本[J]. 中小学外语教学,1999(11):5-7.

因此,在合编教材时,我们制定词汇目标需要参照国外已有的研究成果,适当提高词汇量,以解决外语教育的瓶颈问题。值得注意的是,2001 年 7 月颁布的《全日制义务教育普通高级中学英语课程标准(实验稿)》八级词汇目标规定:学会使用 3000 个单词和 400～500 个习惯词语或固定搭配。八级即高中毕业生应达到的级别目标。这一词汇目标为新世纪英语教育的进一步发展奠定了基础。

第四章

不同时期的英语教法变革

教法是教师指导学生学的方法。广义的教法应该包括学生学的方法。教法是落实课程、处理教材、提高效率的关键。有了好的教法，外语教学便事半功倍，没有好的教法，则事倍功半。因而，如何改进教法一直是国内外英语教育工作者的诉求之一。

教法在国外外语教学界一直受到重视。有影响的外语教学法有多种，并且分别产生于不同的国家。如翻译法产生于德国，直接法产生于法国，听说法第二次世界大战后期流行于美国，自觉对比法20世纪40年代产生于苏联，视听法或情景法50年代产生于法国，自觉实践法60年代产生于苏联，认知法60年代中期产生于美国，暗示法60年代产生于保加利亚，功能法或交际法70年代初产生于西欧，任务型教学法则是功能法或交际法的进一步发展，产生于20世纪80年代。

国外外语教学法相继流入中国，并对我国英语及其他语种教学产生重要影响。国外外语教学法进入中国后，经过清末、民国至中华人民共和国长时间不断的实验、实践、消化、吸收、改造后，我们也进行了深入的反思，在反思以后，又经过相当时间的探索，形成了许多很有特色又非常有效的英语教学法。因此可以认为，我国中小学英语教学法走过的主要路径是：借鉴—反思—独立探索。

第一节　教法的可贵借鉴

我国从国外借鉴的教法有多种。总的说来，在我国英语教育的滥觞期、启动期、发展期借鉴的教法有翻译法、直接法，其余教法的借鉴是在发展期之后。

1902年，壬寅学制颁行，英语进入中学课堂。当时既缺乏英语师资，又缺乏英语教材，更不用说英语教法。因此，教法随着外籍教师和外语教材的传入而借鉴过来。这种借鉴有几个特点：一是地域不限，二是时间稍晚，三是绵延不断。

首先,借鉴过来的比较有影响的外语教学法不局限于某一个国家,体现了兼容并包的特点。从现有的已实行了 100 多年的教法来看,教法来自不同的国家,教法的相互交流也是跨文化教育交流的一个很重要的组成部分。

其次,借鉴过来的比较有影响的外语教学法进入中国前在创立国已经经过了实验和推广阶段,已流行一段时间,因而进入中国时间一般要晚一些。

再有,对比较有影响的外语教学法的借鉴并非"毕其役于一功",而是连续不断的过程。由于经济、政治、科技、文化、军事等社会因素的影响,每一种借鉴过来的教学法又带有当时那个时代的特点。

下面部分专家的回忆可以让我们洞窥不同时期英语教学法运用的情形。

水天同的回忆:

我十岁(1919 年)小学毕业……有一天偶然发现上房的桌上有本商务印书馆出版的《共和国(中学)英文读本》第一册,翻开来一看一字不识。但是书中的插图全是外国人、地、物等。最令我感兴趣的是人。他们的体貌和服装都使我感到新奇,有的还比较好看。于是我就天天翻那本书。1920 年初,我考上了兰州中学,当时是四年制。我进了一年级,英文课用的就是我已读过一半的《共和国英文教科书》第一册和《纳氏文法》第一册。教法用的是逐字逐句的翻译法(当然有的老师也说些英语,不过大多数时间内还是翻译而且是英译汉,讲解则等于讲自己的译文)。《纳氏文法》除了老师讲(即译)以外,还注重背诵,有的同学能背出许多条条来,但不会讲,更不会用。所以学了很久,甚至会背,都是用不上。这一本一年级读本和《纳氏文法》用了七个学期还未读完。1923 年我上了清华学校……我们用的教科书是一位在我国多年的老牧师 Graybill 著的综合教材《英文津逮》第四册。教我们地理的是谢求灵先生,福建人。他课内课外全用英语,一字汉语也不讲,给分很严。

许国璋的回忆:

我十二岁进嘉兴秀州中学,时在 1927 年。此学校始为美国教会所办,创于清末,是年收回自办,请老校友一人任校长。英文一周六节,只有朗读、听写、拼写,不讲课文,不讲语法,更无语法分析。读物,西方民间故事,一百多页之书,一学期读五六十页,平时好玩,叫背,逐说背不出,便坐下,师也不甚责。不久寒假,教师说,春季开学罚你连背十天,俟应,心想到时再说。寒假在家,睡在母亲房里,一日早醒,不敢惊动,出书试读,第一页完全不懂,看到页底,原来还有注释,再读得其半,至第二页,始得大意。低声读下去,渐足以发。如是五日,不觉已读了二十多页。倦极而睡,正熟,母亲推醒,以为我梦魇,不知我在梦中背书。开学,老师问:十页之约记否?我起立大声背书,一口气即是五页,师说够了。读书自觉进行,总有收获,前提是老师不逼不催。十五岁到苏州读书,进东吴大学附中。1931 年升入高一,次年 1 月,日军侵我淞沪,春季开学延期,我在家耽搁了四个月,自己看了点书,决定了我此后读书的道路。四个月读书,最得意的,还是养成了自学英语的习惯。读的是周越然注释的《莎氏乐府本事》,高二,有《英美文学入门》一课。

王佐良的回忆:

　　我是浙江人,但有一阵我的父亲在湖北工作,所以我进了武昌文华中学,在那里度过了五年(1929～1934 年)。文华中学(Boone School)是一所由英美圣公会等基督教派办的教会学校,创始于 1870 年,在华中一带很有名气……有两位英语教师至今不忘。一位是米勒先生,他教作文有一套办法,要我们一周写一篇,改文用符号,如句法错了就在旁边批一个 S。每次都打分,百分制,用所写字数除以所犯错误数就得出了分数。例如你写了300 字,犯了 30 个错,得 10 分;犯 5 个错,则得 60 分,如此等等。这办法看起来机械,而且会使学生谨小慎微,但在一定阶段上,尤其针对基本语法和拼法之类的错误,很奏效。另外,他还有一法,即把学生写的好作文当堂念给大家听,或要学生自念,这一种示范也很有效,不仅鼓励了写这篇作文的学生,而且使别的学生感到写好英文是有途径可寻的。高中的时候,英语课本身似乎时间减少了,而有了许多用英语开设的其他课程。当年的文华,除了国文(汉语)课以外,几乎所有课程——包括体育都是用英语教的,而且多数教师是美国、英国或加拿大人。几乎从每门课我都扩充了英语知识。例如 given 这字的用法(Given X,it follows that…;within a given period;作"已知的"、"假设的"解)就是在几何教科书上首先学到的。①

---

① 季羡林,等. 外语教育往事谈——教授们的回忆[M]. 上海:上海外语教育出版社,1988:96-209.

胡文仲的回忆：

　　1964 年北外按照外交部和教育部的要求决定缩短学制，加快培养翻译人才……英语系把邓炎昌、周谋智、夏祖奎和我调出，筹划如何改革教学。在邓老师的提议下，我们开始阅读 Harold Palmer，C. C. Fries，Robert Lado 等有关教学法的书籍，特别着重阅读了 Fries 和 Lado 有关听说教学法的书和文章。这是我们初次接触国外的外语教学理论和教学法，使我们大开眼界，也使我们十分激动。我们对于 Fries 和 Lado 的一些基本理论深信不疑，一致认为如果采用听说领先法，可以大大加快学习进度，提高学习效率。学生在听说方面的进步会令我们激动不已，有的学生的语速甚至达到了每分钟一百多词。但我们很快发现一些奇特的现象，例如刚开始试验时，不让学生见文字，学生很不习惯，闹着要书面材料。一个月后，我们把书面材料发给学生时，大部分学生都对它不感兴趣，将材料放在抽屉里不看。这令我们大惑不解。学生对我们说，只练听说不看书面材料，已经十分适应，对于看书反而不感兴趣。于是我们迅速采取措施加强学生的阅读。这是一段激动人心的教学试验。从两届学生的学习效果来看，听说法有着明显的优点，对于发展学生的听与说特别有效。自然，由于我们缺乏经验，也走了一些弯路。在有些教学问题的处理上，有些绝对化，缺乏辩证法。

徐盛桓的回忆：

　　我教英语多少有点心得时，已到了上一个世纪的 70 年代末 80 年代初。那时中国已经吹起了改革开放之风，许多观念已发生了变化。就外语教学来说，现代语言学和现代外语教学理论的引进，深刻地影响着我们外语教学的观念和方法。我学习了一些语言学和教学法理论，形成了一种教学的想法：在加强基本功训练的基础上，着眼于语言（指外语）学习能力的培养。这一策略，在几个班运用，收到了一定的效果……（我的）这个"认知框架"的假设认为：学习语言的能力是一个多维度的结构，涉及人的语言发展的心理机制、智力发展的水平、语符运用的能力等，同人的学习语言动力、目的、方法、一般智力、活动能力、社会文化知识的蕴藏、逻辑能力、记忆力等都有关,集中反映为在头脑中形成和发展"认知框架"的能力。①

　　如上几个回忆片段都是出自外语大家和名家之手。他们英语学与教的时间跨度都很大,有的生于晚清,有的生于民国,接受英语教育大多是在中华人民共和国成立以前,他们的回忆可以让我们理出一个教学法借鉴发展的脉络。

　　水天同的回忆告诉我们20世纪20年代"教法用的是逐字逐句的翻译法",可见,这一传统的古老的教学方法,在我国未进入英语教育的发展期之前一直还是主要的教学方法,并且影响深远。许国璋上学的时代正好进入新学制颁行之后的20年代末期,恰逢我国英语教育的发展期。教师的教学方法一方面受直接法的影响,另一方面也有教会学校传统影响的原因,"只有朗读、听写、拼写,不讲课文,不讲语法,更无语法分析",已经有了较大的变化。王佐良的回忆使我们从一个侧面了解到30年代外籍教师对学生学业的评价方法,以及范文教学的方法等。胡文仲作为大学英语教授,回忆中虽然是讲大学的听说法引进试验的情况,但我们知道听说法对中小学英语教育从教材编写、教材使用到教学方法以及教学评价影响很大并延续至今。而且,从他的回忆中我们可以得知,系统地学习外国外语教育理论和教学法理论是始于20世纪60年代。徐盛桓的回忆让我们看到的是通过学习有关的外语教育理论,我国英语教育工作者和研究者理性的思考与进步。

　　认真研读有关文献,不难发现,在100多年的中小学英语教育的发展过程中,我们在教法上引进和借鉴的方法有数十种之多。我们择要进行分析。

一、翻译法及其影响

(一)翻译法及产生背景

　　翻译法是国内外一种非常著名的教学法,也是运用时间较长的一种教学法。它之所以至今仍然被使用主要有两个原因,一是历史很长,影响久远;二是学习外语时,母语和目的语两种语言之间确实需要翻译作为工具。据《中国中学英语教育百科全书》介绍,从中外翻译史的角度看,在外语教学中运用翻译法已有几千年的历史。

　　翻译在西方已有两千多年的历史。文字记载的翻译始于公元前3世纪。

---

① 季羡林,等. 外语教育往事谈——教授们的回忆[M]. 上海:上海外语教育出版社,1988:
169-210.

按一般说法西方最早的译作是希腊语的《圣经》(旧约)"七十字译本"(Septua-
gint)。西塞罗(Marcus Tullius Cicero,前 106—前 43 年)等大文豪都用拉丁语翻
译了大量希腊戏剧作品。西塞罗、贺拉斯和昆体良等人研究过翻译的理论问
题。这是西方第一次大规模的翻译活动。西方的第二个翻译高潮发生于公元
4—6 世纪,翻译的是《圣经》,从希伯来语和希腊语翻译成拉丁语,属于宗教活
动。在中古的 9—10 世纪,巴格达成了重要的翻译中心,是第三个高潮。西方
翻译史上的第四次高潮产生于文艺复兴时期。在这一时期,《圣经》(钦定本)
由 47 位学者订定,它是英国翻译史上的一项重大成就。德莱顿的三分法(摹
译、诠译、拟译)是此期提出的。17 世纪下半叶至 20 世纪上半叶,莎士比亚、巴
尔扎克作品被译成各国文字是第五次翻译高潮。西方翻译史上的第六次高潮
自 20 世纪中叶即第二次世界大战结束后开始到现在。

在中国,翻译也有两千多年的历史。早期典籍《周礼·秋官》篇里就有"象
胥"(通言语之官)这一名目。因为在周王朝的疆域之内,杂居着不少民族,要与
众多的其他民族交往,自然需要翻译。关于周代的口译情况,《册府元龟·外臣
部》的"朝贡"栏内有记载,称译员为"舌人"。也许中国最早的成篇口译记录要
算春秋时代的《越人歌》了。刘向《说苑》里载有原歌的越语记音汉字和楚语
(汉语)译文。《后汉书·西南夷传》里的《白狼王歌》也是一篇附有原文的翻译
文献。

中国较具规模的文字翻译,始于佛经翻译,这造成中国历史上第一次大的
翻译高潮。佛经翻译,以现存的可靠文献而论是从东汉桓帝开始的。佛经翻译
事业到唐代达到了顶峰,出现了古代翻译巨星玄奘。前后秦时代的译场到唐发
展得更为完备,译经的计划性更强,往往翻译全集。玄奘在理论方面也有建树,
提出了"既须求真,又须喻俗"的翻译标准。佛经文献(包括注疏)保存至今的
还有 3 600 多部,计 15 600 多卷。其中有的文献的原本在印度已经亡佚,故得
以从汉文倒译回梵文。继佛经翻译之后,中国翻译史上迎来了第二次大的翻译
高潮,即明末清初的科学翻译。中国翻译史上的第三次大的高潮是从鸦片战争
到"五四"运动前的西学翻译。翻译事业在我国是在这一时期才开始全面兴盛
起来的。这一时期的翻译对后世影响很大,出现了像严复这样的翻译大家。他
提出了翻译的标准:信、达、雅。这一时期的西学翻译对改变中国在文化、政治
上的落后面貌是有功劳的,晚清时候,译小说很盛行,译的最多的当属林纾,他
共译了 184 种作品,1 200 万字。"五四"运动时期出现了白话文翻译,这是第四
次高潮。中华人民共和国成立后,第五次高潮到来,苏联的译著很多,完成了中
译外的任务。1978 年以后,翻译事业开始复苏,并迅猛发展,迎来了中国翻译史

上的第六次高潮。①

语言翻译对语言教学的影响是巨大的。当教学一种外语时,需要两种或两种以上语言之间进行译解,这种译解是必需的,因为学习者学习外语时已经有了母语的基础。因而传统意义上的翻译进入语言教学中,并在教学中发挥着桥梁、纽带、媒介作用,翻译教学法也就应运而生了。虽然"翻译教学法的运用已有很长的历史",有专家认为"已有几千年的历史"②,但从理论上对翻译法进行概括和说明,使其成为一种独立的外语教学法体系却是近 100 多年的事。

翻译法有不同的教学形式:词汇翻译法、语法翻译法和翻译比较法。每种教学形式都有自己的教学原则或教学主张。词汇翻译法代表人物法国的雅科托(Jacotot)和英国的哈米尔顿(James Hamilton)主张,在字母发音和书写教学之后,进行阅读课文教学。语法翻译法代表德国的奥朗多弗(Ollendorff)认为,学外语先要背熟语法规律和例句。翻译比较法代表人物德国著名的外语教学法家马盖尔(K. Mager)则重视观察、分析、综合、归纳、演绎等活动。他认为这是掌握外语熟巧的起源,因此马盖尔的方法又称为起源说。③

翻译法名称有很多。以语法为基础的教学法定名为语法法(Grammar Method)或语法翻译法(Grammar-translation Method)。根据翻译法倡导者的名字定名为奥朗多弗氏法(Ollendorff's Method)、雅科托氏法(Jacotot's Method)。由于翻译法继承了拉丁语教学的传统,所以定名为传统法(Traditional Method)。为了与重视口、耳训练的新教学法相区别又定名为古典法(Classical Method)、旧方法(Old Method)。

(二)翻译法对中国英语教学的影响

我国引入翻译法较早,该方法对我国中小学英语教育影响最大,影响时间最长。

1. 翻译法的引入和借鉴在我国中小学英语教育的滥觞期、启动期即 1922年新学制颁行前发挥了积极的作用。新学堂、方言学堂开办以后,更为强调翻译法,其中一方面与国外教学法影响大有关系,另一方面与培养翻译人才大有关系。如 1870 年上海同文馆《再拟开办学馆事宜章程十六条》中规定:"第一,师资:要求'师资以端模范',于中西之学确有见地者为山长;第二,招生:不拘一格,广为搜罗;第三,加强翻译,广翻译以译见闻;第四,讲究教学法。课读讲解

---

① 周流溪. 中国中学英语教育百科全书[M]. 沈阳:东北大学出版社,1995:637-639.
② 王武军. 翻译法[J]. 中小学英语教学与研究,1982(1):24-26.
③ 王武军. 翻译法[J]. 中小学英语教学与研究,1982(1):24-26.

之时,拟宜用中国语言,讲明意旨。次以西语口授,不但审其字音,并分明句读,以西语连贯读之,日久习熟。"可见当时注重英汉互译。

2. 在相当长的一段时间里与其他教学法相互影响,相互补充。这些在中小学英语教学目标、教学过程、教学方法、教学评价、教材建设中都有体现。

3. 它至今仍是影响较为广泛的教学法之一,特别是在高年级教学和培养高层次的翻译人才方面仍是较为有效的教学法之一。教学过程中不论是讲解、阅读、训练,还是比较、理解、运用,完全抛弃或避开翻译法都是不可能的。

4. 尽管不断受到批评和指责,但其长期存在有着自身的道理。例如当师资不足,大班额上课,交际教学无法充分开展时,教师听说能力欠缺,交际教学不能有效开展时,教学目标或测评目标以阅读、翻译为主时,教师仍需要用翻译法组织教学。

二、直接法及其影响

(一)直接法及产生背景

直接法,顾名思义是一种直接用外语而不借助母语进行外语教学的方法。直接法是影响较大的教学法之一。

直接法实质上是对翻译法的一种否定、反动和革命。因而也称为"改革法"。改革法包括贝力子法、古安法、菲埃托法、帕默法、韦斯特法、循序直接法等等。1899 年,劳顿巴赫(H. Landenbach)、帕西和德洛贝尔(M. G. Delobel)合写了一本书《活语言教学的直接法》,最早使用"直接法"一名。1901 年,法国公共教育部在一份通报上具体叙述了直接法;次年由部长下令以该法为全法国唯一正式的外语教学法。同年,德国也把它作为官方认可的教法。

直接法的产生有几个方面的原因:

第一,克服翻译法的弊端。

第二,操外语的人教操母语的人更方便。

第三,口语交际的教学目的使然。

一般而言,直接法的操作要领是:

1. 用一小段故事轶闻或对话开始上课,用所学的外语而且是现代口语体介绍。

2. 第一次介绍这个学习材料时,用动作或图画辅助做口头陈述。

3. 词语理解永远不用母语(不用翻译)。

4. 理想的练习是根据故事或对话编排的一系列问题,全用外语提问,且用外语回答。

5. 语法用归纳法来教,有了实际体验后才对语法规则进行概括。

6. 动词先投入使用,过很长时间才系统学习词形变化。

7. 程度高的学生也阅读文学作品,那是为了理解和欣赏;不对文学作品进行语法分析。

8. 与外语有关的文化也用归纳法进行教学。①

直接法遵循的教学原则是:

1. 直接联系原则。

2. 句本位原则。

3. 以模仿为主原则。

4. 归纳途径教语法规则原则。

5. 以口语为基础原则。

6. 以当代通用语言为基础教材原则。

7. 精选语言材料原则。②

直接法早期代表人物德国的 M. Berlitz, V. Vietor,英国的 H. Sweet 和法国的 F. Goulin 主张外语学习直接与知觉和思维联系,而后期代表人物的主张则有变化。例如 Palmer 等虽然认为学习外语要像幼儿学习母语一样,学习外语要靠直接理解,但也主张外语教学的目的是培养听、说、读、写的能力,先听说,后读写;学习外语是一个养成习惯的过程;句子是教学的基础;允许用母语教语法和解释抽象词义;高级阶段要教语法;等等。这种直接法思想的修正也孕育了听说法的萌芽。

(二)直接法对中国英语教学的影响

直接法传入中国得益于教会学校的开办。早在 1915 年,湖南雅礼中学校 B. Graze 编了一部《实用英语教科书》和一本《中国学校英语教授法》,完全采用直接法。其后,在华北成立了一个由教会学校主持的华北英语教员学社,大家经常讨论的是直接教学法问题。在四川从事传教和教学活动的文幼章也热心推广直接法。

中国学者中从 20 世纪 20 年代起就有人宣传直接法,其中首推张士一。张士一于1922 年出版了《英语教学法》一书,并在《新教育》杂志上发表文章,介绍直接法。更为可贵的是张士一还亲自在江苏省第一中学搞直接法的实验,教了

---

① 周流溪. 中国中学英语教育百科全书[M]. 沈阳:东北大学出版社,1995:153-154.
② 俞约法. 直接法[J]. 中小学英语教学与研究,1982(2):24-26.

一个实验班。张士一提出的直接法教学法原则如下：

1. 注意耳口练习。

2. 翻译的方法只能用于特别的情形。

3. 文法要从语言材料中指出来。

4. 阅读的东西里新材料要少。

5. 坚持四熟主义。他从饭馆里夹生饭中得到启示，主张英语要听熟、说熟、看熟、写熟。①

张士一的高足沈同恰也积极宣传直接法。周越然、陆殿杨等在20世纪三四十年代也宣传直接法，还有邹韬奋，虽然不以从教出名，也曾一度坚持使用此法来教英语。

20世纪50年代中国向苏联学习，教学法上采取自觉对比法，直接法受到批判。60年代直接法又重新得到介绍和运用。1979—1982年李庭芗在北京师范大学的3所附中进行教学实验，实验直接法，当时使用的是芮卡滋和吉布森合编的《英语旧解》一、二册。

众所周知，直接法强调"三直接"：直接学习，直接理解，直接应用。概括起来，直接法对中国中小学英语教学的影响是多方面的：

1. 出版了直接法教材或专著。我们见到张士一教授在1922年8月出版的《英语教学法》一书，其目次如下：

序

上篇 基本原理

一、目的

二、教材

三、教法

下篇 实行事项

一、初学入手的课怎样教

二、入手以后的课怎样教

三、什么时间开始用眼看字和用手写字

四、用什么示意法教虚字

五、完全一课里头应该包含几种练习

六、其他要点

---

① 李守明. 张士一英语教学思想回顾[J]. 中小学外语教学,1986(3):13-15.

由以上目次可知,张士一倡导直接法,研究了直接法中的教学程序和具体教学方法,当然也看到了直接法的局限性,并对于解决直接法"虚字"教学的难题也有一定的研究。

2. 1923 年以后的课程文件中充分体现了直接法思想,张士一教授还参加了部颁英语课程标准的制定,这些课程标准在中华人民共和国成立后仍然影响着中小学英语教学。

3. 引发了英语教育工作者对研究直接法的热情,一些学校开展了直接法的教学实验。

4. 为其他英语教学法的运用和发展奠定了基础。例如中华人民共和国成立后陆续引进和应用的自觉实践法、听说法、功能法等都在一定程度上体现了直接法的影响。

三、听说法及其影响

(一)听说法及产生背景

第二次世界大战爆发后,美国把大批军人派到世界各地参战。为了高效率地培养掌握外语口语的人才,美国军方在"集中语言方案"的启发下制定了"陆军专门训练方案",简称 ASTP。因此有人称听说法是美国当时的学术研究和外语教学(训练)相结合的产物。[①]

听说法用于军队特别训练计划后,取得了突出的效果。1943 年在美国 55 所高校用模仿识记法在短短的 9 个月内突击训练了 15 000 名分别懂得 27 种外语的军人。

在军方训练方案开始时,洛克菲勒基金会就主办了一个语言学家和外语教师会议,探讨把外语强化教学的一些做法应用到大学常规外语课的可能性。结构主义语言学家布龙菲尔德(L. Bloomfield),特雷格(G. L. Trager)等不仅参加了美国外语教学新方案的制订和实施工作,同时也参加了在美国把英语作为外语的教学研究工作。有人将其称为听说法,有人称为口语法(Oral Approach),有人称为 Structural Method,有人称为 Linguistic Method,Pattern Method 或 Army Method,其理论基础是美国结构主义语言学和行为主义心理学。

美国普林士敦大学教授莫尔坦(W. Moulton)认为听说法具有五项原则:

---

① 周流溪. 中国中学英语教育百科全书[M]. 沈阳:东北大学出版社,1995:163-164.

第一,语言是说的话,而不是写出来的文字。

第二,语言是一套习惯。

第三,教语言而不是教有关语言的知识。

第四,语言是使用该种语言国家的人实际所说的话,而不是某个人认为他们应该怎么说的话。

第五,各种语言是不同的。

中国语言研究工作者认为,为了贯彻好这五项原则应采取的相应措施是:

第一,听说领先。

第二,大量实践,形成习惯。

第三,操练句型,打好基础。

第四,限制本族语和翻译的运用。

第五,对比语言结构,确定教学重点。①

(二)听说法对中国英语教学的影响

听说法 20 世纪 60 年代传入中国,成为比较有影响的教学法流派之一。

1. 进行教学实验,引进和编写了许多听说法教材。自 20 世纪 60 年代起,上海外国语学院等有关高等院校外语系和一些中小学进行了教学实验。60 年代至 70 年代引进了以结构主义为理论基础的教材,如 *English This Way*, *New Concept English*, *English 900* 等等。我国人民教育出版社 1982—1984 年出版的《初级中学课本英语》是以结构主义为理论基础编写的教材。这套教材到 1994 年使用了十多年,是中华人民共和国成立以来中学英语教材中使用时间最长的一套。

2. 进行教学研究,深化了听说法的教学实践。有外语教育工作者对我国 1977—1994 年听说法教学进行了研究。郝玉梅曾以《中小学外语教学》《中小学英语教学与研究》《外语界》《陕西外语师专学报》《山东外语教学》《中小学外语(英语版)》《中国中小学英语》7 种专业杂志为原始材料,对听说法文章进行统计分析,统计分析结果表明:用英语组织教学的增多;比重较大、运用成熟的方法有动作演示、创设情境及游戏竞赛三种;具有我国英语教学特点的方法共有三种:值日生制度、专门训练、运用语言知识引导听说;问答及言语训练促进听说,是英语课普遍使用的方法。但也存在很多困难:如成对活动、电化教学、课外活动,都开展不足;开口问题,这是听说训练的拦路虎。② 从统计分析结果

---

① 王武军. 听说法[J]. 中小学英语教学与研究,1982(4):22-25.

② 郝玉梅. 听说教学方法的统计分析[J]. 中小学外语教学,1994(9):1-3.

中可以看出听说法研究的广泛性、已取得的成果和存在的问题。

3. 促进了现代化教学手段的改进,语言实验室发展较快。由于听说法的使用,视、听设备和语言实验室设备现代化水平得以提升。

四、认知法及其影响

(一)认知法及产生背景

从 20 世纪 60 年代起,科学飞速发展,国家之间的竞争,除在政治、经济、军事领域外,已深入科技领域。为了适应时代的需要,美国著名心理学家卡鲁尔(T. B. Caroll)教授于 1964 年在《语法翻译法的现代形式》(*Modern Version of Translation Method*)一文中首先提出了认知法。①

认知法是以认知心理学为指导而建立的外语教学法,也叫认知 – 符号法。其产生有三个方面的条件:第一,教育改革的需要;第二,听说法的危机;第三,认知心理学的支持。②

认知法重视在外语教学中发挥学生的智力因素作用,重视学生对语言规则的理解,是着眼于培养实际而又全面地运用语言能力的一种外语教学法体系或学习理论。其教学过程一般分为三个阶段:语言理解、语言能力、语言运用。

认知法的理论基础主要来自布鲁纳、乔姆斯基和奥苏贝尔。20 世纪 50 年代和 60 年代初,美国著名心理学家布鲁纳(T. S. Bruner),受美国政府委托负责领导美国的教学改革运动。他指出,不论我们选择什么学科,都务必使学生理解该学科的基本结构。乔姆斯基(Chomsky)认为语言是受规则支配的体系。人类学习语言最主要的不是模仿而是掌握规则,主要是语法规则。奥苏贝尔(D. P. Ausubel)认为学习分为机械性学习和有意义学习两种。

一般认为,认知法的教学原则有五条:

第一,在理解、掌握语法规则的基础上学习外语。

第二,要从学习者已有的认知出发传授新的知识。

第三,口语和书面语相辅相成。

第四,利用形象(实物、图画、示意图、流程图)进行教学。

第五,以学生为中心,多创造让学生参加语言活动的机会,充分激发学生的学习动机和学习主动性,引导学生掌握科学的学习方法,养成良好的学习习惯

① 王武军. 认知法[J]. 中小学英语教学与研究,1983(1):22-25.

② 周流溪. 中国中学英语教育百科全书[M]. 沈阳:东北大学出版社,1995:166-167.

和独立学习能力。

(二)认知法对中国英语教学的影响

认知法继听说法之后传入中国,对中国中小学英语教学产生了如下影响:

1. 英语教育工作者开始重新评价语法翻译法,并对听说法的弊端和不足开始有所认识。

2. 英语教育工作者开始认真研究语音、词汇、语法规则,并重视语言规则的教学。

3. 英语教育工作者开始重视思维训练和智力培养,重视心理认知规律的研究。

4. 认知法传入中国不仅对外语学习、而且对其他学科学习都产生重要影响,特别是布鲁纳、奥苏贝尔的教学理论更是对我国教学改革起到推动作用。

五、功能法(交际法)及其影响

(一)功能法及产生背景

功能法又称交际法、意念法、语义–意念法、功能意念法。是以体现语言功能项目为纲培养交际能力的一种教学法体系。

功能法产生于20世纪70年代初期的西欧共同体国家,中心是英国。50年代、60年代西欧各国广泛采用的听说法和视听法,着重语言形式体系的讲解和训练,忽视使用语言交际能力的培养。加之又无统一的大纲和教材,教学质量下降,达不到使学生掌握交际能力的目的,难以满足交际的需要。根本改变这种教学质量低下局面的办法是改革教学方法,制定一个西欧共同体统一的外语大纲,设计统一的教材和测验标准。于是1971年5月西欧共同体欧洲委员会文化合作委员会在瑞士拉奇利康(Rüschlikon)召开了对成年人进行外语教学的专题座谈会。9月又召开了一次多国专家会议,讨论制定欧洲现代语言教学大纲。会后100多位专家经3年努力制定出了一份欧洲主要语言教学的新教学大纲《入门阶段》。1972年威尔金斯写出《语法大纲、情景大纲和意念大纲》,1976年又写出《意念大纲》,1978年威多森的功能法著作《交际法语言教学》也得以问世。①

功能,指语言所能做的事情,即传达信息和表达思想的语言行动,如介绍、询问、道歉、告别等。功能法有自己的理论基础,以往的语言学理论都把语言作

---

① 章兼中.功能法[J].中小学英语教学与研究,1983(2):29-32.

为独立的符号系统来研究,研究语言的形式、规划或结构,完全不考虑或很少考虑语言受人类社会情景的影响所产生的各种变异因素。功能教学法就是以社会语言学为其理论基础,是以交际功能为纲的一种教学方法体系。

功能法的教学过程是:

第一,接触。

第二,模拟范例练习。

第三,自由表达思想。

其基本原则为:

第一,建立单元－学分体系,制定最低水平运用能力的标准。

第二,综合利用言语交际的各种要素:功能、意念、场景、社会作用、性别作用、心理作用、语体、重读和语调、语法和词汇、副语言特征(身势)。

第三,教学过程交际化。以学生为中心,创造真实的交际环境进行练习。

功能法自 20 世纪 70 年代问世以来,欧洲共同体国家,如英国、德国、法国、意大利和西班牙等国家对功能法从理论与实践上都做了积极的探索和实践。

(二)功能法对中国英语教学的影响

随着外国学者来华讲学,功能法也传入中国,并立刻引起了中国外语教学界的重视和兴趣,其影响深远。

1. 国内开始引进和介绍国外功能法著作。1978 年以后,一些外语教学杂志刊登了不少有关功能法的著作,如《焦点英语》(Focus)、《核心英语》(Nucleus)、《主线》(Mainline)以及《跟我学》(Follow Me)等等。

2. 国内开始编写教材并进行教学实验。如黑龙江大学英语系于 1976 年编写了《功能英语》(Functional English),并进行了教学实验。李瑛、吴长镛 20 世纪 90 年代还进行了交际法与传统教学法的对照实验。

3. 中小学英语教学突出了为交际而教学的观念。1980 年以后的教学大纲或课程标准突出了为交际而教学或培养学生交际能力的理念,之后编写的教材体现了交际法的思想,如九年制义务教育初中英语教材教学指导用书推荐使用五步教学法即复习、介绍、操练、实练、巩固,体现了交际法"语言便是交际"的信条。该法重视练,重视培养学生在现实交际中听懂、回答、提问、口述的能力,20世纪 90 年代和 21 世纪初编写的小学、初中、高中教材更加突出语言的交际功能。

六、折中法及其影响

(一)折中法及产生背景

折中法,通过综合各派各法的一些因素而成的教学方法,有人称为综合法,有人称为妥协法。

以上介绍的各类教学方法各有所长,各有所短,各有特点,各有其用。实际上,完美的教学方法是不存在的,也不存在最有效的教学方法,这已经成了外语教育工作者的共识。但是有没有一种方法能够兼容并蓄、优长互补呢?于是人们就想到了折中的方法,综合各家之长,为我所用。

折中法也是借鉴的一种教法。20 世纪 20 年代,英国的帕默(Palmer)、法国的潘洛什(A. Pinloche)以及德国的鲍曼(Ballmann)和吉尔根(Gilgen)都采用折中法。

日本教学法家田岛穆认为,折中法的主要特点是:

1. 取各家之长,不走极端。

2. 培养学生具有听、说、读、写四种语言技能。

3. 根据具体情况灵活运用各种教学法。

田岛穆把折中法教学原则归纳如下:

1. 听说领先,教学顺序是听、说、读、写。

2. 注重口头练习,从语音操练开始,就进行听音、发音、掌握音标、看词读音等训练。

3. 语法讲求实用,讲解语法用归纳法,但不排斥演绎法。

4. 教课文一开始不排斥翻译,随着教学过程的发展和学生外语程度的提高,要逐渐减少翻译,以培养学生直接用外语阅读和理解课文的能力。

5. 口头学过的语言材料要进行笔头练习。①

(二)折中法对中国英语教学的影响

折中法是世界教学法改革的一种趋势。中国英语教学受折中法的影响较大,一方面由于中国的"辩证""中庸"文化思想使然,另一方面由于外语教学法普遍存在的片面性和局限性使然。教学实验也对折中法给予了理论和实践上的支持。20 世纪 90 年代国内有人用交际法与传统教学法做对照实验。5 年的实验结果表明,用传统教学法教出来的学生语言基础扎实全面,读写能力强,会

---

① 周流溪. 中国中学英语教育百科全书[M]. 沈阳:东北大学出版社,1995:167-168.

欣赏优美的文笔,但口头表达不如交际法培养的学生流畅;用交际法教出来的学生则偏重口语能力,但在语言运用的准确性、写作能力和文法意识方面则有明显的弱点。实验还发现,用交际法培养的学生中,口语能力强的愈强,弱的愈弱,差距很大。① 由此可以看出折中法的优势。多年的教学实践或实验也使人们认识到折中法存在的合理性。折中法的贡献在于形成了辩证综合的外语教学思想。

1. 知识为基,四会并举。折中法在语言知识方面强调全面打好语音、词汇、语法基础,在语言技能方面强调听、说、读、写无一偏废,这是一种全面的知识观和技能观。

2. 知能并进,辩证施教。不但重视知识教学,也重视技能教学,知识与技能全面提高,全面培养,这是一种全面的教学观。

3. 重视结构,也重功能。折中法思想促进了结构与功能的结合,使得理念产生变化,教材产生变化,教学思路产生变化。教学中既重视语言结构,又重视交际功能,这是一种全面的语言观。

4. 重视语言,也重思维和情意。教学中既重视教好语言,也重视培养学生的认知思维能力,培养学生的情感态度,这是一种全面的现代发展观。

第二节　教法的深刻反思

我国的中小学英语教育在百年的发展中,从滥觞到繁荣,通过引进、借鉴、消化、吸收,也改造了不少国外的外语教学法。可以这么说,没有国外教学法的借鉴,也不可能有我国英语教育的繁荣。然而,教法的借鉴有的是自觉的,有的则是不自觉的。在自觉和不自觉的借鉴过程中,我们广大的英语教育工作者根据中国的国情、教情和学情,对借鉴过来的外语教学法进行了深刻的反思,这种反思是十分宝贵的。更为重要的是这种反思一直也没有停止过。

一、对翻译法的反思

如前所述,翻译法是创立最早、使用时间最长的一种教学法。翻译法最早是词汇翻译法,随着语法研究的进展,又成为语法翻译法。翻译法关注两个重

---

① 李瑛,吴长镛. 交际法得失论[J]. 外语与外语教学,1998(11):12-15.

点：一是母语，二是语法。

对于语法翻译法的特点，普雷特尔（Clifford Prator）早有归纳①：

1. 用母语教学，很少积极使用目的语。

2. 大量的词汇教学是通过词汇表孤立进行的。

3. 对复杂的语法现象进行冗长的、精心设计的解释。

4. 语法教学就是提供词与词结合的规律，常常是集中介绍词的形态和屈折变化。

5. 过早地开始阅读艰深的古文。

6. 不大注意课文的内容，课文只是作为语法分析的练习材料。

7. 唯一的操练通常是把一些孤立的句子从目的语译成母语。

8. 很少或根本不注意语音。

普雷特尔的归纳与我们的分析是一致的：对于翻译法始终是毁誉参半的，有优点，也有不足。

章兼中认为翻译法的优点和缺点是很明显的：

优点有三：一是它的出现为建立外语教学法作为一门独立的科学体系奠定了基础，适度的翻译也有利于外语教学；二是重视通过大量阅读、背诵原著培养阅读能力；三是注意利用语法，启发思维，训练智慧。

缺点有四：一是占用了大量教学时间，直接影响运用外语进行外语教学实践的机会，不利于培养学生不通过翻译这一中介直接用外语理解和表达思想的能力；二是过分偏重阅读能力的培养，忽视听说能力的培养；三是重形式语法教学，轻技能训练和运用能力的培养；四是语法与课文脱节。②

其实，对于语法翻译法的争论焦点在如何对待母语和语法的作用上。在这一问题上，大家各执一词，莫衷一是。

吕良德赞成用母语教授外语。他认为：①本族语言是人们存在的一个重要组成部分，我们是用自己的语言思维的，没有语言，是无法思维的；如果我们不能思维，我们又怎样能够学习呢？②不能为了学习外语而付出牺牲母语的代价。③中国人讲英语永远不可能讲得地地道道的流利。③

而戚国伟则持相反意见。他撰文指出：思维对于语言，具有独立性。思维是客观现实在人头脑中的反映。语言则是思维的工具。苏联外语教学界20世

① 周流溪．中国中学英语教育百科全书[M]．沈阳：东北大学出版社，1995：152.
② 章兼中．外语教育学[M]．杭州：浙江教育出版社，1991：38-39.
③ 瞿葆奎．教学（下）[M]．北京：人民教育出版社，1990：321-322.

纪50年代流行以 B. A. 阿尔捷莫夫为代表的"自觉对比法"。阿尔捷莫夫主张：①语言同思维不可分割。因此，教学初始阶段不可能有什么外语思维。②翻译应成为主要的教学手段。在教学初期，以至更长时间，都必须依靠母语。③要学好外语，在很大程度上取决于记忆。然而，颇有意思的是，50年代后期，以苏联别利亚耶夫为代表的改革派否定了这些原则，认为：①学习外语的过程，也是学习用外语思维的过程。用外语思维同用母语思维是不同的。（2）掌握外语，可以不经过翻译。（3）对于掌握外语言语能力来说，具有决定意义的不是语言知识，而是自动化的言语熟巧。这种熟巧的形成，是大量实际的外语言语训练的结果。在西方直接法之后，又出现了情景法、视听法、交际法、功能意念大纲等各种当代的教学法，无不强调培养直接运用外语的能力在教学中的重要性，否定翻译法。这一切都证明，吕良德同志的观点是陈旧的、已被否定的，再也不符合当代外语教学改革的趋势。①

对于语法，尽管大家对其作用大小意见不一，但没有完全否定。叶君健曾撰文强调语法的重要性："解放前我曾在大学教过几年书，主要是英语和外国文学，那时从高中升上来的大学生都学过好几年英文，但他们很少有人能够写出无语法错误的、通顺的短文，甚至句子。补救的办法是努力帮助他们彻底弄清语法的规律。但要做到这一点，他们必须对语法进行有系统的、全面的、从头开始的"理一理"，从中截取片段是无济于事的。后来我在大学教英文的时候，这个经验便成了我教学方法的根据。我排除了学校一般形式上的规定。先腾出一段时间，压缩读物的内容而集中讲英语语法规律，使学生们在中学学会了一定数量的词汇和一些孤立的范句（phrase patterns）得以通过他们新学到的语法规律有机地贯串起来，对英语有个整体的概念，从而能够基本正确地运用它。"②

桂诗春也谈到语法，并指出何时学习语法为宜："就是这样，我走上了一条自学的道路，既没有名师指导，又没有选择书籍的余地，用的是所谓'阅读法'，现在的时髦说法，是'快速阅读'。到我开始大量阅读时，我并没有系统地学过英语语法，甚至单项的语法练习也很少做过，然而这并没有妨碍我的阅读。我国的传统外语教学法非常强调语法教学，好像一个人不懂语法，就无法看书或会话。我个人的经验倒是个反证。我无意贬低语法的作用，后来进了大学后，

---

① 瞿葆奎. 教学（下）[M]. 北京：人民教育出版社，1990：330-333.
② 季羡林，等. 外语教育往事谈——教授们的回忆[M]. 上海：上海外语教育出版社，1988：162-164.

慢慢才感觉自己在阅读中有很多地方似懂非懂,甚至想当然、歪曲原意,与自己不懂语法大有关系。这样我才找几本语法书认真看看,感到豁然开朗。因此,我不反对学语法,但却主张接触了较大量语言素材以后再去学。学语言必须先学语法的神话必须打破。"①

总之,关于母语和语法的作用,名家们是仁者见仁,智者见智。英语对于我们来说是外语,我们的学生学外语时已有了相当的母语基础,因此完全放弃母语而去掌握另一门语言不仅不可能,也是得不偿失的。语法体现语言句法和词法的规律,体现了句与句、词与词之间的关系,要学好外语不学习语法恐怕是不行的,也可能是低效的、非理性的。既然母语和语法对于学习外语不可或缺,那么在教学中怎么对待母语和语法呢? 我们认为,母语为基础,外语为目标,语法为手段,交际为目的应是正确的思路。适当利用母语,教学指向外语,掌握语法工具,达到交际目的,应是语法翻译法努力的方向。

二、对直接法的反思

直接法是继翻译法之后产生的一种教法,影响很大。据史料记载,张士一教授在中华人民共和国成立之前一直极力介绍并推广直接法。早在 1922 年,他就在《新教育》杂志第 5 卷第 1、2 期上发表《我国中等学校英语教授的改良》一文,传播直接法。他在 1922 年还出版了《英语教学法》一书宣传介绍直接法。1926 年,他在《教育杂志》第 16 卷第 2 期上撰文指出:①编写教科书要根据这样的标准:以句为单位;要成段落;用直观和自然明了的句子;要大量重复句型;要合于英语习惯;故事性强,能表演;文法从课文中顺便指出来;程度要逐渐加深;人物应是英美式的。②先要有一个纯粹耳、口练习时期,不用教本,到掌握一二百句简单常用句子为止;口语要流利,语言没有大毛病。耳口训练是基本功夫,是一个极其要紧的时期。③由耳口训练过渡到眼手训练后(先读句子,再认单字;后读字母,之后再用教科书),仍要注意耳口训练,先练眼看,后练手写。耳、口、眼、手的练习是先分后合。④耳口练习——听课堂用语,跟教师默读,之后朗读,用直观教具,用问答和其他方法,不用翻译。⑤眼看练习——先领读,后分析语音、拼音,先综合后分析。⑥手写练习——抄写、练习书法。在 1935 年《浙江教育行政周刊》第 6 卷第 24 期上,张士一教授又谈到:①教学程序——

---

① 季羡林,等. 外语教育往事谈——教授们的回忆[M]. 上海:上海外语教育出版社,1988:328.

听、说、读、写,一学期就要达到这四点;②培养以句为单位的反应习惯;③不要教得太多,以免半生不熟;④要用生活环境衬托;⑤所谓"直接"就是直接经验的意思;⑥语言是习惯,按文法编句子不自然;⑦要有足够的练习。

张士一教授的观点有借鉴,也有反思,更有创新,如他提出了教学程序为听、说、读、写,这已经接近"听说领先,读写跟上"的听说法理论。此外,张士一教授在1948年《英语教学》创刊号上《一个语言教学的新理论》一文中提出了情境原则,发展了直接法的理论。他认为"语言活动不是一种独立的活动,而是靠有其他的活动才成为活动的。换句话说,语言是反映人生其他一切活动的活动","学习一种语言是学习一种对于情境的反应,教学一种语言是教学一种对于情境的反应。所以语言不能就是当作词汇和语法等来教,而应该当作情境的反应来教。"①我们不难发现,张士一的新教学理论已经超越了直接法的范畴。他注意到了英语语言的社会性、生活性和情境性,他的教学理论中已经包含了情景法的萌芽,难怪他后来呼吁,为了达此目标,要有听官和视官方面的设备,迫切需要新的教材、教法和教具,更需要新的教师和新的师资训练。

直接法克服了翻译法的种种弊端,有着优势的一面。例如在口语和发音方面明显要优于翻译法。现有名家刘炳善的回忆文章谈到翻译法,片段摘引如下②:

> 解放前中学英语教学中的共同缺点是不对学生教语音知识,遇到讲生词的发音,只是按照"韦氏音标"(美国 Webster 字典的注音方式)标一下重音,讲讲哪个"母音"(元音)字母该发"长音"或"短音"——但关于"韦氏音标"也不系统讲解。因此,学生只能跟着老师念,老师念错了跟着错。记得一位老师讲 water 一词中 wa 的发音时,只是打比喻说:"嘴里就像吞下一个滚烫的丸子,张得那么大!"我还听见另一位老师总是把 Robinson Crusoe 说成"Lobinson Clusoe"。其实,当时国内已有关于语音学的书,国际音标中48个音素也不难掌握,但老师们不是只重文学,就是只重语法,不教语音,所以学生往往发音不准。范存忠先生曾在一本书里说他在中央大学松林坡居住时,每天早晨听学生们从窗下念英文走过,都带着各自家乡的方音,因此想了一副对联,"一间东倒西歪屋,几个南腔北调人!"

---

① 李良佑,等. 中国英语教学史[M]. 上海:上海外语教育出版社,1988:187-188.
② 束定芳. 外语教育往事谈(第二辑)——外语名家与外语学习[M]. 上海:上海外语教育出版社,2005:58.

　　刘炳善的文章是否定语法翻译法的,他指出语法翻译法的缺点——不重视语音,而直接法克服了它的缺点。世界著名的语言学家帕默(Palmer)说过:"学习外语的过程类似于学母语的过程。"《基础英语》的作者埃克斯莱(C. E. Eckersley)也写道:"直接法的目的,在于形成概念与词的直接联想。"这两位专家都主张教外语时,不该使用母语,而要用这种外语进行教学,学生也要用外语进行思维。①　但我们注意到,在宣传直接法的过程中,有人走了极端。例如庄启说过学外语要"以耳代脑"②。这就完全否认了外语学习过程中理性的作用和对规律的认识。

　　对于直接法,我国学者在反思过程中提出了自己的见解,为克服直接法的缺点和丰富直接法的理论做出了贡献。

　　吕良德说:"我是不相信这种直接法的……近来我们开始注意到直接法效果不好。为了到国外学习新技术,数以千计的工程师和学者在努力学习外语,出人意料,那些由中国教员教的学生,考试成绩高于那些由母语是所教外语的外国教员教的学生。"③

　　而教授德语的张威廉在谈到直接法时提到了环境的影响问题。他在文章中说:"我并不否认学外语由外国人直接教学的优点,但觉得直接教学法在国内事实上是无法真正做到的。关于这点,战国时期的孟子早有论述,孟子赞成直接从外国人学习外语,但认为要到外国去学才彻底。《孟子》里有这样一段话:'有楚大夫于此,欲其子之齐语也,则使齐人傅诸,使楚人傅诸?曰:"使齐人傅之。"曰:"一齐人傅之,众楚人咻之,虽日挞求其齐也,不可得矣。引而置庄岳之间数年,虽日挞而求其楚,亦不可得矣。"'这段话大意是说:孟子问人,如果有个楚国人要叫他的儿子学齐国话,应该请齐国人教呢?还是请楚国人教?对方说,当然请齐国人教。孟子说,但是一个齐国人教他说齐国话,而周围许多人都同他讲本国话,这样即使天天打他叫他说齐国话,他也不会说。如果把儿子送到齐国的热闹的地方去住上几年,那么他回来的时候,即使天天打他叫他说本国话,他也不会说了。"④

　　可见,吕良德是反对直接法的,张威廉则赞成直接法,但提出环境的重要性。可见,对于直接法,大家意见不一致,并且意识到直接法虽然是一种重要的

---

①　瞿葆奎. 教学(下)[M]. 北京:人民教育出版社,1990:321.
②　周流溪. 中国中学英语教育百科全书[M]. 沈阳:东北大学出版社,1995:154.
③　瞿葆奎. 教学(下)[M]. 北京:人民教育出版社,1990:322.
④　季羡林,等. 外语教育往事谈——教授们的回忆[M]. 上海:上海外语教育出版社,1988:37.

教法,其局限性也应引起注意。例如在"虚字"的教法、抽象词汇的教法、阅读和翻译技能的培养以及环境影响等方面,直接法是要采取一些辅助的手段或方法才能达到目标的。这一点张士一教授注意到了,他的理论中包含了这方面的内容,这体现了我们借鉴中的反思。

其实任何一种教法都有长处,也有短处。直接法的长处需要发扬,短处需要克服。重视口语,重视语音,重视直观,重视模仿,重视操练,重视环境,重视习惯是其长处的一面,而忽视母语,忽视语法,忽视阅读,忽视写作,忽视翻译,忽视系统性又是其短处的一面,这些都是我们在实际工作中应正视的。

三、对听说法的反思

20 世纪 40 年代起源于美国的听说法是建立在行为主义基础之上的。听说法的优点是明显的,特别适合初级阶段的教学,其最大的优点是自始至终注重口语训练,其最宝贵的贡献在于"句型训练",其最大的作用在于语言能够得到规范。

听说法引进以后,先是在大学进行试验,然后进入中小学,章振邦教授的回忆文章片段摘要如下[①]:

> 我们中国人在国内学习外语,听说外语的机会少,听说能力很自然地会成为外语习得中的薄弱环节,因而在外语教学中从加强听说能力入手,怎样强调也不过分。从理论上说,任何一种活的语言都是有声语言,从听说入手教外语更是理所当然的事情。许多外国人学汉语也是从听说入手,如果从认字、写字和阅读入手那就会难上加难,寸步难移。必须讲清楚,我们讲从听说入手,绝不是忽视阅读和写作能力的培养,我们的最终目标还是要培养听说读写译全面发展的外语人才。1965 年春季,我与戴炜栋、江泽玖、蒋小蓉、关可光诸位老师在党委领导下在上外英语系一二年级试行"听说领先法",取得了良好的效果。半年下来,我们的学生敢于大胆开口了,课堂气氛活跃了,学生阅读和写作能力不是滞后了而是大大提高了。这是因为,我们试点工作一开始便明确提出要正确处理听说和读写的关系,当时的做法是以听说带动读写,又以读写来巩固和提高听说能力……

---

① 束定芳. 外语教育往事谈(第二辑)——外语名家与外语学习[M]. 上海:上海外语教育出版社,2005:14-15.

1965 年的试点试验曾于同年 6 月在高教部主办的"全国英语教学改革讨论会"上做了汇报,并受到高教部领导的肯定,由我执笔并汇报《上外英语系一二年级试行听说领先法的初步经验》一文,曾在《外语教学与研究》1965年第 3 期上全文发表。

听说法在心理学方面属于行为主义派,主张采用"刺激—反应"模式,其理论基础是 20 世纪 40 年代产生的结构语言学,代表人物有 Leonard Bloomfield等。结构主义语言学家认为,语言学的任务就是严格地按照科学原则去观察和描写人类的语言,并弄清楚这些语言在结构上的特征。听说法及其理论 60 年代进入中国后,对中国大、中、小学英语教育影响深远。例如人们已从与翻译法、直接法、自觉对比法、自觉实践法几个影响较大的教法的对比中看到听说法的优势,还有教材编写(包括大、中、小学)受听说法影响也很大。20 世纪六七十年代教材,甚至 80 年代教材都能看到句型操练设计时句型是用方框框起来的,以示强调句型操练的重要性。

然而在引进吸收听说法的过程中,广大的英语教育工作者和研究工作者还是在使用听说法的过程中提出了许多不同的意见。

林秋云认为,听说法具有规范性,却失之机械性。①

杨惠中认为,句型操练忽视意义,过分强调机械操练,而且即使掌握了某个句型,在实际交际中使用的时候,也有一个能力迁移的问题。②

陈晦等认为,听说法的优点是明显的,但由于许多句型操练是在脱离上下文和具体的或特定的语境条件下进行的,学习的是孤立的语言条目,所以它的交际功能不随人愿。③

赵丕行认为,听说法应用于学习过程的始终,则未必恰当。因为随着学习过程向纵深发展,学习者必须实现在感知上由以听觉为主到以视觉为主、在记忆上由以机械记忆为主到以理解记忆为主、在思维方式上由以形象思维为主到以抽象思维为主的转变。④

刘冠生则撰文反对听说法:听说法(句型法)是根据行为主义心理学的理论,把回答反应仅仅归结为外部推动力,认为语言习惯的形成,仅仅是依靠作为

---

① 林秋云. 外语教学中"听说法"与"交际法"的比较及启示[J]. 中小学外语教学,1998(4):5.
② 束定芳. 外语教育往事谈——外语专家与外语学习[M]. 上海:上海外语教育出版社,2005:187.
③ 陈晦,等. 听说法与双向交流之我见[J]. 中小学英语教学与研究,1997(3):5.
④ 赵丕行. 走出外语教学法研究和实践的误区[J]. 中小学外语教学,1996(2):3.

外部推动力的大量练习以形成条件反射,从而它主张按照"刺激—反应"这一公式来安排和组织教学,企图通过机械模仿和记忆、反复操练句型以培养语言习惯。这就不仅在理论上、而且在实践上取消了学生的思维,取消了人的意识。从世界观来看,它是机械论的,其方法论是实用主义的、实证论的,而不是辩证唯物主义。总之,句型法的理论基础是错误的,在一个错误理论指导之下的实践,也只能是错误的。我们应该这样安排教学:必须使新知识的传授建立在学生已有知识的基础上,并有助于以后进一步掌握其他知识,有助于向更高的发展水平过渡。学生在学习某一语言现象时,要让他们将该现象和已有知识联系起来,成为他们整个知识组成中的一个环节。① 可见,刘冠生反对听说法,更大程度上提倡认知法。

综合大家的意见,我们认为,听说法重视口语训练,重视句型操练,重视语言规范,但忽视灵活运用、交际功能以及思维训练,这是我们在运用这一方法时应该注意的。

四、对认知法的反思

认知法 20 世纪 60 年代出现在美国,是继 40 年代听说法之后又一有影响的教学法流派。

认知法一反听说法的理论,强调语法规则,强调新旧联系,强调口语与书面语相辅相成,强调情境教学,强调学生中心、学习动机、学习兴趣、科学方法、自主学习,这种教学法流派对我国课程改革、教材改革、教法改革都产生过或正在产生重要影响,我国引进、自编、中外合编的许多教材都潜移默化地体现着认知法的思想和精神。

认知法之所以产生影响,是因为它在一些国家的对比教学实验中取得了较好的成绩。据有关资料记载,美国的查斯坦在 1966—1967 年就在普度(Purdue)大学西班牙语专业进行认知法和听说法的对比教学试验,结果是两法各有优劣。1970 年在宾夕法尼亚州 200 多个高中德语班和法语班进行对比教学试验。经过 MLS 考试,结果认知法教学班在听说读写方面都比对比教学班强,在自学和阅读能力方面优势更加明显。1972 年在瑞典 125 个成人英语班进行的对比试验也证明,认知法取得全面优良成绩。②

---

① 刘冠生. 中学外语教学改革[J]. 中小学英语教学与研究,1987(3):1-2.
② 周流溪. 中国中学英语教育百科全书[M]. 沈阳:东北大学出版社,1995:166.

我国学者在对听说法与认知法进行比较的过程中,提炼出认知法与听说法相对立的特点,共 14 条,它们是:

1. 强调交际(准确些说是交际能力,即能使用所学的语言)。

2. 认为语言学习是形成规则(而非形成习惯),故不如用演绎解释来教语法。

3. 认为大多数学生想达到本族语说话者的发音水平是枉费心机,故不强调语音学习。

4. 鼓励进行小组练习和个别化教学。

5. 重新对词汇感兴趣,尤其注意为阅读目的而扩大消极词汇。

6. 不把教师看作绝对权威,只把教师看作学生的疏导者。

7. 强调理解(尤其听力理解)的重要性。

8. 认为语言偏差是语言学习中不可避免的副产品,因此要考虑进行系统的学习和解释,并尽可能对偏差做出矫正。

9. 认为书面语言技能(读、写)和口头语言技能(听、说)同等重要。不认为后者第一,前者第二。

10. 不鼓励重复操作;认为沉默式学习是有用的,而且常常是必要的。

11. 所有教学要点都通过视听教具、故事和其他合适办法加以情境化处理。

12. 允许使用母语和进行翻译。

13. 日益关注语言教学的情感领域:师生的态度十分重要,人际感情是关键,双方交往的质量是影响教学效果的重要变量。

14. 教学的理想目标是双语—双文化的熟练运用和适应能力。①

从以上特点可以看出认知法所具有的优点,但也不难看出认知法明显的缺点:忽视真实交际,忽视语音,忽视习惯养成,忽视巩固练习,忽视归纳思维能力培养,等等。这些应是我们在教学中必须注意和克服的。

五、对功能法(交际法)的反思

功能法(交际法)是 20 世纪语言学研究的突破性成果。交际教学法在外语教学领域中的重要贡献在于它正确处理了"语言能力"(linguistic competence)与"交际能力"(communicative competence)之间的辩证关系。有人指出,语言能力是合乎语法规范地使用语言的能力,交际能力则是看场合、时机和对象,根据

---

① 周流溪. 中国中学英语教育百科全书[M]. 沈阳:东北大学出版社,1995:167.

整个语言环境以及双方的身份,正确、得体地使用语言的能力。"如说:The baby was born dead. 是一种客观的准确的描述,属于语言能力。但如果考虑父母的感受和亲人的感受也可以说:The baby was still born. 则属于交际能力的范畴了。"①

众所周知,功能派的代表人物和著作有英国雷丁大学应用语言学研究中心主任威尔金斯(D. A. Wilkins)及其所著的《意念大纲》(*Notional Syllabuses*),荷兰应用语言学家 Van Ek 及其代表欧洲理事会(Council of Europe)制订的《入门阶段》(*Threshhold Level*),亚历山大(L. G. Alexander)和他所编的《跟我学》。这三部著作也集中代表了这一语言流派的发展过程。

威尔金斯(Wilkins)在 1976 年出版的《意念大纲》中提出一个论点:传统的教学路子以语法/结构为纲制定大纲(grammatical/structural approach to syllabus design)的主要缺点是明显的,即尽管我们讲解了一个句子的语法和词汇意义,但学生对它的实际用法仍不清楚。威尔金斯认为语言作为一交际工具,人们每说一句话可以表达三种不同意义:一是语义-语法范畴,二是情态意义范畴,三是交际功能范畴。②

语言既是符号系统,又是交际工具。以往的教学法大多是把外语作为一个符号系统来教,而很少顾及其在现实社会生活中的功能及其应用。我们也知道,学习一门语言无非是两种途径:一是理解;二是接触。而交际法强调的是后者,是交际功能的培养。

王才仁认为,《九年义务教育全日制初级中学英语教学大纲(试用)》(1992年)规定了"义务教育全日制初级中学英语教育的目的,是通过听、说、读、写的训练,使学生获得英语基础知识和为交际初步运用英语的能力,养成良好的学习习惯,为进一步学习打好初步的基础",其中"为交际"这一提法是过去的大纲所没有的,有着丰富的内涵。其一,"为交际",是外语教学的出发点和归宿;其二,"为交际",为教材编写确定了基调;其三,"为交际",是指导英语课堂教学不断前进的航标。③

20 世纪中英合编的 JEFC 和 SEFC 英语教材也贯彻了交际法或功能法的思想精神。如九年义务教育初级中学英语教科书第一册,从 Unit 1 开始,包括:(1)Look, Listen and Say;(2)Read, Say and Write;(3)Read and Say;(4)Ask and

---

① 胡鉴明. 我国应用交际教学法的多层思考[J]. 中小学英语教学与研究,2002(3):1.

② 徐渊. 功能派所走过的道路[J]. 中小学英语教学与研究,1984(3):23-25.

③ 王才仁."为交际"[J]. 中小学英语教学与研究,1993(1):1.

Answer;(5)Checkpoint,这一设计体现了"通过功能来学习语言形式"的交际法指导思想。

需要提出的是,在交际语言教学理论指导下,产生了任务型教学模式,又丰富和发展了交际教学法的理论。

2001 年教育部颁发的《全日制义务教育普通高级中学英语课程标准(实验稿)》提出:本课程倡导任务型教学模式,让学生在教师的指导下,通过感知、体验、实践、参与和合作等方式,实现任务的目标,感受成功。在学习过程中进行情意和策略调整,以形成积极的学习态度,促进语言实际运用能力的提高。[①]

任务型教学认为,以功能为基础的教学活动中有许多活动并不是来自真实生活,最多只能称其为"准交际"(quasi-communication),而要培养学生在真实生活中运用语言的能力,就应该让学生在教学活动中参与和完成真实的生活任务,因此应采取任务型教学模式。

任务型学习具备如下理论基础:

1. 有效的语言学习不是教育传授性的(instructional),而是经历性的(experiential)。

2. 任务型教学中至少有一部分任务与真实生活中的任务相似,因此,该模式培养出来的学生具有较强的运用语言进行交际的能力。

3. 语言的准确性是任务的界面之一。

4. 任务使得学生头脑中的信息处理模式不是单向顺序的加工模式,而是并行的加工模式即同时在多个层面上进行多角度的综合处理。

5. 任务的过程性和任务参与者语言活动量有助于学习者语言自动性(language autoactivity)的形成。

6. 动态语言能力和群体语言能力的训练是任务型学习的另一显著特征。

7. 意义学习中的"因式扩张"理论认为,语言不仅是一个有规则的符号系统,而且是一个动态的信息资源。[②]

任务型教学实际是做中学(learn by doing)的一种教学方式。任务设计上要考虑如下几点:第一,分析教学内容,把握知识,明确应用性;第二,从教材提供的任务建议中选择适合的任务;第三,检查任务是否符合真实任务的基本

---

① 教育部. 全日制义务教育普通高级中学英语课程标准(实验稿)[S]. 北京:北京师范大学出版社,2001:2.

② 余广安. 任务型教学:定位与思考[J]. 中小学外语教学,2002(6):1-5.

要求。①

任务型教学的教学活动可以有调查任务、采访任务、比较任务、讨论任务、解决问题任务等。

任务型教学从教师方面看,可变重复单一的知识传授为多方面的语言能力培养;从语言习得过程上看,可变传统单一的机械语言操练为语言运用活动;从学生方面看,可变枯燥单一的被动听讲为全过程的积极参与。

交际法及其思想指导下产生的任务型教学法的优势是明显的:真实性、合作性、全体性、主动性、发展性。然而,缺陷也是存在的。在引进吸收的过程中,我国许多学者和教育工作者提出了一些问题与建议。

夏谷鸣认为,交际教学法打破了语法教学的系统性,这不利于学生对语法知识的掌握,也不利于他们对语言的最终掌握。从外语教学史看,英语语法教学在英语教学中的地位历来有两种鲜明对立的观点:以语法翻译法为代表的学派认为,应该通过学习语言规律来认识和运用语言。以直接法为代表的学派则认为,语言学习应该通过模仿、操练形成熟练的语言技能,基本排斥语法教法。这两种观点不免失之偏颇。交际法教学往往使功能与功能、单元与单元之间缺乏语法系统性;结构完全不同的句子常常罗列在一起,而相同或相似的语法结构又往往出现在相距甚远的单元里;交际法教学因为模拟交际、孤立记忆难以培养学生的交际能力;交际教学的评估性很差。

夏谷鸣认为实践交际法在我国会遇到很多困难:教师素质问题、学生学习动机问题、教学条件限制等问题都要积极去克服。由此,他提出建议,交际法与结构法互相调合,创设多层次情境,满足课堂交际活动的需要。②

张志公、刘道义认为,功能法能够培养学生掌握交际能力;教学过程交际化;鼓励学生多接触和使用外语,特别是真实的语言材料,即实用性强的来自实际生活的活的语言材料,而不是为了教某种语言知识或某种语言人为地造出来的生活中并不存在的言语。他们认为功能法也有明显的弱点:第一,我国中学外语教学是基础教育的一部分,不具有专用性质,学生需要的是基本技能,而对实际交际能力的需求是有限的;第二,教学条件的限制不可能使功能法全面推行;第三,功能法本身也存在难以解决的问题,并不是完美无缺的。例如,如何协调语言功能和语言结构形式之间的关系就是个难题。他们建议:学习与应用结合起来;知识与能力结合起来;形式与意念结合起来;合理安排和解决教材中

---

① 鲁子问. 任务型教学的课堂教学程序探讨[J]. 中小学外语教学,2002(2):12-13.

② 夏谷鸣. 交际法与我国基础英语教学[J]. 中小学外语教学,1997(9):2-6.

的量的问题,如复现率和活动量。①

　　胡壮麟认为,交际教学法不是外语教学的万应灵药,它有优点,也有缺点。当我们谈到交际教学法的成就时,也应保持清醒的头脑,注意它的不足之处。

　　交际教学法鼓励学习者张口,倡导"流利甚于正确""教语言而不是教语言知识"的原则,在外语教学的初期和中期有很大作用。其负面效应是它常使学习者产生误解,以为自己说得快、写得快;说得好,写得好。其实不然。中国老师常有这样的体会,学生的言谈和书面作业中暴露出很多问题,可学生对老师的指正往往不接受,其理由是他们经常受到外籍教师的肯定和表扬,因此不认为自己说错了、写错了。事实上,在语言交际过程中,说快说慢不是根本目的,交流正确的信息才是主要的。

　　从发展方向看,一个语言正确但不流利的学习者,如果有更多机会和说英语者接触,会逐渐趋向流利;但一个语言貌似流利可错误很多的学习者,靠他自己的习得,很难往正确方向发展,因为他已养成有错误而自己仍认为是正确的陋习,对一些错误的表达方式定式化了。没有人指点,或者即使有人指点了他本人也并不认为如此,如何能化不正确为正确呢?

　　在探讨中国学习者交际能力差时,人们往往归罪于教语言知识,具体点说,是归罪于教语法。其实中国学习者交际能力差,是由多种原因造成的,如英语作为外语学习和英语作为第二语言的学习是不同的,在中国听和讲外语的环境有很多限制,采用原汁原味的交际法对老师要求非常高,而现有的老师够格的或有经验的不是很多。中国学生在性格上内向的多于外向的,明明会说也不愿意抢着说。其他原因尚有学习硬件不如一些发达国家以及对外开放的程度等。所有这些说明,提高交际能力是个综合工程,把语法教学当枪靶子打不能解决问题。

　　我们国外同行对语法教学已经开始端正态度,重新评价。20 世纪 60 年代中期乔姆斯基的转换生成理论盛行时,许多人认为语法可以不用教了。若干年后,美国的教育家纷纷向乔姆斯基提问:孩子既然有天赋的内在语法能力,为什么上学后有如此多的语言错误呢? 乔姆斯基把这个问题推给应用语言学家去回答。同一时期,英国的语言学家和教育家曾提出另一种理论:语言是使用过程中提高的,孩子们不必学习语法。为此,他们曾编写并推广一本包括 100 多个单元的英语教材 Language Use。经过多年的实践,他们发现英国学童的语言水平下降了。为此,他们 1987 年在兰卡斯特召开了对语法教学的作用重新评

----

① 张志公,等.中学英语教材的现状与未来[J].中小学英语教学与研究,1988(5):11-16.

价的学术研讨会。Halliday, Widdowon, Wilkins, Leech, Candlin 等名家都参加了。大家公认,语法教学还是要的,问题是要编写一部使学生感兴趣并容易掌握的语法书。

胡壮麟介绍说,在这样的背景下,国外一些有识之士纷纷提出,交际法应和语法教学结合起来,由此产生了交际法向交际－语法教学法的过渡。①

综合大家的意见,我们认为,交际法是为了克服语法翻译法等教法的缺陷产生的现代教法。它重体验,重功能,重能力,重合作。在交际法思想的指导下产生的任务型教学又向前迈进了一步,重做中学,重真实交际,重主动学习。然而,正像其他教法一样,交际法及其任务型教学法也有一些值得注意的弱点:忽视语法、忽视认知、忽视书面语、忽视知识系统传授,这些也需要在实际运用中借鉴其他教法的长处予以弥补。

六、对折中法的反思

国外产生或引进国内的外语教学法各有所长,各有所短,于是为了克服某种教法的弱点,就发生了妥协、综合,也就产生了某种折中。折中是一种教法与另一种教法的相互让步和妥协,是一种教法和另一种教法某些特点的共融与综合。它实际上不是某种单立的教学法流派。由于折中法教学法有许多亚种,我们只研讨其中一种重要的教学法——结构功能法。

我们知道,语言既是符号系统,又是交际工具。符号主要是指语音、词汇、语法,特别是指法,交际主要是指其社会功能。以往单一的教学法如语法翻译法只是强调符号,交际法只是强调交际,其实各有存在的道理,各有其用,但从语言的本质来看,并没有把符号与交际统一起来,因此,教学中失之偏颇,有失全面。

符号与交际结合起来实际上是将结构和功能结合起来,这种结合对我国英语教学有着特殊的实际意义。

柳斌 1997 年在中学外语教学座谈会上指出:我们应该充分肯定若干年来,特别是最近十年来,我们在这方面做出的努力和取得的成绩是很大的。英语教学的范围较 60 年前是大大扩展了,以前有多少学校开设英语课? 现在有多少? 成倍增加! 学习人数也成倍地增加。有人认为学英语主要解决口头交际问题,

---

① 胡壮麟. 交际教学法不是外语教学的万应灵药[N]. 英语周报(高中教师版),2007-01-24 (2).

听、说就行,不能听、不能说,是哑巴英语。有的人强调中国之大,有多少人能够直接与外国人打交道,应着重抓读、写,能够看外文书就行。各执一端。要去掉这种片面性,可以从各个地方的实际情况出发,在不同的阶段有所侧重。但全面的要求还应该是听、说、读、写四会。① 从理论上看,结构法和功能法结合起来,才能达到四会的目的,才能真正实现语言形式和语言意义的统一。

范东生认为,在我国外语教学界存在一个语法 – 交际困境,如果认为语言是符号系统,我们在课堂上要做的主要是学习语言符号(词汇、短语),系统学语法,这就要讲究学得正规,要精于分析。如果把语言当作交际行为看待,就要把自然语言环境中的言语使用作为主要学习内容,而这样的言语使用必然在一定程度上表现出它的不正规性和非分析性。我们的教材现在偏重于后者(交际),而我们的教师却更重视符号(语法),忽略语言的交际功能。结果是教材怎么改都让教师为难,教师怎么教都跟不上教材编者的思路。这是我们外语教学界面临的困境之一。②

马俊明认为,探索有中国特色的外语教学路子其基本方法有:第一,寓思想教育于语言教学之中;第二,结构与功能相结合;第三,精讲基础知识,着重培养为交际运用语言的能力;第四,听、说、读、写综合训练,不同阶段有所侧重;第五,尽量使用英语,适当利用母语。其中在谈到为什么要采取结构与功能相结合的路子时,马俊明对我国教师基本情况做了细致分析:1986 年全国外语教师约 31 万人。全国初中英语教师达到大专以上水平的占 27.6% ,高中占 30% ,大约 70% 的英语教师未达到大专水平。1995 年这种状况略有好转,但不合格的外语教师还占 70% 左右。据作者调查,河南民权县,21 个乡、镇共 72 所中学,英语教师 280 人,其中专科毕业者占 15% ,即 85% 是非专科毕业。太原市 6 个县区,初中英语教师 485 人,本科毕业生人数为 0,大专毕业生占 28% ,即 72% 为非大专毕业生。教师的这种状况要完全采取交际法是困难的,采取结构与功能相结合的路子来编写教材和进行教学是符合我国国情的。③

张国扬等人认为,很多教学法都创立于外国,可称舶来品。如何从我国近 100 多年来的外语教学研究和实践中悟出真谛,创立既符合中国国情、又具有先进科学理论基础、既能为广大外语工作者所接受、又能立足于世界外语教学法流派之林的外语教学法,这是当今我国外语基础教学研究的主要课题。比较符

---

① 柳斌.柳斌同志在中学外语教学座谈会上的讲话[J].中小学外语教学,1997(10):1.
② 范东生.外语教学的国情及方法思考[J].中小学外语教学,1999(7):5.
③ 马俊明.总结经验,不断前进[J].中小学外语教学,1995(5):1-4.

合我国国情的教学法中,结构－功能大纲是其中之一。根据这个大纲教学原则编写的教材主要有人教版的高中英语教材(实验本)和广州市英语教研室与英国牛津大学出版社联合编写的初中英语课本 *Success with English* 等。这些教材具有三个明显的特点:第一,每个单元的编写以一个内容为中心,配一二个或二三个语言或语法项目,并将这些语言形式的教学融入以该内容为中心的交际活动,体现了内容与语言形式两者并重的原则;第二,这些教材的编写彻底改变了旧教材那种以语法为纲、以课文演绎语法并为语法服务的现象,体现了以内容为中心,语言形式为内容服务,以交际能力的培养为教学原则和教学目的;第三,这些教材的编写虽然强调了教学过程的交际性,但并没有采纳以 N. S. Prabhu 为代表的强式交际法的观点即忽视语法观点,而是采纳了 W. Littlewood 的弱式交际法的观点即重视语法的观点,这是一种改良了的交际法。①

李岳秋认为,交际法要求学生从事交际活动的场景必须是完全真实的(authentic),必须具备信息差(information gap)、选择(choice)、反馈(feedback)等交际的基本特征。同时要求所用语言材料完全真实而非经改写或缩写以及学生要分组活动。在我国现有外语教学环境中,对交际教学法采取拿来主义的态度,完全照搬是行不通的。我们可以取其合理和切合实际的成分,与其他教学流派,如结构主义教学法的精华结合起来,创造出适合我国国情的、行之有效的教学方法。②

结构与功能的折中、结合、统一是辩证施教、全面发展的必然要求。我国广大教育工作者对这一教法的思考、探索是非常可贵的。按照这一教法施教,语音、词汇、语法知识的掌握,听说读写四项技能的培养以及综合语言运用能力的培养达成目标是有希望的。然而结构与功能如何结合、统一,如何把握好度即功能多一些还是结构多一些,还有是功能之上的与结构折中还是结构之上的与功能折中,等等是需要我们认真探讨的问题。

第三节　教法的独立探索

从清末到中华人民共和国,中国中小学英语教学法的发展变化经历了借鉴、反思和独立探索三个阶段。我们在不断地吸收,不断地反思,也在不断地改

---

① 张国扬,等. 结构－功能大纲[J]. 中小学外语教学,1999(12):1-2.
② 李岳秋. 结构－交际教学方法及其运用[J]. 中小学外语教学,1996(6):3.

造,结合我国国情、教情,特别是学情又在不断地探索,不断地形成我国丰富多彩的英语教学法。在这期间,我国众多学者和英语教师都做出了努力。限于篇幅,我们重点分析几个在民国期间和新中国成立以后比较有影响的教学法著作并尝试对部分典型的教学法进行分型整理,以期对我国独立探索的教学法有个比较深刻的认识。

一、百年中几部较有影响的教学法著作

百年中,我国理论工作者和广大教师在理论研究与教学实践中积累了很多经验。他们撰写、出版了不少论文、专著。从民国开始,陆续出版了一些有关教法和学法的教材和论著。中华人民共和国成立后,特别是改革开放以后,又出版了大量有影响的教学法专著。

（一）1915 年庄启撰写的《外国文直接法》,发表在商务印书馆所办的《教育杂志》七卷二期上,他倡导直接法。

此文先是论述了学习外语的重要性。文章说:

> 不幸而世不一国,不幸而国有一文,而人之生于斯世者,复不能不知斯世之所有及其所有者为何如。惟然,则多学一国文则多知一国事。所学之文愈多,则所知之事愈多。游历者之所得,不过耳之所闻,目之所见,而知外国文者,并耳所不能闻,目所不及见皆得之,其比例当何如耶?

然后,论述了母语习得与外语学习的不同。文章说:

> 学己国文者,始于小学。其年未十岁,循序而进。今日识一字,明日读一句,不之烦也。盖前此故未识字读句也。故不问字之为人、为犬、为山、为水,于学者均为新增之知识。学外国文则不然(今高级小学亦有外国文,其应有此科与否,始待讨论),其年不止十岁,其知识非幼童之知识。而欲得其学之效之切,亦非可比例。授者不察,以授外国未及十岁之幼童之法而授之,强其高诵:这是一只狗,这是一只猫,这只猫能捉鼠等句。试思学之者与此有何种兴味? 设遇一外国人,能以此狗猫等句相问答否? 设揭开一外国书能常见此狗猫等字否? 而不谓今之学外国文者竟掷其数年良好之光阴,于此等狗猫也。

其次,文中提出译授法(翻译法)的五个弊端:目的语接触少,母语欠迁移,双语等值翻译难得,使用比懂要难,母语左右外语,项项分析鞭辟入里。

还有更重要的,文中提出直接法概念及实施方法,程序如下:

直接法用甲国语授甲国语于非甲国人,由已知及未知,由简及繁,由实及虚,使学者日移其耳目心思与所学之文内不自知耳,其要如下:

(1)实物教授。使学者见物而道其名。(外部直观)

(2)会意教授。使学者即言行而悟其意。(内部直观)

(3)授文法于实习。

其教授可依下列之次序:

(甲)第一编

次 字	文法实用
一、物名(教者以实物示学者)及颜色	实字分类:代、名字静字
二、广度(长短深浅等)	静字比较
三、位置(前后左右等)	动字之"有""是"两字
四、运动(来去开关等)	动字之请,谕格代名字之宾、主
五、数目	加减乘除实习
六、身体各部	动字之"有"字
七、衣饰	静字统属格
八、数量	助动字之数量格
九、文字	写法及读法
十、连合辞	连字自动字
十一、动字	动字之本格
十二、其它应用字	各动字直指格

(乙)第二编

次 短文	文法实用
一、时刻分秒	动字实习
二、年月日夜	动字实习
三、昨日	过去时
四、明日	动字未来时
五、谈话动字	各时实习
六、游历动字	各时实习

七、作简　　　　　　　　　　　　　　动字各时实习 ①

（二）1933 年林语堂用英文撰写《开明英文文法》，由开明出版社出版，他倡导意念/功能教学法。

《开明英文文法》一书首先提出意念及表达方式的问题。他认为我们说话都包括了两个方面：第一，说什么；第二，怎样说。前者是指意念，后者是指意念的表达方式。

其次，书中列举出一些主要的意念项目：叙述、提问、命令、怀疑、希望、数量、重量、价值、距离、位置、形状、修饰、级、行为、行为时间、事实、想象、关系等。

再有，书中对中、英两语言不同的表达方式做了心理和思维方式对比研究。

还有，林语堂在书中提出，语法是表达的科学。他说，语法本身所论及的就是意念和意念的表达，除此之外，语法就毫无意义了。他反对脱离实际的"绝对语法教学"。他认为，我们绝不能把形式的各种变式当作空洞的形式来重复记忆，而要当作我们头脑中已有概念的表达方式来学习。因此，他主张"无规则的语法教学"，提倡学习活的语言，培养表达能力即交际能力。

"林语堂《开明英文文法》是国内第一部以意念项目为纲的语法书。"②《开明英文文法》1933 年初版，不到 15 年内再版 10 次，可见影响之大，用者之广。该书目录如下：

Chapter I

The Science of Expression

Chapter II

Parts of Speech and Change of Function

Chapter III

Sentence Moods

Chapter IV

Persons, Things and Their Gender

Chapter V

Number and Quantity

Chapter VI

---

① 张正东．中国外语教学法理论与流派［M］．北京：科学出版社，2000：99-100.

② 张正东．中国外语教学法理论与流派［M］．北京：科学出版社，2000：103-104.

Weight, Value, Size, Shape and Position

Chapter VII

Representation

Chapter VIII

Determination

Chapter IX

Modification

Chapter X

Comparison and Degree

Chapter XI

Aspects of Action

Chapter XII

Subject and Object

(Transitive Action)

Chapter XIII

Time of Action

Chapter XIV

Fact and Fancy

Chapter XV

Relationships

Chapter XVI

Economy of Expression

　　林语堂的《开明英文文法》与其他语法书不论从体例还是内容上都有所不同。通篇体现了意念及其表达的方式方法,与1978年以后引进的功能法(交际法、意念法)一脉相承,只不过后来的理论更丰富,更有理性了。

　　(三)1947年5月吕叔湘出版《中国人学英文》,由上海开明书店出版。

　　《中国人学英文》通篇是以对话形式写成。如第一页:

　　英文不是中文

　　【客】承您的情,允许我来领教关于学习英语的事情,非常感激。

　　【主】岂敢岂敢。学习英语,多年还是要靠自己努力,我至多不过能贡献一点学习的经验罢了。

吕叔湘在本书自序中说：

"中国人学英文"和英美人学英文有什么不同吗？当然不同，对于英美人英文是母语，但对于我们则是外国语。甚至和法国人、德国人学英文也不一样，不但是因为英文和法文、德文的字汇一部分相通，语法上大体相似，尤其因为它们同是拼音文字，这一点非常重要，用拼音文字的人知道文字只是写在纸上的语言，而中国人则一向把语言和文字当作两件东西，前者用耳朵去学，后者用眼睛去学。学"文言"是用目治，学英文也照样去"目治"，这根本就走错了路，幸而有成，也是事倍而功半。

……所以这本书的用意决不是代替文法书，而是对一般文法书作一补充。当然更不能代替听和说，读和写的功夫，正如药物虽然能治病，却不能代替食物一样。

《中国人学英文》实际上是给自修者编写的一部书。其目录如下：

目录
第一章　原理和方法
第二章　语音
第三章　拼法
第四章　字义
第五章　词类
第六章　语形变化
第七章　动词时态
第八章　变式动词
第九章　词序
第十章　析句

本书系统介绍了学习英语的方法及英汉两种语言的区别。有学者将其外语教学法的观点概括为七点。

第一，语言的使用是一种习惯，"学英语就是养成使用英语的习惯"。习惯是经过多次反复而后形成的，所以要多多练习。第二，要比较英汉语的不同之处。与直接法主张相反，吕氏认为："不但是不妨比较，有时候还不可不比较。"

第三,耳、眼、口、手四到:耳到指听清楚和多听;眼到指看清楚并多看广告;口到指说话和念书,不要怕说错;手到指抄书、查字典、写作;等等。第四,要循序渐进,看不懂的书不要硬看,生词率只能在2%左右,旧材料要占十分之八。第五,语法知识要从读物中获得,与其多读文法,不如多读文章。第六,词汇与其求多,不如求熟,并且"词语要嵌在上下文里头才有生命"。第七,念书要口诵心维,"念书要熟,必须能一面设身处地的想,嘴里念到 kick 这个字,不妨提起脚来踢一下……用英语说就叫 read dramatically"。①

可见,吕叔湘先生的教学法观点,既有直接法和翻译法的思想,同时又在批判上述两法的基础上,倡导听说法、情境法、沉浸法等思想,是教法的集大成者。

(四)20 世纪 80 年代和 90 年代我国出版了 7 部有影响的外语教学法著作,其影响延续至今。这些著作是:

1.《中学英语教学法》,吴棠等编著,广西人民出版社,1981 年出版。

2.《中学英语教学法漫谈》,胡春洞主编,河北人民出版社,1982 年出版。

3.《英语教学法》,胡春洞主编,高等教育出版社,1990 年出版。

4.《英语教学法》,李庭芗主编,高等教育出版社,1983 年出版。

5.《*TEFL in China:Methods and Techniques*》(英语教学方法与技巧),唐力行编著,上海外语教育出版社,1984 年出版。

6.《俄语教学法》,于永年、曹宝健等编著,上海外语教育出版社,1986 年出版。

7.《外语教学法》,应云天编著,高等教育出版社,1986 年出版。

如上 7 部教学法专著是我国师范院校英语、俄语专业教学法主要教材。从其中两种教材的章节内容可以看出作者秉承的教学法思想以及教学法发展的大致脉络。

胡春洞主编的《英语教学法》共分六编二十一章,内容如下:

第一编　第一章　绪论
　　　　第二章　教学指导思想
　　　　第三章　教学基本原则
第二编　第四章　语音教学
　　　　第五章　语法教学
　　　　第六章　词汇教学

① 张正东. 中国外语教学法理论与流派[M]. 北京:科学出版社,2000:109.

李庭芗主编的《英语教学法》共有十章,基本内容如下:

胡著和李著是我国外语教学法有代表性的专著。比较起来看,胡著重视听说法(句型法),强调语言知识教学,强调阅读领先原则,强调心理认知;李著重视整体教学,强调语言技能培养,强调综合语言素质。他们以及其他诸位专家的著作反映了我国理论工作者不断探索的历史脚步。

（五）2000年6月西南师范大学张正东教授出版了《中国外语教学法理论与流派》一书。这本专著对研究我国教学法的变革和发展极有价值。

《中国外语教学法理论与流派》全书共计五篇，计532页。第一篇主要探讨中国外语教学的演进，分为译学中心期、欧法中心期、东西跳动期和走向自立期几个部分；第二篇探讨中国外语教学法理论，如中国外语教学法理论的根本特点和中华文化衍生的外语教学法理论，重点介绍了庄启、周越然、张士一、艾伟、林语堂、林汉达、陆殿扬、沈同洽、吕叔湘、葛传椝、水天同等第一代学者的外语教学法思想与理论以及吴再兴、王宗炎、刘丹青、李庭芗、刘振瀛、吴棠、李赋宁、张志公、陈冠商等第二代学者的外语教学法思想与理论，还有第三代学者如马俊明、李森、陈琳、胡鉴明、张正东、李勤、李观仪、朱治中、王武军、于永年、赵璧、桂诗春、俞约法、章兼中、曹宝健、胡春洞、杨振常、易经畬、杜培俸、杨明仪、王才仁、陈激的外语教学法思想与理论，此外还介绍了陈冠英、何广铿、舒白梅等部分中生代学者的外语教学法思想与理论；第三篇探讨了张士一教学法、林语堂教学法、辩证综合法、华式结构功能法、外语立体化教学法、"情意、情景、知识、交际、调控"五因素教学法、双重活动教学法、外语之突破教学法等；第四篇探讨了中国外语教学模式如规范教学过程的教学模式、知识－技能教学模式、听说读写教学模式、整体教学模式、启导式教学模式、交际性教学模式、强化实践的教学模式、综合教学模式、复习教学模式、高效基础英语/外语通用教学模式等；第五篇系中国外语教学法研究钩沉，有别学科专家论外语教学法，有语文学家范存忠、季羡林、许国璋、伍铁平、张凤桐论外语教学法，还有另有所长的外语教育家论外语教学法以及中青年学者论外语教学法，等等。

《中国外语教学法理论与流派》一书系外语教学法理论专著，但从史学的角度看，论中有史，资料丰富。尤其是对几代学者教学法理论的介绍和分析可以帮助我们寻出教学法缘起的头绪，看到教学法发展的历程。

二、我国中小学英语教法分型研究

百年中我国中小学英语教法林林总总，数量很多，不胜枚举。这其中有引进的教学法的改良改造，也有我国众多理论工作者和实际工作者的探索创造。为了帮助大家对我国英语教学法有个概括性的认识，我们择要对一些有代表性的教法试做分型研究，以期找出规律，推广使用。

（一）改良型教学法

在英语教育变革和发展的一百多年中，我国借鉴和吸收了国外许多先进的教法。但是这些教法引进后,并不是原封不动,丝毫不考虑我国的国情、教情、学情,而是经过了许多创造性的改良、改造,因而这些引进的教法在中国实行一段时间后,与国外原来的教法相比较已有了很多变化,因而被称作改良型教法。

改良型教法某些思想源于国外,主流方面经过了改良、改造或折中。这种改良、改造或折中实际上是根据我国英语教学的实际情况进行的有益探索,既有理论基础,又有实践支持,显得更有意义。

改良型教法大致包括张士一倡导的直接法、林语堂倡导的交际法,张志公等的华式结构功能法。

1. 张士一倡导的直接法

张士一发展了直接法的教学思想并有所创新,并在此基础上构筑了自己的教学法的方法论。

我们知道,直接法坚持如下四点:

第一,学习口语,强调语音教学。

第二,以连贯性课文作为教学的核心。

第三,课堂上应将教材转换为口语,听说领先。

第四,从已学语言材料中归纳语法。

张士一教学法接受了这四点,但他也做了自己创新性的解释。

第一,学习口语/说话只表示从说话入手打好基础,实际上文字是代表语言的东西,所以必须重视阅读和写作教学。

第二,直接法要求符号/声音与意义直接联系,就教学过程而言两者总是间接联系的,因为凡是学习都是间接联系的。所以采用直接法不是不可使用本族语,而是根据情况在尽可能用目的语的情况下,采用多种释义方式;如果教抽象意义或难以用目的语说明的词,就可用翻译。

第三,由于我们的目的是使学生能运用外国语,应当拿语言做主体,语法做辅助品,使语法帮助学生学习语言。所以必须先教了许多包含语法的语言材料,然后才能讲得清楚语法并且使学生学了能用。

张士一还提出情境教学理论,他认为语言的实质是人的有机体对于情境的一种反应,故学习语言的实质是学习一种用语言对情境做出反应的本领。此外,张士一先生还提出了外语教学法的方法论,这集中体现在他于 1933 年在《国立中央大学教育丛刊》的第 1 卷第 1 期上发表的专文《中学英语教学的方法问题》中。此文提出英语/外语应该达到的七条要求/标准,至今对我们英语教学或研究都有指导意义。这七条要求/标准是:

第一,要大小由之,即兼顾细小活动与广大目标。

第二,要内外相通,即着眼教育,联系各科。

第三,要主客分明,即以学习语言材料为主,学习语法、语音为辅。

第四,要合于心理,即按学习心理学和语言学所反映的规律组织学习。

第五,要切于生活,即教学内容要联系学生生活,合乎他们的需要。

第六,要博采众长,即从各种外语教学法里吸其所长,弃其所短,集诸法之大成而为我所用。

第七,要富有弹性,即既有严格的准绳,又能自由地因实际情况而变化,从而使教学法能够切合教学环境的特点,并不断改良,不断进步,以达到艺术化的地步。[①]

张士一先生的观点超出了直接法的内涵。

2. 林语堂倡导的交际法

林语堂先生的《开明第一(二、三)英文读本》《开明英文读本》《开明英文文法》和《开明英文讲义》在 20 世纪 30 ~ 40 年代影响很大。他坚持认为,外语教学的任务是解决说什么和怎样说的问题,要培养学生语言表达能力即用语言做事的能力。这一观点是受到丹麦外语教学法家、英语语法家叶斯柏森(Otto Jes-persen)的影响,然而他的观点有所创新,又与 70 年代兴起的意念 – 功能 – 交际法有所不同。我们见到《开明英文讲义》卷首《告读者》一文,引其要点,分析如下:

> 目标:本讲义的目标,在于使读者有学习现代通行活用的英语的机会,而听、讲、读、写四者并重。

林语堂先生在确定教学目标时,具有听、说、读、写技能全面培养、全面提高的思想,这突破了交际法观点的束缚。

> 学习语言的基本原理:小孩子学习语言,的确比我们成人来得容易。试看两岁半的小孩,差不多什么话都会说,而且他的发音正确,语法自然,声调也很能表达自己的情绪。要知道他的秘诀只是不厌反复模仿而已。本讲义很注重有系统的练习,使读者可以反复仿效。

反复模仿是听说法的特点,有系统的练习克服了交际法的缺点。林语堂的

---

① 张正东. 中国外语教学法理论与流派[M]. 北京:科学出版社,2000:164-172.

意念法思想有所扩展。

  语汇:语汇是语言的内容和本质……本讲义特别详细说明各字的用法,而且使读者有相当练习的机会。凡遇一字有数义者,先取一义,俟有相当的认识与练习之后,再行加入新义。

  语音:学外国语言,发音当然是很重要的,而发音的秘诀只在于多听。但读者能听到英语的机会恐怕不多。所以,现在我们唯一的办法,是用国语的音素与英语的音素互相比较,英语某音为国语所有的,使用国语注音符号来注它,再举单字为例来重叠证明它;遇着国语所无的音,那只好用近似的音来注它,同时说明其不同处。至于如何运用发音器官,读者可按照所附发音图表一一练习,当不难发出正确的音来。但是最妥善的办法,还是由读者请一位懂得发音的人来教那些基本的音素。

  语法:语法就是通常的所谓文法。……文法上的理论,读者但求其明了,不必强记;至于界说方面,则须注重习惯,至能自由使用为止。强记或背诵界说是绝对无用的。

  林语堂强调意念、功能、交际,但重视词汇、语音、语法基础,特别注意语汇的练习和在语境中的使用,并根据中国学生和成人学习的特点,提出可以进行中英语音对比,适当利用母语学习英语。此外他还注意语法的实际运用和灵活运用,这些观点对于我们目前的英语教学都有一定的帮助。

  课文的学习法:课文要学得好,须先学整句,然后再分别地认识句中的各字。倘先认识了生字,再一字一字凑成全句,那英文一定学不好的。这是一般语言教学者许多年的经验所得来的教训,请读者切勿忽略。

  与其强记单字,不如取最有用的句子来全句背诵。这样不但可记得生字,而且于会话上也有极大的帮助。要背诵全句时,须先熟读全句,同时体会该句意义,一直到全句能脱口而出,绝不滞涩时,才可试行背诵;如果不能全句背诵,应该翻开书来再读,切不可迟滞地思索那记不起的字,因为这种背诵法会养成一种说话时期期然不流利的恶习惯。

  单字的学习法:认字时,对于每个字应当认识四件事,就是拼法、读音、字义、用法,四者缺一,不能算是真正认识该字。不过普通人总以为懂得一个字的拼法、读音和字义便算了事;其实不然,那只能算对于该字的功能得到一半,不能认识,不能使用。因为某字只认识了一半而要使用它,便会弄出笑话来。我们的目标是认识与使用并重的。

练习是极重要的。例如一个人学骑马或游泳,无论理论学得如何精透,如果没有练习,一定会跌交或淹死的。语言是人在社会上的一种习惯,我们学习一种语言就是在养成一种新的习惯,只有反复的练习能够做得到。本讲义只能告诉读者如何练习以养成这新的习惯,至于习惯养成的责任,那全在读者自己身上了。

林语堂注重从整体到部分、从课文到单字的教学,这是整体教学的特点。此外,他重视认知与使用并重,实际上是重视知识与技能相统一,还有,他的通过练习养成习惯并让学生自己养成习惯的提法也有新意,实际上是强调英语教学不仅重视教,更应重视学。

3. 张志公等的华氏结构功能法

张志公、唐钧、刘道义、魏国栋、汪震球、龚亚夫、郝建平以及人民教育出版社外语室的同志们在改革开放以后,经过 10 多年的努力,先是引入听说法/结构法,后又在总结经验的基础上,引入结构功能法,并加以改造,形成了华式结构功能法。华式结构功能法不同于国外的结构功能法。不同之处在于:从中国外语教学的实际出发,继承中国引入的不同外语教学法的经验,兼重语言结构与语言功能。①

华式结构功能法的影响从 20 世纪 80 年代延续至今,这一教法其理论基础虽是国外的听说法和交际法折中的观点,但又根据我国国情经过了改良、改造,因此也是一种改良型的教法。

中英合编教材之前一段时间,我国采用人教社统编教材。这些教材基本上是以结构主义语言学为理论基础,优点是明显的,如听说领先、重视句型、重视口语、阶段侧重等,然而缺点也是明显的,如忽视意念、忽视交际、忽视语境、忽视心理作用等。为了解决这一问题,张志公等坚持学用尽可能地结合,从实际出发处理语言知识与语言能力的问题,从汉语与目的语的差异上解决形式与意念问题,并提出要有一定的词汇量、复现率、言语活动量、阅读量、学习负担量等。根据交际教学思想纯功能路子、结构功能路子、功能结构路子和题材范围路子,选择"题材范围"与"结构功能路子"相结合的交际教学观,不是简单地把"题材范围"与"结构功能路子"相结合,而是在继承我国使用语法翻译法和听说法的积极经验的基础上,构建了华式结构功能法。华式结构功能法的基本观

---

① 张正东. 中国外语教学法理论与流派[M]. 北京:科学出版社,2000:218.

点是：

第一,继承与引用并举。

第二,注意汉英/外语之间的差异。

第三,重视教学环境和学生思维观点。

第四,按交际目的,改进教学内容与过程。

第五,全面训练,阶段侧重。

中英合编的初、高中英语教材充分体现了上述思想或观点。

(二)综合型教学法

综合型教法是在借鉴了国外语言学理论的基础上,辩证地看待教学系统中的有关因素,综合各家之长,对适合于我国国情的外语教学法进行独立探索形成的方法。这类方法有很多,比较有代表性的是李庭芗的辩证综合法和王才仁的双重活动法。

1. 李庭芗辩证综合法

李庭芗建立的辩证综合法始于 20 世纪 60 年代的俄语教学法研究。外语教学中不可回避的因素有很多,如听说读写,语音词汇语法,教与学,知识与技能,本族语与外语,等等。哪个为重？哪个为轻？外语教学界众说纷纭,莫衷一是,各派都有自己的观点。我国外语教学界对此进行了独立探索。李庭芗等人在 1981 年 9 月明确提出"综合训练,阶段侧重"的观点,这一理念逐渐为外语教学界所普遍接受。①

"综合训练,阶段侧重"亦称"四会并举,阶段侧重",听、说、读、写综合进行训练,不厚此薄彼,口语领先,最后突出阅读。辩证综合法倡导的教学原则是：交际性原则,阶段侧重原则,语音、语法、词汇综合教学原则,在外语教学里利用和控制使用本族语的原则以及以学生为中心的原则。1994 年李庭芗介绍了"综合训练,阶段侧重"教学法的具体模式即教、学、用。主要内容如下：

第一,教。教师每教一课,要当堂使学生理解所学课文(懂);能朗读课文(会);通过反复操练,达到熟练运用课文及新单词和新语法点(熟);再通过随后几课的学习和操练达到灵活运用所学的单词和语言点(用),进行听、说、读、写的交流活动。懂、会、熟、用中前一步的学习为后一步创造条件,后一步学习又是前一步的提高。教的内容要由近及远、由简到繁,由改写材料到原文,并以课文为中心把语言三要素和四技能综合起来。教的方法要听、说、朗读先行,充分利用外部直观、身势、情境;力求用英语做教学语言,以运用语内直观。教的

---

① 张正东. 中国外语教学法理论与流派[M]. 北京:科学出版社,2000:206.

活动要立足于学生操练、实践,多用小组练习。

第二,学。学指学生的学习方法。首先是听,开始听音会意,再次听音跟读;此后则听问作答,听音书写;以听先行而把听与说、读、写结合起来。说要和朗读、听写、表演等活动相结合。读要在听说基础上培养朗读能力和进行背诵;要通过精读培养阅读技巧,如整句理解、猜测词义、评价内容、预习课文等;泛读要与精读相结合,力求读得多,读得快,读得独立(少依靠老师)。写要在口头练习的基础上进行,经过口头练习再做有控制的笔头练习,同时要把书写与写作联系起来。此外,则是复习方法。因为学生在课堂的学习和操练,都属于强攻、强记,认得快,忘得也快。如果要不忘记或少忘记,就得在遗忘之前复习或养成课后及时回想、定时诵读以及同学三三两两一起复习的习惯。

第三,用。从学生的角度讲有两种用。首先是自觉运用,指课堂上的操练。这时学生的注意力放在掌握所学的句子和句子里的单词、新习语和新语法点上,不是放在交流思想上。其次是自觉运用向前发展可达非自觉运用,即学生在生活中用英/外语交谈、阅读与写作。这时他们的注意力主要放在交谈的内容和了解对方表达自己的思想内容上,由自觉运用到非自觉运用是一个由不熟到熟、由操练语言形式到活用所学语言形式以交流思想、由量变到质变的过程,也可以说学生的用是熟能生巧;巧了,也就达到了教学大纲要求的目的。

教师在教学中运用外语都是由非自觉运用到自觉运用。因为教师在教学中不能随心所欲地用外语教外语,而要自觉地限定自己选用学生学过的外语知识、技能去讲解、操练新授语言材料,既帮助学生掌握新授语言材料,又帮助他们复习已学知识和技能,提高其熟练程度,使学生每堂课都能“学新习旧”。①

2. 王才仁双重活动法

王才仁倡导双重活动法。他认为,英语教学的过程是非常复杂的系统过程。从语言活动的主体看,有教师和学生两个主体;从教学内容看,有信息和情意两个层次;从语言教学对象看,有物质性(如语言的声音、形象)和观念性(如语言的表层符号和深层意义)两个方面;从信息输入的渠道看,有外界刺激和大脑的认知活动两个渠道;从输出的环境看,有内在环境(即心理环境)和外部环境(即对心理活动有着制约作用的家庭、学校、社会等外部存在及其活动;从教学的目的看,英语教学有培养为交际而运用外语的能力和素质教育两个目的。基于此,王才仁提出外语教学应是活动的双主体,内容的双层次,语言教学对象的双重性,输入的双渠道,输出的双环境,教学的双目的,综合起来称为双重活

---

① 李庭芗. 英语教学中的教、学、用[J]. 中小学外语教学,1994(10):1-5.

动的教学法,也是一种辩证教学法。

王才仁的双重活动教学法具有可操作的五个步骤。即引入、启动、输入、加工、输出。广西师范大学实验中学双重活动教学法实验报告对五个步骤有详尽的介绍。转引主要内容如下,以资分析和研究。

第一步,"引入"。复习已学内容,将学生的已知信息有机地结合,进而引发动机以形成期待。"daily talk"是常用的引入形式,一般为两人一组,教师不限定题材,学生可将课堂上所学内容与日常生活中的所见所闻相结合,自由发挥创作、表演、交流,以引发兴趣。教师进而消化教材,创设新情境,引入新教材。

第二步,"启动"。即呈现教学新内容。这是五步中的关键。教师引而不发,提供设问或关键词引导学生的思维活动,启动学生发挥想象和创造力,主动尝试。启动方式通常是设立情景、图画、电教媒体、对话、动作、表情、演示、实物等。以实物演示进行启动为例:教师在教名词性物主代词时先将几位学生桌上颜色、形状各异的笔一一收上来,继而故意将笔错还给学生,这时拿到别人笔的学生马上说道:"This pen is not my pen. My pen is red. This pen is his pen. "此刻,教师立即板书:"This pen is not my pen. ""my pen = mine",并引入"his,hers,ours,theirs"等,这样其他拿到别人笔的学生自然就会互相说道:"This pen is not mine. It is yours. That pen is mine. "等等。可见,启动的关键是选好教学内容突破口,分步启动,逐一理解,循序渐进地逐步扩大深入。为学生整体接收新内容做好准备。

第三步,"输入"。指学生对课文内容信息的整体接收。最好用原版录音、录像进行输入。让学生带着问题有目的地听、看,只对必要的语言点进行讲解。要保证输入的密集、保真和有序。

第四步,"加工"。通过灵活多样的活动形式,帮助学生记忆语言规则,初步运用新内容。故句型的操练是本步的重点。例如:针对"May/Can I do...?"这一句型,教师将画好图形的卡片发给学生,要求学生根据图片上的事物用该句型造句,并进行对话练习。帮助学生在掌握语言知识中将其规则外化为语言行为,为真实交际打下坚实的基础。

第五步,"输出"。将新旧内容相结合,联系生活实际,开发学生的心理环境,创造条件让学生进行言语交流,实现准交际或争取真实交际。其关键是让学生说真话、做实事,在学生力所能及的范围内开展形式灵活多样的活动。可以采用编对话、游戏、归纳复述、讨论、小品等各种形式。以3L教材第四册第107课"Fire – Friend and Enemy"为例,教师将全班分为五组,要求学生根据日常生活常识在5分钟内讨论一种物质对人类既是朋友又是敌人的问题。然后,每组推选一人上台发言。全班同学都踊跃参与,有的谈 water,有的谈 electricity,有的谈 wind,有的谈 sunlight,妙趣横生,其乐无穷。①

(三)程序型教学法

程序型教学法注重教学的程式和先后顺序。在中小学英语教学中,教师们创造了大量的程序型教学法,最典型的要数二步、三步、四步、五步、六步教学法了,择要介绍如下。

1. 二步教学法

二步教学法由浙江省萧山中学董慧铭老师设计并进行实验,主要是为了克服外语教学中"舍本求末"的弊端而倡导整体教学。该方法共分为两个步骤,其中第一步:阅读理解教学,由三种程序构成:①翻译→分段,总结段落大意→归纳中心思想→分析写作特点;②主题词→情节(或例子)→表述主题及情节的词汇、句型等→分层次总结大意→归纳中心思想;③问答→复述→中心思想。第二步:语言知识教学,包括确定语言知识点、将语言知识点渗透到情景中和学生的操练三个部分。从第一步课文阅读理解入手,然后过渡到语言知识教学,实际上是从内容和篇章结构入手,然后过渡到语言规则的学习,这有利于学生综合语言能力和分析语言能力的培养。②

2. 三步教学法

三步教学法是河南许昌高中孟庆荣老师实验并总结的一种课文整体教学程序。操作分三步进行。第一步:预习。先介绍课文中心思想,然后听单词录音和课文录音。第二步:讲解。先讲练课文的语言点,然后使学生掌握课文内容。第三步:复习。先自学答疑;然后复述课文;再后,听写;最后,作业。作业内容包括课上作业、课后作业和教师选编的语音、词汇、语法,巩固课文内容的练习以及阅读理解练习,等等。③

3. 四步教学法

四步教学法是由哈尔滨市第六中学韦明老师探索并总结出的一种按"讲、练、查、补"四步来组织课堂教学的方法,韦明老师称其为"中学英语四步程序法教学法"。其具体操作步骤是,第一步:讲。讲是教学的中心环节。在学生百思不得其解之时,在疑难问题的关键之处,教师给予少、精、活、透的讲解是必不可

---

① 张正东. 中国外语教学法理论与流派[M]. 北京:科学出版社,2000:275-277.

② 冯克诚,等. 实用课堂教学模式与方法改革全书[M]. 北京:中央编译出版社,1994:547-549.

③ 冯克诚,等. 实用课堂教学模式与方法改革全书[M]. 北京:中央编译出版社,1994:593-595.

少的教学环节。讲课是教学中主要的教学形式,对不同班级要采取不同的教法。第二步:练。练是掌握知识、提高能力的途径,又是巩固知识、检查课堂效果的重要一环,外语课,就是听、说、读、写的实践课,学生必须经过多次反复的实际训练。第三步:查。查就是对所讲的知识的验收,是教育对象接受力的反馈。在整个教学完成后,教师用不同的方式检查学生还有哪些知识未被完善,需要补充和提高,学生还存在哪些问题,从而达到为学生查漏补缺的目的。第四步:补。是程序教学法中落实教学效果的最后阶段,是对学生已学知识的缺漏之处给予充实、完善和提高。补得越及时、越彻底越好。①

4. 五步教学法

五步教学法是以结构功能相结合为主要思想内涵的华式结构功能法,其基本教学步骤或方法也是一种独立的教法。五步教学法含复习(revision),介绍(presentation),操练(drill),练习(practice)和巩固(consolidation)五个步骤。

(1)复习(revision)。在复习这个步骤中,教师是一位"强化记忆者",所以可以采用背诵方式。复习常是授课的第一步,它体现了"准备"这一心理因素。准备包含心理准备,即让学生具有强烈的学习意愿,保持在课堂上接受新知识、新技能的良好的心理状态。准备当然含有认知准备,这指学生在学习新的知识、技能前,他们认知结构中要具备能够顺应和同化新知识、技能的有关观念。所以复习也具有组织教学的功能。

(2)介绍(presentation)。在介绍这个步骤中,教师充当"示范表演者"。他要在一种能够使所教的语法结构或语言功能的意思明了的情境中,清楚而自然地说出新的言语。新言语的意义应与它的语言形式同时介绍。

介绍是五步教学法的第二步,是五步中最重要的一步,实质是呈现。这一步骤必须很好地完成两个心理活动:感知和理解。故在介绍新课时应帮助学生感知并理解新学的知识和技能。感知主要是通过以旧引新、动作、语境等手段,帮助学生形成新的言语知觉或完善已学语言知识或技能。理解主要是通过不同形式的归纳以及创设运用情境等方式,帮助学生建立新旧联系。所以介绍的内容要准确,介绍内容的难度与信息要适度,介绍的节奏不能太快,新材料的介绍要注意功能与语境,要尽可能利用语境和多种教具与方式,以便激发兴趣和提供习得机会。

(3)操练(drill)。这一步在教师相信学生已理解之后进行,它是机械操练。

---

① 冯克诚,等. 实用课堂教学模式与方法改革全书[M]. 北京:中央编译出版社,1994:514-516.

在这一步骤中,教师既是组织者,又是"指挥员"。凡学生所不能正确掌握的新语言材料的结构、语音、语调,教师都要给予纠正。从心理看,主要是促进记忆。因此操练的频率要高,覆盖面要广,并要注意练到语言点或句型,要注意语言的准确性。操练还要与介绍保持一致性,面向全体学生,防止出现差生。因为学习掉队往往缘于操练不到位。

(4)练习(practice)。练习这一步是半控制性练习,其内容属于综合性运用,是机械套用的发展。所以,练习阶段的主要目的是训练流利程度而不是训练语言的准确性。在学生试着独立地运用所学的新语言时,教师应是一个裁判员、监督员和监听者。教师要鼓励学生自己选择要使用的语言。因之,在这一步要多做分层次练习,保证学生各有所得。

(5)巩固(consolidation)。在这一步骤里,教师一般让学生做一些笔头作业。学生把他们所用的语言写下来,不仅有助于巩固记忆,而且还可以练习写的技能。还得注意,巩固作为一个步骤并不能取代外语教学里贯穿于全过程的巩固性活动。在巩固阶段除了巩固加深所学知识技能之外,还要注意反馈信息的收集和针对反馈情况及时进行矫正性练习和强化性练习。这些练习可以延伸到课外,所以巩固阶段也包含了布置家庭作业。①

5. 六步教学法

六步教学法指岳阳县教研室郝乐心老师在《湖南教育研究》1992年第3期介绍的"初中英语六步循序教学法"。该法分为诊断导向、整体感知、明确要点、循序操练、效果检测、布置作业六个步骤。

第一步:诊断导向。具体做法是:①通过查、问、测了解学生对前一堂课的掌握程度;②根据反馈信息弥补过去教学中或学生学习中的弱点;③对旧教材进行复习和巩固;④检查学生的预习情况。

第二步:整体感知。包括创设情景,变式重复,感受印证,是采取课文、对话—句子—单词—单音整体感知模式。

第三步:明确要点。做法是先将课文或对话的句型、惯用短语及关键词用彩色粉笔板书出来并做简要的提示,然后分辨相似的新旧知识点,最后巧用英汉对比攻难点。

第四步:循序操练。采取双向替换式、一线穿珠式和模拟交际式三种方式进行操练。

第五步:效果推测。首先,教师用黑板或幻灯机出示题目,或分发试卷,学

---

① 张正东. 中国外语教学法理论与流派[M]. 北京:科学出版社,2000:317.

生在 5 分钟左右的时间内做完。接着,学生根据参考答案交换批改。对于批改结果,前后四人一起讨论,弄清错误的原因。教师则在行间巡视,询问,以了解情况。最后教师统计正误情况,对于普遍性的问题当即予以矫正。

第六步:布置作业。根据教学目标和教学情况布置作业。布置的家庭作业既有复习性的,也有预习性的。①

(四)育导型教学法

育导型教学法注重心理引导和心理认知的结合。育导型教学法有很多种,这里介绍唐继南的启发式教学法、章兼中的十字教学法和张思中的十六字教学法。

1. 唐继南启发式教学法

湖南零陵师范高等专科学校唐继南总结出启发式教学法,包括直观启发、讨论启发、对比启发、提问启发和练习启发。直观启发就是广泛利用实物、图画、动作等直观手段来吸引学生的注意力,激发他们学习英语的兴趣和积极性,并促使学生用英语和客观实物直接联系,增强运用语言连贯表达思想的能力。讨论启发就是老师在课堂上成为活动的一员,并鼓励全体学生(包括老师本人)相互之间开拓交流渠道,从而适当调剂学生大脑的兴奋性,使学生有时间、有机会展开积极的思维活动,在交际中增强言语表达能力。同时,通过讨论启发,教师可从中得到教学效果的反馈。对比启发是现代各种外语教学法都使用的基本方法之一。所谓对比启发,就是教师在课堂上尽力启发学生去找出英语中的音与音、词与词、句与句以及汉英两种语言之间的关系和联系,使学生形成接近联想或对比联想,建立起英语概念体系,培养学生的观察、分析和归纳能力,并使学生从大量的陌生的语言材料中找出多种联系,加深理解和巩固记忆。提问启发就是在课堂上通过提问的形式,让学生用英语问答,达到反复多听多说的目的。这里的提问不只是教师提问,更主要的是训练学生多提问。练习启发是指在课堂上每讲完一个内容,都要让学生在识记(通过机械练习)的基础上再进行复用练习和活用练习,把当堂所学的语音、词汇、句型、语法等知识加以巩固,并能用来描述自己的生活实际,表达自己的思想、感情和见解。常用的练习方式有背诵、默写、答问、提问、造句、多种答案选择、听力理解、看图说话、复述、听写、英汉互译等形式。②

---

① 郝乐心. 初中英语六步循序教学法[J]. 湖南教育研究,1992(3):21.
② 冯克诚,等. 实用课堂教学模式与方法改革全书[M]. 北京:中央编译出版社,1994:517-519.

2. 章兼中十字教学法

章兼中自 20 世纪 50 年代就开始研究外语教学法。他认为教学中应认真对待情意、情景、知识、交际、调控五个因素,因此提出"情意、情景、知识、交际、调控"十字教学法。章兼中教授认为,十字教学法是这样的一种方法:在宽松的环境中,学生怀着轻松愉快的情感,秉着克服困难的意志,在言语情景中围绕所学语言功能对话,对话之中操练语言结构,点破、归纳语法规则,同时在运用所学英语进行交际活动之际不断地自我监控、自我调节。这样,情意、情景、知识、交际、调控五个因素相互联系,相互作用,组成一个完整的体系。情意包括动机、兴趣、意志等;情景设置措施有六个:外语教学本身的真实情景,具体实物,体态语言及非语言手段,声像多媒体,上下文情景和社会文化背景;知识则包括知识经验和英/外语语言知识;交际包括交际能力和为交际使用目的语的能力;调控指学生和教师在学习和教学过程中自我监控、自我调节认知活动及方法,以提高认知操作水平。注重五个结合:学习英语的自控能力和教师外控能力相结合以及学生内控和学生间互控相结合;无意识与有意识相结合及局部与整体相结合;丰富认知知识和认知经验相结合;提高学习调控的意识与反思相结合;反思操作指导与创设反馈的气氛和机会相结合。

3. 张思中十六字教学法

张思中十六字教学法源于部队教战士学文化的"祁建华速成识字法"和北京大学、清华大学创立的"循环记忆速成学习俄语"集中识字法。张思中加上他教俄语和英语的教学实践,创立了"适当集中,反复循环,阅读原著,因材施教"十六字教学法,在我国中小学英语教育中影响很大,曾得到过国家领导人肯定,并建议推广。著名教学法专家、北京师范大学教授胡春洞认为"张思中十六字教学法主张教师从智力活动上引导和指导学生,是扭转外语教学被动局面的新思路"①。

张思中外语教学法中的适当集中是指集中教学、集中内容、集中材料、集中时间、集中一切手段与方法,创造强化的环境气氛和条件,以达到调动师生积极性的目的。按时间顺序可分为超前集中、随机集中和综合集中。反复循环指将语言学习融化在活的语言中,在不同的时间、地点,不同的语境中反复重复。循环是实现巩固、解决外语教学中词汇和语法遗忘率高的关键,在教学中有两个层面:一是运用各种记忆法,二是运用多种循环方式。张思中归纳的记忆方法包括:"集中突出,分步要求"记忆法,循环记忆法,卡片记忆法,排列组合记忆

---

① 胡春洞. 扭转外语教学被动局面的新思路[N]. 中国教育报,2007-08-24(5).

法,分析结构记忆法,形象化识记法,等等。循环方式有四种:圆周式循环,螺旋式循环,逆循环和渗透式循环。阅读原著是为了提高学生学习外语的兴趣,提高阅读能力、写作能力以及相关的语言运用能力。选用的语言材料语言程度浅易,趣味性强,最好有中英文对照。阅读原著可以采取兴趣小组的方式组织,加强学生之间的合作。因材施教指正确对待学生个体间、群体间的差异,采取有效教学策略,因势利导,满足不同层次学生的要求,使学生在原有基础上各有所得。因材施教可以充分发挥教师的主导作用和学生的主体作用,通过因材施教可以达到全面提高的目的。①

(五)扩展型教学法

有一类教法既重内涵,又重外展,既就事论事,又不局限于此。此类教法具有明显的扩展性,可以在培养学生知识技能的同时,培养学生具有更加宽广的语言视野。其中,比较典型的有"点、线、面、体"教学法以及立体化教学法。

1. 王韶琴"点、线、面、体"教学法

上海十七中学王韶琴老师创立了"点、线、面、体"教学法。"点"是指单词、语音教学,"线"是指词组、句型教学,"面"则指课文教学,"体"是指运用语言能力的教学。点、线、面、体逐步扩展,步步为营,共同构成完整的教学模式。

2. 张正东立体化教学法

西南师范大学张正东教授创立了英语立体化教学法。该法认为,在学校学习外语主要依靠由形及意的有意学习,不靠无意学习,习得只起辅助作用。立体化教学法兼重学生(教学主体)、目的语(教学客体)、教学环境(母语、教师、设备、社区对目的语的价值观等),发挥三者合成立体的积极作用,而立足于教学环境,从实际出发。其总原则可概括为 24 个字:自学为主,听读先行,精泛倒置,知集技循,整体多变,用中渐准。自学为主,首先应培养学生自学的能力和愿学的动机,前者主要为拼读能力和语法知识,后者依靠教育作用和师生易位;听读先行,先听后读,在听读的基础上写说或说写,读包含朗读、默读以及理解式学习;精泛倒置,精读材料少而熟,有若酵母,粗读较多,起巩固作用,泛读多多益善,熟读极少课文,为集中讲授知识准备例子;知集技循,语言知识集中教授,力求化繁为简,言语技能螺旋循环,在新语境中熟练加深;整体多变,教学都着眼于整体的语言材料,用整体系统法处理,材料多做变化,保持一定的新鲜信息;用中渐准,不是一次学完教材的全部内容,而是先学概要,渐次充实,也不要求学多少会多少,而是由粗到细,在使用中逐渐准确、全面。上述为一级教学法

---

① 周慧.十六字教学法:利用规律提高外语教学效率[N]. 中国教育报,2007-08-24(5).

或者教学法思想体系。在这一总的教学法思想体系的指导下,可以形成二级教学法的方法、流派与教学模式以及三级教学法的教学技巧。①

(六)情境型教学法

情境型教学法有多种,如课堂上用英语授课、看图说话、角色表演、游戏、电化教学等都可以给学生设置一个英语学习的情境并让学生进入英语的情境。

一般说来,设境的方式有两种:一是他设情境,二是自设情境。他设情境是指自然的外语情境,例如,用英语直接与外宾交谈,听以英语为母语的人讲英语,等等。这种情境对外语学习较为有利,但对于大多数外语学习者来说却是可望而不可即的。他设情境受客观条件的限制较多。自设情境则是非自然的外语情境,是外语学习者为学好外语而自我创造的一种情境。自设情境方便易行,灵活实用,不受时空和客观条件的限制。自设情境具体方法很多,如人机对话法、模拟练习法、实物联想法和主动思维法等。

进入语言环境分为三个阶段:一是强迫入境阶段,二是自觉入境阶段,三是自然入境阶段。强迫入境也称意识入境,是语言学习的初始阶段,在这一阶段,要求学生做到:聚精会神,专心致志;正确练习,保证质量。自觉入境阶段要在第一阶段机械练习的基础上加强活用练习,要求学生做到:激发兴趣,保持动力;巩固基础,提高能力。自然入境是指经过了强迫入境阶段和自觉入境阶段以后自如地、不知不觉地进入到语言情境之中,这是教学要达到的最高境界。在此阶段应让学生做到:防微杜渐,克服随意;参照分析,长善救失。②

(七)巩固型教学法

1985 年包天仁教授在吉林省通化县一所普通的高中创立了英语"四位一体"教学法。"四位一体"教学法是针对中、高考复习、知识巩固而建立的一种教法,有着比较系统的分段、内容、目标、学法、教法、学习策略理论。第一是大"四位一体"理论,实际上是巩固复习的分阶段理论,比较符合中小学的教学实际。基本含义是从阶段训练开始,然后进行专项训练,再进行综合训练,最后进行模拟训练;第二是小"四位一体"理论,实际上是教学的具体内容。先是语音、听力和词汇,然后是语法结构,再后是课本内容,最后是综合练习。第三是"四位一体"教学法基本特征,实际是"四位一体"教学法的目标定位。具体内涵是:以知识为基础,以学习为中心,以质量为导向,以素养为目的。第四是"四位一体"教

---

① 冯克诚,等. 实用课堂教学模式与方法改革全书[M]. 北京:中央编译出版社,1994:611-612.

② 陈自鹏. 谈英语学习中的设境与入境[J]. 天津教育,1995(4):44-46.

学法学生的自学、复习方法,包括吸收、内化、进展、成就四个方面。第五是"四位一体"课堂教学方法,实际是教的方法,由准备、授课、操练、运用构成。第六是"四位一体"学生自主学习策略,主要是观察、比较、归纳、运用。全国性的英语"四位一体"教学法实验研究从1997年开始,每年召开一次全国英语"四位一体"教学法研讨会,2001年该教学法被正式命名为英语"四位一体"教学法(The "Four-in-One" English Teaching Approach)。[①]

(八)媒介型教学法

进入信息时代,电子计算机等媒体的使用,使得外语教学可利用的资源空前的丰富。教学资源的丰富使得教学方法也丰富起来。有的老师利用国际互联网组织学生学习,有的老师利用学校教学资源库组织学生学习,有的老师自制课件组织学生学习。互联网、资源库、课件的广泛使用使得学生自主学习、分层教学成为可能。本书选取大、中、小学教师有关互联网,使用课件的设计、制作、应用以及计算机辅助教学等方面的三篇文章介绍媒介型教学法。

浙江省温州师范学院外语系李绍宠认为互联网在中小学英语教学中有重要作用。他认为有两类英语教学网站可供中小学教师使用:一类是综合类英语教学网站,一类是专项类教学网站。其中专项类教学网站包括字母教学网站,与课文内容有关的食品类网站,与课文内容相关的美国总统网站,词汇类网站,语法类网站,写作类网站,阅读类网站,语音教学绕口令类网站,英文歌曲类网站,中小学生英语报刊网站,图书馆网站,工具书与参考书网站,课堂教学用简笔画、剪贴画和世界地图网站以及娱乐类网站,等等。[②]

安徽省巢湖市第四中学闵长政撰文论述 CAI(计算机辅助教学)课件在中学英语课堂教学中的设计、制作与应用问题,文章指出,在 CAI 设计过程中,应注意兴趣性原则、实用性原则、针对性原则、交互性原则和主体性原则。在制作中应分析语言材料,建立素材库,选定制作软件,创设程序图,完成制作,最后试播,保存,打包或刻录,使用时将高新技术媒体与常规媒体相结合,将展示课件与学生活动相结合,以培养学生的言语能力为目标,以学生的各种语言活动为主线,充分调动学生学习的积极性和主动性,以取得较好的课堂教学效益。[③]

广东省汕头市小学方玉华也认为网络 CAI 在小学英语课堂中有着越来越

---

① 张帆. 廿年风雨见彩虹[N]. 中国教育报,2006-09-15(7).

② 李绍宠. 互联网与中小学英语教学[J]. 中小学英语教学与研究,2002(12):23-25.

③ 闵长政. CAI 课件在中学英语课堂教学中的设计、制作与应用[J]. 中小学英语教学与研究,2002(7):35-37.

重要的作用。方玉华老师认为,随着科学技术的不断发展和网络技术的产生与崛起,计算机辅助教学已经成为顺应时代发展的潮流。多媒体网络辅助教学即网络 CAI 以它的科学性、先进性、生动直观性等特点越来越成为课堂教学的最佳选择。将计算机引进课堂,无疑是引进教学手段的一种突破性的尝试。它具有集声、像、动画、文字于一体的多种信息功能,使教学手段趋于多方位、多层次,创造了一个更适合于学习的开放的、探索式的学习环境,利用计算机辅助教学可以培养学生学英语的兴趣,激发其求知欲;可以帮助学生掌握重、难点,可以加大课堂信息量,优化教学方法,培养学生主动发展的能力;人机对话反馈,有利于检测效果。①

(九)单课型教学法

英语语言从构成要素看有语音、词汇、语法,按技能区分有听、说、读、写、译。教学有时是综合型的,如课文的学习,可以包括语音、词汇、语法,也可以包括听、说、读、写、译。有时是分析型的,即只就一个方面进行教学,如单纯的语音教学、词汇教学、语法教学等,我们也可以称后者为单课型教学法。对此,很多教师进行了有益的探索。

语音教学常用的教学法有多种:①做好辅音、元音的各种拼读练习;②归纳学过单词中的元音或辅音音素,再用演绎法操练;③要求学生读出用国际音标写成的单词、词组和句子;④用绕口令练习发音,使学生能辨认某些元音发音的细微差别;⑤做排音标游戏来练习拼音;⑥教师读单词,要求学生写出音标;⑦教师读单词,要求学生写出该词。②

在词汇教学方面,我国广大的教师也做了十分有益的探索。一是在教学的基本理念方面提出"词不离句"的主张,强调在一定的语境中掌握词汇。二是出版了大量的指导学生记忆英语单词方法的专著,发表了一系列指导学生记忆英语单词方法的论文。有教师把英语单词记忆方法归纳为 40 种,包括:①朗读记忆法,即通过反复朗读,按照读音规则记忆词汇;②构词分析记忆法,即按照英语单词构词规则合成、派生、转化记忆单词;③机械记忆法,即对不太符合读音规则的词机械地记忆;④理解记忆法,即在分析的基础上理解性地记忆;⑤范畴分类记忆法,即按照词汇的范畴分类记忆;⑥联想记忆法,即通过特征或形象联想展开记忆;⑦同形异义词对照记忆法;⑧反义词对照

---

① 方玉华. 浅谈网络 CAI 在小学英语课堂中的应用[J]. 中小学英语教学与研究,1999,(增刊):39-41.

② 冯克诚,等. 实用课堂教学模式与方法改革全书[M]. 北京:中央编译出版社,1994:519.

记忆法;⑨同义词对照记忆法;⑩同音异义词对照记忆法;⑪形近异义词对照记忆法;⑫交叉对照记忆法,即利用词形的交叉现象记忆;⑬趣味记忆法;⑭巧合记忆法,即利用巧合现象记忆;⑮首字母提示记忆法;⑯尾字母提示记忆法;⑰关键字母提示记忆法;⑱词根提示记忆法;⑲数量提示记忆法;⑳特征记忆法;㉑片段谐韵记忆法;㉒口诀记忆法;㉓词根辐射记忆法;㉔简化记忆法;㉕附加意义记忆法;㉖情景记忆法;㉗语境记忆法;㉘图示记忆法;㉙图表记忆法;㉚卡片记忆法;㉛听写记忆法;㉜打字记忆法;㉝游戏记忆法;㉞多器官协同记忆法;㉟尝试自测记忆法;㊱多次重复记忆法;㊲篇章背诵记忆法;㊳双语互译记忆法;㊴超量限时记忆法;㊵综合记忆法,即采取如上方法中的几种综合进行记忆。①

语法教学方面我国比较有影响的英语语法著作首推薄冰先生的《英语语法手册》和张道真先生的《实用英语语法》等,这些著作既是中小学英语语法教学的参考书,又是英语语法教学的依据和蓝本。在实际工作中,教师们总结了比较丰富的经验,并有理论总结和方法介绍。有的教师撰文或发表专著对语法教学常用的方法介绍如下:第一,实践—理论(归纳规则)— 再实践;第二,精讲规则,多做操练;第三,选读一两篇短文,从中识辨和归纳所教语法的一般用法,再进行多种形式的操练;第四,创造情景教语法;第五,用以旧引新、新旧对比的方法教语法。②

也有的教师根据"句不离文"的理论,采取演绎法,利用上下文语境集中学习语法的方式教学,效果也比较突出。例如,他编制了如下一段短文:

I like basketball and my brother likes it, too. Yesterday I asked my brother to watch a basketball match with me, which was very exciting. On the road we were singing as we were walking. When we got there, we heard the news that the basketball teams had already arrived. We knew one of the teams would win the match, but what we wanted eagerly to know was which team was luckier. Now we have got to know who was the winner. We will tell what was happening in the match to our classmates. Oh, my brother is chatting with Peter now.

仔细分析,上述短文中包含八种常用时态:一般现在时,一般过去时,过

① 陈自鹏. 英语词汇记忆方法四十种[J]. 天津教育,1996(1):45-47.
② 冯克诚,等. 实用课堂教学模式与方法改革全书[M]. 北京:中央编译出版社,1994:522.

去进行时,过去完成时,过去将来时,现在完成时,一般将来时,现在进行时,有并列句、复合句、简单句和并列复合句,有五种常用基本句型,并有定语从句、状语从句(时间)、同位语从句、宾语从句、主语从句和表语从句六种从句。一篇情境短文加上精制的分析和足够的操练,就会大大提高学生语法理解能力和运用能力。①

第四节　教法变革特点和相关问题分析

一、变革特点分析

从滥觞期到繁荣期,中国英语教育经历了很大的变化。课程变化、教材变化非常显著,教法变化也呈多样化状态。回顾此前所述,教法变革的特点大致可以概括为:不断丰富,曲折交替,逐渐综合。

(一)不断丰富

英语教法从单一的翻译法开始,经历了词汇翻译法、语法翻译法、翻译比较法三个阶段后又创生出很多其他行之有效的教法。沿着借鉴—反思—独立探索这条路径,我国中小学英语教法日渐丰富。

继翻译法借鉴过来以后,我们又借鉴了更多其他的教学法。先后或正在对我国的教学产生影响的教法有很多,综合起来,有:①直接法(Direct Method),用目的语教目的语的方法;②全身反应法(Total Physical Response),一种通过身体动作教授外语的方法,简称 TPR;③情景法(Situational Method),又称为情景教学,是教师利用情景向学生呈现语言、教授语言的方法,包括句子情景法、口语情景法和视觉情景法;④会话法(Conversational Method),通过口头对话教学英语的方法;⑤口语法(Oral Method),通过说话来学习外语的方法;⑥演剧法(Dramatic Method),一种高度情景化、戏剧化的直接教学法;⑦结构法(Structural Method),从语言结构入手进行教学的方法,与听说法同义;⑧听说法(Audio-lingual Method),又称句型法,与结构法同义,是通过耳口训练以句型为介体并以发展外语口头表达能力为主要目标的教学法;⑨视听法(Audio-visual Method),是通过视觉感受和听觉感受相结合教学外语的方法;⑩认知法(Cognitive Method),以认知心理学为指导的教学法;⑪折中法(Eclectic Method),与综合法

---

① 陈自鹏. 老师帮你学语法[M]. 北京:中国传媒大学出版社,2006:1-5.

（Comprehensive Method）同义，是综合各派各法的一些因素而成的教学法，有时也称妥协法（Compromise Method）；⑫交际法（Communicative Approach），是意念法（Notional Approach）和功能法（Functional Approach）的异名，一种主张"语言便是交际"的教学法；⑬沉浸法（Immersion），又称完全沉浸法（Total Immersion），是在自然外语环境（和创造的外语环境中）学外语的方法；⑭自然习得思路（Natural Approach），主张学习者就像幼儿学习母语一样学习外语，是直接法的一个变形；⑮暗示法（Suggestopoedia），又称为暗示速成教学法（Suggestive-accelerative Learning and Teaching，SALT）和强化法。这是力求把学生的各种无意识因素通过暗示组织起来、高度激发学习者潜力的一种教学法。⑯任务性教学法（Task-based Approach），是一种基于交际语言理论倡导"做中学"的教学模式或方法。

引进借鉴的国外外语教学法还不止上述这些。这些教学法在中国中小学英语教育发展过程中都曾以某种形式出现过，都对中国英语教学产生过、正在产生和仍将产生影响。我们在引进借鉴的过程中，不是盲目照搬，而是对国外的教学法进行了理性的改造，而创生出理论根植于国外但实践方面具有中国特色的外语教学法，从而为探索我国独立的教学法奠定了基础。

我国在教法上的改良改造及后来的独立探索极大地丰富了我国中小学外语教学法。前文尝试着对中国中小学英语教法做了分型介绍，但并不能穷尽中国中小学英语教法的类型。《实用课堂教学模式与方法改革全书》列举了改革开放以后我国理论工作者和一线教师首创的各学科教学法，其中，中小学外语教学法有如下多种（含分型介绍的几种教学法）：

①初中英语程序教学；②中学英语四步"程序法"教学法；③英语课堂中的五种启发式；④语音常用教学法；⑤词汇常用教学法；⑥英语单词速读巧记法；⑦外语单词"内视"记忆法；⑧词典通读法；⑨语法教学常用方法；⑩课文教学常用方法；⑪字母、音素、音标三位一体教学法；⑫听读领先的新体系；⑬导学学导式外语教学法；⑭引导式教学法；⑮信息程序教学法；⑯讲读、导读、自读的阅读教学程式；⑰导练式课文阅读教学程序；⑱高中英语阅读导读程式；⑲电化、整体、目标教学法；⑳英语课文教学四步连贯法；㉑方阵操练法；㉒课堂听写变式；㉓听说背诵教学法；㉔读、讲、译、练四步教学法；㉕三课型反刍教学法；㉖二步教学法；㉗三课型、十课时单元教学法；㉘三段、四环、两翼教学法；㉙农村初中英语3S教改实验；㉚英语课文教学四步法；㉛五说英语课文教学法；㉜初中英语六步循环教学法；㉝中学英语语篇教学法；㉞外语快速阅读法；㉟外语教学预习指导法；㊱引申比较教学方法；㊲外语复现教学法；㊳英语课文复述教学法；

255

㊴课文口头复述四步程式教学法；㊵高中45分钟L、R、S（听、读、说能力强化训练实验；㊶英语记忆方法；㊷简笔画教学法；㊸模拟实践法教学实验；㊹高中英语三层次教学法；㊺英语写作模式教学法；㊻中学英语十六字教学法；㊼课文整体教学的信息程序；㊽课文整体教学三步法；㊾课文三层次结构分析法；㊿高中课文整体教学四步法；(51)高中英语课文四步整体教学法；(52)中学英语"一、四、五"整体教学法；(53)课文综合分析五步教学法；(54)中学英语整体教学模式；(55)中学英语三阶段教学法；(56)中学英语分级多方位教学；(57)点线面体课堂教学模式；(58)英语立体化教学法；(59)低年级情景—愉快教学八法；(60)情景应变实践英语教学法；(61)电子计算机英语教学；(62)情景、结构、启发、交际教学法；(63)社会－文化教学法；(64)归纳比较—综合循环启发式复习法；(65)复习、归纳、练习、小节四环节复习法；(66)导练式复习法。①

如上是我国独立探索的英语教学法，大都是在我国英语教育的恢复期至繁荣期即改革开放以后到1994年间经过实践或实验以后公开发表的成果。1994年以后，各地创造的英语教学法更是不胜枚举，这些都为丰富我国的英语教学法做出了贡献。

（二）曲折交替

外语教学法宏观上看受社会经济、政治、文化、科技甚至军事的影响，微观上看又受语言学研究、心理学研究、教育学研究等诸多因素的影响。这些影响使得教学法呈现出曲折、交替前进的状态。国外教学法变革是如此，国内教学法变革也是如此。

我们知道，在国外外语教学法中，翻译法是最早出现的，后又出现了直接法、听说法等不同的教学法。认真分析一下，这些教法产生是有其多方面原因的，例如直接法是为克服翻译法的弊端产生的，听说法又是应战争之需为培养四处作战的士兵口语而产生的。自觉对比法其实是翻译法的一种或翻译法的发展，而自觉实践法又反其意而行之，倡导的是直接法的理念。认知法是翻译法特别是语法翻译法的近亲，而功能法强调交际又是对直接法的改进。总的看来，是呈现出一种曲折发展的趋势。然而，谁也消灭不了谁，因而，随着理论和实践研究的深入，还是得以交替出现，使得教法不断丰富，不断完善。

我国中小学英语教法受国外外语教学法的影响比较大。京师同文馆的学生往往以翻译条子、照会为作业，之后的学校也大都采用最传统而古老的语法

① 冯克诚，等．实用课堂教学模式与方法改革全书［M］．北京：中央编译出版社，1994：514-632.

翻译法,这一传统保持了很长一段时间,至今也没有销声匿迹。但教会学校是由外教执教,由于语言的关系,直接法开始借鉴过来,并在我国其他学校开始采用。又由于我国学者如张士一等的倡导和介绍,并亲身实验,加上教学大纲或课程标准修订时将直接法列入教学法指导思想,因此,直接法从 20 世纪 20 年代开始在我国中小学占据了主要地位。这是第一次曲折。然而中华人民共和国成立以后学习苏联,政治、经济、文化、教育"一边倒"的政策也使得英语教学法发生了变化。先是学习并采用"自觉对比法",这是第二次曲折。之后的 60 年代又开始试行"自觉实践法",这是第三次曲折。60 年代初试行以句型为纲的听说法,这是第四次曲折。1976 年后,视听法、情境法相继传入,这是第五次曲折。之后,认知法开始以克服听说法的弊端为名而出现,这是第六次曲折。随后的 70 年代末 80 年代初引进了影响至今的交际法(功能法/意念法),这是第七次曲折。七次曲折使得各类教法交替出现,使人眼花缭乱。然而仔细分析起来,却也是万变不离其宗:或强调知识,或强调技能;或强调听说,或强调读写;或强调结构,或强调功能。如此众多的教法交替出现丰富了我国的英语教学法。我国独立探索的教学法是在这些教法基础上的改良、创新、创造,使得我国英语教学法进入一个繁荣的发展时期。

(三)逐渐综合

中小学英语教学法的不断丰富以及曲折交替使得教法之间不断相互借鉴、相互补充、相互结合、相互完善,到 20 世纪 90 年代出现了逐渐综合的趋势。而综合的表现形式有多种,如改良型教法中的华式结构功能法明显就是结构法与功能法的综合。

结构 – 功能大纲的英语教学理念是符合规律的。为什么要结构与功能相结合?有名家对这个问题进行过独到的研究。胡春洞认为,英语既是交际工具也是认识工具。[1] 既然英语是交际工具,就应强调它的功能性。既然英语是认识工具,就不应忽视它的结构性。作为交际工具就应注重听、说、读、写能力的培养和实际运用语言能力的培养。作为认识工具就应注重语音、词汇、语法知识的学习并在知识学习过程中培养学生概括、推理、归纳、演绎、分析、综合、分类、对比等认知能力。结构与功能,知识与能力,语音、词汇、语法与听、说、读、写相辅相成,相得益彰,共同构成了英语学习的全过程。

结构 – 功能大纲符合我国国情。英语在我国教学是作为外语而存在的。国情是学生的语言知识基础为母语,外语环境不很理想,教师语言能力尚有欠

---

[1] 胡春洞. 重视语言观,完善教学法[J]. 中小学外语教学,1997(8):1.

缺,完全的功能(交际)法效果是不好的。然而完全采取结构法,只是注重操练句型,学生实际运用语言的能力和真实的交际能力又不可能培养起来。采取结构与功能相结合的路子适合我国国情,也切合师生实际。

我国在结构与功能相结合方面的探索也取得了初步的成效。这些成效反映在教材编写中,并以结构、功能为中心衍生出不同的教学法理论体系。按章兼中教授的分析,我国从 20 世纪 90 年代开始,按照"多纲多本"的精神,编写出多套教材。如人教社和朗文合编的教材,上海、广东、四川、北京师范大学和山东合编教材以及江苏、广州、深圳等编写的九年制义务新教材和试验教材。这些教材按不同的体系编写。有两因素说,人教社和上海采用结构—功能两因素体系;北师大与山东省合编教材采用语法结构 – 功能两因素体系;深圳教材采用情景 – 功能体系。有三因素说,四川采用语言知识 – 语法结构 – 语言功能三结合体系;江苏采取结构 – 功能 – 情景三结合体系。有四因素说,广东省沿海版教材采用情境、结构、语法、交际四因素说。有五因素说,华东师范大学在教委"八五"重点项目心理实验中采用情意、情景、结构、规则、功能五因素体系。①不论是二因素、三因素、四因素,还是五因素,基本上都是以结构与功能为基础,可见结构与功能的综合是语言学和心理学理论发展的必然,也是我国中小学英语教育变革和发展的重要成果之一。

二、相关问题分析

中国中小学英语教法经过借鉴、反思和独立探索三个阶段逐步丰富,逐步完善起来,有力地推动了中国中小学英语教育的发展。然而在借鉴过程中,在反思过程中和在独立探索过程中毋庸讳言还遇到许许多多问题,我们择要对几个相关的问题做一分析。

(一)教法借鉴中的本土化问题

一百多年来我们从国外借鉴了很多教学法。这些教学法对提升我国英语教学质量起到了很大作用。然而在引进的过程中,是否考虑到有水土不服、生吞活剥、死搬硬套的问题呢?

回顾看来,早期直接法的引进存在这一问题,目前交际法的引进也存在这一问题。这一问题怎样才能有效地得以解决是我们英语教育工作者应认真研究的。笔者以为,借鉴过程中要使国外的教学法真正本土化需要我们做好两方

---

① 章兼中. 多套教材编写体系的不同特点[J]. 中小学英语教学与研究,1994(2):1-2.

面的工作。

其一,要研究中国中小学英语教学的个性。"注意研究我国外语教学的个性尤为重要,否则就无法突出中国特色。"①中国中小学英语教学有着不同于其他国家外语学习的特点,这些特点即是个性。

1. 我国中小学外语教学是在汉语语言环境中进行的。汉语是方块字,不同于西方国家的拼音文字;汉语与英语不属一个语系,语音、词汇、语法规则有较大差异;英语在我国是外语,不是第二语言,没有有利于学习的语言环境,学习要靠有意学习,学得占有重要位置。

2. 我国中小学班级人数多,不利于交际活动的开展和指导。采取交际法教学,教师仍然起着指导、引导、领导作用,我国中小学特别是城市重点中小学一个班级有 50 左右名学生的为数不少。在这么大的一个班级里要指导、引导、领导学生逐一开展交际活动是很困难的,没有其他教学法的补充,教学质量将难以保证。

3. 我国中小学英语教学水平低于其他学科的教学水平。毋庸讳言,我国中小学英语教学即使到了初、高中阶段,无论是语音、词汇、语法知识水平还是听、说、读、写、译技能水平仍然没有达到"思维"的水平。而其他学科因为是以母语为媒介语言展开教学因而能够达到"思维"的水平。正确认识这种差异对于科学施教有重要意义。

4. 我国中小学英语教学层次有异,目的多样。中国是外语教育大国,幅员辽阔,人口众多,各地情况不尽相同,对外语的要求也不尽相同。例如,小学有一年级起始教材,二年级起始教材,三年级起始教材,个别地区还有初中起始教材,因而层次上不能达成一致。学生毕业后升入的学校层次也不尽相同,因而目的也不能达成一致。这种复杂性使得我们因材施教更为困难。

5. 我国中小学英语教师专业知识水平和教学水平仍然不高。从启动期到繁荣期我国中小学英语教师队伍在不断地扩大,素质在不断地提升,然而,目前也还不能完全满足中小学英语教学的需要。在一些偏远地区的学校,特别是西部一些学校,教师的专业知识水平和教学水平仍需提高。城市和发达地区的教师虽然学历达标率高一些,但继续教育和可持续发展的能力教育也还面临一定的挑战。教师队伍的现状使得我们在使用从国外引进的教法过程中遇到困难。

其二,要在借鉴中对国外的教法进行改造利用。国外一些先进的教学法是经过了若干年的实验取得成效以后引入国内的。对于这些先进的曾经证明有

---

① 禹明. 我国中学外语教学的个性[J]. 中小学外语教学与研究,1987(3):13.

效的方法,我们还要根据我国中小学英语教学的个性对其进行改造,然后再予利用。

1. 要慎重选择。国外外语教学法五花八门,形形色色,有的适合我国国情,有的不适合我国国情,要把那些适合我国国情、行之有效的教学法引进过来,而不能盲目地把一些不适合我们的教学法当作主流教学法借鉴过来。这种选择要考虑几个方面的因素:一是教学目的与目标;第二,学生年龄;第三,学生知识基础;第四,认知规律;第五,母语对外语的负迁移(或干扰);第六,教师水平;第七,教学时数;第八,教材结构与内容;第九,教学设备,等等。

2. 要科学论证。对于适合于我国国情的教法,也要根据以上所述各因素进行科学论证。要吸取原有教法的长处,弥补引进教法的短处,一种教法只有取长补短,才会完善,才有生命力。我国中小学英语教学史上曾犯过这样或那样的错误,就是因为我们没能做到一分为二,科学对待。科学论证的前提是要对引进教法的优劣有个清醒的认识,既不能急躁冒进,也不能故步自封。

3. 要在用中改造。经过论证适宜的教法还只是处于理论层面,尽管在国外已证明有效,但在我国是否适宜还必须放在教学实践中进行检验。"用中改造"是一个很好的思路。在实践中被证实比较适宜的部分要保留下来,被证实不适宜或暂时不适宜的部分要剔除出去。"用中改造"有利于教学法的完善,有利于克服教学法引进借鉴中的"水土不服"。

(二)教法反思中的规律认识问题

对于中外教学法我们都有必要做一反思。那么反思以什么为依据? 我们认为,看一个教法的优劣,规律是一把标尺,是一个准则。我们这里所说的规律包括语言规律和认知规律。在英语教学中研究英语语言自身特点、研究如何更好地认知十分重要,为此学习者要培养语言意识,其实这种意识便是对英语语言规律和认知规律的认识。笔者通过教学实践及研究提出,英语具有四个显著特点:组合性、时间性、逻辑性和实用性。因而,在语言学习过程中努力培养语言的搭配组合意识、时间分析意识、逻辑判断意识和反复实践意识,对于发展语言能力、提高学习水平是十分重要的。

1. 搭配组合意识。我们平时阅读的英语片段由一个个句子组合而成,句子又是由一个个短语组合而成,而短语则是由单词组合而成。在英语学习的过程中,我们发现英语任何级别层次上的搭配都有规律可循。大体上看,组合方式有如下三种:第一种,结构组合,如英语片段是由五个简单句(五种基本句型)、并列句、复合句构成,这些句子又是由短语构成,短语如名词短语、介词短语、动词短语、副词短语、非谓语动词短语等又是由词构成,等等;第二种,约定组合,含常用习语、固定句型像 there be 句型、强调句型及诸如 no sooner…than…之类的句型;第三种,关系组合,主要是性、数、格。

2. 时间分析意识。时间性是英语的突出特点。任何一个英文句子都要有时间表示,不做时间分析,就难以正确表达。培养时间分析意识,可从三个方面入手:第一,学会确定时间基点和过程状态,对于任何一个英文句子,都要从两方面考量,一是时间基点,主要有现在、过去、将来和过去将来,二是过程状态,主要有一般、进行、完成、完成进行四种。"时间基点 + 过程状态"即为时态,这是正确表情达意的基础。第二,要掌握英语十六种时态。第三,综合分析,全面考虑。有时一个英文片段或一个英文句子时态会有多种,就要认真地分析,掌握不同的表达方式。

3. 逻辑判断意识。英语的语言逻辑性很强,因此,学习时需要学会判定逻辑关系。主要注意三点:第一,掌握主动和被动语态。语态与时态一样十分重要。英语的语态有主动和被动之分,采用主动语态还是被动语态完全取决于主语和谓语动词的逻辑关系。一般说来,主谓关系用主动语态,动宾关系则用被动语态。第二,掌握非谓语动词与其相关成分的逻辑关系。非谓语动词包括动词不定式、动名词和分词,及物动词的非谓语动词多数都有主动形式和被动形式。采取主动形式还是被动形式,取决于该非谓语动词与其相关成分的逻辑关系;第三,掌握个别词的习惯用法,英语中有个别词可以用主动态表示被动意思,如 cut、sell、wash 等,这些词需个别记忆。

4. 反复实践意识。英语是实践性很强的学科,俗语说:Practice makes perfect。没有大量的训练和实践,要掌握它是不可能的。培养语言实践意识,需要注意如下几点:第一,注重强化。语言学习的实践表明,掌握语音、词汇、语法,提高听、说、读、写能力,强化训练的效果是非常显著的。强化训练要注意三个结合,一是机械训练与灵活训练相结合,二是记忆训练与运用训练相结合,三是专项训练与综合训练相结合。第二,珍惜机会。生活在一个对外开放的社会环境中,学习英语的机会并不局限于书中,我们随时随地都可能有接触、运用英语的机会。充分利用这些机会有时会产生意想不到的效果。例如,街头广告、产品说明、电台广播、电视节目、外宾邂逅等都可用到英语,只要留心,就能提高我们实际运用语言的能力。第三,善于总结。培养实践意识还应注意总结能力的提高。要善于在语言实践中概括、归纳英语的语言特点,分析和探索语言学习的规律和方法,以提升学习的效果。第四,不断提高。语言学习实践是一个从知到能、从能到熟、循序渐进的过程。外语学习缺少使用语言的环境,因此,"不进则退"。学习过程中应不断进取,目标常新,要把语言知识和能力水平扎实、稳步推向一个又一个高度。[1]

(三)教法独立探索中的成果推广问题

我国在教法独立探索中产生了很多行之有效的教法。这些教法或是对国外引进教法的改良,或是我国教师实践中的独立创造,都是有意义的。然而这些研究成果有不少被束之高阁,遭人冷遇,也有不少昙花一现,自生自灭。究其原因,还是我们在成果推广方面做得不够,因而重研究轻推广这一问题应引起我们的重视。

20 世纪 80 年代初,有教师就对教法研究和成果推广提出建议,这位特级教师说:在教材教法上,也要从实际出发,讲求实效。我们常常责怪学生:"上千个课时,三千来个单词,平均一个课时学三个单词,你们怎么就学不会呢?"账是这么算的,而且这一算,学生也都哑口无言,可实际上就是学不会!学生反过来质问老师:"你怎么就教不会我们呢?"教师也无言以对,只落得个问心有愧!外语教学法是一门科学,要积极开展教学法的研究和介绍、交流和创新活动。现在很多师范院校都没有外语教学法教研室(组),甚至连教学法课都开不成。还有一种论调套用"庄稼活不用学,人家咋着咱咋着"。说什么"教学法不用学,人家咋着咱咋着"。[2] 这种经验主义影响了外语教学法的发展,也影响了外语教育的发展。

为了做好外语教学法成果的推广工作,我们应该在两个方面做好工作:一是开展实验,二是理论升华。

1. 开展实验。我国开展外语教法实验从历史上看有一定的基础。改革开放以前的教改实验不用赘述,改革开放以后我们在一些地区一些学校进行了一定规模的实验,也取得了一定的成果。南京师范大学外文系蒋楠曾对我国 1978—1988 年的中小学外语教改实验做过评析:外语教改实验始于 1978年,至 1988 年已有十个年头。在这十年中,这项活动的开展已获得较大发展。1978 年开始的教改实验仅有 4 项,且都集中在上海、福建等沿海省市,而1980 年秋,则有 11 个单位同时开始实验,分布地区更加广泛,到 1986 年年底,已发表的实验报告或总结已有近 40 项。教改实验特点有四:一是实验人员努力,各级领导支持;二是重实效、有成绩,总体上看,教改实验基本上都达到了提高学生成绩的目的;三是重视理论指导,探索新型观念,如"培养兴趣""培养自学能力""打好基础、狠抓双基""从易到难、循序渐进""开展课外活

---

① 张承先. 全国中小学教育论文选集[M]. 北京:国际文化出版公司,1998:1227-1330.
② 朱赤. 讲求实效[J]. 中小学英语教学与研究,1984(1):9.

动""提高45分钟效率";四是教材、教法改革双管齐下。通过实验让我们看到了中学外语教学的潜力。在这40项实验中,有5项特别引人注目,它们有一个共同的目标:探讨用三年的时间学完五年或六年的教学内容。从实验报告介绍的情况看,有三项较好地达到了预期目标。其中华东师范大学一附中的实验班甚至达到了公共外语过关考试的及格水平。还有一些实验虽然没有提出三年达到六年要求的目标,但三年初中实验结束时,实验班的平均成绩已达到了高考及格或良好标准,如华东师范大学二附中、湖南师院附中、锦州地区黑山第一初中等。在大部分中学经过了六年学习后高考及格率仍很低的情况下,这些实验无疑告诉我们,学生的潜力是很大的。①

其他的教学改革实验也有很多。比如"张思中十六字教学法"从1965年开始实验,到1986年在大连召开的全国外语教育工作会议上,已上升为理论,形成教学法体系。1996年以后进入教材研究,2000年之后,《张思中英语教程》问世,标志着这一教学法的不断成熟和完善。2001年实行新课改,英语教材、教法又在经历着一场变革,之前"两省一市"教材改革实验获得初步成功,教法上采用结构－功能大纲,采取任务教学模式,这对英语教育的发展无疑是具有推动作用的。

然而,我们也应看到,在教学改革实验的过程中,地区与地区之间发展不太平衡。有时确定教改区域或学校具有一定的偶然性和随意性。有些地区由于领导思想认识水平、教师业务水平、学生基础知识水平等条件的限制没有实验的计划安排,因而教法观念依然陈旧,教法的改进、丰富和完善就不可能实现。此外由于实验的发动工作、宣传工作也存在欠缺,部分一线教师对颇有影响的一些教法的意义也并不了解,导致一些教师稀里糊涂实验,稀里糊涂结题,也就失去了实验的意义。更有甚者,一些一线教师对一些行之有效的教法根本就不知内涵,导致这些成果没有获得更好的利用和收益。因此,开展实验需要我们明确实验的意义,把握实验中的有关环节和因素,认真分析实验中产生的有效数据,不断通过教改实验改进教法,扩大成果。

2. 理论升华。我国独立探索的教学法不少,在实践中也取得了一些效果,但要推广开来,需要深化研究,理论升华。这方面我们还需做艰苦细致的工作。教学法的理论升华有着特殊的意义。包天仁曾经回忆说:1998年的一天,在北京某国驻华大使馆,包天仁与其文化教育处负责人会见,谈到他找到了适合中国人学习英语的教学法。这位官员听了后,露出不屑的神色,说:"这么多年来全世界都在用我们的教学法,你们怎么能有自己的教学法?"对方的言辞大大刺

---

① 蒋楠.中小学外语教改实验评析[J].中小学英语教学与研究,1988(4):29-31.

伤了这位中国教授的民族自尊心。他当即反驳:"我们中国有世界最悠久的文明史,我们中国学英语的人数全世界最多,我们为什么就不能有自己的外语教学法?!"这件事让他陷入沉思。拿破仑说过:语言是一支操方言的军队,它可以攻城略地。那么,探索中国人自己的教学法就不仅仅是个学术问题,也是个政治问题,关系到国家的利益和教育自主权。①

教学法的理论升华有助于教学法的体系完善。只有体系完善了,合理了,科学了,教学法才会让人信服,才会得以推广。我们注意到,我国独立探索的教学法虽然在实践中取得了一定的成效,但有的还流于感性,有的体系不很完整,有的结构名称复杂,有的实际操作性差,这些问题都和理论升华得不够有关,所以也影响了这些教学法的优化和推广。这是一个值得注意的问题。有时一些人对某一教学法提出疑义、质疑甚至反对的意见,大家可以讨论,可以不断地充实、修正和完善,这样一个教学法才能得到优化,大家认识统一了,推广起来就会容易些,比如张思中外语教学法是得到推广的一种教学法,但也有人提出异议:教学法缺少完整的体系。张思中在访谈中谈道:"对我们教学法持反对意见的学者和教师,可能对我们确实不了解,了解了可能就会转变看法。大家知道'教学有法、教无定法、教有良法'。世界上没有一个一成不变的、万灵的教学法。某个单一的教学法都是因不同的时代需要而产生的,都是由不完善到相对完善的。我们的教学法虽然经过几十年的研究提炼业已成熟,也还需要不断地充实完善。我希望不赞成我学说的学者和教师们也能来到我们的研究所,与我们一起切磋教学法,指导教学法研究,热心帮助我们充实完善。"②

张思中的治学态度是令人敬佩的,理论升华工作一要靠态度,二要靠投入,三要靠方法。

投入方面有个体努力、集体努力和财力投入。我们目前对教学法的研究是个体努力有余而集体努力不足,精力投入有余,而财力投入不足。一个成熟的教法、完善的教法、优化的教法不仅需要个体的努力,更需要集体的努力,没有集体的努力教法难以成熟,难以完善,难以优化,理论难以升华,也难以得到有效推广。另外,只有时间、体力的投入而财力不足,教学法的研究也难以深化、持久、高效,因为教学法需要一定规模的实验,需要提炼、分析、总结,这些都应有一定的财力支持,没有一定的财力支持,教学法推广也难以为继。

方法是理论升华的关键。在理论升华中,应重点把握两个重点:第一,要

① 张帆. 廿年风雨见彩虹[N]. 中国教育报,2006-09-15(7).
② 张滢. 不断充实完善是教学法历久弥新的真谛[N]. 中国教育报,2007-08-24(5).

掌握科学的研究方法。教学研究的方法有很多,如观察法、经验总结法、调查法、个案研究法、教学实验研究法、教育统计法、教育测量法等。每一种研究方法还要掌握具体的实施方法或操作方法。如调查法按目的划分有常模调查和比较调查,按内容划分有事实调查和态度调查,按对象划分有全面调查和抽样调查,按范围划分有综合调查和专题调查。具体方法有访问调查法、问卷调查法、个案调查法和文献调查法等。第二,要实现几个方面的结合和互动,使得理论研究能够"上天",能够"入地"。首先,理论工作者与实际工作者要形成互动。理论工作者要关注实践,升华实践。实际工作者要学习理论,总结自己和他人的实践。其次,教研员和教师要形成互动。教研员要成为教师专业理论研究的引导者、促进者和服务者,教师则要成为教研员的事业合作者、理论践行者和信息提供者。再有,教师与学生要形成互动。教师和学生要研究如何教、如何学才能实现高效教学,这是一项使教学法得以推广的基础性工作。

第五章

余 论

第一节　对中小学英语教育变革中若干关系争论的思考

100 多年来,从英语教育的滥觞期到目前的繁荣期,围绕课程、教材、教法一直在进行着观念的碰撞、观点的探讨、方法的争论,甚至路径的弥合。这些碰撞、探讨、争论、弥合对课程、教材、教法的变革、发展大多是有益的。我们有必要对其中有关一些关系如何处理的争论做一理论上的剖析。

一、规划与效益的关系

英语教育需要一个科学的规划。规划科学了,教育实施才可以统筹兼顾,优化高效。

最早注意这个问题的是周恩来和廖承志。1963 年周总理和廖承志副委员长提出了有远见卓识的建议——我国高水平的外语人才应该用“一条龙”的办法加以培养,才能保证质量。从儿童开始就学习外语,能收到最好的效果,学到地道的外语,形成外语的思维能力和运用外语的习惯。根据这一精神,教育部除继续办好北京已有的两所外国语学校(附中、附小)外,还先后在上海、广州、重庆等十大城市分别建立了从小学三年级或初中一年级开始的外国语学校。①另外当时还确定了六个语种的“一条龙”大纲方案和示范教材。

1964 年 10 月颁发《外语教育七年规划纲要》,后因文化大革命,外语教育遭受挫折。经过了恢复期、提高期,到 1999 年 5 月,清华大学开始“大、中、小学一条龙英语教学”实验,并于同年在吉林省通化市召开研讨会。陈琳、胡文仲、

---

① 付克. 中国外语教育史[M]. 上海:上海外语教育出版社,1986:114.

张正东等 40 多位高等教育、基础教育界的著名外语教育教学专家、学者参加了研讨。通过研讨,大家达成一致意见,一是必须有一个能够打破目前条块分割状况的协调机构;二是鉴于我国英语教师的缺乏和各地英语教学水平发展的不平衡,"一条龙"管理必须先在小范围内试点,取得经验再推广;三是这项改革应与其他英语教改互为补充,互相促进。应该说,这些意见是十分中肯的。我们认为,要处理好规划与效益的关系,重点要做好以下几方面工作。

首先,应该有一个统筹全国英语教育的机构,协调管理全国大、中、小学英语课程。长期以来,大、中、小学英语教育课程设置各自为政,缺少下一级目标与上一级目标的有效衔接,具体表现就是课程设置重复,各种课程都是自成体系,相互没有关联。例如,有的孩子剑桥少儿英语学完了,由于小学的英语课程与此不相衔接,难免又要重复学习,浪费时间、精力和财力。

其次,要编制一套合适的"大、中、小学一条龙"教材。中华人民共和国成立以前,我国各地各校教材五花八门,谈不上什么衔接。中华人民共和国成立以后,虽然统一了教材,但由于多种原因,教材也没有做到很好地衔接,以至于出现了高中英语教材学完了,上了大学还要从 ABC 重新学起的现象,时间、精力、财力浪费现象更加严重,现在这种情况已有所改善,但还没有编制出一套真正合适的"大、中、小学一条龙"教材,这方面需要做出更多的努力。①

最后,要建立统一的一贯而下或一贯而上的测评体系。从少儿英语到博士英语要有一个统一的科学的级别设置。可以设置多个级别,连续而有序,学生考完一个级别不再重复学习、考试,根据学生培养目标和学校办学方向,规定应达到的目标要求和级别要求,彻底解决目前少儿英语级别、中小学英语级别、大学公共英语级别、大学英语专业级别、研究生英语级别各自不相照应或机械教条缺少灵活性的问题。

二、教师与教学质量的关系

教师质量决定着教学的质量。联合国教科文组织在一个文件中对外语教学质量提出了"5 个因素"和"1 个公式"。这 5 个因素是:①国家对外语教学的政策;②学生的来源和素质;③教材的质量;④教学环境的条件;⑤教师的素质。在 5 个因素中前 4 个因素是可变因素,第 5 个因素即教师的素质是决定因素。1 个公式是:教学质量 = [学生(1 分) + 教材(2 分) + 环境(4 分) + 教法(3 分)]

---

① 陈自鹏. 谈中小学英语教育教学中应处理好的几个关系[J]. 天津教育,2007(8):39.

×教师。这个公式中括号内四者相加是 10 分,而教师素质分值越大,乘积越大,那么教学质量就越高。可见教师的重要性。[①]

我国是外语教育大国。外语教师特别是英语教师质量一直是制约我国外语教育的瓶颈。远在清末同文馆时期,教师质量就不是很高。据有关史料记载,当时同文馆总教习有个英国人,名叫欧里斐,人极神气,极骄傲,可是他不但不够格当学者,而且几乎是不通文。他给学生改英文试卷,但凡看着不好的地方,不假思索,一笔就涂了去,可是他改的时候,就费了事了,憋得红着个秃脑袋,改一改涂了去,又改一改又涂了去,半天才算改就。按彼时学生洋文程度,不过等于现在大学一年级。他改着已经这样吃力,则他的英文程度可知。而且据英文馆同学们说,他改得并不十分通顺。他是个总教习,位置在所有教习之上,又是一个长期的。因为英国抓住这个总教习的位置,不肯轻易换人,倘换人时,怕别的国要争夺,所以老没有换他,可见长期的总教习,其程度不过如此。[②]

中华人民共和国成立以后,外语教育规模扩大,外语教师数量和质量都遇到了挑战。1962 年前后,由于缺少外语师资,全国 65% 的全日制初中未开外语课。据统计,全国中等学校和高等学校共需外语教师 1 万名以上。中共教育部党组、内务部党组联合发出《解决学校外文师资的意见》提出,一方面,要提高现有外文师资的政治、业务水平,另一方面要适当扩大高等院校外语系的招生名额,争取今后每年有一定数量的外语系毕业生分配做外文教师,另外还需从现有的外文翻译干部中调整一部分做外文师资。

改革开放以后,经过 20 多年的发展,我国中小学师资数量有了大规模的增加,到 1998 年,从事基础教育的外语教师大约有 474 000 人,承担着约 50 000 000 名初中生和 7 690 000 名高中生的英语教学任务,这些教师中初中和高中教师学历合格者分别为 84.4% 和 43.8%。教师队伍学历偏低,专业知识水平还不能完全满足高水平的教学需要;年龄结构不合理,由于文化大革命的影响和外语教育的摇摆,中年教师断层,增加了老教师和青年教师的负担,青年教师成长的压力增大;教师队伍成分复杂,有些是非师范类或非英语教育专业出身的教师,需要补学教育学、心理学、教学法方面的知识;由于待遇方面的原因,部分教师不稳定,急于转行或跳槽,这在某种程度上也影响了教师队伍的质量。教师队伍质量的提高成了一项刻不容缓的急迫的任务。

提高教师队伍质量要做的工作有很多,其中应该主要包括教师的自我角色

---

① 戴军熔. 中学英语师资的问题与思考[J]. 中小学外语教学,1998(5):4.
② 陈学恂. 中国近代教育史教学参考资料(上)[M]. 北京:人民教育出版社,1986:46.

认同和自我教育。

自我角色认同是一个人做好工作的前提。有了自我角色认同,一个人工作起来才会有目标,有兴趣,有动力,有成就。英语教师在教学中应该是什么样的角色呢?有教师提出英语教师特别是现代英语教师应该是教学过程的设计者,教学活动的组织者,学习知识的指导者,学习过程的促进者,学生情感的支持者,信息的咨询者,学习过程的评价者,学生心理的保健者,问题情境的创设者,教学过程的反思者,教育科学研究者。[①]

自我教育是教师专业发展的重要内容之一。自我教育包括理论学习、实践探索、能力培养等方面。

英语教师应学好理论,包括本专业知识、相关专业知识、教育学、心理学、学科教学论知识,不断坚持自修,不断提高专业知识水平和语言理论水平。

英语教师要积极地进行实践探索,要了解学生心理、教材特点,采取适当的教学方法,做好因材施教。罗晓杰曾于 2000 年 5 月至 2000 年 9 月先后组织温州师范学院九七级学生和部分初中英语教师分别对浙江省温州市高、初中学生进行了"中学生喜欢的英语教师"的问卷调查。调查共发出问卷 2 200 余份,收回并抽取有效问卷 2 000 份,调查结果对我们有所启发。调查结果及分析摘引见表 5 - 1。

表 5 - 1　"中学生喜欢的英语教师"问卷调查结果

序号	问卷内容	百分比
1	我希望英语教师以英语为主组织课堂教学	66.7%
2	我希望英语教师说英语时的语音、语调标准,抑扬顿挫	66%
3	我希望英语教师的语速中速	74.5%
4	我希望英语教师的语言风格是幽默风趣	87.4%
5	我希望英语教师的板书效果美观	46.5%
6	我希望英语教师板书速度一般	53.1%
7	我希望英语教师在课堂上多提问	53%
8	我希望英语教师在提问时答完明示纠错	38.9%
9	我希望英语教师在课堂教学中重知识传授	51.1%
10	我希望英语教师课堂讲练要做到精讲多练	76.9%

---

① 赵晓娟. 从《英语课程标准》看现代教师角色[J]. 中小学英语教学与研究,2002(11):1-3.

（续表）

序号	问卷内容	百分比
11	课堂讲练顺序是先讲后练	60.2%
12	我希望英语教师采用注入启发并用的教学方式	50.9%
13	我希望英语教师布置的作业我能在半小时内完成	60.5%
14	我希望英语教师批改作业时做到有评语、有修改	75.4%
15	对待学困生做到课后帮助	72.8%

罗晓杰认为，优秀的英语教师应有强烈的责任心和敬业精神，过硬的英语基本功，较高的英语书法水平，先进的英语教学思想和勇于开拓的创新精神。[①]

英语教师还应通过理论学习、教学实践，提高自己的自学能力，听、说、读、写、译能力，讲授能力，指导能力，辅导能力，答疑能力，评价能力，电教设备使用能力，计算机辅助教学能力和研究能力。

三、习得与学得的关系

英语学习中有习得和学得之争。习得是指学生在自然的语言环境中自然而然地掌握语言的过程，一般是指母语学习。学得则是指学生在非自然语言环境中通过努力学习掌握语言的过程，一般是指外语学习。习得的语言需要进一步学习也是学得的过程。对于中国人学习外语是习得还是学得，大家意见不一。

夏谷鸣于2000年曾撰文说："今年四月，我曾教过的一个学生带着她三岁的孩子来看望我。她的孩子是中英结合的混血儿，现在一家人定居以色列。令我惊讶的是这孩子能讲四种语言。她用汉语和母亲交谈，用英语同父亲交流，用希伯来语与她的以色列小伙伴交往，用俄语跟周围邻居沟通（她们的邻居大多数是俄罗斯犹太移民）。这件事一直萦绕在我的脑海里。近日，结合语言习得理论细想此事，并对目前外语教学做了一点反思，略有心得：第一，儿童习得语言有得天独厚的内部因素即"语言习得机制"；第二，他所习得的内容往往是他自己所能理解的；第三，他们具有为生存而习得语言的强烈动机。"[②]我们知道，斯金纳等的行为主义理论认为，语言学习是习惯形成的过程，强调刺激－反

---

① 罗晓杰. 关于"中学生喜欢的英语教师"的调查分析[J]. 中小学英语教学与研究, 2002(9):1-5.

② 夏谷鸣. 母语习得与外语教学：从一个案反思外语教学[J]. 中小学外语教学, 2000(10):9.

应,强调语言学习过程中的模仿—强化—成形等必经阶段。而1957年,乔姆斯基却提出了与行为主义完全相反的理论,他认为,人的大脑中有一种适于人类学习语言的内部习得机制(language acquisition device,LAD),斯金纳主张学得,乔姆斯基强调习得。夏谷鸣显然是赞成后者的观点的。

　　然而也有专家认为习得论是有条件限制的,或是有阶段性的。例如,黄国斌说:"在母语习得过程中,孩子从降生到能说"妈""(吃)奶"和"门门"(出门玩儿)等非常简单的话需要将近一年的时间。之后,有一个突变,大量的生活用语都会说了。这表明,孩子经过近一年的听的输入和积累,具备了向说的质的飞跃的基础,包括口腔运动的生理技能基本成熟。这个过程就是习得的过程。孩子到两三岁时,什么话都会说了,很多话连大人听了都惊讶。这表明,孩子的母语(听说)习得只需两三年的时间。这个事实也说明,听说训练需要一个相对集中的时间进行,没必要小学、中学、大学,花十几年时间练个没完。但是,这里所说的母语习得从听说的内容和范围来看,只是日常生活方面的,扩大到日常生活语言之外就听不懂,说不出了。这说明,进入成人阶段以后,每个人都是社会人、科学人、政治人、职业人,而小孩子的母语习得则属于自然人。可见,母语习得只是指自然人。社会人、政治人、职业人的听说大都不能靠母语环境来习得;文字语言则要靠后天学得。母语习得仅仅是指口语听说的习得,指有声语言的习得;文字语言则要靠学得,而不是靠习得。"①

　　其实,习得与学得还要取决于学习者的年龄和学习者所处的环境。徐烈炯撰文说:"当代的语言学家告诉我们:婴儿学母语类似学走路,基本上是一种生理现象。不论学习环境好不好,不论努力不努力,也不论聪明不聪明,儿童都能在两三年内学会母语。一旦过了适当年龄(optimal age),就再也不能彻底学会一种语言,就像妇女过了一定的年龄再也不能生育。进中国的大学的英文系,英语学得和英美人一样地道,这样的先例是没有的。如果不信可以设计一套题目来测试语感,一定很容易发现我们在重音、结构和理解方面的语感和英美人是有差距的。语言应用方面也有差距。我在香港的大学里工作近10年,整天用英语教课、演说、发表学术论文、主持会议、撰写公文,书面语言还能应付,口语听说方面却始终有很大局限性,如果要用英语与人吵架骂街,我想我一定不行。听电视中 Jay Leno 或 David Letterman 讲笑话时,好多话都听不懂,当然除了语言之外还有文化背景知识的问题。我有一个女儿,十几岁去美国,她每晚要听 Jay Leno 的节目,每句话都听得懂,边听边笑。她说英语时一般人不容易

---

　　① 宁新. 黄国斌对"母语习得论"提出质疑[N]. 英语周报,2007-04-11(2).

察觉她不是美国人。这是习得和学得的不同。"①

　　尽管大家对语言的习得和学得尚存在分歧意见,但有两点是共同的:一是习得和学得是语言学习中客观存在的;二是习得和学得在语言学习中重要性都不可忽视。特别是随着改革开放的深入和中国国际化步伐的加快,我们的语言环境逐步复杂化了,有汉语环境,也有英语环境,因而习得的因素也增加了。在教学中如何利用好这些习得的有利条件,使得习得与学得相统一,提高外语教学的质量和效益,应是我们研究的课题之一。

四、母语与英语的关系

　　母语在外语教学中的影响和作用以及与外语的关系问题一直是外语界争论的问题之一。本书"对翻译法的反思"部分介绍了部分教师和研究人员的不同意见。总之是一派赞成依靠母语,一派主张甩开母语,要着力培养学生用外语思维的能力。

　　母语与外语的关系问题是个很复杂的问题,成为"中华人民共和国成立以来外语教学界的两大争端"之一。② 我们注意到,依靠本族语的提法与实行翻译教学法有关,甩开母语,培养学生用外语思维的能力与实行直接法有关。在外语教育发展史上,有过几次反复,最后意见趋向折中。

　　"依赖本族语"的观点认为,外语学习通常是在学生已经掌握了本族语的条件下进行的,虽然本族语有负迁移的一面,但也有正迁移的一面,翻译和比较是进行外语教学的重要形式,它们都离不开本族语。③ 这一观点的提出始自 20 世纪 50 年代末 60 年代初,80 年代以来,吕良德等再次提出这一问题,主张依赖母语进行外语教学,这当然遭到了"甩开本族语"一派的反对。

　　"甩开本族语"的观点认为,不能否定外语思维的存在或可能。④ 外语教学的目的是对学生进行听、说、读、写的训练,培养运用外语的能力,言语实践是最为重要的教学内容。教学方式的选择要有利于加强言语实践,有利于学生摆脱本族语,有利于外语思维的形成。强调依靠本族语,强调对比和翻译,虽然对培养学生的语法分析和阅读能力有一定的效果,但与全面培养语言技能的运用则

① 束定芳. 外语教育往事谈(第二辑)——外语名家与外语学习[M]. 上海:上海外语教育出版社,2005:246-247.
② 蒋楠,等. 建国以来外语教学界的两大争端[J]. 中小学英语教学与研究,1989(5):1.
③ 应云天. 谈外语教学中依靠本族语问题[J]. 外语教学与翻译,1959(9):11.
④ 戚国伟. 外语教学必须通过本族语进行吗[J]. 中小学英语教学与研究,1986(5):1.

不相适应。它还会把外语实践课变成知识课,妨碍语言运用能力的发展。在教学中经常使用本族语和翻译会助长学生的心译习惯,既妨碍学生形成运用外语所要求的正常速度,说出的外语也不会纯正、流畅。此外,由于任何两种语言在词义和用法上都不存在简单的对等关系,对比和翻译都不宜作为贯穿教学全过程的基本方法。①

"依赖本族语"还是"甩开本族语",双方争持不下。这一争论延续了几十年,一直到今天也难以有个明确的结论。但是有几点是肯定的:一是母语是一种客观存在,回避不了;二是母语对外语教学既有不利的一面,也有有利的一面;三是教学中如何利用有利的因素,克服不利的因素是应该注意的。

从中国中小学英语教育发展情况看,在编制课程标准时尽管有摇摆,但已经充分注意到了这个问题,并且折中了双方的观点。

从 1902 年到 1922 年,课程标准重视翻译法,翻译既作为教学目标,又作为教学手段。从 1923 年开始受直接法影响,开始重视听说和外语思维能力培养。1929 年《初级中学英语暂行课程标准》就明确规定:"新材料的意义,除不能不用国语来解释的以外,一概采取其他的表示方法,使可以学得比较纯粹的英语,并且可以早些达到用英语来思想的地步。"然而 1951 年《普通中学英语科课程标准草案》却规定:简单的翻译,以英译汉为主,汉译英为辅。不但重翻译,而且重母语的地位和作用。1963 年《全日制中学英语教学大纲(草案)》对高中阶段的要求是:要求继续掌握 2000 个左右的单词和一定数量的惯用词组,进一步的语法知识,具有借助词典初步阅读英语书籍的能力,就日常生活方面的题材进行简单会话和作文的能力,以及初步的翻译能力。翻译在此课程标准中定格为教学目标之一。1978 年《全日制十年制中小学英语教学大纲(试行草案)》中规定:英语课从小学三年级起开设。通过八个学年的学习,要求学生掌握基本语音和语法,掌握 2 800 个左右单词和一定数量的惯用词组,能借助词典阅读一般题材的中等难度的读物,具有一定的听、说、写和译的能力。教学方法还特别提出,教师还可将课文中某些句子或段落译成规范的汉语,向学生进行两种语言的对比,翻译的方法还可用来检查学生对课文的理解。这样,苏联的自觉对比法思想又得以充分体现。翻译、母语运用、双语对比不仅是教学目标,又成为教学手段。而到 1986 年,《全日制中学英语教学大纲》颁布,教学原则中规定要尽量使用英语,适当利用母语:在教学中要尽量使用英语组织课堂教学,并用英语进行讲解。有人指出,在入门阶段,使用直观教具和表演等方法,少用或基本上

---

① 张汉勋. 本族语与外语教学[J]. 中小学英语教学与研究,1987(2):23.

不用母语,是完全可能的。随着学生英语知识和能力的提高,用英语组织课堂教学和用英语解释英语的可能性就越来越大。但是初中以上的学生,母语习惯已相当牢固,在英语教学中,要绝对排除母语的影响是不可能的。问题在于如何适当利用母语。如果处理得当,通过英语和母语的适时、适度的比较,则有利于学好英语。如果处理不当,过多地使用母语,不适当地进行比较,则母语对学习英语会起很大的干扰作用。①

"尽量使用英语,适当利用母语"的提法自此进入课程标准,20 世纪 80 年代后期、整个 90 年代以及 2000 年颁发的课程标准也都沿用了这一原则。应该说"尽量使用英语,适当利用母语"是英语教学规律的体现,实践已经证明,这种提法是辩证的、科学的,也是正确的。

五、听说与读写的关系

听、说、读、写是英语教学中的四项基本技能。在教学的处理上,有个何者为先的问题,是"听说领先"还是"读写领先",众说纷纭,也成为"中华人民共和国成立以来外语教学界的两大争端"之一。②

从中小学英语教学的发展历史看,听说和读写在不同的历史时期随教法变化而有不同的地位。总的来看,运用直接法、听说法、视听法、交际法时应是听说领先,运用翻译法、认知法时应是读写领先,而综合教学法、折中教学法、整体教学法则是主张"综合训练,阶段侧重"或"四会并举,阶段侧重"的。

1959 年上海召开"中等学校教师外语教学座谈会",会上产生两种观点:一是中学只应培养"一会",即外译汉的能力,二是把听、说、读、写都作为培养方向。③

1978 年颁布的《全日制十年制中小学英语教学大纲(试行草案)》提出:中小学英语教学的目的,是着重培养学生的阅读和自学英语的能力并培养一定的听、说、写、译的能力。④

1986 年颁布的《全日制中学英语教学大纲》教学原则规定要"综合训练,阶

---

① 课程教材研究所. 20 世纪中国中小学课程标准·教学大纲汇编:外国语卷(英语)[S]. 北京:人民教育出版社,2001:17-163.

② 蒋楠,等. 建国以来外语教学界的两大争端[J]. 中小学英语教学与研究,1989(5):1.

③ 章兼中. 上海中等学校教师举行外语教学座谈会[J]. 外语教学与翻译,1959(4):41.

④ 课程教材研究所. 20 世纪中国中小学课程标准·教学大纲汇编:外国语卷(英语)[S]. 北京:人民教育出版社,2001:120.

段侧重"：学习外语，听、说、读、写几方面的训练是相辅相成、互相促进的。通过听、说、读、写的综合训练，可以较好较快地培养运用外语进行交际的能力。听、说、读、写训练在不同的教学阶段可以有所侧重。在初级阶段，以听说训练为主，同时进行适当的读写训练。在学生已经具有一定的听说能力和习惯，掌握了一定数量的词汇并学完了大部分的基本语法之后，在继续进行听、说、写训练的同时，侧重培养阅读理解能力。① 这一原则一直延续到 2000 年颁行的中学教学大纲或课程标准中。

从主张"一会"，到主张"四会"，再到主张"四会并举，阶段侧重"，是学生能力培养的必然要求，在此期间，对于"听说领先"还是"读写领先"，专家们争论不休。

本书"对听说法的反思"部分提到"听说领先法"在上海外国语学院的试验情况，也就"听说领先法"进行了反思和分析，专家们围绕这一问题提出的意见对于最后形成"综合训练，阶段侧重"这一教学原则有着多方面的贡献。

20 世纪 70 年代末、80 年代初英语教学界对中小学英语教学的目的进行了热烈的讨论，甚至激烈的争论。1979 年《中小学外语教学》组织了对中小学英语教学大纲所提出的目的要求的讨论。在讨论中，我们看到有两种意见。第一种意见认为：学生课程多，负担重，时间紧，教师的业务水平又不高，语言环境也很差……结论是：目前大纲提出的要求是达不到的，应当改变。另一种意见同样也承认目前条件是差的，困难是大的，但是他们认为：我们应该看到大好形势，对于前进中的困难，我们只有加倍努力去克服它，绝不可因噎废食，削足适履。其结论是："五会"的要求是完全可能的。因此也有人提出："在教学目的要求问题上，我们反对'四会'（听、说、读、写）并进的提法，基本上同意培养阅读能力为主的意见，但是我们还认为，除阅读外，还应进行一定程度的听力训练，这不但是必要的，而且也是可能的。"②实际上这是一种"读写领先，听说跟上"的意见。通过读写培养学生语言能力是否可行呢？很多专家都有自己的理论根据。

李观仪认为，"在语言环境和师资条件不具备的情况下，不一定非要听说先行，完全可以以读写为前提……仅仅学会说几十句甚至几百句英语而不去学书

---

①　课程教材研究所. 20 世纪中国中小学课程标准. 教学大纲汇编：外国语卷（英语）[S]. 北京：人民教育出版社，2001：163.

②　代正南. 也谈中小学英语教学的目的[J]. 中小学外语教学，1981（4）：1-2.

面语,那最多是学了些语言的皮毛,成不了大器。"①"要提高英语水平必须依靠不间断的大量阅读,而阅读又必须做到精泛结合,默读与朗读相结合,有了扎实的读与写的基础,听说跟上是不难的"②。

胡文仲认为,"对于初、中级英语学习者我特别推荐英语简易读物,读的材料要浅易,故事性要强,读的速度尽可能快一些,读得越多越好。这是学好英语屡试不爽的一个好办法"。

何其莘认为,"用英语思维是许多英语学习者都希望达到的一种境界。从自己学习英语的经历中,我体会到坚持大量阅读是实现这一目标最有效的途径之一"。

赵世开对于"听说领先"提出了自己的意见。他说,"外语教学中书面语(读写)和口语(听说)的关系问题一直是有争论的。1975年在日本就曾有过一场关于英语教育的论战。大致可以说,平泉涉偏重口语,渡部什一偏重书面语。近年来,美国以 TG(转换-生成)语法理论为基础的认知法(cognitive approach)和以结构主义理论为基础的听说法(audio-visual approach)之间的争论,我认为也涉及书面语和口语的关系问题……我想强调的是,'听、说、读、写'并不是外语教学的目的,它只是一种手段。通过'听、说、读、写'的训练达到培养语言能力的目的。掌握某种语言的能力主要是掌握该语言的规则系统(包括语音、语法和语义)。'听、说、读、写'是语言能力的具体运用"③,"在这几篇论文里,我强调了书面语在学习外语中的重要性,目的是纠正当前流行的一种不太正确的观点,即过分重视口语学习,似乎只要能说外语就是学好了外语。实际上,这只是看到了语言行为的一个方面,即口语","什么是外语学习?从语言学的理论来说,外语学习是语言能力的开发和运用。美国语言学家 N. Chomsky 区分了语言能力和语言行为。语言教学要把着眼处放在能力上而不是行为上"④。

究竟是"听说领先"还是"读写领先",两派观点似乎都有依据,都有道理。我们的思考是,听说领先还是读写领先,第一,取决于培养目标;第二,取决于所用教法;第三,取决于所教内容或材料;第四,取决于教师的专业水平。学好外

---

①　束定芳. 外语教育往事谈(第二辑)——外语名家与外语学习[M]. 上海:上海外语教育出版社,2005:24-25.

②　束定芳. 外语教育往事谈(第二辑)——外语名家与外语学习[M]. 上海:上海外语教育出版社,2005:35.

③　瞿葆奎. 教学(下)[M]. 北京:人民教育出版社,1990:308.

④　束定芳. 外语教育往事谈(第二辑)——外语名家与外语学习[M]. 上海:上海外语教育出版社,2005:43-47.

语,只是听说是不行的,只是读写也是不行的,这是被外语教与学的实践所证明了的。

吴阶平曾经撰文说,1948 年有个美国人对他说中国话,那语言听上去怪得很。后来知道他的话是从《水浒传》里学来的,语言脱离了时代,听起来就很别扭。所以他建议教师们要用一些时间听外语广播,看外文报刊、小说、传记等等。①

胡壮麟回忆他在北京大学学习期间发生的一件事说,当时班上有两位同学吵架,一位中华人民共和国前曾在北平美童公学(相当于今天的国际学校)学习过,讲英语如以英语为本族语一样地道,但他的作文在班上并不领先,一位同学来自上海,成绩中上,前者利用自己的优势,用英语争论,后者不甘示弱,也答之以英语,两人你来我往,不分胜负。事后,胡壮麟问那位上海同学为什么吵架时英语讲得那么溜! 他说,我是被逼出来的,坚决不让他的英语压倒我。看来,这位上海同学较强的书面语在关键时刻居然能转化成口语,基础扎实确实重要。所以胡壮麟认为究竟是"听说领先,读写跟上",还是"读写领先,听说跟上"似乎是个"鸡生蛋,蛋生鸡"的问题。语言既然有形、音、义三个层次,听、说、读、写就是互补的,不宜切分过细。②

李庭芗对于"综合训练,阶段侧重"理论的形成做出了贡献。他认为,在中学英语教学里强调对听、说、读、写能力的全面培养,从教学的角度看是有许多原因的,听、说、读、写能力是紧密联系、相辅相成的。不能认为,在中学里进行听、说、读、写四种训练,培养听、说、读、写四种能力是分散学生的学习精力和时间,不如集中精力和时间专搞阅读。③ 李庭芗的主张是辩证的、全面的。

六、知识与能力的关系

英语学科的教学实际上是英语素质或素养的形成过程。有人认为外语学科的素质包括:语言基础知识,有语音知识、语法知识、词汇知识和语篇知识等;语言的基本技能,有听、说、读、写等;学习能力,有认知能力、元认知能力和社交能力等;品德与科学文化素养;思维品质;情感因素,有学习动机、学习态度、学

① 吴阶平. 为四化培养合格的外语人才[J]. 中小学外语教学,1981(1):3-4.
② 束定芳. 外语教育往事谈(第二辑)——外语名家与外语学习[M]. 上海:上海外语教育出版社,2005:153.
③ 李庭芗. 学习重点中学英语教学大纲的体会[J]. 中小学外语教学,1982(6):1-3.

习兴趣、性格、自信心、意志等。① 有人认为可以把学生的外语素质规范为外语知识与经验、外语学习的内部智力、外语思维能力、外语语言基本能力、外语交际能力、非智力因素六个方面。其中外语知识与经验含语音、词汇、语法知识、语用知识以及策略知识;外语学习的内部智力,指与学生外语学习效率有关的一般的潜在的认知能力,其基本成分有语言敏感性和流畅性等;外语思维能力指直接运用外语进行思维的能力,它既是外语学习的结果,同时又是影响外语学习的过程变量;外语语言基本能力含听、说、读、写的能力;外语交际能力,是在外语学习的内部智力、外语知识、外语思维能力、外语语言基本能力的基础上形成和发展起来的用外语进行交际的能力,它是一个人外语素质的综合表现或最高形态,也是外语学习的根本目标;非智力因素指需要、动机、兴趣、信念、情感、意志和性格等。②

英语语言知识与交际能力应该是学生外语素质的最重要的方面,也可以称为核心素质。不掌握语言知识,就不会有交际能力。语言知识和交际能力都很重要,知识是基础,能力是目的,真正的语言教学是知识和能力的统一。教师既应传授语音、词汇、语法知识,又要培养学生听、说、读、写技能以及交际能力,既重视听、读输入训练,又要重视说、写输出训练。我们要注意克服两种倾向:一是忽视语言知识传授,使得语言技能和能力基础不牢,产生大量的"英语文盲";二是忽视英语能力的培养,使得语言知识成为无的之矢,产生大量的不会听、不会说、不能读、不能写的"英语残疾"。③

然而,就英语语言知识和交际能力何者为先的问题始终有比较大的分歧。例如,英语语言知识中主要分歧点集中在语法知识上。章振邦撰文指出:在我国英语教学改革中,人们常常谈到语法问题。中国人学英语到底要不要学点语法?多数人主张要。认为中国人学英语,特别是中国的成年人在本国的环境里学英语,不学点语法是不行的。另一部分人主张不要学语法,认为我国的英语水平不高,坏就坏在语法学得太多了,不要语法,照样可以掌握英语,而且还可以更好地掌握。前者是从语法的本质看问题,语法是语言的组织规律,要学习一门外语,不管你承认还是不承认,你都逃避不了语法规律的支配,你要"淡化"语法都淡化不了;你要甩掉语法,语法却无处不在,你

① 王蔷,等. 基础教育阶段外语学科素质教育问题初探(下)[J]. 中小学外语教学,1999(11):1-3.
② 宋专茂. 面向21世纪学生外语素质的构成与培养[J]. 中小学英语教学与研究,1999(3):1-3.
③ 陈自鹏. 谈中小学英语教育教学中应处理好的几个关系[J]. 天津教育,2007(8):40.

不要它,它却找你,那么习得一点语法知识,自觉地掌握一点支配所学语言的规律,有什么可反对的呢? 但是,持反对意见者也不无理由:他们从我国外语教学方法落后的现状出发,认为语言教学之目的应是培养语言技能和交际能力,而不应把灌输语法知识视为教学目的本身,过去学生就被塞进大量的语法知识,忽略了语言技能的操练,到头来听不懂,讲不出,写不好,语言作为一种交际工具并没有真正学到手。因此,章振邦提出改革语法教学,一是要与词汇糅合起来,二是要与修辞联系起来。由于语言本身就是一种音义结合的语法和词汇体系,语法如果脱离了词汇就会变成干枯的、没有血肉的条文,容易脱离实际,难以致用,又由于语法只能解决句子结构是否正确的问题,而修辞则是要解决句子在一定的语境和语体中用得是否恰当的问题,因此要学以致用,就必须联系语篇和语体来讲解语法。①

要处理好这对关系,胡春洞先生介绍的思路也给人以启发。他说,根据语言学的基本观点,语言既具有交际属性,也具有认知属性。语言学还确认,语言既是一套行为习惯,也是一套结构模式;语言既是功能意念系统,又是规则和知识系统;语言既是模仿性的,又是创造性的。无数语言学家经过长期努力而研究出的语音、词汇、语法系统知识,对于语言教学的成功具有不可替代的作用。语音、词汇和语法教学在任何时候、任何阶段、任何情况下都不能淡化,包括三者所包含的系统语言规则或语言知识。

他提出,可以采取认知交际法(结构功能法)来解决这一问题。认知交际法具有广泛而久远的实践基础。古代中国人学习梵文,一方面系统学习语法,大量学习词汇;另一方面系统学习佛教文化,大量进行阅读和学术探讨。这样认知学习和应用学习就成为一体。到了近现代,中国人学外语仍然很成功。以20世纪20年代和30年代为例,那时的中学学制只有4年,学生学4年英语后上大学预科。除国文(语文课)外,其他课都用英文教材并用英语授课,而只学过4年英语的学生却能够接受,当时使用的教材有读本、读物(例如《泰西50轶事》等),让学生从中学习作文和文法(语法);采用的活动主要是听教师用英语授课、熟读背诵、多读快读、用语法知识分析所读材料以及作文和口头表述等。20世纪50年代,我国外语教学的主要语种由英语改为俄语,教学法接受了苏联的对比法。该时期的教学过分强调本族语和语法的作用,原因是俄语和汉语差异大,俄语语法比英语语法复杂。针对过分重视语法的情况,60年代初,外语教学

① 束定芳.外语教育往事谈(第二辑)——外语名家与外语学习[M].上海:上海外语教育出版社,2005:16-17.

改革提出了"破语法框框"的口号,教材编排以思想内容为纲,同时英语开始受重视,但教学效果不理想。经过调整又逐渐向实践应用与规则认知相结合的途径靠拢。当时由张志公先生主持编写的英语教材就基本体现了这种思路。

张志公指出,改革开放以后,全国掀起了外语教学改革的热潮。效果比较好的教学法都在一定程度上遵循了认知与交际相结合的原则。例如,结构和功能相结合,集中和分散相结合,等等。认知交际法在中国有实践基础,在世界其他地方也有实践基础。大规模的成功经验在日本有帕默英语教学,该方法实行口语和句型相结合,动作和句型相结合,词汇和句型相结合。①

七、虚拟交际与真实交际的关系

学习语言的目的在于交际。然而学习英语的过程必须经过从虚拟交际到真实交际的过程。有人曾批评说:"Is this a book? – Yes, it is."等对话在现实生活中是根本不存在的,是虚拟交际,离真实交际还有相当距离,因此,没有意义。对此,笔者持有异议:第一,这种话语在一定的语境下有可能存在;第二,这种学习是真实交际必需的。教学是以间接知识为主的,有时不得不游离社会生活,不得不采取虚拟教学的形式,要求完全地模拟现实教学是不现实的。

虚拟交际和真实交际是英语交际的两种形式,是交际的两个阶段。教学中要抓好虚拟交际训练,给生活中的真实交际储备必要的语音、词汇、语法知识,养成必要的技能。同时还要注意在真实的交际环境中培养学生实际运用语言的能力。我们常常会见到这样的现象:有人英语学得很好,英语成绩也不错,但一见外国人就发怵,听不懂,讲不了。还有人,见了外国人不发怵,但一讲话便错误百出,令外国人心里发毛:这讲的是哪国语言?为什么会出现这种情况?原因就在于虚拟交际和真实交际的关系未处理好。李观仪教授的回忆正好印证了这一点:

> 我是小学三年级开始学英语的。从三年级到六年级都有英语课。我上的是上海一所普通小学。所用英语课本已记不起编者姓名、书名和出版社名称了。那是当时(30年代)多数普通学校所使用的课本。
>
> 从初中一年级到初中三年级又继续学了三年英语。初中一、二年级用的是一般学校使用的课本。初中三年级我记得是用一本英文原著,名为

---

① 胡春洞. 再论认知教学法[J]. 中小学外语教学,2002(4):1-3.

New China。

　　这七年的英语课堂教学应该说是完全的语法翻译法:教师教生词,教课文,用汉语讲解课文,用汉语分析语法。没有会话之类的口语练习。有时老师用英语问问课文内容。

　　记得在我读初中时有这么一回事:有一熟人建议我到原霞飞路(现淮海中路)上俄罗斯人开的面包房去买面包时用英语和店员对话。这么一件简单的差事,对我这已学过六七年英语的中学生来说,还真是无法完成,因为没有学过到店铺买东西的英语,终究未能交差。

　　初中毕业后随着家人一起到香港去。当时香港一般使用两种语言,汉语和英语。汉语的书写体除了少数地方性用语外,是全国统一的汉语。可是汉语口语却几乎全用广东方言,我们姐弟对广东话一句不通,上学也成了问题。一父辈朋友介绍我们去一所教会学校就读。那教会不是英国的也不是美国的,但学校中的教学用语一律是英语。入学时要我写一篇英语作文。我至今还记得,文中我要表达"我不能去"的意思。我知道"不能"的过去式是 could not,那么后面接什么词呢? 先想接 go,但再一想既然是过去式,那么应用 went,于是我就写成了"I could not went"。事实上,我不是没有学过英语语法,也已经阅读了不少课文,可就在这 could 后加不定式的问题上懵然无知。交上去这样的作文,当然只能让我进入一个很低的年级。我被安排在一个最多相当于我们小学六年级到初中一年级程度的班级里。一名初中毕业生又倒退到六年级,不能怨天尤人,只怪自己的英语差。①

　　作为外语名家,李观仪也在早期学习过程中遇到了虚拟交际和真实交际的问题:一个学了六七年英语的中学生完不成买面包的任务! 前者的学习是虚拟的,后者用语言做事却是真实的交际。前者的虚拟交际没有为后者的真实交际打好知识和技能基础,于是做不成事,考试也通不过。这就让我们得出这样一个结论:要处理好虚拟交际和真实交际的关系,应该虚中有实,实中有虚,虚实结合,相得益彰。怎么做到虚中有实呢? 教学中虚拟交际是手段,但要创造真实的情境,教授真实的知识,掌握真实的技能,培养真实的能力。怎么做到实中有虚呢? 就是应该重视规则,重视结构,重视规范,重视认知。

---

① 束定芳. 外语教育往事谈(第二辑)——外语名家与外语学习[M]. 上海:上海外语教育出版社,2005:19-20.

虚拟交际是交际的基础,真实交际是做事的能力。没有虚拟交际,即没有知识和技能的学习,真实交际也不可能实现。中国前外交部部长李肇星在一次演讲中谈到他在非洲教厨师学英语的故事。他说那些厨师经过一段时间的学习就能够"独立自主"地出外买菜了。有一次他们到菜市场买猪蹄,不会说"猪蹄"就脱下自己的鞋子指着自己的脚说"pig,pig",人家懂了他的意思,任务完成了。还有一次厨师去买鸡肉,人家给提了一只公鸡来,厨师说"No,I want his wife"(我要的是他的妻子),也顺利完成了任务。试想一下,如果厨师没有学过"pig","I want his wife"这些词、句,真实交际是不能完成的。但语言学习若只停留在这一阶段,也不能算是真正的语言学习,还必须通过虚拟交际来深化,通过真实交际来巩固。

八、智力因素与非智力因素的关系

学好英语需要智力因素的参与,也需要非智力因素的参与。智力因素包括观察能力、想象能力、记忆能力、思维能力等,对英语学习极为重要。难以想象一个没有记忆能力、思维能力的人能够学好英语。在教学中,教师一方面要培养和锻炼学生的观察能力、想象能力、记忆能力,另一方面还要培养和锻炼学生的思维能力,学会概括、归纳、演绎、判断、分析、综合等思维方法,这不仅能够对英语学习有所促进,也对学生一般智力有所促进。在此基础上,着力提高学生用英语思维、用英语交际的能力,这是英语教学的终极目的之一。

学好英语只有智力因素是远远不够的。大家不难达成的一点共识是:学好英语,非智力因素如兴趣、意志等也相当重要,有时甚至决定着一个人学业的成败。许多外语名家对此也有阐述。

赵世开回忆说:"70年前,我刚开始接触英语。那是在上海念小学,同学中传诵着'one,two,three,four,来叫come 去叫go,24 叫 twenty-four'的顺口溜,还有骂人的话'damn fool!'等等。为了试验'damn fool'灵不灵,有一次,我看到一个外国人,就冲他喊了一句,他转身要打我,我吓得就跑,知道这句话还灵。"①英语的灵(实用性)让他对英语开始感兴趣。

陈用仪回忆说:"真想不到1944年在广东西北山区一个小县城的中小学一次简单的英语课测验,成了使我从对外语兴趣不浓、所知不多、浑浑噩噩,转而

---

① 束定芳. 外语教育往事谈(第二辑)——外语名家与外语学习[M]. 上海:上海外语教育出版社,2005:39.

为对外语入迷、废寝忘食、开步入门的一个转折点。当时我们念林语堂的《开明英语读本》,有一课的课文取自希腊神话,说的是一对夫妻如何变成了鸟。课文中有一句说,女的十分美丽(…was as beautiful as a summer morning)。学完了课文做测验时,老师出了个汉译英的题目:'他同他哥哥一样聪明。'同学们都没有联想到课文有'as … as'的句型,都围绕着'一样'这个词上打转转,找出英语与之对应的形容词 same,拿来造句。但是汉语的'一样'是个修饰形容词的程度副词,而英语的形容词 same 是无法直接再修饰形容词 clever 的。我一开始也在 same 上打转转,但句子造来造去都造不出来。不知怎的灵机一动,想起了课文上的 as…as…,马上猜出了老师出这道测验题的用意,恍然大悟,豁然开朗,造出了 He is as clever as his brother。测验结果,全班只我一个人做对了。现在回头看,那次成功又算得了什么? 这样浅的习题今天的学生有谁会不懂得呢? 可是,这件看来似乎不足挂齿的小事,却决定了我今后努力的方向。老师以为我的英语真的不错,夸奖了一番。我顿时信心百倍,对英语的兴趣也大大提高。而且,既被看作全班英语最好的学生,受自尊心的驱使,也感到了压力,不敢再落后,只好拼命向前。自此以后,我的英文成绩在班上一直保持名列前茅。前后相比,恍若两人。"①

一件偶然的小事决定了一个人一生发展的方向。这种兴趣的激发使得陈用仪不但精通了英语,而且精通了俄语、西班牙语、葡萄牙语和德语,成为一位著名的翻译工作者。

如果说兴趣是最好的老师,那么意志则是学好外语的保障。学好英语意味着艰苦的劳动,学好英语意味着不断攀行、学无止境,这些都需要有坚强的意志做保障。

季羡林撰文指出,"真正的有识之士都会知道,对于一种语言的掌握,从来也不会达到绝对好的程度,水平都是相对的。据说莎士比亚作品里就有不少的语法错误,我们中国过去的文学家、哲学家、史学家、诗人、词人等等,又有哪一个没有病句呢? 现代当代的著名文人又有哪一个写的文章经得起语法、词汇方面的过细的推敲呢? 因此,谁要是自吹自擂,说对语言文字的掌握已经达到炉火纯青的程度,这个人不是一个疯子,就是一个骗子。我讲的全是实话,并不是危言耸听。我自己常常想到,学习外语,在漫长的学习过程中,到了一定的时期,一定的程度,眼前就有一条界线,一个关口,一条鸿沟,一个龙门。至于是哪

---

① 季羡林,等. 外语教育往事谈——教授们的回忆[M]. 上海:上海外语教育出版社,1988:345-346.

一个时期,这就因语言而异,因人而异。语言的难易不同,而且差别很大,个人的勤惰不同,差别也很大。这两个条件决定了这一个龙门的远近,有的三四年,有的五六年,一般人学习外语,走到这个龙门前面,并不难,只要泡上几年,总能走到。可是要跳过这龙门,就绝非易事。跳过了龙门呢,则你已经不再是一条鲤鱼,而是一条龙。可是要跳过这个龙门又非常难,并不比鲤鱼跳龙门容易,必须付出极大的劳动,表现出极大的毅力,坚忍不拔,锲而不舍,才有跳过的希望。好多语言,我大概都没有跳过龙门。连那几种有把握的,跳到什么程度,自己心中都没有底。想要对今天学外语的年轻人讲几句经验之谈,想来想去,也只有勤学苦练一句,这真是未免太寒碜了。然而事实就是这个样子,这真叫作没有办法"。①

外语学习是一辈子的事业,学习是没有止境的。人的精力是有限的,没有坚强的意志,难以取得大的成就。秦秀白先生的话表达出了广大英语学习者的心声:

学了几十年的英语,也教了几十年的英语。深切感到:要真正掌握英语并且做个与时俱进的英语教师,实在是太难了,也太苦了。即使竭尽全力,我们也只能熟悉跟我们的生活和职业相关的某些方面的英语,也只能在这些方面"教"别人学习英语。社会上有些人,以为我们教外语的什么都知道,什么都会用英语表达,这其实是对我们最大的误解,也是一种冤枉。我们靠语言生活,可是在语言面前,我们永远是无法毕业的学生。和英语打了一辈子的交道,也当了英语教授,但我一直感到我的真实身份还是"an English major",这种感觉早已升华为一种"情结",束缚着我的心灵,激励着我不断进取。即使到心脏停止跳动前的那一刻,也不能说"我毕业了",而只能说"我终止学习了"。②

九、语言与文化的关系

语言与文化密不可分,语言具有自然属性,也具有社会属性。在教学中我

---

① 季羡林,等. 外语教育往事谈——教授们的回忆[M]. 上海:上海外语教育出版社,1988:14-15.

② 束定芳. 外语教育往事谈(第二辑)——外语名家与外语学习[M]. 上海:上海外语教育出版社,2005:269.

们往往只注意它的自然属性,而忽略它的社会属性。正如有人指出的那样,我国当前外语教学存在的主要弊端之一,就是把外语学习过程看作语言知识接收与传承的简单过程,视模仿论与强化论为教学法宝。教学中则仅仅重视语言符号识记、语法规则记忆、"刺激－反应"的机械式句型操练等。而这种识记性的句型操练几乎排除了对文化因素的任何考虑,学习者在知识内化过程中的文化交际环境和心理特征往往被忽略,这种情况下,很多中国学生虽然学习外语多年,但仍难以用英语进行得体交际。①

语言的得体交际取决于学生的跨文化交际能力。培养学生的跨文化交际能力需要从中外文化差异的比较和认识入手。有人对此有过比较独到的研究。

燕柳芝等从姓名方面分析中西文化差异。文章指出,中国的姓名多是父母之言,天子之命,极端严肃认真,而西方则不然,如以职业为姓的 Weaver,Miller,Cook,Barber 等;以居住地、出生地或方位词为姓或名,居住地如 Field,Wood,出生地如 London,Paris,方位词如 North,West;以动物或植物名称为姓或名,如 Lamb,Wolf,Rose,Lily 等;以家庭关系为姓,如 Johnson,Philipson,Williamson 等;以物质名词、货币或建筑物名称为姓或名,如 Stone,Pound,Church 等;以季节、月份、时日或天气名称为姓或名,如 Summer,May,Sunday,Snow 等;以古希腊、罗马神话中的神名或与基督教有关的名词为人名,如 Apollo,Adam 等;以颜色、肤色、长相特征或以绰号为姓,如 White,Black,Longman,Sweet 等。此外,王力教授在其《姓名》一文中就曾提到英美人的姓名,有人姓胖,姓大,姓小,姓年轻,姓弯腰,姓竖发,姓棕发,姓蓬头,姓白,姓黑,姓短大腿,姓独眼龙,姓驼背,姓细毛,姓小约翰,姓胖约翰,甚至姓坏蛋,姓拖油瓶。②

王宗宽则从语言与交际两个方面探讨了英汉文化的差异。他指出,在回答提问方面,中国人对别人的问题,总是以肯定或否定对方的话来确定,常用"对"或"不对",而英语中对别人的问话,总是依据事实结果的肯定或否定回答,用"yes"或"no";亲属称谓西方人大而化之,以示平等,如 parents 表示父母,uncle 表示叔、伯、舅等,aunt 表示姨、姑、婶等,cousin 表示表姐、妹、兄、弟等,中国人分得很细;在考虑问题的主体方面中国人喜欢以别人为中心,考虑对方情意,而英语中往往以自我为中心;在问题用语中,中国人打招呼,一般都以对方处境或动向为思维出发点,而西方人往往认为这纯属个人私事,不能随便问;面对恭维时,中国人往往谦虚推辞,而西方人则表示感谢,显出自信;在电话用语方面,中

① 戴军熔. 拓宽文化视角,提高跨文化交际能力[J]. 中小学英语教学与研究,2000(4):5.
② 燕柳芝,等. 从姓名看中西文化差异[J]. 中小学英语教学与研究,2002(10):34.

国人打电话时的用语与平时讲话用语没有多少差异,英语中打电话与平时用语差别很大,例如,西方人一般接到电话都先报自己的号码或工作单位的名称;中国人收到礼物时,一般是放在一旁,确信客人走后,才迫不及待地拆开,受礼时还连声说"让您破费了""真不好意思"等话,而西方人收到礼物时,一般当着客人的面马上打开,并连声称好;中国人重视家庭、亲情,为了表示礼貌,往往要以亲疏远近来区分不同的人,西方人对于亲近的人,哪怕长辈也可直呼其名;在西方,向别人提供帮助、关心、同情等的方式和程度是根据接受方愿意接受的程度来定的,而中国人帮起忙来一般是热情洋溢,无微不至;请客吃饭时,中国人招呼客人一般都准备满桌美味佳肴,不断地劝客人享用,自己还谦虚:"没什么菜,吃顿便饭。薄酒一杯,不成敬意。"行动上多以主人为客人夹菜为礼,西方人会对此大感不解:明明这么多菜,却说没什么菜,不实事求是,而他们请客吃饭,菜肴特别简单,经常以数量不多的蔬菜为可口的上等菜,席间劝客也是由客人自便。①

英汉两种文化的差异和跨文化交际问题近些年引起了语言教学界的关注,这种关注也反映在英语教学理念和课程标准的变化中。

张俊杰等撰文指出,"To be bilingual,one must be bicultural"。对英语教学来说,掌握英语国家的文化也是至关重要的。中西文化的差异决定了语言的差异,其中包括语法、词汇、表达方式、表达内容、语境、得体性等,自觉的英语学习者应当努力了解并适应这种差异,在用英语进行跨文化交际时,尽量用英语国家的社会文化进行思维。他们提出,第一,要注意语言的交际场景,选择与所处语境、说话时间和场所相适应的言语行为;第二,注意交际者之间的关系,根据双方熟悉程度,对方的社会地位和身份,说出合乎自己身份的话语,采用或严肃或随便的交际风格;第三,注意或直接或委婉的交际策略,如怎样开始,维持或结束说话,如何转换话题,出现问题如何补救,等;第四,得体地表达自己的交际意向,如问候、打招呼、打电话、询问、邀请、致谢及道歉等;第五,注意交际势能,把握交际讯号(即信息意义)的强弱。②

2001年7月颁发的《全日制义务教育普通高级中学英语课程标准(实验稿)》提出,基础教育阶段英语课程的总体目标是培养学生的综合语言运用能力。综合运用能力的形成建立在学生语言技能、语言知识、情感态度、学习策略

---

① 王宗宽. 英汉最常见的十大文化差异综述[EB/OL]. http://www.LN90.com/paper/yingyulunwen.
② 张俊杰,等. 中学英语教学与社会文化意识[J]. 中小学英语教学与研究,1998(6):1-4.

和文化意识等素养整体发展的基础上,并提出,文化意识是得体运用语言的保证。① 该课程标准还规定了小学毕业(二级)、初中毕业(五级)、高中毕业(八级)应达到的文化意识目标。具体目标描述见表 5－2。

表 5－2　2001 年英语课程标准文化意识目标描述②

级别	目标描述
二级	1. 知道英语中最简单的称谓语、问候语和告别语; 2. 对一般的赞扬、请求等做出适当的反应; 3. 知道国际上最重要的文娱和体育活动; 4. 知道英语国家中最常见的饮料和食品的名称; 5. 知道主要英语国家的首都和国旗; 6. 了解世界上主要国家的重要标志物,如:英国的大本钟等; 7. 了解英语国家中重要的节假日
五级	1. 了解英语交际中常用的体态语,如手势、表情等; 2. 恰当使用英语中不同的称谓语、问候语和告别语; 3. 了解、区别英语中不同性别常用的名字和亲昵的称呼; 4. 了解英语国家中家庭成员之间的称呼习俗; 5. 了解英语国家正式和非正式场合服饰和穿戴习俗; 6. 了解英语国家的饮食习俗; 7. 对别人的赞扬、请求等做出恰当的反应; 8. 用恰当的方式表达赞扬、请求等意义; 9. 初步了解英语国家的地理位置、气候特点、历史等; 10. 了解常见动植物在英语国家中的文化含义; 11. 了解自然现象在英语中可能具有的文化含义; 12. 了解英语国家中传统的文娱和体育活动; 13. 了解英语国家中重要的节假日及主要庆祝方式; 14. 加深对中国文化的理解
八级	1. 理解英语中常见成语和俗语及其文化内涵; 2. 了解英语交际中常用典故或传说; 3. 了解英语国家主要的文学家、艺术家、科学家的经历、成就和贡献; 4. 初步了解主要英语国家的政治、经济等方面的情况; 5. 了解英语国家中主要大众传播媒体的情况; 6. 了解主要英语国家与中国的生活方式的异同; 7. 了解英语国家人们在行为举止、待人接物等方面与中国人的异同; 8. 了解英语国家主要宗教传统; 9. 通过学习英语了解世界文化,培养世界意识; 10. 通过中外文化对比,加深对中国文化的理解

① 教育部. 全日制义务教育普通高级中学英语课程标准(实验稿)[S]. 北京:北京师范大学出版社,2001:6.
② 教育部. 全日制义务教育普通高级中学英语课程标准(实验稿)[S]. 北京:北京师范大学,2001:26-27.

在语言教学中注重文化意识培养,让学生了解所学语言国家的历史地位、风土人情、传统习俗、传统节日、生活方式、文学艺术、用语习惯、行为规范、价值观念等,有助于学生开阔视野,养成国际意识,培养跨文化交际能力。

十、教师与学生的关系

在英语教学中,教师和学生的活动质量决定着教学的质量,教学中如何发挥好各自的作用、如何处理好教师与学生的关系,是理论工作者和实际工作者都十分关注的问题。

（一）教师要发挥好主导作用

教师的作用在于运用教育学、心理学的原理和语言规律来引导学生。教师在教学中应努力做到如下几点。

第一,面向全体。教学工作中要做到面向全体,关键是如何对待每个层次学生的问题。在教学系统要素的把握上都应贯彻面向全体的思想,如在教学环境的创设方面,应体现公平的思想,要给予每一位学生平等参与的机会;在教学目标、教学内容的处理方面,应考虑班级中每一位学生的现实知识基础和语言发展潜力;在教学方法、教学手段使用方面,应考虑每一位学生的适应情况;在教学反馈、教学评价、教学研究方面不能只看学困生而不顾优秀生,也不能只顾优秀生而不看学困生。教师应认真分析每一位学生的学习情况,给每一位学生以适当的评价,研究促进每一位学生学业发展的措施,使全体学生取得应有的进步。

第二,因材施教。学生之间是有差异的。承认差异是做好因材施教的前提。学生差异表现在多个方面,例如,有智力因素和非智力因素的差异;在社会因素方面,有成长背景、教育状况等方面的差异;在学习能力方面,有对语言的认知、记忆、理解、运用、分析、综合、概括、归纳、评价等方面的差异;此外从学习类型上看有视觉型、听觉型和动觉型等的差别。学生成绩不好的原因也有多种。一是基础型。这类学生基础知识、基本技能薄弱。教师对学生应该认真分析,夯实双基。二是能力型。这类学生观察能力、记忆能力、想象能力、分析问题和解决问题的能力都差一些。教师不能歧视、讽刺、挖苦他们,应热情鼓励,让他们通过努力不断进步。三是学风型。这类学生学习习惯不好,不能认真预习、听课、做作业、复习和参加考试。教师应对其加强思想教育,榜样引路,任务强化,逐步使其养成良好的学习和思维习惯。四是意志型。这类学生缺少克服困难的勇气和精神,往往经不起挫折,遇不得困难。教师应鼓励他们勇于面对困难,勇于战胜困难,勇于夺取胜利。五是方法型。这类学生往往学习很努力,但方法不当,学习效率很低。教师应指导学生研究和改进学习方法,做到高效学习。六是综合型。这类学生是前几类学生的缺点兼而有之。教师应多方入手,综合治理。①

第三,促进发展。应把促进学生的可持续发展作为教学工作的出发点和归宿。在语言学习中,人们常常提及"学会"与"会学"的问题。"学会"一般是指现实发展能力,而"会学"是指未来发展能力即可持续发展能力,应该说后者比前者更为重要。因此,教学中应以现实发展能力为基础,着力提高学生的可持续发展能力,要做到现实发展能力和可持续发展能力的统一。学生可持续发展能力在语言教学中主要是指学生自学的能力。教师除了要传授基础知识、基本技能以外,还要重视传授给学生自己学习知识、提高能力的方法,如认知的方法、理解的方法、运用的方法等。自学能力的培养会使学生受益终身。教学中应"立足当前、兼顾长远,打好基础、放眼发展"。

第四,全面提高。全面提高有两层含义,一是学生学科能力的全面提高,二是学生综合素质的全面提高。学生的学科能力表现在英语教学中有听的能力、说的能力、读的能力、写的能力和译的能力。英语教学必须全面提高学生各方面的能力,而不能偏废任何一方面。应提倡按语言本来的面目和教学自身的规律去组织教学,应杜绝聋哑英语,使学生真正做到会听、敢说、能读、善写,课堂教学以传授知识、培养能力为主要任务,然而又应在教学中注重培养学生综合语言运用能力,即不但要让学生掌握语言技能、语言知识,更要注意培养学生的情感态度、学习策略和文化意识,通过综合语言运用能力的培养,提高学生的语言素质和综合素质,促进学生全面进步,全面发展。

第五,倡导民主。在教学工作中倡导民主:一方面要废除"一言堂""满堂灌"的教学方式,而采取讨论式、启发式、参与式和任务型的教学方式;另一方面,要鼓励学生质疑。通过质疑,使得学生对所学知识有所思考,有所梳理,有所深化。要允许学生各抒己见,对于对的意见和方法应及时给予肯定和表扬;对于不对的或有待探讨的意见和方法,忌讽刺挖苦,要注意保护学生的积极性。要适时适地适度地给学生以正确的指导,使其积极思考,情绪高涨,愉快高效地学习语言。倡导教学民主需要教师努力转变教育教学观念,明确民主施教的重要意义,同时也要求教师努力提高自己的"传道、授业、解惑"的能力,使自己能

---

① 陈自鹏. 心得集(Ⅴ)[M]. 北京:中国传媒大学出版社,2007:236.

够在民主气氛浓厚的课堂上应付自如、游刃有余。还有,教师还要提高自己课堂管理的能力,使得课堂教学能够活而有序,活而不乱。

第六,善于创新。英语学科教学中的创新主要表现为方法观念的创新。其一是教法观念的创新,其二是学法观念的创新,其三是考法观念的创新。在教法的创新方面,我们要善于突破引进教法和传统教法的陈规,大胆探索适于我国国情的教法;在学法创新方面,我们要实现学生由被动接受型学习向主动参与型学习的转变,变"要我学"为"我要学",学生应真正成为学习的主人,而不应是学习的奴隶;在考法创新方面,要加强对考试科学性、激励性和矫正性的研究,通过改革创新,使考试为教学目的服务。通过考试使每一位学生都能看到自己的优点和不足,能够发挥优势,矫正不足,取得新的进步。

第七,灵活开放。教学过程是闭合与开放的统一。在资源利用方面,传统教学闭合有余而开放不足,只重教材、练习册,而对其他教学资源重视不够。正确的做法是:首先,既要重视课内,又要重视课外。要利用一切可以利用的条件,使得一切有益的教学资源为语言的教与学服务,如现在的 DVD、CD、多媒体教学软件、英语广播、课外书籍、报刊等,都可以为教学实践服务。其次,在本学科内部,既要认真总结自己的教学经验,又要重视吸取他人有益的教学经验。最后,既要重视本学科的教学研究成果,又要重视其他学科教学研究成果。本学科的研究成果弥足珍贵,对本学科的教学有直接的影响和推动作用,而其他学科的教学研究成果可以给我们以思考和启发,可以对英语学科的教学起到间接的影响和推动作用。

第八,辩证施教。教学过程中要辩证地看问题,辩证地处理各种关系,只有这样,才能使教学工作不致左右摇摆,忽左忽右,才能保证教学工作的正常进行。辩证施教要求教师有正确的教师观、学生观、语言观、教学观和质量观。教师要在教学过程中处理好师生关系、知能关系、知行关系、知情关系。教师为主导,学生为主体;知识为基础,能力为目的;知识为基础,践行为手段;知识为基础,情感为助力。辩证施教,才能促进学生全面发展,才能培养学生综合运用语言的能力,才能最终培养好学生听、说、读、写的技能和得体的跨文化交际能力。辩证地处理好教学过程中各种关系不是一件容易的事,但只要我们思路正确,方法对头,会取得一定的效果。

第九,系统完整。英语与其他语言一样有着完整的知识系统,按构成要素来分,有语音系统、词汇系统和语法系统,这三个系统共同构成完整的英语语言系统。建立一个完整的语言系统,要求教师能够指导学生正确学习。掌握语言要眼、耳、手、口、脑并用,使每一器官都参与到学习的过程中,以在各器官间建立牢固的信号联系,这有助于语言知识、技能的积累和增进。建立一个完整的语言系统,还要求教师指导学生做好知识的分类、归纳和综合工作。教师要指导学生按语音知识、词汇知识、语法知识分门别类建立知识点,然后将各知识点进行科学归纳,连点成线,串线成面,通过综合使知识实现网络化、立体化、系统化。

第十,重视实践。英语是实践性很强的学科,实践是增进语言技能的主要方法,练习是语言实践的一种形式,有语音、语法、词汇专项练习,有对话、复述、作文、完成交际任务等综合性练习,等等。练习虽然是一种虚拟的语言实践,但它对于学生学好语言知识、提高语言技能、培养交际能力都是必不可少的,在非目的语的环境中是语言学习的必由之路,因此必须高度重视。要通过练习打下一个比较扎实的语言知识和语言技能基础。应用是语言实践的又一有效形式,它是检验学生语言知识水平以及将所学知识和技能用于实际的语言实践活动。我国目前已全面对外开放并加入世界贸易组织多年,英语环境不断改善,使用英语的机会逐步增多。教师应教育学生珍惜这些难得的学习机会,以在真实的语言环境中真正提高运用英语的能力。[1]

(二)学生要发挥好主体作用

英语是教懂的,更是学会的,学更重要。

孙骊教授说:"事实上好像还没有人是主要依靠课堂中教师的教学与课堂活动真正掌握了外语的……外语课的目的应当是传授必要知识的基础上,帮助学生学到运用外语的技能,而且要利用各种办法扩展他们的文化视野,发展他们求知的好奇心,使他们有兴趣走到课堂以外根据不同情况去运用所学语言技能。'师傅领进门,修行在个人'的老话是很适合概括外语学习的。"[2]

"修行在个人",强调学习者应在教师的指导下发挥自己的主观能动性,通过自身不断努力,学好语言知识和技能,不断提高语言运用能力。作为学生,应该明确英语学科的特点,没有熟练,便没有精巧,更没有能力,这些都需要学生自己做出努力。学生应在如下几方面做得更好。

第一,巧记。任何一个学习过程都离不开记忆,记忆需要狠下苦功,记忆又有规律可循。记忆得法则会事半功倍。在英语学习的过程中有很多东西需要记忆,主要还是要记住词汇、语法、句型、精彩的英语语篇。词汇、语法、句型、语

---

[1] 陈自鹏. 英语教学思想浅议[N]. 考试报,2002-10-08(3),2002-10-15(3).

[2] 束定芳. 外语教育往事谈(第二辑)——外语名家与外语学习[M]. 上海:上海外语教育出版社,2005:118-119.

篇应该通过多途径、多渠道、多手段、多方法进行记忆。

第二,常读。学习英语涉及听、说、读、写、译五个方面,其中读十分重要,因为,词汇的扩大,句型的掌握,书面语言理解能力的掌握,口头、书面表达能力的提高都要通过读来完成。读有成效非一日之功,只有坚持经常阅读才行。一方面,要做好精读,为此,以英语教材作为精读课本,精读过程中,对于一些精彩的句子、段落或篇章要反复朗读和背诵,以培养英语辨音能力和口语表达能力,同时也为日后的英语写作积累必要的语言素材。另一方面,要做好泛读。用作泛读的文章,体裁要广泛,难度要适中。泛读过程中,注意速读理解能力的培养。

第三,勤思。学习外语与学习母语是不同的。前者没有语言环境,后者有语言环境。因而学习英语过程中需要勤思多想。至少要在两方面努力:一方面,要给自己创造一个英语学习的环境,逐步培养用英语思考、用英语做事的习惯和能力。有些英语学习卓有成效的人不一定到过国外或师从外教,原因就在于他们善于给自己创造学习英语的环境,能够在汉语的环境里想着如何用英语更有效地表达,这种环境表面上看是不利于外语学习的,然而跨文化交际中又是不可缺少的,只要勤思,又可变为有利的因素。另一方面,要在学习过程中学会概括、归纳、分析、综合等思维方法。语音、词汇、语法有自身的规律或规则,这些规律或规则需要通过学习来认识和掌握。只有勤于思考,勤于总结,才能掌握语言规律和规则。这在语言学习中非常重要。凡是英语学有所成的人,都是会思考、勤思考的人,只靠简单的模仿是学不好语言的。

第四,善用。善用是指在学习英语的过程中善于利用时间、环境和条件。一方面,学好英语需要时间的积累。要满负荷利用学习时间,学习时,排除干扰,专心致志,改进方法,提高效率;要充分利用零散时间,饭前饭后、课间小憩、候车乘车、入睡之前的零散时间可加以充分利用;充分利用体力劳动时的脑力劳动"空当"时间。另一方面,学习英语的环境和条件也需要充分利用。如电视英语节目、教学软件、网上英语资源、教师的课堂用语、学校的英语广播、英语板报、英语冬令营夏令营、英语兴趣小组、英语课外活动、英语角、英语桥、英语笔友交流等都可以为学生提供良好的英语学习环境和条件。

第五,多练。如前所述,操练是提高英语听、说、读、写技能的必由之路。教师在教学过程中起主导作用,而学生在教学过程中则起着主体作用。学好英语必须经过大量的练习和实践。练习要注意的问题是:在正确的前提下多练,学习的语音知识、词汇知识、语法知识要正确无误,在此基础上通过多练达到熟巧,不然越练越糟糕,形成了不好的习惯还难以改掉;多练也要注意方法,不断提升练习的效率,要根据心理学中前摄抑制和后摄抑制的原理,练习的内容有所区别,根据记忆的内容前快后慢的原理,练习的频度有所控制;另外,在练习中要用坚强的意志克服高原现象,实现技能水平的不断突破。

教师为主导,学生为主体,师生合作,共同提高。处理好师生关系是提高英语教学质量的根本,是教学改革应坚持的方向。

第二节 对中小学英语课程教材教法 改革与发展趋势的思考

一、21 世纪中小学英语课程改革与发展趋势

进入 21 世纪以来,国内外教学改革的步伐加快。纵观各国外语教学的发展,外语教学改革的趋势主要表现在以下几个方面:第一,以满足人的发展为目标的、强调语用的交际教学理念和实践得到普遍认可;第二,在高中外语课程的设置上采用了必修与选修的方式;第三,重视外语教育对人的情感、态度和价值观等基本素养的培养作用;第四,教学资源的扩展促进教学模式的改进;第五,评价改革形成潮流。①

顺应世界外语教学改革的趋势,为满足新世纪社会经济、政治、文化、科技等发展的需要,中国中小学也正在进行一次规模宏大、影响深远的课程改革。21 世纪的英语课程变革将会呈现出与以往任何一个历史时期都不尽相同的特点,这些变革有课程目标方面的,更有课程内容、课程实施和课程评价方面的,其特点也反映了 21 世纪课程改革与发展的趋势。

(一)全体性

英语课程应面向全体。在课程目标、课程内容、课程实施、课程评价方面要考虑不同区域、不同学校、不同层次学生的具体情况,要满足他们的实际需要,做到这一点,需要树立公平的教育理念,给不同区域、不同学校、不同层次的学生以相对平等的发展机会。做到这一点很难,过去 100 多年间,我们也试图解决好这一问题,但由于多方面客观条件的制约,我们做得还不够。因此在新的世纪里这一问题应该会解决得更好。发达地区与欠发达地区、城市与乡村、重

---

① 教育部高中英语课程标准研制组. 关于《普通高中英语课程标准(征求意见稿)》的说明[J]. 中小学外语教学,2002(11):1-4.

点与非重点学校之间要统筹兼顾,均衡发展。没能兼顾或没有均衡的问题要靠改革与发展来解决。

（二）全面性

英语课程的目标应涉及语言技能、语言知识、情感态度、学习策略、文化意识等多个方面,课程内容涉及工具性知识和人文性知识,课程实施和评价都要注重语言素养的提高和人文素养的提高。通过课程的学习,要激发学生学习英语的兴趣,培养学生创新精神和实践能力,提高综合语言运用能力和跨文化交际能力。这种能力的提高需要综合素养做保障,也是英语教学的主要任务之一。

（三）连贯性

一百多年来我国中小学英语教学没能实现"大、中、小学一条龙"教学。教学的整体性、连贯性、系统性没有保障,造成人力、物力、精力、财力的大量浪费。21世纪这个问题有望得以解决。在课程设置上采取"大、中、小学一条龙"课程设置序列,明确"一条龙"序列级别,实行"一条龙"序列级别证书制度,要通过一贯而下或一贯而上的课程设置,解决好课程重复设置、课程重复学习、课程重复考试、课程重复评价的恶性循环问题,使得小学与初中,初中与高中,高中与大学英语课程设置相互衔接、相互照应、相互对话,以提高中小学英语教学的效益。

（四）灵活性

考虑不同地区、不同学校、不同学生的不同需求,课程设置要灵活。既强调英语课程的基础性,保证英语课程的基本水平,又照顾英语课程的特殊性,实事求是设置课程。一是在课程设置的起始年龄方面不同地区、学校和学生可以有所不同;二是课程中应设必修和选修。必修保证基本要求,选修满足更高或特殊要求。高中必修和选修课的设置真正使得学生进退自如,进有所依,退有所靠,通过级别证书制度,学生达到某个标准,可以升入高一级学校,超越某一标准,学生继续学习时可予免修,节省时间、精力和财力,同时学生个性化、多样化学习需求得到保证。

（五）主体性

英语课程在目标设定、教学过程、课程评价和教学资源的开发等方面应突出以学生为主体的思想,强调主体参与、主体认知、主体实践,教师要真正成为学生的引导者、指导者,课程实践应成为学生在教师指导下构建知识、提高技能、磨砺意志、活跃思维、展现个性、发展心智和拓展国际视野的过程。强调学生的主体性,对教师的主导性提出了更新、更高的要求。教师应站得更高、看得更远,知识面更宽,能力更强,教师应努力地、不断地学习,实践,研究,以保证学生主体性发挥得更好。

（六）发展性

毋庸置疑,发展包括学生和教师的发展,它应是课程的出发点和归宿。21世纪的英语课程不但强调和突出学生的发展,提升学生用英语进行恰当交流的能力,用英语获取信息和处理信息的能力,用英语思维的能力,而且强调和突出教师的发展,要通过课程的实施,使得教师在师德水平、专业知识、业务知识、研究能力方面都有所增进。新的课程发展观不再是单一的教师方面的发展,而是师生双方的双赢、共进,课程引发师生共成长、同进步。这样的课程发展观能够保证师生教学有取之不尽、用之不竭的动力,能够保证教学活动中师生双方发展同频共振。

（七）实践性

英语是实践性很强的学科。新世纪课程改革中强调要倡导任务型的教学模式。实践是学好英语的捷径,除此以外再无别的捷径可走,这已经被无数成功的外语学习者的外语学习实践所证明。英语教学中,除采取任务型的教学模式外,还应倡导研究性学习和合作学习,使得学生在语言实践中增进用语言做事的能力、自主探究的能力和相互合作的能力。

（八）集优性

21世纪的中国是一个更加开放的国家。我国的教育再也不是晚清时落后的教育,自主性增强,文化包容性也会增强,因而中国教育与世界教育交流的机会将成倍增加。其他国家特别是西方发达国家的教育理念和课程理念将会对我国教育理念和课程理念产生重大影响,这也是不以人们的意志为转移的。在这样的国际化教育的背景下,我们应积极主动,取其精华,弃其糟粕,集其优长,为我所用。可以预想,我国的英语课程目标、内容、实施以及评价在吸取了世界上一切先进的课程研究成果以后将会变得更科学、更合理、更完善。

（九）开放性

21世纪英语课程突出开放性,特别是在课程资源的利用和开发方面开放程度比以往任何时候都要大,不仅有国家课程、地方课程,还有校本课程。英语课程力求合理利用和积极开发课程资源,给学生提供贴近学习实际、贴近生活、贴近时代的内容健康和丰富的课程资源。要求积极利用音像、电视、书刊、网络信息等丰富的教学资源,拓展学生学习和运用英语的渠道。积极鼓励和支持学生主动参与课程资源的开发和利用。① 课程资源利用和开发的开放使得课程资源更加丰富,也使得学生学习的媒介增多,学习的环境得以优化,学习的机会增加,学习的质量得以提升。

(十)激励性

课程改革将会使得课程评价产生变化。过去的课程评价重结果,重甄别,重选拔,新的课程评价还要重过程,重形成,重发展。21 世纪的课程应建立"能激励学生学习兴趣和自主学习能力发展的评价体系。该评价体系由形成性评价和终结性评价构成。在英语教学进行过程中应以形成性评价为主,注重培养和激发学生学习的积极性和自信心。终结性评价应着重检测学生综合语言能力和语用能力。评价要有利于促进学生综合语言运用能力和健康人格的发展;促进教师不断提高教育教学水平;促进英语课程的不断发展和完善"②。

二、21 世纪中小学英语教材改革与发展趋势

文化大革命结束以后,经过恢复期、提高期,中国中小学英语教育进入繁荣期。20 多年来,中小学英语教材建设取得了巨大的进步。人们对中小学外语教材编写的指导思想形成了共识:第一,中小学外语教材要有助于学生身心发展,符合学生年龄特征;第二,外语教材要体现语言的功能,重视结构与功能相结合,突出语言的运用;第三,外语教材要遵循教学规律,寓思想教育于语言教学之中;第四,要注意加强语言和文化的联系,加强语言材料的时代感,增加信息量;第五,外语教材系列配套,不再仅仅是一本教科书;第六,中外合作编制外语教材,发挥优势;第七,需要不同种类的外语教材;第八,要重视教科书的装帧设计。③

进入 21 世纪,中小学英语教材的建设和发展将会加快步伐,既尊重传统,又开拓创新。随着中国教育的日益现代化、国际化,中小学外语教材的变革将会呈现六种趋势。

(一)现代化

中小学英语教材的现代化体现在教材之中的教学目标、教学内容、教学方

---

① 教育部. 全日制义务教育普通高级中学英语课程标准(实验稿)[S]. 北京:北京师范大学出版社,2001:3.

② 教育部. 全日制义务教育普通高级中学英语课程标准(实验稿)[S]. 北京:北京师范大学出版社,2001:3.

③ 刘道义. 展望21世纪初的中小学外语教材[J]. 中小学英语教学与研究,2000(3):3.

法、教学评价的现代化。

　　教学目标要以综合语言运用能力为重点,不但要重视语言技能、语言知识的教学,更要重视情感态度、学习策略和文化意识的教学。教材中体现的教学目标是工具性和人文性的统一,认知、情感与实践的统一,社会发展需要与学生身心发展需要的统一。学习语言既是为了交际,更是一种文化熏染。要重视语言中的认知,培养概括、归纳、分析、综合、判断,培养思维能力,更要在语言学习中培养自己坚强的意志和热爱祖国、热爱社会、热爱人生、热爱自然、热爱人类的情感,在这种意志和情感的支持下,自觉地、努力地学习语言知识,提高语言能力,以满足社会发展和学生自身发展的需要。教材现代化要求教材中的教学目标体现这些统一。

　　教学内容现代化要求教材有时代感,应遵循"教育要面向现代化、面向世界、面向未来"的要求,使学习者感受到现代化的脚步、世界的脚步、未来的脚步。教材内容要反映现代社会经济、政治、文化、科技、军事等的进步,要择取世界文化发展的最新、最有影响、最有意义的成果,要引领学生憧憬和展望祖国、世界、自然、人类的未来发展和光明前程,使学生能够"立足现在,开创未来"。教学内容现代化对于学生现代化意识、世界意识、未来意识的培养具有特别重要的意义。学生们通过教材中现代化内容的学习,才能够明确责任、明确使命,才能够踌躇满志、满怀自信地面对世界、面对未来。教学内容现代化是教材现代化的核心。

　　教学方法现代化要求教材体现教育学、心理学、语言学、教学法的最新研究成果。教材体现教育学、心理学、语言学、教学法原理,这是人们的共识。例如,以翻译法思想为主的教材是以汉译英或英译汉或双语对译为主要方法的;以直接法思想为主的教材则是以用目的语教目的语为主要方法的;以听说法思想为主的教材则是以句型操练为主要方法的。每种教材不可能不反映教学法思想。21世纪的教材仍是如此。不过,新世纪的教材会在折中妥协的架构内"取长补短",所择取的教学法思想在科学的教育学、心理学、语言学指导之下,会更为理性,更为完善,更为高效。

　　教学评价现代化要求教材重视科学评价。如前所述,过去的评价重视结果有余,重视过程不足;重视选拔有余,重视激励不足。科学的教学评价应力争达到四个方面的统一:第一,评价应达到目的、过程和效果的统一。进行教学评价时,不仅要看教学目的,也要看教学过程,还要看教学效果。第二,评价应达到主导、主体、主线的统一。理想的教学评价大都是以教师为主导、学生为主体、目标为主线的。进行教学评价时既要看教师表现得如何,也要看学生表现得如何,同时还要看教学目标操纵得如何,这是教学质量的保证所在。第三,评价要达到个体、全体、全面的统一。抓好个体,才能体现因材施教,抓好全体是学校整体工作的需要,抓好全面是学生德智体全面发展的要求。教学评价不仅要看个体发展如何,还要看全体发展怎样,同时还要对每一位学生是否都获得了全面发展做出评价。教学评价现代化要求教材能够体现个性、普遍性和全面性的要求。第四,评价要达到学生现实发展、中期发展和长远发展的统一。学生的发展可分为近期、中期和远期三个阶段。教学评价不仅要注重学生语言的现实发展能力,还要注重其在不远的将来以及在相对较长时间的未来的发展能力。好的教材应重视评价,重视科学评价,重视评价中的四个统一。教学改革将为此创造有利条件。

(二)系统化

过去我们在教材的系统化方面有些欠缺。21世纪的中小学以及大学的英语教材应能够较好地解决这一问题。我们认为,教材的系统化有几个方面的含义,一是一套教材内知识内容的编排和技能训练项目的编排要系统化,二是各学段教材的衔接要系统化,三是中小学整个系统的英语教材管理应系统化。

首先,一套教材内知识内容的编排和技能训练项目的编排要系统化。语音、词汇、语法知识,听、说、读、写训练项目在编排上要符合语言认知规律,能够做到由易到难,由浅入深,由简到繁,由近及远,循环往复,循序渐进。要做到几个结合:一是知识与技能相结合,二是听说与读写相结合,三是语言和文化相结合,四是语言和思维培养相结合,五是分散与集中相结合。教材中要以知识做基础,安排足量的听、说、读、写技能训练;遵循语言规律,听说领先,读写跟上,不仅要让学生学习语言,还要培养他们跨文化交际能力,提高思维能力;知识内容和技能训练项目的安排不过分分散,也不过分集中,"以防教学中讲解繁琐或知识零乱的两种偏向"①。

其次,中小学各学段教材以及大学教材的衔接要系统化。要做到这一点,必须实行"大、中、小学教材一条龙"。21世纪初颁布的课程标准已经有了一个好的开端,已开始注重从义务教育小学三年级开始到高中三年级教学目标的统筹安排。在中小学教材的编制方面,甚至在大学英语教材的编制方面,做到"一条龙"还需我们做大量的工作。各学段的教材在内容上应保证上下衔接、首尾相顾,不缺失、不重复。这样做具有多重意义。第一,防止学生时间、精力、财力

___

① 刘道义. 展望21世纪初的中小学外语教材[J]. 中小学英语教学与研究,2000(3):3.

的浪费;第二,保证学生学习的知识及其结构系统完整;第三,有利于学生智力发展的连续性;第四,有利于中小学教育特别是学科教育的有序、有效和稳定发展。

最后,中小学整个系统的英语教材管理应系统化。要建立一个管理机制,可以通过这个机制对中小学乃至大学英语教材进行有效管理,防止地方保护主义或地方利益主义。教材可以灵活选用,但要保证衔接和系统。可以由国家教材审定委员会推荐多套合格、质好的英语教材供地方及学校选用。教材一旦选中,中间不得更换,以保证教材使用的连续性和知识、内容、技能训练的衔接性。对地方选中的教材国家教育行政部门或科研管理部门应有详细的备案,每个学段的教材使用一轮后,要由学校写出使用意见和改进建议,汇总后由国家教育行政部门或科研管理部门写出报告,报国家教材审定委员会,由专家组提出修改意见,责教材编写者做出修改。修改合格后,教材才能发行。这样就能够保证教材不断优化、不断完善。

(三)多样化

我国地域辽阔,人口众多,各地经济发展不平衡,教育发展也有很大差异,教育政策上不宜采取"一刀切"政策。教材的建设也是如此。

首先,不同地区应有适宜的教材。发达地区、不发达地区,内陆地区、沿海地区,城市地区、农村地区由于学生基础不同,应使用不同的英语教材。过去我们曾经编写过"八套半"教材满足各地之需,但由于高考指挥棒的作用太强,有些教材也就自生自灭了,各地出于某种考虑,最后还是向一套教材集中、靠拢。这种情况应予改变。应该编写多种教材,经过严格审定后推荐给地方选用,这也是提高教学效益的关键。

其次,不同学校应有适宜的教材。由于历史的原因,我们有重点学校和一般学校;又因为学校定位的不同,我们的学校有以升学为办学方向的学校和以就业为办学方向的学校。不同的学校由于办学目的不同,办学任务不同,选用的教材应该有所不同。例如,重点校所选教材一般来说难度应该大些,一般校所选教材难度应该小些;以升学为办学方向的学校一般来说应该围绕高考考纲知识及技能要求选择英语教材,而以就业为办学方向的学校则应选择实科或实用英语教材。这样,学校才能各取所需,各有所长,才能办出水平,办出特色。

还有,不同层次的学生应有适宜的教材。即便是同一地区、同一学校学生情况也会千差万别。例如,有的学校为了更好地做好因材施教,往往分出快慢班,或按A、B、C、D四个层次进行走班制教学。在这种情况下,学生完全采用相同的教材,也会使得一部分学生"吃不饱",一部分学生"吃不了",这是一个普遍的问题。解决这一问题的关键就是要让不同层次的学生选择他们最适宜的教材。

教材多样化是新世纪的一个重要趋势。在"多纲多本"的思想指导下,一大批优秀的中小学英语教材将会投入使用。教材多样化可以以两种形式呈现:一套教材内的多样化和多套教材并存的多样化。一套教材内的多样化是指教材一套,要求多样,例如,教材分出不同的级别,不同地区、不同学校、不同学生可以必修或选修,水平高、基础好的学生要求要高一些,水平不高、基础不好的学生要求可以低一些;多套教材并存的多样化是指教材多套,要求一样或多样,教材不是一个版本,不同地区、不同学生可以自由选用,考核评价标准相同,当然也可根据教学目的需要制定不同的考核评价标准。

(四)立体化

21 世纪中小学英语教材由于科技的进步将会越来越丰富,教材不止纸介课本一种,从媒介上看,不仅有纸介课本、练习册等,还有音像教材、网络教材;从层次上看,不仅有国家教材,也有地方教材和校本教材。

纸介课本、练习册仍将是教材的主要形式。但比起以前,品种会更加丰富,教学反馈将会更为直接。除纸介教材外,课堂上将会使用语言实验室、电教室、电子计算机。借助语言录放机、跟读机、电视、投影仪、幻灯、计算机课件、国际互联网等使得教材资源大大扩充,教学将更为直观生动,学生兴趣将更为浓厚,师生互动将更为便利,教学效率将会得到提高。

随着课程权的下放和课程的分级,国家课程将产生国家教材,地方课程将催生地方教材,校本课程将催生校本教材。国家教材为主,地方教材、校本教材为辅的局面会逐步形成。特别是高中教材的模块教学中的选修部分使得地方和学校大有可为。他们可以根据地方和学校的实际情况,组织专家编写一些辅助性的或专题性的地方或校本教材。国家教材、地方教材、校本教材相互补充,相得益彰,会使教材立起来、活起来。实际上,过去我们地方上和学校里编写的教辅材料或专题研究、专题辅导、专题讲座、专题训练材料在某种意义上说就是一种地方教材或校本教材。由于担心加重学生的课业负担,一般是采取不提倡或打禁堵的方式处理,但效果往往不好。对于这类教材应该纳入课本管理,充分发挥一线教师的聪明才智编写一些质量较高的地方和校本辅助教材,这也是引导教师走研究之路、提高教学质量的关键措施之一。

(五)趣味化

中小学英语教材在内容和装帧及设计方面都会有新的变化,以满足学生好奇心和兴趣需要。过去我们在这方面有过努力,但还需要进一步改进。

首先,在教材内容方面应增加趣味性。文章取材要广泛,不仅要选议论文,更要选一些生动的记叙文、故事、经典的文学作品等;文章选题要贴近学生学习和社会生活,不仅要选一些反映国外政治、经济、文化方面的文章,还要选一些反映国内社会生活方面的文章,以引起学生对自己学习和社会生活的兴趣;文章立意要深远,不仅要选一些描述现实的文章,也要选一些展望未来的文章,以引起学生对自身责任和使命的思考;教材不仅要考虑工具性的教育作用,还要考虑人文性的教育作用,这不仅是趣味性教学的要求,也是全人教育的要求;此外,要难易适中,循序渐进,充分考虑学生的心理接受能力。

其次,在教材装帧和设计方面应增加趣味性。"长期以来,因教科书价格低廉,故装帧设计简陋,纸张粗劣。"①这种局面近几年已有所改善。按照刘道义的意见,现代化的外语教材内容应富有时代感、知识性、真实性和感染力,可读性要强。此外编排要具有科学、系统、先进、实用、形式生动活泼、图文并茂等特点,而且装帧讲究,编写中小学外语教科书要充分考虑学生生理与心理发展的特征,也要考虑语言教学的需要,插图、表格、照片,乃至封面的设计和文字的排版都需要精心。要使学生见到课本就爱不释手,兴趣油然而生,而且在学习的过程中会不断增强学习动机,促进学习并能加强美感。②

最后,非纸质教材设计和选用也要增加趣味性。声像教材、网络教材、计算机课件等在设计和选用上应服从服务于教学目标、教学内容、教学方法的需要,但在立意设计、内容呈现上应简便易行,美观大方,给予学生听觉、视觉上的冲击,形象直观,生动有趣,但又不能喧宾夺主,游离主题,要在直观中引发学生思考,并使学生在兴趣中提高学习效率。

(六)综合化

中小学英语教材的综合化是 21 世纪教材改革与发展的一个重要趋势,它是由课程的综合化引发的。长期以来,我们在课程设置上强调分科课程,一方面,它有利于教学,但另一方面,造成了知识的支离破碎。正如杜威所说的那样:"在学校里,各门学科的每一门都被归到某一类去,各种事实是从他们经验中原来的地位割裂出来……把事物归了类,并不是儿童经验的事情,事物不是分门别类地呈现出来的。"③支离破碎的知识影响了学生知识的综合、技能的综合和全面的分析问题、解决问题的能力培养,如单纯的语法教学模式即是如此。

---

① 刘道义. 展望 21 世纪初的中小学外语教材[J]. 中小学英语教学与研究,2000(3):2.
② 刘道义. 展望 21 世纪初的中小学外语教材[J]. 中小学英语教学与研究,2000(3):4.
③ 杜威. 杜威教育论著选[M]. 上海:上海师范大学、杭州大学教育系,1977:98.

英语教材的综合化至少应包含两方面的内容:一是教学内容的综合,二是考核评价的综合。

首先,教学内容要综合。综合的教学内容包括科内综合和科际综合。科内综合是指教材中不仅要合理安排语音、词汇、语法知识,还要合理安排听、说、读、写、译的训练;不仅要有字词知识训练,还要有句型、语篇训练;不仅要重视知识技能,还要注重情感态度、学习策略和文化意识;不仅要注重交际,还要注重认知,培养学生的思维能力。科内综合是培养学生综合语言运用能力的保证,科内综合是语言规律和语言教学规律的体现;科际综合则是指英语学科和其他学科的有机综合。英语教学不是孤立存在的,课程或学科之间相互依存、相互影响。教材中的一些内容与其他学科也发生着这样或那样的联系,正确地对待这种联系,合理地综合这些知识,教学效率就会提高,如教材中的科技知识、历史知识、地理知识、文学知识等与其他学科有扯不断、理还乱的关系。科际综合要求师生不断扩大知识视野,不断提高自己全面的分析问题、解决问题的能力。

其次,教学考核评价要综合。考核评价的综合是指考核评价不仅要考核评价学生知识掌握多少,还要考核评价学生能力发展如何;不仅要考核评价学生某一方面进步多少,还要考核评价学生综合语言运用能力怎样;不仅要考核评价学生现实认知能力发展情况,还要考核评价学生潜在认知能力发展情况。一部好的英语教材应体现出考核评价方法,特别是反馈练习、巩固练习、测试练习中应有备选的各种评价方法,如绝对评价法、相对评价法,数量化方法、非数量化方法,自我评价法、他人评价法,分析评价法、综合评价法,等等。以前的教材这一点是被忽略的,21世纪的英语教材应能重视解决这一问题。

三、21世纪中小学英语教法改革与发展趋势

从英语教育的滥觞期到20世纪末的繁荣期,英语教学法也随之得到了快速的发展。引进借鉴的教法经过我国英语理论研究工作者和广大教师的不断反思得到改进,在此基础上我们又独立探索出很多行之有效的教学法。这一过程不会停止,借鉴—反思—独立探索还会周而复始地进行下去,相信我国独立探索的英语教学法将会更加丰富。

我们认为,21世纪的中小学英语教法会实现四个方面的结合:一是中外教法的结合,二是传统教法与现代教法的结合,三是结构与功能的结合,四是理论研究与教学实践的结合。

（一）中外教法相结合

如前文所述，100 多年来，我国中小学外语教育在借鉴中发展，外语教学法在借鉴中丰富起来。翻译法、直接法、自觉对比法、自觉实践法、认知法、视听法、听说法、交际法等教法基本上都是舶来品，是借鉴过来的。我国中小学英语教师在实践中都曾有意或无意地使用过这些教法，但理论上的系统研究不够。在借鉴的过程中，根据我国中小学英语教学的实际，我们进行了有效的改进、改造或创新，形成了具有中国特色的外语教学法，促进了中国中小学英语教学质量的提高。这样的改进、改造或创新实际上是一种结合，是中外教法的结合。

21 世纪外语教学法特别是先进的外语教学法会相互借鉴、相互补充、相互完善，中外教学法的结合会有更加广阔的发展前景。对此，我们应该采取的态度是，不夜郎自大，不妄自菲薄，积极引进，科学结合。

国外的外语教育起步较早，实验、实践、理论研究有很大的优势。对于国外的教学法我们不应该采取一概否定或舍此就彼的态度，应理性地加以分析、研究、论证、实验。对于国外教学法中不合理的部分应剔除出去，对于其合理的部分吸收进来。不应因其有一点不合理的部分就全盘否定。其实历史地、辩证地看我国引进的教学法，完全合理、完全适合于我国国情的并不存在。因为那些教法是在不同的语言环境中，针对不同的对象、教授不同的目的语产生的。但毕竟那些教法是经过了实验的，被证明是有效的，因此，对于这些教法应取其精华，去其糟粕，大胆引进，洋为中用。

国外的教学法是在社会的经济、政治、文化、科技、军事需要等因素影响下，伴随着语言学、社会语言学、心理语言学、心理学、教育学、教育技术学、生理学等学科的发展而发展起来的。我国与国外社会发展以及学科发展并不同步，因而教法借鉴也要采取科学的态度。我国中小学英语教师以及理论工作者应发挥聪明才智，在教法借鉴的同时，要大胆进行教法的自我独立探索。100 多年来，我国的教学法就是在借鉴、反思和自我独立探索中不断地形成了自己的体系。前文所述的改良型教法、综合型教法、程序型教法、育导型教学法、扩展型教学法、情境型教学法、巩固型教学法、媒介型教学法、单课型教学法等都是教师和理论工作者的教学实践与理论研究的结晶。正确地对待这些宝贵的教学法，并借鉴国外教学法的经验，然后加以科学的改造和完善，我们的教学法园地将会呈现百花齐放、百家争鸣的景象。可以预见的是，中外教学法的有机结合，使得英语教师备选的教学法或教学模式更多一些，中小学英语教学的效益就会得以提高。

（二）传统教法与现代教法相结合

传统教法与现代教法在时空上并没有一个清晰的分界线。章兼中认为,我们可以将外语教学法各流派划分为实证主义和理性主义两大类。顺着实证主义派或经验主义派发展的有直接法、听说法和功能法等。顺着理性主义派发展的有语法翻译法、自觉对比法和认知符号法等。随着有关学科的不断发展,人们在实践中对外语教学的规律认识也在加深,两派观点相互有所渗透。人们又从教育学的原理出发,根据传授语言知识的不同途径,把外语教学法分成归纳法和演绎法两大类;也有根据语言观的不同而把外语教学法分成习惯的形成和掌握认知规律两类;心理学理论也把外语教学法分成两大类:一类是把外语教学过程看作刺激—反应形成习惯的过程,另一类则把外语教学过程看作认知规律、创造性地运用语言知识的过程;还有根据教育学、语言学和心理学的共同原理,把外语教学法分为直接派和自觉派,感性派或习惯派和理性派两大类。① 我们认为,由于前者比后者产生的晚一些,后者可以称为传统教法,前者为现代教法。

实证主义派教法和理性主义派教法在教学实践中各有优长,各有缺点,因此"各主要流派的产生和发展过程并不是一个新流派替代一个老流派的过程,而是各自有着一个纵横交叉的发展过程。自 19 世纪后期产生了与翻译法针锋相对的改革法即直接法以来,一百多年中中西派争论剧烈,都从对方的抨击中改正自己的缺点,吸取对方的优点,从而不断获得改进、补充和发展。语法翻译法没有因受到直接法的冲击而衰退。直接法也并未受语法翻译法、听说法的批评而消失"。国际趋势如此,中国中小学英语教学法变革与发展的趋势也是如此。传统教法与现代教法的结合将是教学法变革与发展的路径之一。寻求这种结合也是我们的任务之一。

还应该看到的是,随着教育技术特别是现代教育技术的发展,中小学英语课堂和教学组织形式会发生巨大的变化。以现代教育技术为主要手段的现代教法将不断地改造着、丰富着、完善着传统的外语教学方法。于永年指出,在现代外语教学中,无论哪一个外语教学法学派都重视和广泛使用电化教学手段。电化教学手段包括:①听觉设备:录音机、电唱机;②视觉设备:幻灯、投影机;③视听觉设备相结合的设备:录像,教学电影,教学电视;④语言实验室:装有一系

---

① 章兼中. 外语教学法的发展趋势[J]. 中小学英语教学与研究,1983(3):19.

列视听说和辅助教学的设备。① 计算机信息技术的发展和国际互联网的发展更是丰富了英语教育的资源,21世纪现代教育技术的发展将会加快英语教育的发展。以此为契机,将传统教法与以现代教育技术为主要手段的现代教法有机地结合起来也将是中小学英语教法变革和发展的又一个主要路径。从事现代英语教学的教师需要更新观念,学习新技术,掌握新方法,不断适应变革与发展着的社会及其教育。

(三)结构与功能相结合

我们认为,实证主义与理性主义的对立在英语教学中表现为功能与结构的相左。功能与结构两种对立观又表现在处理五种重大关系的截然不同的主张上。章兼中认为,一是言语和语言的关系:强调言语实践,听、说、读、写交际和能力的培养还是强调语言理论、语音、词汇、语法知识的传授;二是口语和文字的关系:以口语为外语教学的基础,还是以文字材料为外语教学的基础;三是外语和母语的关系:外语教学过程中是用外语教外语,甚至完全排斥母语,还是依靠母语来教外语;四是整体和局部的关系:外语教学是以单词为教学的基本单位,还是以句子、语段为教学的基本单位;五是掌握运用外语和发展智力的关系:外语教学是强调掌握外语,还是强调发展学生的智力。

他认为,前一种主张强调言语实践或以言语实践为主,通过听、说、读、写言语活动培养言语技能和交际能力,在言语实践的基础上,用归纳法讲解语言知识,即采用言语实践—语言理论—言语实践的方法。强调口语,书面语言要在口语的基础上进行教学。排斥或限制运用母语,主张尽量运用外语进行教学。以句子或语段为教学的基本单位,要求先掌握整句,然后分解句子,并进行句型操练,或者先整体掌握语段,再分解成句子和词语并进行句型和语段操练,即采用综合—分析—综合的方法。强调掌握外语,不提或忽视发展学生的智力。后一种主张则相反,强调语言知识(语音、词汇、语法)的讲解,讲解语言规则时用演绎法,以语言理论指导言语实践活动,即采用语言理论—言语实践—语言理论的方法。重视书面语教学,特别是阅读能力的培养,或听、说、读、写同时并举或围绕着阅读能力的培养,进行听、说、写的训练。依靠母语讲解语言知识和进行中外互译或对比训练,强调翻译的重要性。以词为单位为教学的出发点,由词、词组组成句子或文段,即采用分析—综合的方法。重视发展学生的智力,忽

① 于永年.外语教学法的发展趋势[J].中小学外语教学,1985(5):5.

视实际掌握运用外语的能力。①

两种主张各有道理,又各有偏颇。英语或外语教学不仅要传授知识,更要发展能力,发展智力。知识、能力、智力三位一体,缺一不可,是外语教学的主要目的所在,综合语言运用能力的培养也有赖于此。因此,在我国,结构与功能或功能与结构的融合在 20 世纪 80 年代已经初露端倪并渐成趋势,目前这种趋势逐步增强,已反映在课程、教材特别是中小学英语教学法中。21 世纪,结构与功能相结合的教学路子将会更加科学和完善,这是两种教学主张或教学流派相互借鉴、相互融合的必然结果,也是两种教学主张或教学流派互相综合、相互折中的结果。

教学法中的折中是国内外教学法变革和发展的主要趋向。早在 1983 年章兼中就提出:"目前,国外外语教学领域出现了一种普遍的趋向,那就是教学法家和外语教师对各种外语教学法流派采取折中态度。我国在 60 年代初提出的直到现在还在沿用的语言理论和言语实践相结合,听、说、读、写相结合的外语教学原则也体现了折中的精神。"②如果说这种折中还没有成为理论自觉或实践自觉的话,那么张志公等人在折中精神的指导下建立的华氏结构功能法则是结构与功能相结合理论和实践成熟的一个重要标志。随着结构功能教学法的进一步实践以及相关教材的不断使用,其优势会更加明显。结构功能法成为我国今后中小学语言教学的路子,"也符合世界外语教学法发展的最新趋势"③。

(四)理论研究与教学实践相结合

早在中华人民共和国成立以前,李儒勉、林汉达、张士一、吕叔湘等人就出版过英语学习法或教学法理论专著。中华人民共和国成立以后,特别是改革开放以后,李庭芗、胡春洞、应云天、王才仁、张正东、章兼中、张思中等英语名家也出版过颇有影响的语言教学法理论著作。这些著作一直指导着中小学英语教学实践。

历史地看,在我国英语教育的发展过程中,理论研究与教学实践的结合曾经产生过很多教学法成果。例如,张士一和李庭芗先生就曾亲自任教,亲自实验新的教学法。理论的生命力在于能够指导实践,实践的价值在于验证和升华理论。21 世纪的中小学英语教育实践需要科学的教学法理论做指导,而教学法

---

① 章兼中.外语教学法的发展趋势[J].中小学英语教学与研究,1983(3):20.

② 章兼中.外语教学法的发展趋势[J].中小学英语教学与研究,1983(3):20-21.

③ 徐方.1978 年以来我国中小学语言教学法的发展与展望[J].中小学外语教学,1995(4):4-7.

理论又需要教学实践来验证和升华。中小学英语教育注重理论与实践相结合将渐成趋势，并将与时俱进，逐步加强。

理论与实践相结合是教育发展的必然要求。相互结合并不是相互替代，相互抵消，教育理论代替不了教育实践，反之亦然。教学法理论研究与教学实践的结合，使得理论更科学，实践更理性。英语教学法理论与英语教学实践有机结合要求做到：学、做、研相统一；问题、合作、共享相统一。

从个体角度看，理论工作者和实际工作者不论是个人专业成长还是双方共成长都需要学、做、研相统一。学是指学习，是前提；做是指实践，是关键；研是指研究，是保证。理论工作者要学习和掌握先进、科学的理论，还要深入学校、深入教研室、深入课堂、深入教师、深入学生指导教学改革与实验，在掌握大量第一手材料的基础上进行深入的科学研究，这是理论与实践结合的一种重要形式。实际工作者即教师也要认真学习并掌握教育学、心理学、语言学、教学法、教育技术学等方面的基础知识和专业知识，大胆进行教学改革实践，在实践中总结经验，在此基础上进行教学研究，升华理论，这又是理论与实践结合的一种重要形式。理论与实践的结合要求理论工作者和实际工作者从自身做起，在学习的基础上，理论工作者要重视做，实际工作者要重视研。要突破过去"理论工作者只管研究"，"实际工作者只管实践"的旧模式，增强学、做、研的针对性、实效性。理论与实践的自觉结合，不仅能够促进双方的专业化成长，而且能够扭转"理论不上天，实践不入地"的现状。

从双方协作与结合的角度看，理论工作者和实际工作者要实现问题、合作、共享的统一。理论工作者和实际工作者学习上要向书本学，向他人学，向实践学，向问题学；做上要实做、精做、巧做、乐做；研究上则要认真研究教育教学以及改革中的重点问题、热点问题、难点问题和疑点问题。面对英语教学中的问题，理论工作者和实际工作者应做到：认真分析，科学梳理；真诚合作，互补优长；推广成果，实现共享。要通过分析，梳理出教学理论与实践中的真问题。课题立项不仅要从上至下，即由科研部门下放课题到学校，更要能够从下至上，即由教师根据教育教学实际提供解决实际问题的课题供大家研究，以保证理论与实践结合有的放矢。问题经过梳理后，理论工作者和实际工作者要各自分工并相互协作，提出理论假设，提出解决问题的措施，通过实验，解决实际问题。这种协作使得实践在理论的指导下做有方向，使得理论在实践中用有效果。经过实验后，问题得到了解决，理论得到了验证，而后，应认真总结，并由理论工作者和实际工作者双方努力共同推广，使更多的理论研究工作者和教师共同享受研究成果,促进理论与实践更好地结合。这也是防止成果"束之高阁、并不实行"的好办法。

　　21世纪是知识经济、信息经济繁荣的社会,中国将会拥有一个更加开放的国际环境,英语教育将会有更加广阔的发展空间。相信随着英语课程、教材、教法改革的日益深入,中国中小学英语教育的质量会大大提高,我们这个"外语教育大国"将会迎来英语教育更加辉煌灿烂的明天。

参 考 文 献

(一)专著文集

[1] 蔡元培.商务印书馆总经理夏君传[M].北京:商务印书馆,1987.

[2] 陈学恂.中国近代教育史教学参考资料(上)[M].北京:人民教育出版社,1986.

[3] 陈学恂.中国近代教育史教学参考资料(下)[M].北京:人民教育出版社,1987.

[4] 陈学恂.中国近代教育史教学参考资料(中)[M].北京:人民教育出版社,1987.

[5] 陈垣.元西域人华化考[M].上海:上海古籍出版社,2000.

[6] 陈自鹏.老师帮你记单词[M].北京:中国文史出版社,2003.

[7] 陈自鹏.老师帮你学语法[M].北京:中国传媒大学出版社,2006.

[8] 筹办夷务始末:同治朝卷八[M].

[9] 大清清规大全续编:十九卷[M].

[10] 邓小平.邓小平文选(1975—1982)[M].北京:人民出版社,1983.

[11] 杜威.杜威教育论著选[M].上海:上海师范大学、杭州大学教育系,1977.

[12] 费赖之.在华耶稣会士列传及书目(中文1版上)[M].北京:中华书局,1995.

[13] 费正清.剑桥中华民国史:第一部[M].上海:上海人民出版社,1992.

[14] 冯克诚,西尔枭.实用课堂教学模式与方法改革全书[M].北京:中央编译出版社,1994.

[15] 冯增俊.走向新纪元的粤港澳台教育[M].北京:人民教育出版社,2003.

[16] 付克.中国外语教育史[M].上海:上海外语教育出版社,1986.

[17] 顾长声.传教士与近代中国[M].上海:上海人民出版社,1984.

[18] 顾明远.教育大辞典(上、下)[M].上海:上海教育出版社,1998.

[19] 胡春洞.英语教学法[M].北京:高等教育出版社,1990.

[20] 季羡林,等.外语教育往事谈——教授们的回忆[M].上海:上海外语教育出版社,1988.

[21] 教育部高校学生司,等.我的高考[M].北京:人民教育出版社,1999.

[22] 瞿葆奎.教学(下册)[M].北京:人民教育出版社,1990.

[23] 课程教材研究所.教材制度沿革篇(上册)[M].北京:人民教育出版社,2004.

[24] 课程教材研究所.教材制度沿革篇(下册)[M].北京:人民教育出版社,2004.

[25] 李岚清. 李岚清教育访谈录[M]. 北京:人民教育出版社,2003.

[26] 李良佑,张日升,刘犁. 中国英语教学史[M]. 上海:上海外语教育出版社,1988.

[27] 李滔. 中国留学教育史录:1949年以后[M]. 北京:高等教育出版社,2000.

[28] 李庭芗,王武军,于永年. 英语教学法[M]. 北京:高等教育出版社,1983.

[29] 李约瑟. 中国科学技术史(中文1版第4卷)[M]. 北京:科学出版社,1975.

[30] 利玛窦,金尼阁. 利玛窦中国札记[M]. 北京:中华书局,1983.

[31] 利玛窦. 玛窦中文著译集[M]. 上海:复旦大学出版社,2001.

[32] 刘美冰. 澳门教育史[M]. 北京:人民教育出版社,2002.

[33] 刘晓琴. 中国近代留英教育史[M]. 天津:南开大学出版社,2005.

[34] 鲁子问. 中学英语教育学[M]. 北京:中国电力出版社,2005.

[35] 南开学校. 南开学校一览(1921)[M]. 1921.

[36] 平心. 全国总书目[M]. 上海:上海书店,1991.

[37] 群懿,李馨亭. 外语教育发展战略研究[M]. 成都:四川教育出版社,1991.

[38] 人民教育出版社图书馆. 人民教育出版社书目(1950—1999):教材卷[M]. 北京:人民教育出版社,2000.

[39] 商务印书馆辞书研究中心. 新华词典[M]. 北京:商务印书馆,2001.

[40] 石中英. 知识转型与教育改革[M]. 北京:教育科学出版社,200

[41] 束定芳. 外语教育往事谈(第二辑)——外语名家与外语学习[M]. 上海:上海外语教育出版社,2005.

[42] 宋恩荣,吕达. 当代中国教育史论[M]. 北京:人民教育出版社,2004.

[43] 田正平. 中国教育近代化研究[M]. 广州:广东教育出版社,1996.

[44] 田正平. 中外教育交流史[M]. 广州:广东教育出版社,2004.

[45] 王炳照,郭齐家,等. 简明中国教育史[M]. 北京:北京师范大学出版社,1994.

[46] 王炳照. 中国私学、私立学校、民办教育研究[M]. 济南:山东教育出版社,2002.

[47] 王才仁,曾葡初. 英语双重活动教学法:中国特色的外语教学法[M]. 南宁:广西教育出版社,1999.

[48] 王蔷. 小学英语教学法教程[M]. 北京:高等教育出版社,2003.

[49] 卫道治. 中外教育交流史[M]. 长沙:湖南教育出版社,1998.

[50] 吴道存. 怎样教好英语[M]. 北京:人民教育出版社,1991.

[51] 徐光启. 徐光启集[M]. 上海:上海古籍出版社,1984.

[52] 严复. 严复集:第1册[M]. 北京:中华书局,1986.

[53] 杨学为. 中国考试通史:1—5卷[M]. 北京:首都师范大学出版社,2004.

[54] 杨玉厚. 中国课程变革研究[M]. 西安:陕西人民教育出版社,1993.

[55] 袁昌寰. 中学英语微格教学教程[M]. 北京:科学出版社,1999.

[56] 张成. 英语教学基本技巧100例[M]. 杭州:浙江教育出版社,1986.

[57] 张功臣. 洋人旧事:影响近代中国历史的外国人[M]. 北京:新华出版社,2008.

[58] 张后尘. 来自首届中国外语教授沙龙的报告[M]. 北京:商务印书馆,2002.

[59] 张庆宗. 英语教学法[M]. 长沙:湖南人民出版社,2004.

[60] 张十一. 英语基本练习[M]. 上海:中华书局,1922.

[61] 张思中. 张思中与十六字外语教学法[M]. 北京:北京师范大学出版社,2006.

[62] 张正东,陈治安,李力. 英语教学的现状与发展[M]. 北京:人民教育出版社,2001.

[63] 张正东,黄泰铨. 英语教学法双语教程[M]. 北京:科学出版社,1999.

[64] 张正东. 外语立体化教学法的原理与模式[M]. 重庆:重庆出版社,1995.

[65] 张正东,汪时蔚,杜培俸,等. 英语教学的现状与改革:全国中学英语教学调查西南研究报告[M]. 重庆:西南师范大学出版社,1987.

[66] 张正东. 中国外语教学法理论与流派[M]. 北京:科学出版社,2000.

[67] 章兼中. 外语教育学[M]. 杭州:浙江教育出版社,1991.

[68] 中国二十世纪通鉴编委会. 中国二十世纪通鉴(1901—2000)(1—5卷)[M]. 北京:线装书局,2002.

[69]《中国教育年鉴》编辑部. 中国教育年鉴(1949—1981)[M]. 北京:中国大百科出版社,1984.

[70]《中国教育事典》编委会. 中国教育事典:高等教育卷[M]. 石家庄:河北教育出版社,1994.

[71]《中国教育事典》编委会. 中国教育事典:小学卷[M]. 石家庄:河北教育出版社,1994.

[72]《中国教育事典》编委会. 中国教育事典:中等教育卷[M]. 石家庄:河北教育出版社,1994.

[73]《中国科学家辞典编委会》中国科学家辞典[M]. 济南:山东科技出版社,1982-1986.

[74] 周金华. "文化大革命"中的"教育革命"[M]. 广州:广东教育出版社,1999.

[75] 周流溪. 中国中学英语教育百科全书[M]. 沈阳:东北大学出版社,1991.

[76] 朱有瓛,高时良. 中国近代学制史料:第四辑[M]. 上海:华东师范大学出版社,1993.

[77] 朱有瓛. 中国近代学制史料:第二辑[M]. 上海:华东师范大学出版社,1987.

[78] 朱有瓛. 中国近代学制史料:第三辑[M]. 上海:华东师范大学出版社,1992.

[79] 朱有瓛. 中国近代学制史料:第一辑[M]. 上海:华东师范大学出版社,1983.

[80] Carland Cannon. A History of English language [M]. Harcourt Brace Tovanovich, Inc,1972.

[81] Howatt. A history of English language teaching [M]. 上海:上海外语教育出版社,1999.

（二）报纸

[1] 陈自鹏. 英语教学思想浅议[N]. 考试报,2002(10).

[2] 胡春洞. 扭转外语教学被动局面的新思路[N]. 中国教育报,2007-08-24(5).

[3] 胡壮麟. 交际教学法不是外语教学的万应灵药[N]. 英语周报(高中教师版),
2007-01-24(2).

[4] 宁新. 黄国斌对"母语习得论"提出质疑[N]. 英语周报,2007-04-11(2).

[5] 王丽萍. 原版外国英语教材引入中国后适用性问题探秘[N]. 中国教育报,2007-
03-19:4.

[6] 张帆. 廿年风雨见彩虹[N]. 中国教育报,2006-09-15(7).

[7] 张滢. 不断充实完善是教学法历久弥新的真谛[N]. 中国教育报,2007-08-24(5).

[8] 周慧. 十六字教学法:利用规律提高外语教学效率[N]. 中国教育报,2007-08-24
(5).

（三）期刊

[1] 北师大外语系课题组. 对现行外语教学评价体制的反思[J]. 中小学外语教学,
2001(6):4.

[2] 陈晦,等. 听说法与双向交流之我见[J]. 中小学英语教学与研究,1997(3):5-6.

[3] 陈自鹏. 谈英语学习中的设境与入境[J]. 天津教育,1995(4):44-46.

[4] 陈自鹏. 谈中小学英语教育教学中应处理好的几个关系[J]. 天津教育,2007(8):39.

[5] 陈自鹏. 新课程新理念[J]. 天津教育,2006(8).

[6] 陈自鹏. 英语词汇记忆方法四十种[J]. 天津教育,1996(1):45-47.

[7] 代正南. 也谈中小学英语教学的目的[J]. 中小学外语教学,1981(4):1-2.

[8] 戴军熔. 拓宽文化视角,提高跨文化交际能力[J]. 中小学英语教学与研究,2000
(4):5-9.

[9] 戴军熔. 中学英语师资的问题与思考[J]. 中小学外语教学,1998(5):4-6.

[10] 范东生. 如何看待今天英语的通用语地位[J]. 中小学外语教学,2002(10):1-5.

[11] 范东生. 外语教学的国情及方法思考[J]. 中小学外语教学,1999(7):4-6.

[12] 方玉华. 浅谈网络CAI在小学英语课堂中的应用[J]. 中小学英语教学与研究,
1999(增刊):39-41.

[13] 高洪德. 高中英语教材试用中的问题及对策[J]. 中小学外语教学,2000(8):10.

[14] 郝乐心. 初中英语六步循序教学法[J]. 湖南教育研究,1992(3):21.

[15] 郝玉梅. 听说教学方法的统计分析[J]. 中小学外语教学,1994(9):1-3.

[16] 贺东亮. 对高中英语新教材指导思想的再认识[J]. 中小学英语教学与研究,1999
(2):6-7.

[17] 胡春洞. 再论认知教学法[J]. 中小学外语教学,2002(4):1-3.

[18] 胡春洞. 重视语言观,完善教学法[J]. 中小学外语教学,1997(8):1-3.

[19] 胡鉴明. 我国应用交际教学法的多层思考[J]. 中小学英语教学与研究,2002

（3）:1－4.

[20] 纪才俊. 内蒙古赤峰蒙古族中学[J]. 中小学英语教学与研究,1989(2):9－12.

[21] 蒋楠,等. 建国以来外语教学界的两大争端[J]. 中小学英语教学与研究,1989(5):1.

[22] 蒋楠. 中小学外语教改实验评析[J]. 中小学英语教学与研究,1988(4):29－31.

[23] 教育部高中英语课程标准研制组. 关于《普通高中英语课程标准(征求意见稿)》的说明[J]. 中小学外语教学,2002(11):1－4.

[24] 李宝忱. 从3＋X考试改革谈高考英语试题的变化趋向[J]. 中小学外语教学,2002(3):12－13.

[25] 李佩珊.1949年以后,归国留学生在中国科学、技术发展中的地位和作用.[J].自然辩证法通讯,1984(4):28.

[26] 李绍宪. 互联网与中小学英语教学[J]. 中小学英语教学与研究,2002(12):23－25.

[27] 李守明. 张士一英语教学思想回顾[J]. 中小学外语教学,1986(3):13－15.

[28] 李庭芗. 学习重点中学英语教学大纲的体会[J]. 中小学外语教学,1982(6):1－3.

[29] 李庭芗. 英语教学中的教、学、用[J]. 中小学外语教学,1994(10):1－5.

[30] 李岳秋. 结构－交际教学方法及其运用[J]. 中小学外语教学,1996(6):3－6.

[31] 林秋云. 外语教学中"听说法"与"交际法"的比较及启示[J]. 中小学外语教学,1998(4):5－6.

[32] 刘道义,等. 中国学校外语教育的发展[J]. 中小学外语教学,2001(1):1－4.

[33] 刘道义. 展望21世纪初的中小学外语教材[J]. 中小学英语教学与研究,2000(3):1－4.

[34] 刘冠生. 中学外语教学改革[J]. 中小学英语教学与研究,1987(3):1－3.

[35] 刘骏. 外语教学法史上的改革运动[J]. 中小学英语教学与研究,1989(3):1－5.

[36] 柳斌. 柳斌同志在中学外语教学座谈会上的讲话[J]. 中小学外语教学,1997(10):1.

[37] 鲁子问. 任务型教学的课堂教学程序探讨[J]. 中小学外语教学,2002(2):12－13.

[38] 罗晓杰. 关于"中学生喜欢的英语教师"的调查分析[J]. 中小学英语教学与研究,2002(9):1－5.

[39] 马俊明. 英语最常用的词汇研究[J]. 中小学外语教学,2002(7):16－19.

[40] 马俊明. 总结经验,不断前进[J]. 中小学外语教学,1995(5):1－4.

[41] 闵长政.CAI课件在中学英语课堂教学中的设计、制作与应用[J]. 中小学英语教学与研究,2002(7):35－37.

[42] 平克虹. 外语学习词汇为本[J]. 中小学外语教学,1999(11):5－7.

[43] 戚国伟. 外语教学必须通过本族语进行吗[J]. 中小学英语教学与研究,1986(5):1.

[44] 任鸿隽. 一个关于理科教科书的调查[J]. 独立评论,1933 第61号:15.

[45] 佘广安. 任务型教学:定位与思考[J]. 中小学外语教学,2002(6):1-5.

[46] 沈子潜. 以哈萨克族学生为对象的英语教学[J]. 中小学英语教学与研究,1985(4):7-10.

[47] 宋专茂. 面向21世纪学生外语素质的构成与培养[J]. 中小学英语教学与研究,1999(3):1-3.

[48] 孙宗仰. 电化教育是怎样发展起来的[J]. 外语电教,1981(2):10-12.

[49] 外语电教编辑部. 我国电化教育事业的新局面定将出现——热烈祝贺全国电教工作会议召开[J]. 外语电教,1983(4).

[50] 王才仁. "为交际"[J]. 中小学英语教学与研究,1993(1):1.

[51] 王蔷,等. 基础教育阶段外语学科素质教育问题初探(下)[J]. 中小学外语教学,1999(11):1-3.

[52] 王蔷.面向21世纪义务教育阶段外语课程改革的思考与意见[J]. 中小学外语教学,1999(7):1-4.

[53] 王武军. 翻译法[J]. 中小学英语教学与研究,1982(1):24-26.

[54] 王武军. 认知法[J]. 中小学英语教学与研究,1983(1):22-25.

[55] 王武军. 听说法[J]. 中小学英语教学与研究,1982(4):22-25.

[56] 吴阶平. 为四化培养合格的外语人才[J]. 中小学外语教学,1981(1):3-4.

[57] 夏谷鸣. 交际法与我国基础英语教学[J]. 中小学外语教学,1997(9):2-6.

[58] 夏谷鸣. 母语习得与外语教学:从一个案反思外语教学[J]. 中小学外语教学,2000(10):9-11.

[59] 冼上海. 黎族学生外语成绩偏低成因初探[J]. 中小学英语教学与研究,1989(2):13-16.

[60] 徐方.1978年以来我国中小学语言教学法的发展与展望[J]. 中小学外语教学,1995(4):4-7.

[61] 徐渊. 功能派所走过的道路[J]. 中小学英语教学与研究,1984(3):9.

[62] 闫露. 双语教育的概念界定、实施模式和分析框架[J]. 中小学英语教学与研究,2002(2):1-5.

[63] 燕柳芝,等. 从姓名看中西文化差异[J]. 中小学英语教学与研究,2002(10):34.

[64] 易尔山. 试论大纲、教材和课外阅读[J]. 中小学外语教学,1984(4):1-3.

[65] 应云天. 谈外语教学中依靠本族语问题[J]. 外语教学与翻译,1959(9):11.

[66] 于永年. 外语教学法的发展趋势[J]. 中小学外语教学,1985(5):5.

[67] 俞约法. 直接法[J]. 中小学英语教学与研究,1982(2):24-26.

[68] 俞约法. 自觉实践法[J]. 中小学英语教学与研究,1982(6):1-5.

[69] 禹明. 我国中学外语教学的个性[J]. 中小学外语教学与研究,1987(3):13.

[70] 张国珍,等. 结构-功能大纲[J]. 中小学外语教学,1999(12):1-4.

[71] 张汉勋. 本族语与外语教学[J]. 中小学英语教学与研究,1987(2):23.

[72] 张俊杰,等. 中学英语教学与社会文化意识[J]. 中小学英语教学与研究,1998(6):1-4.

[73] 张士一. 中学英语教学法的教育学基础[J]. 中小学英语教学与研究,1988(5):17-18.

[74] 张士一. 中学英语教学法的教育学基础[J]. 中小学英语教学与研究,1958(5):17-18.

[75] 张正东. 甘孜藏族自治州英语教学问题[J]. 中小学英语教学与研究,1985(4):3-6.

[76] 张志公,等. 中学英语教材的现状与未来[J]. 中小学英语教学与研究,1988(5):11-16.

[77] 张志公. 加紧开展英语教学的研究[J]. 中小学英语教学研究,1985(3):1-2.

[78] 张志远,等. 欧洲中小学外语教学改革[J]. 中小学外语教学,2002(9):1-4.

[79] 章兼中. 多套教材编写体系的不同特点[J]. 中小学英语教学与研究,1994(2):1-2.

[80] 章兼中. 功能法[J]. 中小学英语教学与研究,1983(2):29-32.

[81] 章兼中. 上海中等学校教师举行外语教学座谈会[J]. 外语教学与翻译,1959(4):41.

[82] 章兼中. 外语教学法的发展趋势[J]. 中小学英语教学与研究,1983(3):19-22.

[83] 赵丕行. 走出外语教学法研究和实践的误区[J]. 中小学外语教学,1996(1):2-4.

[84] 赵晓娟. 从《英语课程标准》看现代教师角色[J]. 中小学英语教学与研究,2002(11):1-3.

[85] 朱赤. 讲求实效[J]. 中小学英语教学与研究,1984(1):2-6.

[86] 左焕琪,等. 英语测试的类型和流派[J]. 中小学英语教学与研究,1984(1):39-41.

[87] 左焕琪. 中学英语教学调查对改革的启示[J]. 中小学英语教学与研究,1987(3):1-3.

（四）高考试卷

[1] 北京大学. 1922年度预科招生考试试题[Z]. 北京:北京大学,1922.

[2] 天津市教育局. 天津市高等学校招生英语试卷[Z]. 天津:天津市教育局招生办公室,1977.

[3] 教育部. 普通高等学校招生全国统一考试试卷[Z]. 北京:教育部考试中心,1978-2000.

[4] 教育部. 普通高等学校招生全国统一考试(天津卷)[Z]. 北京:教育部考试中心,2001.

（五）统编教材

[1] 林汉达. 初中标准英语读本[M]. 北京:世界出版社,1935.

[2] 李儒勉. 标准高级英文选[M]. 北京:中华出版社,1935.

[3]丁秀峰. 新编初中英语[M]. 北京:商务印书馆,1951.

[4]北京市中等学校教材编选委员会编. 高中英语课本[M]. 北京:五十年代出版社,1952.

[5]北京外国语学院,北京师范大学. 高级中学课本英语(1—3 册)[M]. 北京:人民教育出版社,1956-1958.

[6]北京外国语学院. 初级中学课本英语(1—2 册)[M]. 北京:人民教育出版社,1957-1958.

[7]上海市教育局. 初级中学课本英语(暂用本)(1—3 册)[M]. 北京:人民教育出版社,1960.

[8]上海市教育局. 高级中学课本英语(暂用本)(1—3 册)[M]. 北京:人民教育出版社,1960.

[9]人民教育出版社. 十年制学校初中课本英语(试用本)(1—3 册)[M]. 北京:人民教育出版社,1960.

[10]人民教育出版社. 十年制学校高中课本英语(试用本)(1—2 册)[M]. 北京:人民教育出版社,1960.

[11]人民教育出版社. 十二年制学校中学课本英语[M]. 北京:人民教育出版社,1963.

[12]人民教育出版社. 全日制十年制学校小学课本(试用本)英语(1—6 册)[M]. 北京:人民教育出版社,1978.

[13]人民教育出版社. 全日制十年制学校初(高)中课本(试用本)英语(1—6 册)和(1—2 册)[M]. 北京:人民教育出版社,1978.

[14]人民教育出版社. 十二年制教材[M]. 北京:人民教育出版社,1987.

[15]人民教育出版社. 九年义务制教材[M]. 北京:人民教育出版社,1990.

[16]人民教育出版社,朗文出版集团有限公司. 九年制义务教育六年级教科书第一册(上)(下)[M]. 北京:人民教育出版社,1994.

[17]人民教育出版社,朗文出版集团有限公司. 九年制义务教育七年级教科书第二册(上)(下)[M]. 北京:人民教育出版社,1994.

[18]人民教育出版社,朗文出版集团有限公司. 九年制义务教育八年级教科书第三册[M]. 北京:人民教育出版社,1994.

[19]人民教育出版社,朗文出版集团有限公司. 九年制义务教育九年级教科书第四册[M]. 北京:人民教育出版社,2000.

[20]人民教育出版社,朗文出版集团有限公司. 九年制义务教育六年级教科书第一册(上)(下)[M]. 北京:人民教育出版社,2001.

[21]人民教育出版社,朗文出版集团有限公司. 九年制义务教育七年级教科书第二册(上)(下)[M]. 北京:人民教育出版社,2001.

[22]人民教育出版社,朗文出版集团有限公司. 九年制义务教育八年级教科书第三册[M]. 北京:人民教育出版社,2001.

［23］人民教育出版社,朗文出版集团有限公司.全日制普通高级中学教科书(试验本)英语第一册(上)(下)［M］.北京:人民教育出版社,1996.

［24］人民教育出版社,朗文出版集团有限公司.全日制普通高级中学教科书(试验本)英语第二册(上)(下)［M］.北京:人民教育出版社,1996.

［25］人民教育出版社,朗文出版集团有限公司.全日制普通高级中学教科书(试验本)英语第三册［M］.北京:人民教育出版社,1996.

［26］人民教育出版社,朗文出版集团有限公司.全日制普通高级中学教科书(试验修订本·必修)英语第一册(上)(下)［M］.北京:人民教育出版社,2000.

［27］人民教育出版社,朗文出版集团有限公司.全日制普通高级中学教科书(试验修订本·必修)英语第二册(上)(下)［M］.北京:人民教育出版社,2000-2001.

［28］人民教育出版社,朗文出版集团有限公司.全日制普通高级中学教科书(试验修订本·必修)英语第三册［M］.北京:人民教育出版社,2001.

［29］天津市教育教学研究室.天津市小学英语课本(试用本)(1—4册)［M］.天津:天津教育出版社,1992-1993.

［30］天津市教育教学研究室.天津市小学英语课本(试用本)(1—4册)［M］.天津:天津教育出版社,1999-2000.

(六)其他

［1］教育部考试中心中英教育测量学术交流中心.剑校少儿英语学习系统［Z］.北京:教育部考试中心,2001.

［2］中国邮政局.二○○一年度邮政局收订报刊目录［Z］.河北:河北省报刊发行局编印,2000.

［3］孙复初.疯狂英语,疯狂为哪般?［EB/OL］.http://www.e4in1.com.

［4］王宗宽.英汉最常见的十大文化差异综述［EB/OL］.http://www.LN90.com/paper/yingyulunwen.

［5］课程教材研究所.20世纪中国中小学课程标准.教学大纲汇编 外国语卷(英语)［S］.北京:人民教育出版社,2001.

［6］教育部.全日制义务教育普通高级中学英语课程标准(实验稿)［S］.北京:北京师范大学,2001.

附　录

百年部分英语教学大纲和课程标准

1902 年

钦定中学堂章程(摘录)
光绪二十八年
第二章　功课教法

第一节　中学堂课程门目表

外国文第七。

以上各科,均由中教习讲授,惟外国文一门必用外国教习,或以中教习之通外国文者副之。将来各学堂通外国文者渐多,中学堂教习即可辍聘西人以省经费。所以外国文以英文为主,法文、日文科任择一国兼习。

第二节　中学堂课程分年表

第一年　学科阶段:外国文(读法、习字)。

第二年　学科阶段:外国文(读法、习字、讲解)。

第三年　学科阶段:外国文(讲解、文法、翻译)。

第四年　学科阶段:外国文(同上学年)。

第三节　中学堂课程一星期时刻表

第一学年		第二学年		第三学年		第四学年	
外国文	9	外国文	9	外国文	9	外国文	9

1904 年

奏定中学堂章程（摘录）
光绪二十九年
学科程度章第二

第一节　中学堂学科目凡分十二：
四、外国语（东语、英语或德语、法语、俄语）
第四节　中学堂各学科分科教法
四、外国语　外国语为中学堂必需而最重之功课,各国学堂皆同。习外国语之要义,在娴习普通之东语、英语及俄法德语,而英语、东语为尤要,使得临事应用,增进智能。其教法应由语学教员临时酌定,要当以精熟为主。盖中学教育,以人人知国家、知世界为主,上之则入高等专门各学堂,必使之能读西书;下之则从事各种实业,虽远适异域,不假翻译。方今世界舟车交通,履欧美若户庭;假令不能读其书,不能与之对语,即不能知其情状;故外国中学堂语学钟点,较为最多。中国情形不同,故除经学外,语学钟点亦不能不增加,当先审发音、习缀字,再进则习简易文章之读法、译解、书法,再进则讲普通之文章及文法之大要,兼使会话、习字、作文。
第五节　各学科程度及每星期教授时刻表

第一年	外国语	读法、讲解、会话、文法、作文、习字	8
第二年	外国语	同前学年	8
第三年	外国语	同前学年	8
第四年	外国语	同前学年	6
第五年	外国语	同前学年	6

1912 年

小学校令（摘录）
1912 年 9 月
第三章　教科及编制

第十二条　高等小学校之教科目,为修身、国文、算术、本国历史、地理、理科、手工、图画、唱歌、体操;男子加课农业,女子加课缝纫。

视地方情形,农业可以从缺,或改为商业,并可加设英语,遇不得已,手工、唱歌亦得暂缺。

视地方情形,可改英语为别种外国语。

1912 年

小学校教则及课程表(摘录)
1912 年 11 月
教　　则

第十五条　英语要旨,在使儿童略解浅易之语言文字,以供处事之用。

英语首宜授发音及单词短句,进授浅近文章之读法、书法、作法、语法。

英语读本宜取纯正而有趣味者,其程度宜与儿童知识相称。

教授英语宜以实用为主,并注意于发音,以正确之国文译释之。

第十八条　高等小学各学年授课程度及每周教学时数,依第二表,加授英语或别种外国语者,每周得减少他科目 3 小时,为其教授时数。

第二表

学年　　教科目	每周教授时数	第一学年	每周教授时数	第二学年	每周教授时数	第三学年
英语					(3)	读法　书法 作法　语法

1912 年

中学校令施行规则(摘录)
1912 年 12 月公布　　1914 年 1 月改正第十八条
第一章　学科及程度

第一节　中学校之学科目为修身、国文、外国语、历史、地理、数学、博物、物理、化学、法制经济、图画、手工、乐歌、体操。女子中学校加课家事、园艺、缝纫,但园艺得缺之。外国语以英语为主,但遇地方特别情形,得任择法、德、俄语一种。

第四条 外国语要旨在通解外国普通语言文字,具运用之能力,并增进智识。外国语首宜授以发音拼字,渐及简易文章之读法、书法、译解、默写,进授普通文章及文法要略、会话、作文。

第一表

学年 学科	第一学年	第二学年	第三学年	第四学年
外国语	7	8	8	8

第二表

学年 学科	第一学年	第二学年	第三学年	第四学年
外国语	6	6	6	6

1913 年

中学校课程标准(摘录)
1913 年 3 月 19 日

学年 学科目	第一学年		第二学年		第三学年		第四学年	
	每周 时数	教学 内容	每周 时数	教学 内容	每周 时数	教学 内容	每周 时数	教学 内容
外国语	男 7 女 6	发音 拼字 读法 译解 默写 会话 文法 习字	男 8 女 6	读法 译解 默写 造句 会话 文法	男 8 女 6	读法 译解 会话 作文 文法	男 8 女 6	读法 译解 会话 作文 文法 文学要略

1923 年

新学制课程纲要初级中学外国语课程纲要
（暂以英文为例）
胡宪生起草 委员会复订

（一）目的

1. 使学生能阅浅易的英文书报。

2. 使学生能用英语作浅近的书札及短文。

3. 使学生能操日用的英语。

（二）内容和方法

新学制小学校以不教外国语为原则,故初级中学第一年级学生学英语,应自字母教起。其教授方法:(1)应注意反复练习,使能纯熟;(2)多用直接会话,减少翻译;(3)在学生已经学习的范围内鼓励学生自由应用;(4)耳听,口说均需注重;(5)随时提示文法,使能切实应用;(6)并随时指导学习的方法。兹将初中英文教材,分为三个段落,每段约占十二学分。其内容分述如下:

第一段

1. 识字 四百至五百。

2. 文法 词类之简单用法

名词(包所有格)。

代名词(包目的格及所有格)。

形容词(包比较法)。

副词(包比较法)。

动词(除既事前进候 perfect progressive tense 外,各候皆略有;并稍涉简单之助谓字 simple auxiliary verbs)。

介词(简单者)。

连词(简单者)。

感叹词(极简单者)。

3. 造句法

简单句。

复句(异等复句[complex sentences]不过得一主句一子句;同等复句[compound sentences]不过得二主句)。

4. 会话及尺牍

最简单而关于实用者。

5. 读本及默诵(memorizing)

各种简单句及复句,每课中择其最要而学生最易误解者,提出一二句,令学生默诵。

6. 习字　需勤练。

7. 发音及拼音练习　宜十分注重,养成发音正确,拼音无误之良好习惯。

8. 头字及句读练习　头字须注重,句读只须注重句(period);读(comma)之用处尚少,约略讲解已足。

第二段

1. 识字　五百。

2. 文法

详解以下诸项:

(一)自动态,被动态,语气,时候。

(二)冠词用法(a,an,the)。

(三)词类。

仂句(phrases)及子句(clauses)之用法。

句语分析法(analysis)。

3. 造句法

简单句。

复句(每句不得过三子句)。

简单成语(idioms)用法。

4. 作文

短段构造(short paragraphs)。

5. 会话及尺牍

简单而关于日常实用者。

6. 读本及默诵

简单而有异趣之故事及各种描写,每课择关于文法者,提出数句令学生默诵。

7. 习字　宜注重。

8. 发音及拼音练习　宜注重。

9. 句读练习 comma 与 period 并重。

第三段

1. 识字　七百。

2. 文法

详解各种文法。

成语用法。

3. 作文

短段构造。

短文(叙述及描写)。

4. 会话及尺牍

通常酬应,可以会话,游戏及经教师指导之短剧等,诱进其会话能力。

5. 演讲故事练习(story-telling)

由学生自己预备故事一小段,经教师改正后,令学生当众练习演讲,每人以一二分钟为限。

6. 读本及默诵

选读文学读本及各种科学,职业读本,择小段之佳者,令学生默诵分析。

7. 习字　仍宜注重。

8. 拼音法

9. 句读法　可略述(,)(;)(:)(·)等。

(三)毕业最低限度的标准

(子)能自动的补充阅读故事(如天方夜谭,鲁滨孙漂流记,海外轩渠录之类),书报(如英语周刊,英文周报之类)。

(丑)作最普通会话,能令人了解。

(寅)能造简单语句,于文法上无错误。

(卯)能作简单之翻译(汉译英),于文法上无错误。

1923 年

新学制课程纲要高级中学公共必修的外国语课程纲要
朱复起草

(一)授课时间及学分

每周授课四小时,两学年授毕,共十六学分。

(二)主旨

1. 养成学生欣赏优美文学之兴趣,增进其阅读书报杂志等的能力,如复述,分解,摘记,领受,能自评其所讲述之内容。

2. 养成学生通常会话的优良习惯,练习其口才,使其听讲均能晓畅,并使其能与外国人谈论日常生活之事件,而不感言语上之困难。

3. 鼓励学生自行表演的能力,使其能写日常应用的简短信札,能做简明通顺的有兴趣的短篇文字。(说明的,或辩论的,或描写的,或记载的)

4. 使学生摘读有系统的文法纲要,或参考较为详细的文法,授以修词学和作文法的智识,养成正确清顺的翻译作文能力。

（三）教材

甲、第一学期

1. 阅读(二学分)

2. 作文(一学分,口述三分之二,笔述三分之一)

3. 文法(一学分)

4. 会话(包括在读作文法之内)

乙、第二学期

1. 阅读(二学分)

2. 作文(一学分,口述笔述各半)

3. 文法(一学分)

4. 会话(包括在读作文法之内)

丙、第三学期

1. 阅读(二学分)

2. 修词学(一学分)

3. 作文(一学分,口述三分之一,笔述三分之二)

4. 会话和补充阅读(包括在内)

丁、第四学期

1. 阅读(二学分)

2. 修词学(一学分)

3. 作文(一学分)

4. 会话翻译和补充阅读(均包括在内)

（四）方法

当以教授初学者的原则,变通而扩充之。兹略述各端如下:

1. 教初学者,注重于养成学生听觉与发音正确之官能。高中学生,尚须注重于其发音之正确。所以须有语音学的基本知识,和受相当的训练。

2. 教初学者,先宜专重于具体的,循用抽象的教法。如采用实物指示,扮演动作,图画,模型等法为教材。教高级中学学生者,有时亦宜引用此法,以为作文或会话的质料。至于解说字义时,可以用翻译,或定义,或同义字与异义字,或联络文等抽象法。

3. 教初学者,引用归纳法以教文法。教高中学生者,宜采用其精神,并宜注重逐渐实进和练习。并宜持实验态度。例如学修词学者,须将其所习修词学之智识,应用于所读之书报杂志,及其所作之文品,相参而互用之,以阐发其原理和方法。

4. 教高中学生者,宜注重于学生的兴趣,利用其表演的本能。例如使其将所读之故事、戏剧、小说、传记等及其所作的记载文品,加以扮演;将所作所读的辩论文,登坛辩论;将所做所读的描写文口述出来;将所作所读所听的说明文,或互相译述,或登坛讲演,收事半功倍之效力。

5. 教初学者,注重于进程。如先用耳而后用目;先容受而后模仿;先口述而后阅读或写作;先注重形式的、机械的练习,后乃较为自然的自由的。教高中学生者,亦宜本此精神进行:(一)对于各系之实施,宜有进行之程序。如练习口述时,须注重问答所授之目课,初步只依阅读的课本,命题和讲解问答,然后凭课本为启发点,由学生引用所习语,随意讨论。又如笔述,则先使学生口述其意思,再以笔述之;后则只须口述大纲,对于笔述则须分条缕晰焉。(二)对于教材之选择,亦须次第进程。如选择读本,须教材丰富,内容新颖,体裁差别,而有伟大之吸引者,其文之难易,意之深浅,篇之长短,又须适应学生程度和需要。

6. 教高中学生者,对于所教外国语之各系须相联络,相引证,以收互助之效;如会话则从阅读和口述的作文诸方面着手;如阅读则为问答,翻译,作文等之资料,而文法则以分解阅读方面困难诸点,或明晰个人作品之工具。

1951 年

普通中学
英语课程标准草案

一、初级中学英语课程标准草案

第一　目　标

一、养成阅读和练习英语的兴趣,打下继续进修的基础。

二、能认识一千至一千五百个一般的常用字(在正式字表未定出之前,可参考桑氏字册册首之单字)。

　　三、能练习运用常用的典型短语(包括片语,简单的会话)约二百句。

　　四、能阅读生字不超过十分之一二的浅近英语。

　　五、能作清晰熟练的书写(即常用之书写体,印刷体仅能辨认即可)。

第二　时间分配

　　每学年每周上课时间各为三小时,第三学年得加翻译和文法一小时。

第三　教材大纲

一、第一学年

　　1. 读音与手写:

　　(1)单声母与复合声母(如 th,sh,ch,ts,ds)及单韵母(如 a,e,i,o,u,y 的长短音)的发音练习;大小写字母的写法。

　　(2)三个音段以下的浅近单字的读音及简单词句的速读。

　　(3)简单的常用的会话(如教室用语、招呼、会见、离别等用语)。

　　(4)以片语(phrase)为单位的整句朗读。

　　(5)抄写课文,听时默写及默写所记忆的字句。

　　说明

　　(一)开始时整个字母表可以不教,字母须与课文联系着教。教声母时,先教以字母的读音(如 h 念赫,l 念勒),不必教以字母的名称(如 h 称为 eich,l 称为 el)。字母的名称可延至第一学期末再教。

　　(二)复合声母要作为一个单字母教(如 sh 等于 s,不可作为 s + h 的合音);这于学生以后的读音及拼法将有帮助。

　　(三)生字必须拼写,但须尽量多用默写,少用口拼,因口拼较难,又少实用。

　　(四)手写必须练习,但须与课文结合,不可机械地临写无意义的字母。

　　2. 单字(短句附):

　　(1)常用的、简单的、以后于英语的学习不可少的单字,必须先教,且必须鼓励学生记住(包括能念、能拼、能了解意义)。每课生字须尽量做到平均分配与反复使用。为了适应当时的教材可以酌用少数不常用的单字;但这些不常用的单字,只须能在课文中认识,不必强记。应尽量先教,以奠定语言基础的,有以下各项:

　　(一)名词。

　　(二)人称代名词(以主格、所有格、受格为主,如 I,my,me)。

　　(三)形容词(副词可以缓教,如课文中出现,亦可先不必作为文法学习)。

　　(四)数字(先教以基数;星期一、二、三以及一月、二月、三月等可以缓教)。

（五）动词（以单纯的现在式及单纯的过去式为主）。

（六）各种有定型的短句（能以动作表演的或以实物图形说明的）。此项有定型的句组，是第一学年的主要材料。在教文法上可以独立的语句时，可同时教以句首用大写字母的习惯。

说明

单字语部的分类不可作为研究文法去教。在认识了相当数目的单字之后（比如说一二百个），然后在复习的时候，由教员与学生共同把同一语部的字集在一起，使学生在不知不觉中知道名词是一类，动词又是一类。

（2）文法上基本的功能字（basic function words）应着重指出者列举于下，以便参考。

（一）动词及助动词：do，be。

（二）否定词：not。

（三）回答词：yes，no。

（四）介系词：at，by，for，from，in，of，on，to，with。

（五）连接词：and，but。

（六）指件词及形容词：a，the，this，that，these，those。

（七）询问词：what，where。

3. 语法：

（1）有定型的基本字序（basic word order）：

最简单的命令句、叙述句、询问句、否定句。为了中国语法与英文语法的不同，应先教以 do 型句。以后教以 be 型句（中国学生太多用而且误用 be 型句）。

（2）字形变化：

（一）名词字尾的复数变化。不规则的名词复数，必要时，只作为另一单字学习，不必教以各种文法上的规则去分类。

（二）动词的现在式，包括第三人称单数加 s 的变化。

（三）少数动词的过去式。不规则的过去式只作为单字记忆，不必分门别类。

（四）现在进行式（be + verb + ing）。

（3）形容语：用于名词前单纯的形容词（形容片语或副词的用法，此时可以不教）。

二、第二学年

继续与补充第一学年的各项作业，主要的是逐步增加单字与句法。

1．读音与手写：

（1）复合韵母的发音练习。

（2）单字的读音与片语（phrase）的连读。

（3）以片语为单位的整句朗读（第一及第二学年的阅读，以朗读为主，默读为辅）。

（4）抄写课文，听时默写及默写记忆的字句。

2．单字（短句附）。结合课文，逐渐介绍以下各项：

（1）一定数量的有实用的名词、动词及形容词。

（2）少数必要的副词。

（3）基本的功能字：

（一）助动词：如 can，could，should，shall，will，must，do，does，did，限于课文中的用法（不作一般地讲）。

（二）连接词：介绍少数实用的连接词，如 then，before，after 在句子中的用法。

（三）询问句：when，who，how（必须具体地反复练习，不可一般地讲）。

（4）少数简单的有定型的句子。

3．语法：

（1）有定型的基本字序的复习与练习运用。

（2）字形变化：

（一）名词的复数。

（二）动词的过去式，包括少数不规则的过去式。

（3）形容语：

（一）形容词。

（二）形容片语。

（三）课文中必要的少数副词及副词片语（不作为文法学习）。

三、第三学年

总则：

（1）第一及第二学年的单字与语法须有充分的复习，这于学习第三学年的新教材将大有好处。

（2）第一及第二学年的教法，尽可能地用直接教学法，第三学年可酌用翻译法。

（3）第一及第二学年的阅读以朗读为主，默读为辅。第三学年开始应以默读为主，朗读为辅。

1. 读音与手写：

(1)以片语为单位连读整句整段。

(2)注重一般的读音外,课文中的口白或会话尤应注意语调(intonation)。

(3)听时默写与默写指定的一段所记忆的字句(片语与成语必须一字不差地背诵、默写、记住)。

(4)简单的翻译,以英译汉为主,汉译英为辅。

(5)主要的标点符号使用法。

(6)如条件程度可能时,可适宜地加重造句,仿作短文等练习。

2. 单字：

(1)除了一般课文中的常用字外,比较具体地说,在三个学年内(尤其是第二及第三学年)应介绍日常生活所必需的单字,如:人体各部、动物、植物、衣服、用具、家属称呼、食物、季节、时间、自然现象、颜色、形状、大小、地区、交通、动作以及有关政治思想的必要的单字。

(2)每一单字以一种意义为限,如另作别解,应作另一单字学习,不可把一个单字的各种意义全部罗列。

(3)必须注重单字在句子中的功用。片语、成语应作为整个单位学习,不可逐字分割硬译(如 to get sick,to get up,to get on 等)。

3. 语法：

(1)功能字：

(一)复习与增加询问字,如 why,how,which,who,whose。

(二)回答字,如 because,by 加现在分词,较未定式等。

(三)比较字,如 more,most,than,as…as,not so as 等。

(四)简单子句(clauses)的用语,如 who,that,which,when,as soon as,where。

(2)字体变化：

(一)比较格:-er,-est。

(二)常用动词的三个主要部分。

(三)常用名词不规则的复数。

(3)语部(parts of speech)大意及主要的文法规则的练习运用：

(一)名词:包括复数名词及专用名词。

(二)代名词:包括主格,所有格及受格。

(三)形容词:包括最主要的四大类 descriptive,quantitative,numeral,demonstrative(其余如 proper,relative,interrogative 形容词可延至高中教)。

（四）动词：包括三个主要部分，时态（单纯的现在、过去、未来三式及现在与过去进行式）：不及物动词、及物动词、助动词。

（五）副词：包括最主要的四大类：time，place，manner，degree（其他可以缓教）。

（六）介系词：

（七）连接词：

（八）疑问词：

（九）感叹词；

说明

除在文法书上以外就无实用的文法用语，可用较简单的单字或中文代替。其必须使用者，亦只令学生认识即可。

4. 条件适宜时，可初步教以字典的使用法。

第四　教法要点

一、语言教学的性质在养成语言习惯，要在大量的反复练习当中，培植运用语言的技能。

二、要尽量利用动作、表情、图书、实物或英语作解释，必要时亦可利用国语作解释，在彻底了解之后，再反复练习运用，以至纯熟。

三、提高学生的学习兴趣，发挥其积极性与自动性，不要使学生在学习过程中有不可克服的困难，并应使学生经常觉察到自己的进步。

四、语法、发音的教学应采归纳方式，不要使学生死记各种规则，或以学习规则为目的，要使学生通过已知的东西，在教员的帮助下，发现规律，并进一步地利用这些规律，帮助学生有系统地掌握语言的运用。

二、高级中学英语课程标准草案

第一　目　标

一、养成阅读和练习英语的志趣，打下进修专科用的英语基础。

二、除了复习，继续运用初中所学的一千至一千五百个单字以外，能再加修大约三千至四千一般通用的单字（连初中共约五千字）。

三、能练习运用普通英语，包括简单的会话和写作。

四、能认识一种标音制（如国际音标或韦氏音标）。

五、能利用字典、词典，阅读一般性的英文书报杂志。

第二　时间分配

每学年每周上课时间各为五小时。课本、文法、翻译、写作实习等应互相结合,不可各自独立教学。

第三　教材大纲

一、第一学年

1. 读音:

(1)继续初中的发音练习,教以发音方法。

(2)以默读为主,朗读为辅。

2. 单字:

(1)逐步增加在日常生活、近代文学和社会科学上所通用的字句。

(2)更多的功能字:包括介系词、连接词、助动词等。

3. 语法:

(1)语部的认识与了解,复习与充实初中英语中初步介绍了的文法。

(2)各种简单句子的结构(types of sentences)如主词的形式,述语的最常用的时式(tense),语式(voice)和语气(mood);补充词的种类和形式,形容语的功用和形式等。

4. 写作:

(1)听时默写,或默写一段课文(可用译文作为提示)。

(2)翻译:以英译汉为主,汉译英为辅(须训练运用中英文不同的语言习惯,不可逐字硬译)。

(3)作文:简短的作文,以衔连按定型写作的句子为基础(即等于意义上有连贯的造句)。

二、第二学年

1. 读音:

(1)继续第一学年1,2两项。

(2)注意阅读的速度。

2. 单字:

(1)同第一学年第4项。

(2)单字的字首及字尾的变化(如 un-, dis-, re-, -less, -er, -tion, -ic, -able 等)。

3. 语法:

(1)一般常用文法综合的复习与补充。

(2)中国学生所常犯的文法上错误的改正与练习。

（3）开始介绍较复杂的语句结构。主要包括片语子句;述语包括较为复杂的时式和语气(如虚拟语气);补充词包括片语子句;形容词包括片语子句。

4. 写作:

同第一学年1,2项。作文时可指导学生运用已学过的较复杂的语句型式。

5. 字典与词典的使用。

6. 如条件可能,应开始指导学生作适当的课外阅读,特别是报纸杂志上的浅近文字。

三、第三学年

1. 阅读:

（1）同第一学年的1,2两项。

（2）有计划地增加默读的速度(如记录阅读的字数与以分为单位的用于阅读的时间)。

2. 单字:

同第一学年第1项。

3. 语法:

（1）同第二学年1,2两项。

（2）无定式、分词、独立片语等较难结构。

（3）总复习。

4. 写作:

（1）同第一学年1,2项并练习较自由的写作。

（2）搜集与试用中英语法不同的类型。

（3）少数应用文(如书信)的习作。

5. 字典、词典及参考书后所附索引的使用。

6. 继续课外阅读:通俗的英文书报或浅近的英文小说等。

第四　教法要点

一、各学年均应有教学重点,第一学年应着重复习并加强学生的初中英语基础,平均注意听说看写四方面,第二学年要开始着重阅读练习,第三学年要有计划地养成学生阅读英文参考书的能力,记录其阅读速度、测验其领会能力并提高其阅读技术。

二、阅读练习在第一学年以精读为主,略读为辅。第二学年应逐渐增加略读的分量。第三学年应有计划地把略读的分量与精读的分量提平,精读练习应精习细研,务能做到彻底了解并掌握重要词字的运用,略读练习应提高阅读速度以扩充并丰富学生的阅读经验,只须注意全文大意,不要停滞于不必要的生字上。

三、教学时应该有步骤,每课文字均应先使学生预习,作初步了解,次在教员的辅助下作深入了解,然后教员用各种练习以巩固其学习成果,最后再检查教学效果并作必要的补充。

四、在学生对英语有相当根基后,应采自学辅导的精神,训练学生的自学能力,教员要辅助学生自行解决困难,避免灌输式的教学,教员的工作要在指示学习方法,检查学习效果并纠正偏差,自学辅导的精神应该逐年地提高其比重。

五、语法教学应采归纳方式,由阅读材料中收集例句、指出要点,然后推广整理,并逐渐使之系统化,务使语法要点在学习过程中起辅助作用,切不可以各项规则作为学习的目标。

六、一切作业均须先作准备,在学生对作业有充分把握时再开始练习,以免浪费时间并养成不良习惯,避免以练习为考查理解的方式或犯错与改正的试验,要切实做到使学生先学后习灵活地运用团体与个别、口头与手头的方式,反复练习,以达到纯熟的目的。

七、发音练习要注意单音之正确与语调之流利自然,比较中英语音的异同,以帮助学生克服语音方面的困难。

八、作文练习的标准要逐步提高,先注意文字的正确,再求结构的完整,鼓励学生多用简单语句,避免好用长句的偏向。

九、一切作业中的书法须鼓励学生写得整齐优美,辅助学生克服潦草散漫的偏向。

1980 年

全日制十年制中小学英语教学大纲
（试行草案）

一　教学目的和要求

外国语是学习文化科学知识、进行国际交往的重要工具。为了提高整个中华民族的科学文化水平,在本世纪内实现农业、工业、国防和科学技术现代化,把我国建设成为强大的社会主义国家,需要培养大量又红又专并通晓外语的各方面的人才。因此,在中小学要开设外语课,切实加强外语教学。英语是中小学应当开设的语种之一。

中小学英语教学的目的,是对学生进行听、说、读、写、译各方面的基本训练,一般侧重培养阅读和自学能力,为进一步学习和运用英语打好基础。

英语课的设置有两种办法。

一种是从小学三年级起开设。通过八个学年的学习,要求学生掌握基本语音和语法,掌握 2800 个左右单词和一定数量的惯用词组,能借助词典阅读一般题材的中等难度的读物,具有一定的听、说、写、译的能力。

一种是从初中一年级起开设。通过五个学年的学习,要求学生掌握基本语音和语法,掌握 2200 个左右单词和一定数量的惯用词组,能借助词典阅读一般题材的浅易读物,具有初步的听、说、写、译的能力。

二　教学原则

(一)英语教学要注意研究、总结中国学生学习英语的规律。只有这样,才能提高教学效率,使学生循序渐进地学到合乎规范的英语。

入门阶段的教材,应安排最简单的语法,选用日常生活中最常用的词汇和少年儿童所熟悉的题材。随着学生语言能力的提高,选材范围应该逐步扩大。应有选择地编入一些浅易的或经过改写的原著、浅易的科技文章和反映英美等国情况的材料。

为了积累教学经验,不断提高教学质量,教材应有相对的稳定性。

(二)中小学英语教学应重视培养学生实际运用英语的能力。讲解一些有关的规则和用法是必要的,但讲解是为了指导实践。必须处理好语音、词汇、语法知识和语言实践的关系。一般说来,在教一个新的语言项目时,从口头练习开始,经过适量的练习,在学生对这个项目有了一定的感性认识的时候,再进行归纳,效果比较好些,如果练习充分,归纳得法,就能更有效地指导实践,使学生掌握得更为牢固。

(三)学习一种外语,必须通过听、说、读、写、译的综合训练,才能较好较快地掌握。在入门阶段忽视听说而专攻读写,有碍语言学习的正常发展。对于以侧重培养阅读和自学能力为目的的中小学英语课来说,也必须把听说训练放在重要的地位,这样才能为培养阅读能力打下坚实的基础。

在初级阶段,应以听说为主,读写为辅。在学生已经具有一定的听说能力和习惯,并已学完基本语法,掌握了一定数量的词汇之后,可侧重培养阅读理解能力,同时进行适当的听说训练。

但是,在强调听说训练的时候,也不能忽视读写训练。读写训练可以提高学生语言的准确性,促进听说能力的提高。

(四)教师的主导作用在英语教学中应特别加以强调。教师要力求自己的语音准确,语法熟练,书法规范,要不断提高自己的口语水平,尽量做到用英语组织课堂教学;要针对青少年的特点,钻研教学方法,认真备课,不断提高教学质量。教师要关心学生在德、智、体诸方面的健康成长;要对学生进行学习英语目的性的教育,使他们端正学习态度,为实现四个现代化学好英语。教师对学生要严格要求,从一开始就要使学生获得正确的学习方法,养成良好的学习习惯;对学生的进步要及时鼓励,对有困难的学生,要满腔热忱,耐心帮助。

要充分发挥教研组的作用。要提倡集体研究教材和教法。教师之间要互相学习,互相帮助,取长补短,共同提高。

教师要使学生充分认识到:学好一种语言,要下苦功夫:要大胆开口,认真模仿,反复练习,用心记忆,敢于提问,刻苦钻研;还要积极参加课内外的英语活动,开展互帮互学,生动活泼地学习。

三 教学方法

(一)语音教学

学好语音是英语学习入门的关键,也是练好听、说、读、写基本功的基础。语音训练在很大程度上是一种习惯的养成过程,从一开始就应使学生养成好的习惯,而且应自始至终地坚持训练。

语音训练在入门阶段围绕元音进行,主要通过单词和句子来练习。某些元音在单词中不易发准,原因之一是受到其前后辅音的影响。因此,应对元音和辅音的某些组合反复进行练习。单音练习是解决某些音素发音不准的一个有效的方法,但单音是否发得准,只有在词句中才能得到检验。

在入门阶段,即应开始注意单词重音、句子重音、连读、失去爆破、节奏和基本语调等方面的训练。因为即使是最简单的句子,要把它说好,也往往需要掌握这些技巧。朗读训练是提高学生语音水平的重要途径,也有助于增进学生的听力和阅读理解能力。从课本出现对话和课文时起,就应持续地进行这种训练。

学习语音主要依靠模仿。教师要提供较多的听的机会,让学生听准之后,再进行模仿。为了使学生更有效地进行模仿,对某些语音技巧,也可以讲解一些规则和方法。

由于英语单词的拼法与读音的关系比较复杂,不易为初学者所掌握,国际音标对英语教学和学生自学都是一项有用的工具。使用音标还有利于辨明和区分不同的音素,进行音素和拼音练习。因此,在语音教学中有必要及早地使用国际音标。

（二）词汇教学

词汇教学，不仅要使学生学到规定数量的单词，尤其重要的是要使学生获得学习词汇的方法。所学词汇数量的增加和学习词汇能力的提高，是互相关联的。只有通过学习一定数量的单词，才能逐渐培养学习和记忆词汇的能力；掌握了学习词汇的方法，反过来又可以提高学习的效率，增加词汇的数量。

教师要引导学生注意单词的拼法和读音之间的关系，教给学生基本的拼读规则，逐步培养学生能根据单词的拼法判断其读音和根据单词的读音记住其拼法的能力。

要使学生掌握基本的构词法，能根据派生词的构成判断其词类和词义；要通过语法教学使学生能够根据单词在词组和句子中的地位判断其词类。

词汇教学的另一重要方面是词义和用法。要使学生了解一个词的确切含义并掌握其用法，往往需要通过教师的讲解、举例和学生的反复使用。不能简单地把一个英语单词和一个汉语的词等同起来。许多单词，尤其是动词和形容词，都有固定搭配和习惯用法的问题，有的还牵涉到句法。以句型方式教给学生这些词的用法，效果比较好。还应注意指出词的转义、多义、同义等现象。此外，教师应有意识地在教学中反复使用学生已学的词汇，以利复习巩固。

大纲要求掌握的词汇，学生应全部会拼，会读，知道基本的词义，并能听懂。其中最常用的部分（约占百分之六十），应要求学生能口笔头使用。教材中出现的单词总数，可适当超过要求掌握的词汇量。

要培养学生查阅词典的能力。学生开始课外阅读时，即应教他们使用英汉词典。

（三）语法教学

中小学语法教学的目的，是使学生掌握基本语法，更好地进行听、说、读、写、译等语言实践。句型练习提供典型结构，是进行基本语法项目教学的一种有效方式。

在教一个语法项目时，教师可先反复说出典型结构，使学生对所学项目有所了解，然后进行句型练习。在学生对这个项目初步掌握以后，再进行归纳。某些用法较多或结构较复杂的项目，可分几次出现，逐步扩大和深化。但在对一个项目进行练习之前，也可以先交代一些简要的规则。

归纳讲解的目的，是使学生在练习中减少盲目性，提高语言的准确性。因此，归纳时要抓住要点，做到简单明确。

课本对主要语法项目的安排，一般是在学生正式学习一个项目之前，先在前几课的课文和对话中适当出现这种语法现象，使学生预先有所接触。等到学生正式学习该项目时,就会比较容易领会和掌握。教师还应注意在口笔头练习中帮助学生复习巩固已学过的语法项目。

某些口头上不常用而为提高阅读能力所必需的语法项目,只作简要的讲解和少量的笔头练习。

(四)课文教学

课文综合体现了学生所学的词汇和语法,是对学生进行听、说、读、写、译综合训练的材料。在逐项进行基本语法教学的阶段,应以句型练习和其他练习为主,以课文为辅。在教完基本语法,进入侧重培养阅读理解能力阶段的时候,教学便转而以课文为主,以各种练习为辅。

在讲解课文时,对英语的语言特点和习惯表达法以及其他与汉语不同的地方,应随时指出,并略作讲解。

对于课文,除讲解外,更重要的是进行朗读、背诵、口笔头问答、口笔头复述及译成汉语等项练习。课文是朗读训练的主要材料。某些课文或段落可要求学生背诵,这对于增进学生的语感和提高他们运用语言的能力都有好处。在进行问答时,不但要求学生能答,而且要求他们能问,这也是一种有效的语法练习方式。课文复述,起初教师可进行示范,并让学生听写示范的材料,然后逐步引导学生独立进行复述。教师还可将课文中某些句子或段落译成规范的汉语,向学生进行两种语言的对比。翻译的方法还可用来检查学生对课文的理解。

句子分析可帮助学生熟悉句法,提高阅读理解能力。在课文教学中,教师应经常进行少量的句子分析,使学生逐步熟悉分析句子的方法。在高中阶段,则应注意长句和难句的分析。

对某些外国作者的作品,在必要的地方宜用马列主义的立场和观点予以恰当的分析,但要注意简明扼要,避免繁琐。

(五)阅读教学

为了培养学生阅读和自学英语的能力,单纯通过课文教学是难以达到的,还必须指导学生在课外阅读相当数量的读物。

阅读有助于扩大词汇,丰富语言知识,提高运用语言的能力。但阅读教学的主要目的是帮助学生正确理解读物的内容。要求学生用汉语或英语写出内容提要,或者回答有关内容的问题,是指导阅读和检查理解是否正确的有效方法。

学生要尽可能多地阅读浅易的原著或经过改写的原著。这类读物的难点往往不只是在于词汇和语法,而在于英语特有的表达方法、习用语和它们反映出的某些思维习惯以及各种有关的背景知识。因此,在教学中应着重解决这些方面的问题,并指导学生查阅词典、语法书等工具书和参考书,使学生逐渐获得独立解决疑难问题的能力。

(六)直观教学、电化教学和外语环境

在小学和初中阶段,特别是入门阶段,尽量多使用一些直观方式进行教学是有益的。这样可使课堂生动活泼,使学生在语言和实物、动作、情景之间建立直接联系,从而获得较深刻的印象,收到较好的效果。直观教学除使用实物,模型和图片外,还包括教师的表情和动作等。

在条件许可的情况下,可充分利用电唱机、有线广播、录音机、幻灯、小电影等电化教具,以提高教学效果。

要为学生创造外语环境。除教师在课堂上尽量多说英语外,还要开展各种适合学生语言水平和年龄特点的课外活动,如朗诵、讲故事、唱歌、对话表演、书法展览、图片展览、墙报等,使学生有较多的实践机会,以提高学习的积极性和培养使用英语的习惯。

四　各年级教学要求和教学内容
中小学(八年)各年级的教学要求和教学内容
课时总数1080

(课时总数和每学年的课时数均系实际上课时数,复习考试除外。)

中小学八年英语教学的目的,是对学生进行听、说、读、写、译各方面的基本训练,一般侧重培养阅读和自学英语的能力。小学阶段,侧重听说,使学生通过模仿和口头练习掌握基本的语音和少量词汇以及简易的语法项目,同时进行一些笔头练习,养成良好的拼写和书写习惯。初中阶段,在归纳复习小学出现的语音、语法和词汇的基础上,通过听、说、读、写、译等方式,继续进行并完成基本语法的教学。高中阶段,侧重培养阅读理解能力,并进行一些较难较深的语法项目的教学,同时进行适当的听、说、写、译的训练。

为达到上述目的,必须培养学生下列能力:

一、有较好的学习词汇的能力,能通过音义形的结合记忆单词,能运用一般的拼读规则和构词法,能借助国际音标熟练地读出生词,能熟练地使用英汉词典,对词类有清楚的概念,有辨认词组和习用语的能力。

中学毕业时,能读出和拼写2800个左右单词和一定数量的惯用词组,知道基本意思,并能口笔头使用其中最常用的部分(约占总数的60%)。

二、掌握基本语法,具有分析句子的能力。能通过句子分析,特别是对复杂句子的分析,正确理解句子的含义。

三、能连贯清楚地朗读课文和与课文难度相当的材料,语音、语调、句子重音、节奏和停顿基本正确。

四、能就课文进行口笔头问答和复述;能进行一般性的日常生活会话。

五、能借助词典把课文和与课文难易相当的材料译成汉语,理解正确,文字通顺;能借助词典阅读一般题材的中等难度的读物,理解基本正确。

六、能在学过的题材和语言范围之内写短文和书信,意思连贯,拼写正确,语法、用词、标点和格式基本正确。

小学三年级
4 课时 × 38(周) = 152 课时

(一)教学要求

1. 字母:能认,能读,能背,能写。

2. 语音:能正确发出所学的元音和辅音,在进行口头练习、朗读和背诵时,语音、语调和节奏基本正确。

3. 书法:能以手写印刷体在三格本上抄写,大小写、标点和书写格式正确,卷面整洁,初步养成良好的书写习惯。

4. 语法:口头熟练掌握所学的日常用语和简单句型,能使用这些句型熟练地进行问答。

5. 词汇:能拼写所学的单词,能说出词义,并能在句型练习中运用;能写出所学名词的复数形式。

6. 能听懂简单的课堂用语和用所学的句型和单词编写的句组。

(二)教学内容

1. 词汇　150 个左右单词

2. 语音　通过词汇和句子教学教大部分元音和辅音、最基本的拼读规则、单词重音、句子重音、节奏、降调和升调。

3. 语法

(1)名词复数,名词所有格,可数名词与不可数名词

(2)人称代词(主格),物主代词,指示代词,不定代词(some 和 any)

(3)基数词 1—12

(4)最常用的表示位置和时间关系的介词

(5)动词 to be、to have 及 there is (are)结构的一般现在时

(6)陈述句,一般疑问句,特殊疑问句,选择疑问句,祈使句

小学四年级

4 课时×34(周) = 136 课时

(一)教学要求

1. 语音:认识所有的音标,能正确发出每一个元音和辅音,并能读出单词的注音;能流利地朗读句子和课文,能朗读题材与课文相同而语言浅于课文的其他材料;能背诵课文,语音、语调和节奏基本正确。

2. 语法:能口头熟练运用所学日常用语和句型进行问答,能就课文问答,能进行简单的看图说话,语法基本正确。

3. 词汇:能拼写所学的单词,说出词义,并能在口头练习中使用其中最常用的部分;能读出合乎所学的拼读规则的单词;能写出所学动词的现在时第三人称单数形式及现在分词。

4. 能听懂教师所说的课堂用语和难度与课文相近的句组和短文,能听写单句和句组。

(二)教学内容

1. 词汇 200 个左右单词和少量的惯用词组

2. 语音 全部元音和辅音音标,一些基本的拼读规则

3. 语法

(1)基数词和序数词 1—100 及日期表示法

(2)人称代词(宾格),名词性物主代词

(3)can,may,must,will 的一些用法

(4)一般现在时,现在进行时,表示将来的 to be going to

小学五年级

4 课时×34(周) = 136 课时

(一)教学要求

1. 语音:能正确地发出全部元音和辅音,并在读词和句子时保持准确;能熟练地识别国际音标和读出单词的注音;能流利地朗读和背诵课文,能朗读浅于课文的材料,语音、语调和节奏基本正确。

2. 语法:能用所学的句型进行问答;能就课文用过去时回答问题;能造简单的句子,并能进行四五个来回的日常生活对话,语法基本正确。

3. 词汇:能拼写所学的单词,说出词义,并能在口头练习中使用其中最常用的部分;初步掌握所学的基本拼读规则,并能读出合乎规则的单词;能写出规则动词的过去式和已学过的部分不规则动词的过去式。

4. 能听懂教师所说的课堂用语,能听懂并阅读难度与课文相近的材料,能

进行简单的听写。

（二）教学内容

1. 词汇　200 个左右单词和一定数量的惯用词组

2. 语音　单词重音,连读,失去爆破,基本的拼读规则

3. 语法

(1)一般将来时,一般过去时

(2)形容词、副词比较等级的简单用法

(3)反意疑问句

(4)感叹句

小学阶段课文绝大部分自编,从看图识词开始,发展到成组的句子或问答,再到对话和短文,并包括少量的日常用语和歌谣、小诗、谜语、寓言、童话等。内容以学生日常生活、学习、劳动中常见的事物为主,还有关于自然和地理常识的短文,简单的书信等。

初中一年级

5 课时 ×32（周）=160 课时

（一）教学要求

1. 语音:基本上掌握连读、失去爆破、单词重音、句子重音、节奏、降调和升调;能借助国际音标熟练地读出生词。

2. 书法:在三格本上学写斜体行书,整齐熟练,合乎规范。

3. 语法:归纳复习小学阶段所学的语法项目;掌握简单句的结构和所学时态的基本用法,概念明确;掌握所学的词法变化;口笔头语法练习基本正确。

4. 词汇:能拼写所学的单词,说出词类和词义,并能口笔头使用其中最常用的部分。通过拼法练习进一步提高从单词的拼法判明其读音的能力;通过构词法练习,对常见的前后缀有初步的概念。

5. 课文:能根据意思运用所学的语音知识朗读课文;能背诵大部分课文;能就课文进行口笔头问答;能听懂教师所做的课文复述;能阅读难度与课文相当的材料;能听写难度略低于课文的材料。

（二）教学内容

1. 词汇　400 个左右单词和一定数量的惯用词组

2. 语音　句子重音,节奏,降调和升调

3. 语法

(1)归纳小学阶段出现过的语法项目

(2)词类的概念

(3)反身代词

(4)常用介词

(5)现在完成时,过去进行时

(6)形容词、副词比较的等级(续)

(7)简单句的基本概念,句子成分

初中二年级

4 课时 ×32(周)＝128 课时

(一)教学要求

1. 语音:在朗读课文和口头练习时能较熟练地掌握连读、失去爆破、句子重音、节奏、意群和停顿。

2. 语法:对已学的句子结构,对各种时态的构成、用法及其区别,都有较清楚的概念;口笔头语法练习基本正确。能较熟练地掌握各种语法词形变化,尤其是动词的五种形式,形容词和副词的比较级和最高级。

3. 词汇:能拼写所学的单词,说出词类和词义,并能口笔头使用其中最常用的部分;从单词的拼法判断其读音的能力,从派生词的词根和前后缀、从复合词的组成部分以及词在句中的地位判断其词类和词义的能力,都有所提高;对英语的一词多类和多义、短语及习用语等现象开始有所认识。

4. 课文:能根据意思运用所学的语音知识朗读课文;能背诵大部分课文;能就课文进行口笔头问答,并在教师指导下进行复述;能听写难度略低于课文的材料;能借助词典阅读与课文难度相当的材料。

(二)教学内容

1. 词汇 400 个左右单词和一定数量的惯用词组

2. 语音 同初中一年级

长句的语调

3. 语法

(1)定冠词和不定冠词

(2)现在完成进行时,过去完成时,过去将来时

(3)被动语态

(4)复合句的基本概念

并列复合句和主从复合句(状语从句、宾语从句)

初中三年级

4 课时 ×32（周）= 128 课时

（一）教学要求

1. 语音：能以正常速度朗读和背诵课文，语音、语调和停顿正确。

2. 语法：能分析结构不复杂的复合句，指出主句和从句，判明从句的种类及其在句中的作用；对所学时态和语态的基本用法有较清楚的概念；口笔头语法练习基本正确。

3. 词汇：能拼写所学的单词，说出词类和词义，并能口笔头使用其中最常用的部分；更好地掌握常见的拼读规则和构词法，并能运用于学习和记忆词汇；能在课文和难度与课文相当的读物中找出短语、短语动词和习用语。

4. 课文：能朗读、背诵、复述和翻译课文；能就课文进行口笔头问答；能阅读难度与课文相当的材料；能听写略浅于课文的材料。

5. 能在所学语言范围内口笔头造句，叙述简单的事情和讲故事；能有准备地就日常生活题材进行三分钟左右的对话。

（二）教学内容

1. 词汇　450 个左右单词及一定数量的惯用词组

2. 语法

（1）动词不定式（小结）

（2）被动语态（续）

（3）间接引语

（4）定语从句

初中除自编课文外，逐步增加选自浅易的英语原著和根据原著改写的课文，至三年级时，这类课文约占三分之一。内容有反映英美人民的生活、斗争、风俗习惯的文章和科普文章；体裁有故事、短篇小说、短剧、诗歌、传记、科技小品、书信等。

高中一年级

4 课时 ×30（周）= 120 课时

（一）教学要求

1. 书法：书写整齐清楚，格式标点正确；在书写标题时能正确使用大小写，能读出全部用大写字母印刷的标题。

2. 语法：能分析结构较复杂的句子，正确理解句子的意思；加深对所学语法项目的理解，并学习一些新的项目。

3. 词汇：能拼写所学的单词，说出词类和词义，并能口笔头使用其中最常用的部分;学习和记忆单词、习用语和词组的能力有进一步的提高;能使用英汉词典独立解决新词的意义、旧词新义及词的搭配等问题。

4. 课文:能根据意思运用所学的语音知识朗读课文,能就课文进行问答,能口笔头复述课文和将课文译成汉语。

5. 能借助词典阅读与课文难度相近的材料,并将其中部分段落译成汉语,理解基本无误。

6. 能在所学语言范围内进行简单的日常对话和讲故事;能就熟悉的题材写短文、书信等,意思连贯,拼写正确,语法、用词、标点及格式基本正确。

(二)教学内容

1. 词汇　500 个左右单词和一定数量的惯用词组

2. 语法

　(1)分词

　(2)动名词

　(3)虚拟语气

　(4)定语从句(续)

　(5)主语从句,表语从句,同位语从句

　(6)独立主格结构

　(7)倒装句

高中二年级
4 课时 ×30(周)= 120 课时

(一)教学要求

本学年应最后达到本大纲所规定的总的教学要求。

(二)教学内容

1. 词汇　500 个左右单词和一定数量的惯用词组

2. 语法　句子分析,并进行填空补缺和加深提高的工作

高中选自浅易的英语原著或其他语言著作英译的课文约占一半以上。题材包括政治、经济、社会、文化、史地等方面情况的文章以及科普文章。体裁有故事、短篇小说节选、短剧、传记、科技小品和论说文。

中学(五年)各年级的教学要求和教学内容
课时总数 656

(课时总数和每学年的课时数均系实际上课时数,复习考试除外。)

中学五年英语教学的目的,是对学生进行听、说、读、写、译各方面的基本训

练,一般侧重培养阅读和自学能力。初中阶段,通过听、说、读、写、译的训练,进行并完成基本语法的教学;在入门阶段,侧重语音训练。高中阶段,侧重培养阅读理解能力,并进行一些较深较难的语法项目的教学。

为达到上述目的,必须培养学生下列能力:

一、有较好的学习词汇的能力,能借助国际音标熟练地读出生词,能运用基本的拼读规则和构词法,能熟练地使用英汉词典,对词类有清楚的概念,有辨认词组和习用语的能力。

中学毕业时,能读出和拼写2200个左右单词和一定数量的惯用词组,知道基本意思,并能口笔头使用其中最常用的部分(约占总数的60%)。

二、掌握基本语法,具有分析句子的能力。能通过句子分析,特别是对复杂句子的分析,正确理解句子的含义。

三、能连贯清楚地朗读课文,语音、语调、句子重音、节奏和停顿基本正确。

四、能就课文进行口笔头问答和复述。

五、能借助词典把课文和与课文难易相当的材料译成汉语,理解正确,文字能顺;能借助词典阅读一般题材的浅易读物,理解基本无误。

初中一年级

5课时×32(周)=160课时

(一)教学要求

1. 字母:能认,能读,能背,能写。

2. 语音:能读音标和单词注音;在口头练习、朗读和背诵课文时,语音、语调和节奏基本正确。

3. 书法:能以斜体行书在三格本上抄写,大小写、格式和标点正确,卷面整洁,初步养成良好的书写习惯。

4. 词汇:能拼写所学的单词,说出词类和词义。能读出合乎所学的基本拼读规则的单音节词。

5. 语法:对所学各语法句型,包括肯定式、否定式、疑问式以及各人称形式变化,概念清楚,口笔头练习基本正确。

6. 课文:能朗读、背诵课文,能就课文进行口笔头问答,并能听写单句和句组。

(二)教学内容

1. 词汇　400个左右单词和少量的惯用词组

2. 语音

(1)全部元音和辅音音标

一些常见的辅音连缀

（2）基本的拼读规则

（3）单词重音,句子重音,节奏

（4）连读、失去爆破

（5）降调和升调

3. 语法

（1）词类

（2）名词复数,可数名词与不可数名词,名词所有格

（3）人称代词,物主代词,指示代词,不定代词(some,any,no),疑问代词

（4）表示位置和时间关系的某些常用介词

（5）基数词和序数词

（6）动词 to be、to have 和 there be 结构的肯定句、否定句和疑问句

（7）一般现在时,现在进行时

（8）形容词、副词比较的等级(加-er 和-est)

（9）陈述句,一般疑问句、特殊疑问句、选择疑问句和反意疑问句,祈使句

初中二年级

4 课时 ×32(周) =128 课时

（一）教学要求

1. 语音:能准确地发出全部元音和辅音,并在读词和句子时保持准确;能熟练地识别国际音标和读出单词的注音;能初步掌握连读和失去爆破;能根据不同情况在短句中使用降调和升调;能朗读课文,语音、语调和节奏基本正确。

2. 书法:能熟练整齐地用斜体行书在三格本上抄写,格式、大小写和标点正确。

3. 词汇:能拼写所学的单词,说出词类和词义;能初步从单词的拼法判断词的读音和派生词的词类和词义。

4. 语法:对简单句的结构比较明确,口笔头练习基本无误;对所学复合句的结构和用法清楚;比较熟练地掌握已学的各种语法词型变化(名词复数,所学动词的过去式、现在分词和过去分词,形容词、副词比较的等级等);明了所学时态的基本用法。

5. 课文:能朗读、背诵和翻译课文;能就课文内容进行口笔头问答和简单地复述课文;能听写浅于课文的材料;能借助词典阅读与课文难易相当的材料。

（二）教学内容

1. 词汇 400 个左右单词和一定数量的惯用词组

2. 语音

（1）意群的划分和停顿

（2）各类句子的语调

3. 语法

（1）表示将来的 to be going to

（2）形容词、副词比较的等级（小结）

（3）反身代词

（4）情态动词（can，may，must）

（5）动词的种类

（6）一般过去时，一般将来时，过去进行时，现在完成时

（7）句子的成分

（8）并列句，复合句

（9）若干典型的状语从句

初中三年级

4 课时 ×32（周）=128 课时

（一）教学要求

1. 语音：能连贯地朗读课文，语音、语调、句子重音、节奏和停顿基本正确。

2. 书法：能熟练清楚地用斜体行书在单格本上抄写，大小写、格式和标点正确。

3. 词汇：能拼写所学的单词，说出词类和词义；能读出符合基本拼读规则的单词；能根据所学的构词法，从派生词的词根及前后缀判明其词类和词义；能注意英语的一词多义多类、短语、短语动词、习用语等现象。

4. 语法：对所学的结构不复杂的复合句能进行分析，判明从句的种类及其作用；初步掌握五个常用时态（一般现在时、一般过去时、一般将来时、现在进行时、现在完成时）的主要用法，能识别过去进行时、过去完成时和过去将来时，并说出它们的意思；比较熟练地掌握所学语法项目的结构及各种词形变化，口笔头练习基本无误。

5. 课文：能根据意思运用所学语音知识朗读课文；能背诵部分课文和复述课文；能就课文内容进行口笔头问答；能听写浅于课文的材料；能借助词典阅读与课文难易相当的材料，并能将其中部分段落译成汉语，理解基本无误。

（二）教学内容

1. 词汇　450 个左右单词和一定数量的惯用词组

2. 语法

（1）宾语从句（连接代词、连接副词）

（2）过去将来时,过去完成时

（3）不定式（主动语态一般式）

（4）被动语态

（5）间接引语

（6）定语从句（关系代词引导的）

初中课文以自编为主,选自浅易的英语原著或根据原著改写的课文约占六分之一。前一阶段的课文,以反映学生日常生活的对话和短文为主。后一阶段选用故事、童话、寓言、短剧、日记、书信和有关科技与史地常识的短文等。

高中一年级

4 课时 ×30（周）=120 课时

（一）教学要求

1. 语音:能以接近正常的速度朗读所学课文,语音、语调和停顿正确。

2. 书法:书写清楚整齐,格式标点正确。在书写标题时能正确地使用大小写,并能读出全部用大写字母印刷的标题。

3. 词汇:能拼写所学的单词,说出词类和词义,并能口笔头使用其中最常用的部分;能使用英汉词典解决新词的意义、旧词新义和词的搭配等问题;能在课文或难易与课文相当的材料中找出常见的短语、短语动词及习用语。

4. 语法:能分析结构较复杂的句子,正确理解句子的意思。加深对所学语法项目的理解,并学习一些新的项目。

5. 能借助词典独立阅读与课文难易相当的材料,并将其中部分段落译成汉语,理解基本无误。

（二）教学内容

1. 词汇　500 个左右单词和一定数量的惯用词组

2. 语法

（1）定语从句（关系副词引导的）

（2）不定式（小结）

（3）分词

（4）动名词

（5）定冠词和不定冠词（小结）

（6）情态动词（小结）

（7）主语从句,表语从句,同位语从句

高中二年级

4 课时 × 30（周）= 120 课时

（一）教学要求

本学年应最后达到本大纲所规定的总要求。

（二）教学内容

1. 词汇 450 个左右单词和一定数量的惯用词组

2. 语法

（1）虚拟语气

（2）独立主格结构

（3）"it"的用法（小结）

（4）倒装句

（5）句子分析，并进行填空补缺和加深提高的工作

高中选自浅易的英语原著或其他语言著作英译的课文约占一半以上。题材包括政治、经济、社会、文化、史地等方面情况的文章以及科普文章。体裁包括故事、短篇小说或小说节选、短剧、传记、科技小品和论说文。

1992 年

九年义务教育全日制初级中学英语教学大纲
（试用）
前 言

为把我国建设成为高度文明、高度民主的社会主义现代化国家,教育必须贯彻德、智、体全面发展的方针,面向现代化,面向世界,面向未来;把学生培养成有理想、有道德、有文化、有纪律的社会主义公民,以提高整个中华民族的思想道德素质和科学文化素质。外国语是进行国际交往的重要工具。为适应我国实行改革开放政策,加速社会主义现代化建设的需要,应当使尽可能多的人在不同程度上掌握一些外国语。外国语教学有助于对学生进行思想情感教育,有助于学生发展智力、开阔视野和提高文化素养。因此,外国语列为我国义务教育全日制初级中学的一门基础学科。

英语使用范围非常广泛,是我国中学开设外语课的主要语种。

一 教学目的

义务教育全日制初级中学英语教学的目的,是通过听、说、读、写的训练,使学生获得英语基础知识和为交际初步运用英语的能力,激发学生的学习兴趣,

养成良好的学习习惯,为进一步学习打好初步的基础;使学生受到思想品德的、爱国主义和社会主义等方面的教育;发展学生的思维能力和自学能力。

二　教学要求

根据《九年义务教育全日制小学、初级中学课程计划》的规定,初中英语按不同情况分两级要求,从一年级起学习两年的,为一级要求;根据需要和可能继续学习一或两年的为二级要求。

(一)一级要求

1. 听

(1)能听懂所学的课堂用语,并作出相应的反应。

(2)能基本听懂教师用所学语言叙述课文内容的概要。

2. 说

(1)能就课文内容进行简单的问答。

(2)能运用所学《日常交际用语简表》中的部分表达法进行简单的对话。

3. 读

能初步借助词典阅读所学语言知识范围内的材料,生词率不超过2%。

4. 写

(1)有良好的书写习惯。能用书写体在单格本上熟练、清楚地书写,大小写、笔顺、连笔、词距、标点正确。

(2)能听写用学过的课文组成的材料,听三遍,书写速度每分钟分别为5—7个词。

(3)能笔头回答就课文内容提出的问题。

5. 语音

(1)能按国际音标正确地读出单词,能按学过的拼读规则读出单音节词。

(2)能连贯地朗读学过的课文,语音语调基本正确。

6. 词汇

(1)掌握350个左右最常用词和100条左右习惯用语及固定搭配,应会读、听得懂、会拼写,在口笔头练习中能够运用。此外,还应认读300个左右单词及其相关的习惯用语和固定搭配。

(2)能运用拼读规则拼写单词。

7. 语法

(1)基本掌握所学单词的形态变化。

(2)掌握简单句的基本类型(见附表四第一、二、三种),口笔头练习基本正确。

(3)初步掌握动词的四种基本时态(一般现在时,一般过去时,一般将来时,现在进行时)的基本用法。

(二)二级要求

1. 听

(1)能听懂课堂用语,并作出相应的反应。

(2)能听懂教师用所学语言叙述课文内容的概要或故事。

(3)能听懂基本上没有生词、浅于所学语言知识的英语国家人士录音的材料。三年制和四年制语速分别为每分钟 90—100 和 100—110 个词左右。听三遍,理解正确率达到 70%。

2. 说

(1)能就课文内容进行简单的问答。

(2)能复述课文大意。

(3)能就熟悉的题材看图问答、说话等。

(4)能运用《日常交际用语简表》中的表达法进行简单的交谈。

(5)在口语实践中语音语调基本正确。

3. 读

(1)能预习课文,初步理解课文大意。

(2)学会查词典,能借助词典阅读难度相当于课文的材料,理解其大意。

(3)能独立阅读所学语言知识范围内的材料,生词率不超过 2%。三年制和四年制阅读速度分别为每分钟 40—50 和 50—60 个词。理解正确率达到 70%。

4. 写

(1)有良好的书写习惯。能用书写体在单格本上熟练、清楚地书写,大小写、笔顺、连笔、词距、标点正确。

(2)能听写与课文有关、结构简单、没有生词的材料。三年制和四年制语速分别为每分钟 90—100 和 100—110 个词左右(第一遍只听不写,第二遍边听边写,书写速度三年制为每分钟 10 个词左右,四年制为每分钟 12 个词左右,第三遍检查)。

(3)能笔头回答就课文内容提出的问题。

(4)能在所学词汇、语法和句型的范围内造简单的句子,能仿照学过的题材和所给的范例写简单的书信、便条、通知等。

5. 语音

(1)能按国际音标正确地读出单词,能熟练地运用基本的拼读规则读出单音节词。

（2）能连贯地朗读课文,语音、语调、句子重音和停顿基本正确。

6. 词汇

（1）三年制掌握 600 个左右常用词和 200 条左右习惯用语及固定搭配,四年制掌握 700 个左右常用词和 200 条左右习惯用语及固定搭配,在口笔头练习中能够运用。此外,三年制和四年制还应分别认读 400 与 500 个左右单词及其相关的习惯用语和固定搭配。

（2）能熟练地运用所学的拼读规则拼写单词。

（3）能根据所学的构词法判断和记忆派生词和合成词的词义和词类。

7. 语法

（1）掌握所学单词的形态变化。

（2）掌握简单句的五种基本类型,口笔头练习基本正确。

（3）能理解不复杂的含有状语从句或宾语从句的复合句。

（4）掌握动词的五种基本时态(一般现在时,一般过去时,一般将来时,现在进行时,现在完成时)的基本用法。

（5）三年制能理解过去进行时、过去完成时和过去将来时的基本用法。四年制初步掌握这三种时态的基本用法。

（6）掌握一般现在时(包括含有情态动词)、一般过去时的被动语态的基本用法。

（7）掌握动词不定式作宾语、宾语补足语和状语的用法(作主语和定语的用法只要求理解)。

三　教学内容

为了达到上述的教学目的和要求,初中阶段应教授下列几方面的内容:

（一）日常交际用语简表(见附表一)

（二）语音(见附表二)

（三）词汇(见附表三)

（四）语法(见附表四)

四　教学中应该注意的几个问题

（一）遵循英语教学规律,寓思想教育于语言教学之中

英语教学的任务是通过基本训练培养学生为交际运用英语的能力。只有按照英语教学规律的要求编选教材、进行教学,才能有效地讲解基础知识,进行基本训练和培养听、说、读、写能力。教学内容要渗透思想道德因素,要寓思想教育于语言教学之中。随着学生知识、技能和能力的不断增长,其思想品德也

受着潜移默化的熏陶。因此,英语教学使用的语言材料不仅要符合语言教学的规律,而且要内容健康,以利于学生树立正确的思想,培养良好的品德。正确认识世界,增强对英语国家文化的了解。

(二)精讲基础知识,加强基本训练,着重培养为交际运用语言的能力

在英语教学中,要教给学生语音、词汇和语法的基础知识,加强基本训练,使学生掌握英语的基本结构。获得听、说、读、写基本技能和能力。英语教学要着重培养学生综合运用语音、词汇、语法进行听、说、读、写的交际能力。因此,在训练过程中,不要过多地做语言形式的练习,要使语言形式与语言意义相联系,要使语言形式与学生的生活实际相联系,从而使言语技能发展成运用语言进行交际的能力。为此,要结合学生的实际编写有助于开展交际活动的材料。教师在课堂教学中要设法结合学生生活实际创造交际活动情景,以增强学生的学习兴趣,使他们能积极参与语言实践活动。

(三)听、说、读、写全面训练,不同阶段略有侧重

在英语教学中,听、说、读、写四个方面的训练相辅相成,互相促进,要进行全面训练。这并不意味着每节课都要在这四个方面平均使用力量。语言首先是有声语言。口语是第一性的。书面语是口语的记录,是第二性的。培养听说能力有助于巩固所学语言知识,提高听、说、读、写能力。根据初中学生的年龄特点,起始阶段的教学要从视听说入手,听说训练的比重应该大些。这不仅有助于打好语音基础,还能引起学习兴趣,调动学生的学习积极性。起始阶段以后,在继续发展听说能力的同时,要重视培养读写能力,使听、说、读、写全面发展。

(四)尽量使用英语,适当利用母语

为了使学生的英语与客观事物建立直接联系,提高英语教学的效果,在英语教学中要尽量使用英语。初学阶段,尽量采用直观教具和表演等方法,促使学生直接理解英语。随着学生英语知识的增长和运用英语能力的提高,更应使用英语进行教学。教师所使用的英语要适合学生的实际水平,要利用学生已学的英语来解释或表达新的教学内容。这样做也是向学生提供活用英语的真实教学情景。对于用学过的英语不能解释清楚的教学内容,可以适当地利用母语。在备课中,为了确定教学的重点和难点,教师可采用英语同母语对比的方法。但是,在课堂教学中不宜过多地进行英汉对比。

(五)发挥教师的指导作用,充分调动学生的主动性和积极性

教学活动是师生间的双边活动。在教学过程中,教师的主导作用是引导和帮助学生学习英语。为此,教师不但要提高自己的语言素养,还要善于根据学

生的年龄特征采用科学、有效的教学方法,排除他们在学习上的心理障碍,以调动他们的主动性和积极性。教师要面向全体学生,因材施教,发挥不同学生的特长,耐心帮助学习上有困难的学生。对学生的点滴进步,要及时鼓励,使他们树立信心。对学生在口语实践中出现的小错误,不要有错必纠,以免挫伤他们的积极性。教师要指导和帮助学生养成良好的学习习惯,掌握有效的学习方法,培养自学能力。

(六)增加语言实践的量,提高英语教学质量

按照语言学习的规律,学生必须吸收相当数量的语言材料和经过一定量的语言实践,才能获得为交际运用英语的能力。因而,从一开始就应加强听的训练。教师还应逐步引导学生进行不同内容的阅读训练。加强听读训练,既能增加吸收语言材料的量,扩大知识面,又能加深理解、巩固所学语言知识,提高听、说、读、写能力,启发兴趣和发展思维能力。

英语教学必须增加语言实践的量,使学生获得充分语言实践的机会,掌握为交际运用英语的能力,提高英语教学质量。

(七)提高课堂教学质量,积极开展课外活动

课堂教学是学生在教师指导下,通过听、说、读、写基本训练,获得英语基础知识、基本技能和运用英语进行交际的能力的主要途径。教师要努力改进教学方法,增加课堂上语言实践的广度和密度。提高课堂教学质量,减轻学生课外负担。

课外活动是重要的教学辅助手段,有利于增长知识、开阔视野。有目的、有组织地开展各种适合学生语言水平和年龄特点的课外活动,可使学生生动、活泼、主动地学习,可以激发学习热情,培养兴趣。课外活动的形式很多,如朗诵、唱歌、阅读、讲故事、书法展览、词汇竞赛、话剧以及英语演出等。教师要加强对课外活动的指导,不要放任自流。但课外活动不是课堂教学的延伸,不应加重学生的负担。

(八)充分利用直观教具和电化教具手段,努力创造英语环境

利用实物、图片、挂图、录音机、幻灯、电视机、录相机、电影和计算机等进行英语教学,形象直观,生动活泼,有助于学生直接理解所学英语。视听结合易于加深印象,强化记忆。录音能提供标准的语音语调,便于学生正确模仿,对培养听说能力极为有利。由于我国缺乏英语语言的环境,充分利用直观教具和电化教学手段就显得更为重要,应引起特别的重视,尽量添设、增加电化教学设备。

五 考试、考查

考试、考查是检查教师教学和学生学习的重要手段之一,应合理使用。除日常考查外,还有阶段考试和结业考试。日常考查和阶段考试后应做讲评,以

便学生及时了解自己在学习中存在的问题,加以改进。

语言知识是为言语能力服务的,因此,考试、考查内容应单项和综合相结合,注意考查学生为交际综合运用语言知识的能力。考试、考查既要有笔试,也要有口试和听力测试。

高中入学考试应以三年制和四年制初级中学学习三年或四年英语课的教学要求为标准。

附表一　日常交际用语简表
(Daily Expressions in Communication)

注:日常交际用语一般只要求初步口头掌握。所含词汇和语法结构属于大纲规定范围的日常交际用语要求四会。带 * 的日常交际用语是四年级要求掌握的。

1. 问候 Greetings

    a. Good morning/afternoon/evening.

       Hello/Hi.

       How are you?

    b. Fine,thank you,and you?

       Very well,thank you.

2. 介绍 Introductions

    a. This is Mr/Mrs/Miss/Comrade...

    b. How do you do?

       Nice/Glad to see/meet you.

    c. My name is... I'm a student/worker etc. (here).

3. 告别 Farewells

    * a. I think it's time for us to leave now.

    b. Goodbye! (Bye-bye! /Bye!)

       See you later/tomorrow. (See you.)

       Good night.

4. 打电话 Making telephone calls

    a. Hello! May I speak to...?

       * Is that...(speaking)?

    b. Hold on,please.

This is…speaking.

He/She isn't here right now.

Can I take a message for you?

＊c. I call to tell/ask you…

d. Goodbye.

5. 感谢和应答 Thanks and responses

a. Thank you (very much).

Thanks a lot.

Many thanks.

Thanks for…

b. Not at all.

That's all right.

You're welcome.

6. 祝愿、祝贺和应答 Good wishes, congratulations, responses

a. Good luck!

Best wishes to you.

Have a nice/good time.

Congratulations!

b. Thank you.

c. Happy New Year!

Merry Christmas!

Happy birthday to you.

d. The same to you.

7. 意愿 Intentions

I'm going to…

I will…

I'd like to…

I want/hope to…

8. 道歉和应答 Apologies and responses

a. I'm sorry. (Sorry.)

I'm sorry for/about…

Excuse me.

b. That's all right.

It doesn't matter.

That's nothing.

9. 遗憾和同情 Regrets and sympathy

What a pity!

I'm sorry to hear...

10. 邀请和应答 Invitations and responses

　a. Will you come to...?

　　Would you like to...?

　b. Yes,I'd love to...

　　Yes,it's very kind/nice of you.

　c. I'd love to,but...

11. 提供(帮助等)和应答 Offers and responses

　a. Can I help you?

　　What can I do for you?

　　Here,take this/my...

　　Let me...for you.

　　Would you like some...?

　＊b. Thanks. That would be nice/fine.

　　　Thank you for your help.

　　　Yes,please.

　c. No,thanks/thank you.

　　That's very kind of you,but...

12. 请求允许和应答 Asking for permission and responses

　a. May I...?

　　Can/Could I...?

　b. Yes/Certainly.

　　Yes,do please.

　　Of course (you may).

　　That's OK/all right.

　c. I'm sorry,but...

　　＊You'd better not.

13. 表示同意和不同意 Expressing agreement and disagreement

　a. Certainly/Sure/Of course.

Yes, please.

Yes, I think so.

＊That's true.

All right/OK.

That's a good idea.

I agree（with you）.

  b. No, I don't think so.

I'm afraid not.

I really can't agree with you.

14. 表示肯定和不肯定 Expressing certainty and uncertainty

  a. I'm sure.

I'm sure（that）...

  b. I'm not sure.

I'm not sure whether/if...

  c. Maybe/＊Perhaps.

15. 喜好和厌恶 Likes and dislikes

  a. I like/love...（very much）.

I like/love to...

  b. I don't like（to）...

I hate（to）...

16. 谈论天气 Talking about the weather

  a. What's the weather like today?

How's the weather in...?

  b. It's fine/cloudy/windy/rainy, etc.

It's rather warm/cold/hot, etc. today, isn't it?

17. 购物 Shopping

  a. What can I do for you?

May/Can I help you?

  b. I want/I'd like...

How much is it?

＊That's too much/expensive, I'm afraid.

That's fine. I'll take it.

Let me have...kilo/box, etc.

c. How many/much do you want?

What colour/size/kind do you want?

d. Do you have any other kind/size/colour, etc.?

18. 问路和应答 Asking the way and responses

* a. Excuse me. Where's the men's/ladies' room?

Excuse me, can you tell me the way to...?

How can I get to...? I don't know the way.

b. Go down this street.

Turn right/left at the first/second crossing.

It's about...metres from here.

19. 问时间或日期和应答 Asking the time or date and responses

a. What day is (it) today?

What's the date today?

What time is it?

What's the time, please?

b. It's Monday/Tuesday, etc.

It's January 10th.

It's five o'clock/half past five/a quarter to five/five thirty, etc.

It's time for...

20. 请求 Requests

a. Can/Could you...for me?

Will/Would you please...?

May I have...?

b. Please give/pass me...

Please wait (here/a moment).

Please wait (for) your turn.

Please stand in line/line up.

Please hurry.

* c. Don't rush/crowd.

No noise, please.

No smoking, please.

21. 劝告和建议 Advice and suggestions

a. You'd better...

You should…

You need（to）…

b. Shall we…?

Let's…

What/How about…?

22. 禁止和警告 Prohibition and warnings

a. You can't/mustn't…

If you…, you'll…

b. Take care!

Be careful!

＊Look out!

23. 表示感情 Expressing certain emotions

a. 喜悦 Pleasure, joy

＊I'm glad/pleased/happy to…

That's nice.

＊That's wonderful/great.

b. 焦虑 Anxiety

What's wrong?

What's the matter（with you）?

I'm/He's/She's worried.

Oh, what shall I/we do?

c. 惊奇 Surprise

Really?

Oh dear!

Is that so?

24. 就餐 Taking meals

a. What would you like（to have）?

＊Would you like something to eat/drink?

b. I'd like…

c. Would you like some more…?

Help yourself to some…

d. Thank you. I've had enough. /Just a little, please.

25. 约会 Making appointments

a. Are you free this afternoon/evening?

How about tomorrow morning/afternoon/evening?

Shall we meet at 4∶30 at...?

b. Yes, that's all right.

Yes, I'll be free then.

＊c. No, I won't be free then. But I'll be free...

d. All right. See you then.

26. 传递信息 Passing on a message

＊a. Will you please give this note/message to...?

＊b. ...asked me to give you this note.

＊c. Thanks for the message.

27. 看病 Seeing the doctor

a. There's something wrong with...

＊I've got a cough.

I feel terrible/bad.

I don't feel well.

＊I've got a pain here.

This place hurts.

b. Take this medicine three times a day.

＊Drink plenty of water and have a good rest.

＊It's nothing serious.

You'll be all right/well soon.

28. 求救 Calling for help

a. Help!

b. What's the matter?

29. 语言困难 Language difficulties

Pardon.

Please say that again/more slowly.

＊What do you mean by...?

＊I'm sorry I can't follow you.

I'm sorry I know only a little English.

30. 常见的标志和说明 Some common signs and instructions

BUSINESS HOURS　　　　　　　＊MENU

OFFICE HOURS	NO SMOKING
OPEN	＊NO PARKING
CLOSED	NO PHOTOS
PULL	DANGER！
PUSH	ON
＊ENTRANCE	OFF
EXIT	
＊INSTRUCTIONS	PLAY
＊FRAGILE	STOP
THIS SIDE UP	＊PAUSE

附表二　语音项目表

（Phonetic Items）

一、字母　26 个字母的名称

二、国际音标　英语的元音音标和辅音音标

三、基本的拼读规则

 1. 元音字母 a、e、i（y）、o、u 在重读开音节和重读闭音节中的读音

 2. 辅音字母在单词中的基本读音

 3. -r 音节在重读音节中的读音

 4. 常见的元音字母组合在重读音节中的读音

 5. 常见的元音字母和辅音字母组合在重读音节中的读音

 6. 常见的辅音字母组合在单词中的基本读音

四、辅音连缀和成节音

 1. 辅音连缀 ［bl-］,［kl-］,［fl-］,［gl-］,［pl-］,［sl-］,

    ［br-］,［kr-］,［sk-］,［sm-］,［sp-］,

    ［st-］,［tw-］,［sw-］

 2. 成节音 ［-bl］,［-pl］,［-dl］,［-tl］,［-sl］,［-sn］,［-zn］,

    ［-fn］,［-vn］

五、单词重音

 1. 双音节词的重音

 2. 多音节词的重音和次重音

六、语调

1. 句子重音

2. 连读

3. 不完全爆破

4. 意群和停顿

5. 升调和降调

附表三 词汇表

（Vocabulary）

总计 708 个词(略)

附表四 语法项目表

（Grammar Items）

（加"＊"号的项目只要求理解）

1. 词类:1)名词 2)形容词 3)副词 4)动词 5)代词 6)冠词 7)数词 8)介词 9)连词 10)感叹词

＊2. 构词法

    1)合成法 classroom,something,reading-room

    2)派生法 worker,drawing,quickly,careful,kindness,cloudy,unhappy

    3)转化法 hand(*n.*)—hand(*v.*)

            dry(*adj.*)—dry(*v.*)

3. 名词

    1)可数名词和不可数名词

    2)名词的复数

    3)专有名词

    4)所有格

4. 代词

    1)人称代词的主格和宾格形式

    2)物主代词的形容词性与名词性形式

    3)反身代词 myself,himself,ourselves,etc.

    4)指示代词 this,that,these,those

    5)不定代词 some,any,no,etc.

    6)疑问代词 what,who,whose,which,etc.

5. 数词 基数词和序数词

6. 介词　掌握词汇表中所列介词的用法

7. 连词　掌握词汇表中所列连词的用法

8. 形容词

1) 作定语、表语、宾语补足语的用法

2) 比较等级(原级、比较级、最高级)

(1) 构成 -er,-est;more,the most

(2) 基本句型

as + 原级形式 + as...

not as/so + 原级形式 + as...

比较级形式 + than...

the + 最高级形式 + ...in/of...

9. 副词

1) 时间、地点、方式、程度、疑问副词等的用法

2) 比较等级(原级、比较级、最高级)

(1) 构成 -er,-est;more,the most

(2) 基本句型

as + 原级形式 + as...

not as/so + 原级形式 + as...

比较级形式 + than...

the + 最高级形式 + ...in/of...

*10. 冠词:一般用法

11. 动词

*1) 动词种类

(1) 行为动词或实义动词

①及物动词 take,bring,etc.

②不及物动词 come,go,etc.

(2) 连系动词 be,look,turn,get,become,etc.

(3) 助动词 be,do,have,shall,will,etc.

(4) 情态动词 can,may,must,need,etc.

2) 时态

(1) 一般现在时

I get up at six o'clock every morning.

He doesn't speak Russian.

They are very busy.

The moon moves round the earth.

When you see him, tell him to come to my place.

I'll go to see you tonight if I'm free.

（2）一般过去时

I was in Grade One last year.

I got up at five yesterday.

（3）一般将来时

1. shall/will + 动词原形

I shall/will go to your school tomorrow afternoon.

She will be here tomorrow.

2. be going to + 动词原形

I'm going to help him.

（4）现在进行时

We're reading the text now.

They're waiting for a bus.

（5）现在完成时

I have already posted the letter.

They have lived here for ten years.

＊（6）过去进行时

We were having a meeting this time yesterday.

The teacher was talking to some parents when I saw her.

＊（7）过去完成时

We had learned four English songs by the end of last year.

The film had already begun when I got to the cinema.

She said that she had not heard from him since he left Beijing.

＊（8）过去将来时

He said he would go to the cinema that evening.

Betty said she was going to visit her uncle next Sunday.

（注)6、7、8 三个时态,四年制要求初步掌握。

3）被动语态

（1）一般现在时的被动语态

English is taught in that school.

（2）一般过去时的被动语态

The song was written by that worker.

（3）一般现在时带情态动词的被动语态

She must be sent to hospital at once.

4）动词不定式

＊（1）作主语

To learn a foreign language is not easy.

It is not easy to learn a foreign language.

（2）作宾语

They began to read.

（3）作宾语补足语

Jim asked me to help him with his lessons.

We often heard her sing.

＊（4）作定语

I have an important meeting to attend.

（5）作状语

She went to see her grandma yesterday.

（6）用在 how, when, where, what, which 等之后

I don't know how to use a computer.

Do you know when to start?

He didn't know what to do next.

12. 句子种类

1）陈述句（肯定式和否定式）

2）疑问句（一般疑问句,特殊疑问句,选择疑问句,反意疑问句）

3）祈使句（肯定式和否定式）

＊4）感叹句

＊13. 句子成份

1）主语

Betty likes her new bike.

He gets up early every day.

To learn a foreign language is not easy.

2）谓语

We work hard.

The boy caught a bird.

He is my brother.

They all look fine.

3）表语

Her sister is a nurse.

It's me.

I'm ready.

He got angry.

We were at home last night.

His cup is broken.

4）宾语

Tom bought a story-book.

I saw him yesterday.

He wanted to have a cup of tea.

5）直接宾语和间接宾语

He gave me some ink.

Our teacher told us an interesting story.

6）宾语补足语

Call her Xiao Li.

You must keep the room clean.

John asked me to help him.

7）定语

This is a green jeep.

This is a stone bridge.

Are these students your classmates?

Winter is the coldest season of the year.

I have something to tell you.

8）状语

You are quite right.

She will arrive in Beijing on Monday.

He stopped to have a look.

14. 简单句的五种基本类型

第一种 主语＋连系动词＋表语（S＋V＋P）

The bike is new.

The map is on the wall.

第二种　主语＋不及物动词(S＋V)

He swims.

第三种　主语＋及物动词＋宾语(S＋V＋O)

Children often sing this song.

第四种　主语＋及物动词＋间接宾语＋直接宾语(S＋V＋IO＋DO)

She showed her friends all her pictures.

第五种　主语＋及物动词＋宾语＋宾语补足语(S＋V＋O＋C)

We keep our classroom clean and tidy.

15. 并列句

He likes maths,but he needs help.

I help him and he helps me.

16. 复合句

1)宾语从句

He said (that) he felt sick.

I don't know whether(if) she still works in the factory.

I take back what I said.

I can't tell who is there.

Can you tell me where the Summer Palace is?

2)状语从句

The train had left when I got to the station.

I'll go with you to the cinema this afternoon if I'm free.

The students went to the farm,because the farmers needed some help.

The earth is bigger than the moon.

He was so tired that he couldn't walk on.

＊Jack worked hard so that he might get a good job.

Doctor Wang went to the hospital though it rained heavily.

1993 年

全日制高级中学英语教学大纲

（初审稿）

前　言

外国语是学习文化科学知识,获取世界各方面信息与进行国际交往的重要工具。我国实行对外开放政策,国内经济、政治、科技和教育体制的改革正在全面展开,世界范围的新技术革命正在兴起,为了把我国建设成为文明、民主的社会主义现代化国家,教育要面向现代化,面向世界,面向未来,要贯彻德、智、体全面发展的方针,培养大批有理想、有道德、有文化、有纪律,并在不同程度上掌握一些外国语的各方面的人才,以提高中华民族的思想道德素质和科学文化素质。在这样的形势和要求下,外国语这个工具的重要性显得更加突出。因此,外国语被列为我国高级中学的一门基础学科。英语使用的范围很广泛,是高中外语课的主要语种。

一　教学目的

全日制高级中学英语教学的目的,是在义务教育初中英语教学的基础上,巩固、扩大学生的基础知识,发展听、说、读、写的基本技能,培养在口头上和书面上初步运用英语进行交际的能力,侧重培养阅读能力,并使学生获得一定的自学能力,为继续学习和运用英语切实打好基础;使学生受到思想品德、爱国主义和社会主义等方面的教育,增进对所学语言国家的了解;发展智力,提高思维、观察、注意、记忆、想象、联想等能力。

二　教学要求

高中一年级　　　　　5 课时 ×34（周）=170 课时

高中二年级　　　　　4 课时 ×34（周）=136 课时

高中三年级　　　　　5 课时 ×24（周）=120 课时

高级中学二年级和三年级英语教学要求

（一）听

1. 能听懂课堂用语和教师用所学的英语解释新的语言现象。

2. 能听懂教师用所学的英语讲的课文内容概要或故事,以及围绕课文内容提出的问题。

3. 在会话中,能听懂对方较规范的英语和用略慢于正常语速所谈的日常生活题目(参见《日常交际用语》),有时(三年级学生偶尔)需要对方重复。

4. 在没有生词或对生词已作解释的情况下,能基本听懂简写的故事和题材熟悉的语段,语速为每分钟110(三年级学生为120)个词。听一遍能理解大意,听二至三遍能了解其中重要的细节,理解正确率达到70%。

(二)说

1. 能(三年级学生能较熟练地)就课文内容进行问答。

2. 略作准备,能简单地复述听到的或读过的文段,内容有一定的连贯性。

3. 能够运用《日常交际用语》表中的表达方式,围绕如问候、请求、建议、邀请等话题,进行简单的交谈。二年级学生允许有语言错误,但不致造成误解。三年级学生虽然有少量语言错误,但基本意思表达清楚。

4. 能以简短的语句介绍情况,如本人的经历、家庭、班级、学校、某地、某人等。经过准备,二年级学生能连续说5个以上句子,尽管有停顿和重复,但基本能表达主要的意思;三年级学生能连续说6个以上句子,尽管有停顿和重复,但能清楚地、比较流畅地表达主要的意思。

(三)读

1. 能借助词典读懂难度略低于所学语言的材料,生词率不超过3%。能根据语境中较为明显的提示和构词法知识推断少数生词的语义或初步确认其语义范围。

2. 二年级和三年级学生能分别以每分钟40—50个词和50—60个词的速度,阅读生词率不超过3%的有关人物传记、寓言故事、活动记述、社会文化、文史知识、科普小品等内容的材料,能够把握主要的事实和中心思想。理解正确率达到70%。

3. 能读懂简单的应用文,如信函、请柬、通知、便条、说明、表格、图表、图示和标志等。

4. 能够把握所读材料的主要逻辑线索、时间和空间的顺序。

5. 三年级学生能根据上下文理解作者的态度、观点和文段的寓意。

6. 三年级学生能够根据已知的事实推断出文段未直接写出的意思。

(四)写

1. 能用书写体熟练地书写,格式、连笔、词距、标点正确。

2. 能听写没有生词的材料。语速二年级和三年级分别为每分钟110和120个词。第一遍只听不写,第二遍边听边写,书写速度二年级为每分钟12—15个词,三年级为每分钟15个词,第三遍检查。

3. 能就课文内容笔头回答问题和复述课文。

4. 能写简单的书信、便条和通知,填写简单个人履历表等。书写格式、行文及礼貌用语等无严重错误。

5. 能笔头造句。在有提示词语的条件下,用 30 分钟二年级和三年级学生能分别写 50—80 个词和 80—100 个词的短文。基本语法和常用句型无严重错误,意思表达清楚。

(五)语音

1. 能熟练地运用音标和基本的拼读规则读生词。

2. 能连贯朗读课文,语音、语调基本正确。

(六)词汇

1. 在初中掌握 600 个词的基础上,高二再掌握 500 个词,高三再掌握 600 个词,即高二和高三分别累计要求掌握 1100 和 1200 个左右常用词和一定数量的习惯用语及固定搭配,要求会读,听得懂,会拼写,能说出单词的词类和词义,并能在口笔语中正确运用。此外,高二和高三还要分别学习 500 和 800 个左右单词和一定数量的习惯用语和固定搭配,只要求理解。

2. 能熟练地运用所学的拼读规则拼写和记忆单词。

3. 能根据所学的构词法判断和记忆派生词和合成词的词义和词类。

4. 能在上下文中判断已学过兼类词和多义词的词义和词类。

(七)语法

掌握语法项目表中的内容。其中进行时和完成时的被动语态、动词的过去分词和-ing 形式、主语从句、同位语从句、非限制性定语从句、倒装句及省略句等项目,仅要求理解。

三 教学内容

为了达到上述的教学目的和要求,高中阶段应教授下列几方面的内容:

(一)日常交际用语(见附表一)

(二)语音(见附表二)。该表与《九年义务教育全日制初级中学英语教学大纲(初审稿)》中的附表相同。

(三)词汇(见附表三)

(四)语法(见附表四)

四 教学中应该注意的几个问题

(一)遵循英语教学规律,寓思想教育于语言教学之中

英语教学的任务,是通过基本训练培养学生运用英语进行交际的能力。只有遵循英语教学的规律编选教材,进行教学,才能有效地讲解基础知识,进行基本训练和培养听、说、读、写的能力。同时也要渗透爱国主义、社会主义和思想

道德教育,寓思想教育于语言教学之中,使学生在学习英语的过程中,在思想上也得到良好的熏陶,树立正确的思想和培养良好的品德;明确学习外语的目的,树立正确的学习态度,培养学习的兴趣及克服困难的意志和毅力。

(二)着重培养学生运用英语进行交际的能力

高中要继续加强语音、词汇和语法基础知识的教学和基本技能的训练,其目的是指导学生更好地进行语言实践,培养实际运用语言的能力。

英语课是一门实践性很强的工具课。在英语教学中要努力使基础知识转化为言语技能,并发展成运用英语进行交际的能力。为此,要结合生活实际和学生今后使用英语的需要编写各种有助于开展交际活动的材料。教师在日常教学中要设法创造交际活动的情景,使学生能在口头上和笔头上运用所学的材料。

(三)进行听、说、读、写综合训练,侧重培养阅读能力

在英语教学中,听、说、读、写训练是相辅相成、互相促进的。通过听、说、读、写的综合训练,可以较好、较快地培养学生运用英语进行交际的能力。在高中英语教学中,听、说、读、写要进行综合训练,在进一步提高听说能力的同时,侧重培养阅读能力。阅读是理解和吸收书面信息的能力,有助于扩大词汇量,丰富语言知识,了解英语国家的社会文化背景。要指导学生查阅词典、语法等工具书,鼓励学生根据上下文猜测词义,使学生逐渐获得独立阅读的能力。听是理解和吸收口头信息的手段。听和读是输入,只有达到足够的输入量,才能保证学生具有较好的说和写的输出能力。因此,在教学中应尽可能加强听读训练,特别要注意增加泛读训练。

(四)尽量使用英语,适当利用母语

为了使学生的英语与客观事物建立直接联系,提高英语教学效果,在英语教学中要尽量使用英语。随着学生英语知识的增长和运用英语能力的提高,在高中阶段使用英语组织教学和讲解的可能性越来越大。教师要利用学生已学的英语来解释或介绍新的教学内容,以便在真实的教学情景中增强运用英语的能力。

对于抽象的词语或英语的特殊表达结构,可以适当地利用母语加以说明或翻译。为了确定教学的重点和难点,在备课中教师可采用英语同母语对比的方法。但是,在讲课中不宜过多地进行两种语言的对比。

(五)处理好语言教学和文化的关系

语言是文化的重要载体,语言与文化密切联系。掌握语法知识有助于语句结构正确,而熟悉有关文化知识则有助于理解和表情达意。通过英语教学使学

生了解英语国家的文化和社会风俗习惯,这不仅可以帮助他们学好英语,扩大他们的视野,还有助于他们理解本民族的文化。为此,在编写教材和进行日常教学时,应处理好语言和文化的关系。

(六)发挥教师的指导作用,充分调动学生的学习主动性和积极性

教学活动是师生间的双边活动,在教学中要充分发挥学生的主体作用,使他们排除心理障碍,建立信心,提高学习兴趣,改进学习方法。同时,在教学中也要发挥教师的指导作用。教师的指导作用在于组织好课内外各种活动和指导学生学习英语的方法,为他们选材、解疑,帮助他们养成良好的学习习惯和培养自学能力,从而保持高昂的学习积极性。

为此,教师不但要提高自己的语言素质,还要提高教学理论水平,在教学中要善于根据学生的生理和心理发展以及英语学习的规律,采用有效的教学方法。教师要面向全体学生,因材施教,发挥不同学生的特长,耐心帮助学习上有困难的学生。对学生的点滴进步,要及时鼓励,使他们树立学好英语的信心。

(七)提高课堂教学质量,积极开展课外活动

课堂教学是学生在教师指导下,通过听、说、读、写基本训练,获得英语基础知识、基本技能和交际能力的主要途径。教师要努力改进教学方法,增加课堂上语言实践的广度和密度,提高教学质量,减轻学生负担。

课外活动是重要的教学辅助手段,有利于激发兴趣,增长知识,开阔视野,发展智力和个性,培养能力。有目的、有组织地开展各种课外活动,可使学生生动、活泼、主动地学习。课外活动的形式和内容应多种多样、丰富多彩,如朗诵、唱歌、讲故事、写作竞赛和展览、演讲比赛、短剧演出等。教师要加强对课外活动的指导,不要放任自流。但课外活动不是课堂教学的延伸,不应加重学生的负担。

(八)充分利用直观教具和电化教学手段,努力创造英语环境

利用实物、图片、挂图、幻灯、录音、录相、电视、电影和计算机等进行教学,形象直观,生动活泼,有助于学生直接理解英语和培养他们直接用英语表达思想的能力。教师应充分利用现有设备(如语言实验室),努力为学生创设更好的英语学习环境。

五　考试、考查

考试、考查是检查学生学习成绩和获取教学的反馈信息,以便及时改进教学的有效手段。组织考试考查时,既要考查学生的英语基础知识,又要考查学生运用英语进行交际的能力。测试的形式要包括笔试和口试或听力测试。

高中二年级结束时,可依据大纲在教材范围内进行地区性的成绩考试,高

等学校的入学水平考试应以教学大纲规定的高中三年级学习期满的教学要求
为依据。

附表一　日常交际用语
（Daily Expressions in Communication）

1. 问候 Greetings

    a. Good morning/afternoon/evening.

       Hello/Hi.

       How are you?

       Fine, thank you, and you?

       Very well, thank you.

    b. Best wishes/regards to…

       Please give my regards/best wishes/love to…

       Say hello to…

       Please remember me to…

2. 介绍 Introductions

    a. This is Mr/Mrs/Miss/Ms/Comrade…

       May I introduce you to…?

       I'd like you to meet…

    b. How do you do?

       Nice/Glad/Pleased to see/meet you.

       Nice meeting you, Mr/Mrs/Miss…

    c. My name is…

       I'm a (student, teacher, etc.).

    d. I'm Chinese.

3. 告别 Farewells

    a. I'm afraid I must be leaving now.

       I think it's time for us to leave now.

       It's time I met/did… I have to go now.

    b. Goodbye/Bye-bye！/Bye！

       See you later/tomorrow. /See you.

       Good night.

4. 感谢和应答 Thanks and responses

   a. Thank you (very much).

     Thanks a lot.

     Many thanks.

     Thanks for...

   b. It's very kind of you to...

     Not at all.

     It's/That's all right.

     You are welcome.

5. 祝愿、祝贺和应答 Good wishes, congratulations & responses

   a. Good luck!

     I wish you good luck/success!

     Good journey (to you)!

     Have a good trip.

     Have a nice/good time.

     I'd like to congratulate you on...

   b. Thank you.

     The same to you.

   c. Happy New Year!

     Merry Christmas!

     Happy birthday to you.

6. 道歉、遗憾和应答 Apologies, regrets, sympathies & responses

   a. Sorry/Pardon.

     I'm sorry.

     I'm sorry for/about...

     I'm sorry to...have + V-ed/that...

   b. Excuse me (for...).

     be afraid + that...

     What a pity/shame!

     It's a pity that...

   c. That's all right.

     It doesn't matter.

     That's nothing.

7. 邀请和应答 Invitations and responses

  a. Will you come to...?

    Would you like to...?

    I'd like to invite you to...

  b. Yes, I'd love to (...).

    Yes, it's very kind/nice of you.

  c. I'd love to, but...

8. 提供(帮助等)和应答 Offers and responses

  a. Can/Could/Shall I help you?

    Would you like me to...?

    Is there anything (else) I can do for you?

    Do you want me to...?

    What can I do for you?

    Let me do/carry/help...(for you).

    Would you like some...?

  b. Thanks. That would be nice/fine.

    That's very kind of you.

    Thank you for your help.

    Yes, please.

    Here, take this/my...

  c. No, thanks/thank you.

    No, thanks/thank you. I can manage it myself.

    Thank you all the same.

    That's very kind of you, but...

9. 约会 Making appointments

  a. Are you/Will you be free this afternoon/tomorrow?

    How about tomorrow morning/afternoon/evening?

    Shall we meet at 4:30 at...?

  b. Yes, that's all right.

    Yes, I'll be free then.

  c. No, I won't be free then. But I'll be free...

  d. All right. See you then.

10. 意愿和希望 Intentions and wishes

a. I'm going to…

I intend/mean/plan to…

I will…

I feel like V-ing (going out for a walk).

I'd like to…

I (do not) want/hope to…

I'm ready to…

I would rather not tell you.

b. I want/hope/wish to…

I wish that…

I would do it if I should have the chance.

I would like to…

If only I could see him.

11. 请求、允许和应答 Asking for permission and responses

a. May I…?

Can/Could I…?

I wonder if I could…

Would/Do you mind if I open the window?

b. Yes/Sure/Certainly.

Yes, (do) please.

Of course (you may).

Go ahead, please.

Not at all.

c. I'm sorry, you can't.

I'm sorry, but…

You'd better not.

12. 同意和不同意 Agreement and disagreement

a. Certainly/Sure/Of course.

No problem.

Yes, please.

Yes, I think so.

That's true.

All right/OK.

That's a good idea.

It's a good idea to/that…

I/We agree (with you).

I agree to…/that-clause.

  b. No,I don't think so.

I'm afraid not.

I'm afraid I (really) can't agree with you.

13. 喜好和厌恶 Likes and dislikes

  a. I like/love…(very much).

I like/love to…

  b. I don't like (to)…

I hate (to)…

14. 决断和坚持 Determination,decision and insistence

  a. I will…

I have decided to/that…

I have decided wh-clause/wh-words to…

  b. I insist on/that…

15. 判断和意见 Judgement and opinion

  a. It certainly is.

It's correct to do…

Well done/Good work!

  b. In my opinion…

It seems…

So far as I know…

16. 职责 Obligation

You must/have to/should/ought to…

It is necessary to/that…

17. 能力 Ability

I can…

He is able to…

18. 偏爱 Preference

I prefer…to…

He'd prefer them not to…

He'd rather begin at once.

19. 责备和抱怨 Blame and complaint

a. He is to blame.

She blamed him for...

He shouldn't have done it.

b. I'm sorry to have said that, but...

Why can't you do something about it?

20. 肯定和不肯定 Certainty and uncertainty

a. I'm sure (of that).

I'm sure (that)...

b. I'm not sure (of that).

I'm not sure whether/if...

I doubt if...

c. Perhaps/Maybe.

21. 禁止和警告 Prohibition and warnings

a. You can't/mustn't...

If you..., you'll...

You'd better not do it.

Don't smoke!

Don't be late!

b. Look out!

Take care!

Be careful!

22. 可能和不可能 Possibility and impossibility

a. He can/may...

It is possible that...

b. He may not...

He is not likely to...

It is likely that...

23. 预见、猜测和相信 Prediction, conjecture and belief

a. He will...

b. I guess that...

He must have done...

It seems（that）...

It looks as if...

c. I believe that he is right.

24. 请求 Requests

a. Can/Will/Could/Would you...for me?

Will/Can/Could/Would you please...?

May I have...?

b. Please give/pass me...

Please wait（here/a moment）.

Please wait（for）your turn.

Please stand in line/line up.

Please hurry.

Make sure that...please.

c. Don't rush/hurry/crowd.

No noise,please.

No smoking,please.

25. 劝告和建议 Advice and suggestions

a. You'd better（not）...

You should/ought to...

You need（to）...

I suggest that...

b. Shall we...?

Let's...

What/How about...?

Why not...?

Why don't you...?

26. 许诺 Promises

I promise...

You shall have...tomorrow.

I will give...to you.

27. 提醒 Reminding

Don't forget to...

Don't you remember the days when...?

Make sure that everything is OK now.

28. 表示焦虑 Expressing anxiety

What's wrong?

What's the matter (with you)?

Is there anything the matter?

I'm/He's/She's worried.

Oh,what shall I/we do?

We were all anxious about...

29. 表示惊奇 Expressing surprise

Really?

Oh dear!

Is that so?

Good heavens!

30. 表示喜悦 Expressing pleasure

I'm glad /pleased/happy to...

That's nice/wonderful/great.

Hopefully tomorrow will turn fine.

31. 谈论天气 Talking about the weather

a. What's the weather like today?

How's the weather in...?

b. It's fine/cloudy/windy/rainy...

It's getting cold/warm...

It's rather warm/cold/hot...today,isn't it?

It's a beautiful day today.

32. 购物 Shopping

a. What can I do for you?

May/Can I help you?

b. I want/I'd like...

How much is it?

That's too expensive,I'm afraid.

That's fine. I'll take it.

Let me have...

c. How many/much do you want?

What colour/size/kind/do you want?

    d. Do you have any other kind/size/colour,etc. ?

33. 问路和应答 Asking the way and responses

    a. Excuse me. Where's the men's/ladies' room?

       Excuse me,can you tell me the way to...?

       How can I get to...? I don't know the way.

    b. Go down this street.

       Turn right/left at the first/second crossing.

       It's about...metres from here.

       Go straight ahead till you see...

34. 问时间、日期和应答 Asking the time,date and responses

    a. What day is (it) today?

       What's the date today?

       Excuse me. What time is it by your watch?

       What's the time,please?

    b. It's Monday/Tuesday...

       It's January 10th.

       It's five o'clock/five thirty/half past five/a quarter past (to) six.

       It's time for/to...

35. 就餐 Taking meals

    a. What would you like (to have)?

       Would you like something to eat/drink?

    b. I'd like...

       Coke/Two eggs...please.

    c. Would you like some more...?

       Help yourself to some...

    d. Thank you. I've had enough.

       I'm full,thank you.

       Just a little,please.

36. 打电话 Making phone calls

    a. Hello! Is...(Tom)in?

       May/Could I speak to...?

       Is that...(speaking)?

b. Hold on, please.

Hello, who is it?

He/She isn't here right now.

Can I take a message for you?

c. Hello, this is…speaking.

I called to tell/ask you…

37. 传递信息 Passing on a message

a. Will you please give this note/message to…?

b. …asked me to give you this note.

c. Thanks for the message.

38. 看病 Seeing the doctor

a. There's something wrong with…

I've got a headache and a cough.

I feel terrible/bad.

I don't feel well.

I've got a pain here.

This place hurts.

b. Take this medicine three times a day.

Drink plenty of water and have a good rest.

It's nothing serious.

You'll be all right/well soon.

39. 求救 Calling for help

a. Help!

Thief!

b. What's the matter?

40. 语言困难 Language difficulties

Pardon?

Would you please say that again/more slowly?

What do you mean by…?

I'm sorry I can't follow you.

I'm sorry I know only a little English.

41. 常见的标志和说明 Some common signs and instructions

a. BUSINESS HOURS　　　　　　　　MENU

OFFICE HOURS	NO SMOKING
OPEN	NO PARKING
CLOSED	
b. PULL	ENTRANCE
PUSH	EXIT
c. INSTRUCTIONS	MADE IN CHINA/JAPAN
FRAGILE	U. S. A. (USA) /U. K. /
THIS SIDE UP	HK (Hong Kong)
DANGER	
SOS	

d. PLAY　　　　STOP　　　　PAUSE

e. Insert here.　　　　　　　　　　　　　　Split here.

附表二　语音项目表

(Phonetic Items)

一、国际音标　英语的元音音标和辅音音标

二、基本的拼读规则

  1. 元音字母 a,e,i(y),o,u 在重读开音节和重读闭音节中的读音

  2. 辅音字母在单词中的基本读音

  3. -r 音节在重读音节中的读音

  4. 常见的元音字母组合在重读音节中的读音

  5. 常见的元音字母和辅音字母组合在重读音节中的读音

  6. 常见的辅音字母组合在单词中的基本读音

三、辅音连缀和成节音

  1. 辅音连缀　［bl-］,［kl-］,［fl-］,［gl-］,［pl-］,［sl-］,
             ［br-］,［kr-］,［sk-］,［sm-］,［sp-］,
             ［st-］,［tw-］,［sw-］,［kw-］

  2. 成节音　　［-bl］,［-pl］,［-dl］,［-tl］,［-sl］,［-fl］,［-vl］,
             ［-sn］,［-zn］,［-fn］,［-vn］,［-tn］,［-dn］

四、单词重音

  1. 双音节词的重音

  2. 多音节词的重音和次重音

五、语调

1. 句子重音

2. 连读

3. 不完全爆破

4. 意群和停顿

5. 升调和降调

附表三　词汇表

（Vocabulary）（1）1200 个词（略）

（Vocabulary）（2）800 个词（略）

附表四　语法项目表
（Grammar Items）

（加"＊"号的项目只要求理解）

1. 词类:名词　形容词　副词　动词　代词　冠词　数词　介词　连词　感叹词

2. 名词

　　(1)可数名词和不可数名词

　　(2)名词的复数形式

　　(3)专有名词

　　(4)所有格

3. 代词

　　(1)人称代词

　　(2)物主代词

　　(3)反身代词

　　(4)指示代词

　　(5)不定代词

　　(6)疑问代词

4. 数词　基数词和序数词

5. 介词　掌握词汇表中所列介词的用法

6. 连词　掌握词汇表中所列连词的用法

7. 形容词

1)作定语、表语、宾语补足语的用法

2)比较等级　原级、比较级、最高级

  (1)构成-er,-est,more,the most

  (2)基本句型

    比较级形式 + than…

    the + 最高级形式 + …in/of…

    as + 原级形式 + as…

    not as/so + 原级形式 + as…

8.　副词

1)时间、地点、方式、程度、疑问、连接、关系等副词的用法

2)比较等级　原级、比较级、最高级

  (1)构成-er,-est,more,(the) most

  (2)基本句型

    比较级形式 + than…

    the + 最高级形式 + …in/of…

    as + 原级形式 + as…

    not as/so + 原级形式 + as…

9.　冠词的一般用法

10.　动词

1)动词的基本形式

  (1)现在时(原形、-s/-es 形式)

  (2)过去时(-ed 形式)

  (3)过去分词(-ed 形式)

  (4) -ing 形式

2)行为动词的及物性和不及物性

3)连系动词 be,get,look,seem,turn,grow,become,etc.

4)助动词 be,do,have,shall,will,etc.

5)情态动词 can,may,must,ought,need,dare,etc.

6)动词的时态

  (1)一般现在时

    We usually go to school at half past seven.

    Are you tired?

    The earth goes round the sun.

There goes the train!

（2）一般过去时

I got to school at a quarter past seven this morning.

When I lived there, I went to the cinema twice a month.

（3）一般将来时

    A. shall/will + 动词原形

    We'll meet you at the airport.

    He'll come here every other day.

    B. be going to + 动词原形

    We are going to listen to a talk tomorrow afternoon.

    There's going to be a meeting this evening.

（4）现在进行时

They're listening to music.

What are you doing these days?

（5）过去进行时

I was watching television at half past eight yesterday evening.

We were having a basketball match when you came to see me.

（6）现在完成时

We've learned about 1,200 English words.

I've been here in Beijing for half a month now.

He has travelled to several places in South China since he came to China.

（7）过去完成时

By ten o'clock we had already done half of the work.

The meeting had already begun when they arrived.

I told him that we had known each other for many years.

（8）过去将来时

He said they would return before the end of this month.

She said there was going to be an English talk next Sunday.

7）动词的被动语态

（1）一般现在时的被动语态

The Great Wall of China is known all over the world.

（2）一般过去时的被动语态

This city was liberated in 1948.

（3）一般将来时的被动语态

The matter will be discussed at the next meeting.

＊（4）现在进行时的被动语态

The question is being discussed at the meeting.

＊（5）现在完成时的被动语态

The bridge has been built this month.

（6）带情态动词的被动语态

The bike must not be put here.

Can it be finished in two hours？

8）动词的不定式

（1）作主语

To learn a foreign language is not easy.

It is not easy to learn a foreign language.

（2）作宾语

I advise you to see a doctor.

Do you think it necessary to go there？

（3）作宾语补足语

The teacher warned the students not to be late.

He saw her leave the house.

（4）作表语

She seems to be tired.

（5）作定语

There is nothing to worry about.

We have no time to think about rest.

（6）作状语

She knows English well enough to read books.

He stopped to talk to an old man.

（7）用在 how，when，where，what，which，who，whether 等后面

The question is where to get a computer.

I really don't know what to do.

9）动词的过去分词

（1）作定语

A broken cup is lying on the floor.

(2)作表语

The cup is broken.

(3)作宾语补足语

He's going to have his hair cut.

*(4)作状语

Once seen, it can never be forgotten.

She walked out of the house, followed by her little daughter.

*10)动词的-ing 形式

(1)作主语

Talking is easier than doing.

It's no use talking about it.

(2)作宾语

I don't mind going on foot.

(3)作表语

Seeing is believing.

The story is moving.

(4)作宾语补足语

I saw them coming across the road.

(5)作定语

There is a swimming pool in our school.

China is a developing country.

The boy standing there is a classmate of mine.

(6)作状语

Being ill, she went home.

Having finished their work, they had a rest.

11. 句子

1)句子的种类

(1)陈述句(肯定式和否定式)

(2)疑问句(一般疑问句,特殊疑问句,选择疑问句,反意疑问句)

(3)祈使句

(4)感叹句

2)句子的成分

（1）主语

Mary was born in Germany.

I'll stay in this city for a few years.

To listen to her songs is a pleasure.

（2）谓语

He learned some English at school.

She is writing a letter.

He looks strong.

You can go now.

Will you have to go tomorrow?

（3）表语

Her mother is a doctor.

It's I (me).

Are you ready?

It remained to be seen.

The football match was very exciting.

That book is in the desk.

（4）宾语

She loved her mother dearly.

He refused to come.

（5）直接宾语和间接宾语

He gave me some advice on how to learn a foreign language.

Father bought some books for me.

（6）宾语补足语

He told us to come on time.

I think it a good thing.

We found him busy with his work.

（7）定语

Lucy is wearing green trousers and a yellow sweater.

We often do morning exercises.

Can I borrow your pen, please?

The woman in the red coat is Mrs. Brown.

Do you have anything more to say?

（8）状语

Every day he went there by bus.

She feels quite well.

He went to buy some fruit.

This room is too small for us to live in.

3）主谓的一致关系

How old are you? – I am sixteen.

They haven't finished the work yet.

Jim and Mike have seen the film.

The teacher with two students was present at the meeting.

There is a desk and two chairs in the room. (There are no chairs in the room.)

Everything is ready.

Nobody knows about it.

Two and three is/are five.

Neither he nor I have done it.

Her family is large. The family are sitting at the supper table.

4）简单句的五种基本类型

（1）主语 + 连系动词 + 表语(S + V + P)

The weather is very cold.

She felt happy.

（2）主语 + 不及物动词(S + V)

Summer is coming.

（3）主语 + 及物动词 + 宾语(S + V + O)

I like Chinese food.

She knows what to do.

（4）主语 + 及物动词 + 间接宾语 + 直接宾语(S + V + IO + DO)

She taught them physics.

He showed me a new TV set.

（5）主语 + 及物动词 + 宾语 + 宾语补足语(S + V + O + C)

They won't let me go.

We must keep the room warm.

5）并列句

I turned on the TV and we sat down and watched it.

I bought my sister a present, but she didn't like it.

6) 复合句

(1) 名词性从句

＊a. 主语从句

Who will go is not important.

What we need is more time.

b. 宾语从句

I hope (that) everything is all right.

I'd like to know whether it is worth doing.

Do you know where he is?

He has found out why she was absent.

c. 表语从句

The question was who could go there.

That is why he was late.

＊d. 同位语从句

I have no idea when he will be back.

The fact that he had not said anything surprised everybody.

(2) 定语从句

A plane is a machine that can fly.

Who is the man that is sitting by the window?

A chemist's shop is a shop which sells medicine.

She is the girl who sings best of all.

The comrade with whom I came knows French.

This is the room in which we lived last year. 或：

This is the room which we lived in last year.

The man that you were talking about has come to our school.

I still remember the day when I first came to Beijing.

The hospital where my mother works is in the north of the city.

＊Yesterday I met Li Ping, who seemed to be very busy.

(3) 状语从句

She was reading the newspaper when I came in.

I'll give the letter to him as soon as I see him.

We'll go where the people need us.

He didn't come yesterday because he was ill.

We should study harder (so) that we may work better in the future.

It is such a big box that nobody can move it.

We'll go to the Great Wall if it's fine tomorrow.

Although the place is quite pleasant, I don't think we should go there all the time.

No matter what he says, I don't believe him.

It looks as if she were right.

I want to speak English as an Englishman does.

7)直接引语和间接引语

（1）陈述句

He said, "I like it very much." →

He said that he liked it very much.

He said, "My sister was here three days ago." →

He said that his sister had been there three days before.

（2）祈使句

She said to us, "Please have a rest." →

She asked us to have a rest.

He said, "Go away." →

He ordered him to go away.

（3）一般疑问句

He said, "Are you ready?" →

He asked (us) if/whether we were ready.

He said, "Did you see her last night?" →

He asked me whether I had seen her the night before.

（4）特殊疑问句

"What do you want?" he asked me. →

He asked me what I wanted.

She said to Tom, "How are you feeling now?" →

She asked Tom how he was feeling then.

＊8）倒装句

＊9）省略句

12. 构词法

1）合成法 blackboard, man-made, overthrow, however, everyone

2）转化法 hand(*n.*)—hand(*v.*), break(*v.*)—break(*n.*),
empty(*adj.*)—empty(*v.*)

3）派生法

A. 加前缀 dis-, in-, re-, un-, non-

B. 加后缀 -able. -al. -an, -ful, -ive, -er, -ese, -ist, -ment, -ness, -tion, -fy, -ian,
-ing, -is(z)e, -ly, -teen, -ty, -th, -y

2001 年

全日制义务教育　普通高级中学
英语课程标准（实验稿）

第一部分　前言

社会生活的信息化和经济的全球化,使英语的重要性日益突出。英语作为最重要的信息载体之一,已成为人类生活各个领域中使用最广泛的语言。许多国家在基础教育发展战略中,都把英语教育作为公民素质教育的重要组成部分,并将其摆在突出的地位。

改革开放以来,我国的英语教育规模不断扩大,教育教学取得了显著的成就。然而,英语教育的现状尚不能适应我国经济建设和社会发展的需要,与时代发展的要求还存在差距。此次英语课程改革的重点就是要改变英语课程过分重视语法和词汇知识的讲解与传授、忽视对学生实际语言运用能力的培养的倾向,强调课程从学生的学习兴趣、生活经验和认知水平出发,倡导体验、实践、参与、合作与交流的学习方式和任务型的教学途径,发展学生的综合语言运用能力,使语言学习的过程成为学生形成积极的情感态度、主动思维和大胆实践、提高跨文化意识和形成自主学习能力的过程。

一、课程性质

外语是基础教育阶段的必修课程,英语是外语课程中的主要语种之一。

英语课程的学习,既是学生通过英语学习和实践活动,逐步掌握英语知识和技能,提高语言实际运用能力的过程;又是他们磨砺意志、陶冶情操、拓展视野、丰富生活经历、开发思维能力、发展个性和提高人文素养的过程。

基础教育阶段英语课程的任务是:激发和培养学生学习英语的兴趣,使学生树立自信心,养成良好的学习习惯和形成有效的学习策略,发展自主学习的能力和合作精神;使学生掌握一定的英语基础知识和听、说、读、写技能,形成一定的综合语言运用能力;培养学生的观察、记忆、思维、想象能力和创新精神;帮助学生了解世界和中西方文化的差异,拓展视野,培养爱国主义精神,形成健康的人生观,为他们的终身学习和发展打下良好的基础。

二、基本理念

(一)面向全体学生,注重素质教育

英语课程要面向全体学生,注重素质教育。课程特别强调要关注每个学生的情感,激发他们学习英语的兴趣,帮助他们建立学习的成就感和自信心,使他们在学习过程中发展综合语言运用能力,提高人文素养,增强实践能力,培养创新精神。

(二)整体设计目标,体现灵活开放

基础教育阶段英语课程的目标是以学生语言技能、语言知识、情感态度、学习策略和文化意识的发展为基础,培养学生英语综合语言运用能力。《全日制义务教育普通高级中学英语课程标准(实验稿)》(以下简称《标准》),将课程目标设定为九个级别并以学生"能够做某事"具体描述各级别的要求,这种设计旨在体现基础教育阶段学生能力发展循序渐进的过程和课程要求的有机衔接,保证国家英语课程标准的整体性、灵活性和开放性。

(三)突出学生主体,尊重个体差异

学生的发展是英语课程的出发点和归宿。英语课程在目标设定、教学过程、课程评价和教学资源的开发等方面都突出以学生为主体的思想。课程实施应成为学生在教师指导下构建知识、提高技能、磨砺意志、活跃思维、展现个性、发展心智和拓展视野的过程。

(四)采用活动途径,倡导体验参与

本课程倡导任务型的教学模式,让学生在教师的指导下,通过感知、体验、实践、参与和合作等方式,实现任务的目标,感受成功。在学习过程中进行情感和策略调整,以形成积极的学习态度,促进语言实际运用能力的提高。

(五)注重过程评价,促进学生发展

建立能激励学生学习兴趣和自主学习能力发展的评价体系。该评价体系由形成性评价和终结性评价构成。在英语教学过程中应以形成性评价为主,注重培养和激发学生学习的积极性和自信心。终结性评价应着重检测学生综合语言技能和语言应用能力。评价要有利于促进学生综合语言运用能力和健康人格的发展;促进教师不断提高教育教学水平;促进英语课程的不断发展与完善。

（六）开发课程资源，拓展学用渠道

英语课程要力求合理利用和积极开发课程资源，给学生提供贴近学生实际、贴近生活、贴近时代的内容健康和丰富的课程资源；要积极利用音像、电视、书刊杂志、网络信息等丰富的教学资源，拓展学习和运用英语的渠道；积极鼓励和支持学生主动参与课程资源的开发和利用。

三、设计思路

《标准》采用国际通用的分级方式，将英语课程目标按照能力水平设为九个级别。该设计遵循了语言学习的规律和不同年龄段学生生理和心理发展的需求和特点，也考虑到我国民族众多、地域辽阔、经济和教育发展不平衡的实际，旨在体现国家英语课程标准的整体性、灵活性和开放性。

国家英语课程要求从 3 年级起开设英语课程。《标准》第二级为 6 年级结束时应达到的基本要求；第五级为 9 年级结束时应达到的基本要求；第八级为高中毕业的基本要求。第三、四、六、七级为第二、五、八级之间的过渡级。过渡级别的设置既有利于对各层次教学的指导，又为课程的灵活性和开放性提供了依据。

英语课程分级目标结构如图 1 所示。

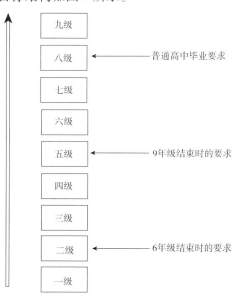

图 1 英语课程分级目标结构

课程目标的级别不完全等同于基础教育阶段的各个年级。但是，分级目标对 3—6 年级、7—9 年级和高中各学段或年级的教学和评价以及教材编写提供了循序渐进、稳步上升的指导性要求，有利于课程的整体实施。从 3 年级开设英语课程的学校,3、4 年级应完成一级目标,5、6 年级完成二级目标;7—9 年级分别完成三、四、五级目标;高中阶段完成六、七、八级目标*。第九级为外国语学校和外语特色学校高中毕业课程目标的指导级,该级别也可以作为部分学校少数英语特长学生基础教育阶段的培养方向。

各地区可以根据国家课程三级管理的有关政策规定,根据当地的条件和需要,适当调整相应学段英语课程的目标。教育基础和师资条件暂不具备的地区或学校,以及把英语作为第二外语开设的学校,可以适当降低相应学段英语课程目标的要求。英语教育基础和条件较好的(如从 1 年级起就开设英语课程的地区或学校),在不加重学生负担的前提下,可以适当提高相应学段级别的要求。

*备注:高中阶段英语课程的目标要求将可能在教育部新的高中课程计划确定之后作相应的调整。

第二部分 课程目标

基础教育阶段英语课程的总体目标是培养学生的综合语言运用能力。综合语言运用能力的形成建立在学生语言技能、语言知识、情感态度、学习策略和文化意识等素养整体发展的基础上。语言知识和语言技能是综合语言运用能力的基础,文化意识是得体运用语言的保证。情感态度是影响学生学习和发展的重要因素,学习策略是提高学习效率、发展自主学习能力的保证。这五个方面共同促进综合语言运用能力的形成。课程目标结构如图 2 所示。

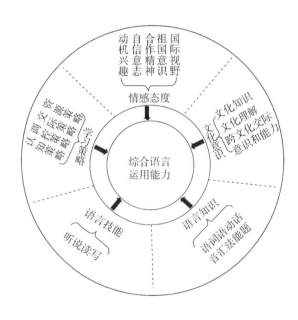

图 2　课程目标结构

基础教育阶段英语课程目标的各个级别均以学生语言技能、语言知识、情感态度、学习策略和文化意识五个方面的综合行为表现为基础进行总体描述。以下是本课程一级至九级应达到的综合语言运用能力目标,如表1所示。

表1

级别	目标总体描述
一级	对英语有好奇心,喜欢听他人说英语。能根据教师的简单指令做游戏、做动作、做事情(如涂颜色、连线)。能做简单的角色扮演。能唱简单的英文歌曲,说简单的英语歌谣。能在图片的帮助下听懂和读懂简单的小故事。能交流简单的个人信息,表达简单的情感和感觉。能书写字母和单词。对英语学习中接触的外国文化习俗感兴趣。
二级	对英语学习有持续的兴趣和爱好。能用简单的英语互致问候、交换有关个人、家庭和朋友的简单信息。能根据所学内容表演小对话或歌谣。能在图片的帮助下听懂、读懂并讲述简单的故事。能根据图片或提示写简单的句子。在学习中乐于参与、积极合作、主动请教。乐于了解异国文化、习俗。
三级	对英语学习表现出积极性和初步的自信心。能听懂有关熟悉话题的语段和简短的故事。能与教师或同学就熟悉的话题(如学校、家庭生活)交换信息。能读懂小故事及其他文体的简单书面材料。能参照范例或借助图片写出简单的句子。能参与简单的角色扮演等活动。能尝试使用适当的学习方法,克服学习中遇到的困难。能意识到语言交际中存在文化差异。
四级	明确自己的学习需要和目标,对英语学习表现出较强的自信心。能在所设日常交际情景中听懂对话和小故事。能就熟悉的生活话题交流信息和简单的意见。能读懂短篇故事。能写便条和简单的书信。能尝试使用不同的教育资源,从口头和书面材料中提取信息,扩展知识,解决简单的问题并描述结果。能在学习中相互帮助,克服困难。能合理计划和安排学习任务,积极探索适合自己的学习方法。在学习和日常交际中能注意到中外文化的差异。
五级	有较明确的英语学习动机和积极主动的学习态度。能听懂教师有关熟悉话题的陈述并参与讨论。能就日常生活的各种话题与他人交换信息并陈述自己的意见。能读懂供7~9年级学习阅读的简单读物和报刊,克服生词障碍,理解大意。能根据阅读目的运用适当的阅读策略。能根据提示起草和修改小作文。能与他人合作,解决问题并报告结果,共同完成学习任务。能对自己的学习进行评价,总结学习方法。能利用多种教育资源进行学习。进一步增强对文化差异的理解与认识。
六级	进一步增强英语学习动机,有较强的自主学习意识。能理解口头或书面材料中表达的观点并发表自己的见解。能有效地使用口头或书面语言描述个人经历。能在教师的帮助下计划、组织和实施各种英语学习活动。能主动扩展和利用学习资源,从多渠道获取信息。能根据自我评价结果调整学习目标和策略。能体会交际中语言的文化内涵和背景。

（续表）

级别	目标总体描述
七级	有明确和持续的学习动机及自主学习意识。能就较广泛的话题交流信息,提出问题并陈述自己的意见和建议。能读懂供高中学生阅读的英文原著改写本及英语报刊。具有初步的实用写作能力,如通知、邀请信等。能在教师的指导下,主动参与计划、组织和实施各种语言实践活动。能主动利用多种教育资源进行学习。具有较强的自我调控能力,初步形成适合自己的学习策略。理解交际中的文化差异,初步形成跨文化交际意识。
八级	有较强的自信心和自主学习能力。能就熟悉的话题与讲英语的人士进行比较自然的交流。能就口头或书面材料的内容发表评价性见解。能写出连贯且结构完整的短文。能自主策划、组织和实施各种语言实践活动,如商讨和制订计划、报告实验和调查结果。能有效利用网络等多种教育资源获取和处理信息。能自觉评价学习效果,形成有效的英语学习策略。了解交际中的文化内涵和背景,对异国文化采取尊重和包容的态度。
九级	有自主学习能力。能听懂有关熟悉话题的演讲、讨论、辩论和报告的主要内容。能就国内外普遍关心的问题如环保、人口、和平与发展等用英语进行交谈,表明自己的态度和观点。能做日常生活的口头翻译。能利用各种机会用英语进行真实交际。能借助字典阅读题材较为广泛的科普文章和文学作品。能用常见应用文体完成一般的写作任务,并具有初步使用文献的能力。能自主开拓学习渠道,丰富学习资源。具有较强的世界意识。

第三部分　内容标准

按照基础教育阶段英语课程分级总体目标的要求,本课程标准对语言技能、语言知识、情感态度、学习策略和文化意识等五个方面分别提出了相应的具体内容标准,其中对语言技能中的听、说、读、写四个技能提出九个级别的目标要求（根据学生生理和心理特点以及他们的认知发展水平和情感需要,在一级、二级提出了更为具体的语言技能目标要求）；对语言知识中的语音、语法、词汇、功能和话题提出二级、五级和八级的目标要求；对情感态度、学习策略和文化意识也提出了二级、五级和八级的目标要求。

一、语言技能

语言技能是构成语言交际能力的重要组成部分。语言技能包括听、说、读、写四个方面的技能以及这四种技能的综合运用能力。听和读是理解的技能,说和写是表达的技能;这四种技能在语言学习和交际中相辅相成、相互促进。学生应通过大量的专项和综合性语言实践活动,形成综合语言运用能力,为真实语言交际打基础。因此,听、说、读、写既是学习的内容,又是学习的手段。语言技能目标以学生在某个级别"能做什么"为主要内容,这不仅有利于调动学生的学习积极性,促进学生语言运用能力的提高,也有利于科学、合理地评价学生的学习结果。表 2 是语言技能的分级目标。

表 2

级别	技能	目标描述
一级	听做	1. 能根据听到的词语识别或指认图片或实物; 2. 能听懂课堂简短的指令并做出相应的反应; 3. 能根据指令做事情,如:指图片、涂颜色、画图、做动作、做手工等; 4. 能在图片和动作的提示下听懂简单的小故事并做出反应。
	说唱	1. 能根据录音模仿说英语; 2. 能相互致以简单的问候; 3. 能相互交流简单的个人信息,如:姓名、年龄等; 4. 能表达简单的情感和感觉,如:喜欢和不喜欢; 5. 能够根据表演猜测意思、说词语; 6. 能唱英语儿童歌曲 15 ~ 20 首,说歌谣 15 ~ 20 首; 7. 能根据图、文说出单词或短句。
	玩演	1. 能用英语做游戏并在游戏中用英语进行简单的交际; 2. 能做简单的角色表演; 3. 能表演英文歌曲及简单的童话剧,如《小红帽》等。
	读写	1. 能看图识字; 2. 能在指认物体的前提下认读所学词语; 3. 能在图片的帮助下读懂简单的小故事; 4. 能正确书写字母和单词。
	视听	1. 能看懂语言简单的英语动画片或程度相当的教学节目; 2. 视听时间每学年不少于 10 小时(平均每周 20 ~ 25 分钟。)
二级	听	1. 能在图片、图像、手势的帮助下,听懂简单的话语或录音材料; 2. 能听懂简单的配图小故事; 3. 能听懂课堂活动中简单的提问; 4. 能听懂常用指令和要求并做出适当反应。
	说	1. 能在口头表达中做到发音清楚、语调达意; 2. 能就所熟悉的个人和家庭情况进行简短对话; 3. 能运用一些最常用的日常套语(如问候、告别、致谢、致歉等); 4. 能在教师的帮助下讲述简单的小故事。
	读	1. 能认读所学词语; 2. 能根据拼读的规律,读出简单的单词; 3. 能读懂教材中简短的要求或指令; 4. 能看懂贺卡等所表达的简单信息; 5. 能借助图片读懂简单的故事或小短文,并养成按意群阅读的习惯; 6. 能正确朗读所学故事或短文。

（续表）

级别	技能	目标描述
二级	写	1. 能模仿范例写句子； 2. 能写出简单的问候语； 3. 能根据要求为图片、实物等写出简短的标题或描述； 4. 能基本正确地使用大小写字母和标点符号。
	玩 演 视 听	1. 能按要求用简单的英语做游戏； 2. 能在教师的帮助下表演小故事或童话剧； 3. 能表演歌谣或简单的诗歌 30 ~ 40 首（含一级要求）； 4. 能演唱英文歌曲 30 ~ 40 首（含一级要求）； 5. 能看懂英文动画片和程度相当的英语教学节目,每学年不少于 10 小时（平均每周不少于 20 ~ 25 分钟）。
三级	听	1. 能识别不同句式的语调,如:陈述句、疑问句和指令等； 2. 能根据语调变化,判断句子意义的变化； 3. 能辨认歌谣中的韵律； 4. 能识别语段中句子间的联系； 5. 能听懂学习活动中连续的指令和问题,并做出适当反应； 6. 能听懂有关熟悉话题的语段； 7. 能借助提示听懂教师讲述的故事。
	说	1. 能在课堂活动中用简短的英语进行交际； 2. 能就熟悉的话题进行简单的交流； 3. 能在教师的指导下参与简单的游戏和角色扮演活动； 4. 能利用所给提示（如图片、幻灯片、实物、文字等）简单描述一件事情； 5. 能提供有关个人情况和个人经历的信息； 6. 能讲述简单的小故事； 7. 能背诵一定数量的英语小诗或歌谣,能唱一些英语歌曲； 8. 能在上述口语活动中语音、语调基本正确。
	读	1. 能正确朗读课文； 2. 能理解简短的书面指令,并根据要求进行学习活动； 3. 能读懂简单故事和短文并抓住大意； 4. 能初步使用简单的工具书； 5. 除教材外,课外阅读量应累计达到 4 万词以上。
	写	1. 能正确使用常用的标点符号； 2. 能使用简单的图表和海报等形式传达信息； 3. 能参照范例写出或回复简单的问候卡和邀请卡； 4. 能用短语或句子描述系列图片,编写简单的故事。

（续表）

级别	技能	目标描述
四级	听	1. 能听懂接近正常语速、熟悉话题的语段，识别主题，获取主要信息； 2. 能听懂简单故事的情节发展，理解其中主要人物和事件； 3. 能根据连续的指令完成任务； 4. 能听懂广播、电视中初级英语教学节目。
	说	1. 能根据提示给出连贯的简单指令； 2. 能引出话题并进行几个回合的交谈； 3. 能在教师的帮助下或根据图片用简单的语言描述自己或他人的经历； 4. 能在教师的指导下参与角色扮演等活动； 5. 能在上述口语活动中使用正确的语音、语调。
	读	1. 能连贯、流畅地朗读课文； 2. 能读懂说明文等应用文体的材料； 3. 能从简单的文章中找出有关信息，理解大意； 4. 能根据上下文猜测生词的意思； 5. 能理解并解释图表提供的信息； 6. 能理解简易读物中的事件发生顺序和人物行为； 7. 能读懂简单的个人信件； 8. 能使用英汉词典等工具书帮助阅读理解； 9. 除教材外，课外阅读量应累计达到 10 万词以上。
	写	1. 能正确使用标点符号； 2. 能用词组或简单句为自己创作的图片写出说明； 3. 能写出简短的文段，如简单的指令、规则； 4. 能在教师的帮助下或以小组讨论的方式起草和修改作文。
五级	听	1. 能根据语调和重音理解说话者的意图； 2. 能听懂有关熟悉话题的谈话，并能从中提取信息和观点； 3. 能借助语境克服生词障碍、理解大意； 4. 能听懂接近正常语速的故事和记叙文，理解故事的因果关系； 5. 能在听的过程中用适当方式做出反应； 6. 能针对所听语段的内容记录简单信息。
	说	1. 能就简单的话题提供信息，表达简单的观点和意见，参与讨论； 2. 能与他人沟通信息，合作完成任务； 3. 能在口头表达中进行适当的自我修正； 4. 能有效地询问信息和请求帮助； 5. 能根据话题进行情景对话； 6. 能用英语表演短剧； 7. 能在以上口语活动中语音、语调自然，语气恰当。

（续表）

级别	技能	目标描述
五级	读	1. 能根据上下文和构词法推断、理解生词的含义； 2. 能理解段落中各句子之间的逻辑关系； 3. 能找出文章中的主题，理解故事的情节，预测故事情节的发展和可能的结局； 4. 能读懂常见体裁的阅读材料； 5. 能根据不同的阅读目的运用简单的阅读策略获取信息； 6. 能利用字典等工具书进行学习； 7. 除教材外，课外阅读量应累计达到 15 万词以上。
	写	1. 能根据写作要求，收集、准备素材； 2. 能独立起草短文、短信等，并在教师的指导下进行修改； 3. 能使用常见的连接词表示顺序和逻辑关系； 4. 能简单描述人物或事件； 5. 能根据所给图示或表格写出简单的段落或操作说明。
六级	听	1. 能抓住所听语段中的关键词，理解句子之间的逻辑关系； 2. 能从听力材料、简单演讲或讨论中提取信息和观点； 3. 能听懂正常语速的故事或记叙文，了解其中主要人物和事件以及他们之间的关系； 4. 能听懂日常的要求和指令，并能根据要求和指令完成任务。
	说	1. 能传递信息并就熟悉的话题表达看法； 2. 能通过重复、举例、解释等方式澄清意思； 3. 能有条理地描述个人体验和表达个人的见解和想象； 4. 能用恰当方式在特定场合中表达态度和意愿； 5. 能使用恰当的语调、语气和节奏表达自己的意图。
	读	1. 能从一般文字资料中获取主要信息和观点； 2. 能利用上下文和句子结构猜测词义； 3. 能根据上下文线索推理、预测故事情节的发展； 4. 能根据阅读目的确定不同的阅读策略； 5. 能通过不同信息渠道查找所需信息； 6. 除教材外，课外阅读量应累计达到 20 万词以上。
	写	1. 能用恰当的格式写便条和简单的信函； 2. 能描述简单的人物或事件，并表达自己的见解； 3. 能以小组为单位把课文改编成短剧； 4. 能用恰当的语言书写不同的问候卡； 5. 能给朋友、笔友写信，交流信息和情感。
七级	听	1. 能识别语段中的重要信息并进行简单的推断； 2. 能根据所听的内容做笔记； 3. 能根据话语中的线索把相关事实和信息联系起来； 4. 能听懂故事中对人和物的描写、情节的发展和结果。

（续表）

级别	技能	目标描述
七级	说	1. 能用英语进行语言实践活动,如访谈; 2. 能根据命题,稍做准备后,作简短的发言; 3. 能针对问题提出解决问题的建议和办法; 4. 能就一般话题作口头陈述; 5. 能对询问和要求做出恰当的反应。
	读	1. 能从文章中获取主要信息并能摘录要点; 2. 能理解文章主旨、作者意图; 3. 能提取、筛选和重新组织简单文章中的信息; 4. 能利用上下文的线索帮助理解; 5. 能理解和欣赏一些浅显的经典英语诗歌; 6. 除教材外,课外阅读量应累计达到 30 万词以上。
	写	1. 能用文字及图表提供信息并进行简单描述; 2. 能写出常见体裁的短文,如报告或信函; 3. 能描述人物或事件,并表达自己的见解; 4. 能填写有关个人情况的表格,如申请表、求职表; 5. 能做简单的书面翻译。
八级	听	1. 能识别不同语气所表达的不同态度; 2. 能听懂有关熟悉话题的讨论和谈话并记住要点; 3. 能抓住简单语段中的观点; 4. 能基本听懂广播、电视英语新闻的主题或大意; 5. 能听懂委婉的建议、劝告等。
	说	1. 能使用恰当的语调和节奏; 2. 能根据学习任务进行商讨和制订计划; 3. 能报告实验和调查研究的过程和结果; 4. 能经过准备就一般话题作 3 分钟演讲; 5. 能在日常人际交往中有效地使用语言进行表达,如发表意见、进行判断、责备、投诉等; 6. 能做一般的生活翻译,如带外宾购物、游览等。
	读	1. 能理解阅读材料中不同的观点和态度; 2. 能识别不同文体的特征; 3. 能通过分析句子结构理解难句和长句; 4. 能在教师的帮助下欣赏浅显的文学作品; 5. 能根据学习任务的需要从电子读物或网络中获取信息并进行加工处理; 6. 除教材外,课外阅读量应累计达到 36 万词以上。
	写	1. 能写出连贯且结构完整的短文,叙述事情或表达观点和态度; 2. 能根据课文写摘要; 3. 能在写作中做到文体规范、语句通顺; 4. 能根据用文字及图表提供的信息写短文或报告。

（续表）

级别	技能	目标描述
九级	听	1. 能听懂有关熟悉话题的演讲、讨论、辩论和报告； 2. 能听懂国内外一般的英语新闻广播及天气预报； 3. 能抓住较长发言的内容要点，理解讲话人的观点及目的； 4. 能从言谈中判断对方的态度、喜恶、立场； 5. 能理解一般的幽默； 6. 能在听的过程中克服一般性的口音干扰。
	说	1. 能就国内外普遍关心的问题如环保、人口、和平与发展等用英语交谈，表明自己的态度和观点； 2. 能把握交谈时的分寸，会用客套语，会提出问题，会结束谈话； 3. 能经过准备就一些专题作 5～10 分钟演讲并回答有关提问； 4. 能用英语接受面试； 5. 能作一般性口头翻译； 6. 能在交际中恰当地表达自己的情感； 7. 能对交际中产生的误会加以澄清或解释。
	读	1. 能阅读一般的英文报刊杂志，获取主要信息； 2. 阅读一般英文原著，抓住主要情节，了解主要人物； 3. 能读懂各种商品的说明书等非专业技术性的资料； 4. 能根据情景及上下文猜测不熟悉的语言现象； 5. 能使用多种参考资料和工具书解决较复杂的语言疑难； 6. 有广泛的阅读兴趣及良好的阅读习惯； 7. 能有效地利用网络等媒体获取和处理信息。
	写	1. 能用英文书写摘要、报告、通知、公务信函等； 2. 能比较详细和生动地用英语描述情景、态度或感情； 3. 能阐述自己的观点、评述他人的观点，文体恰当、用词准确； 4. 能在写作中恰当地处理引用的资料及他人的原话； 5. 能填写各种表格、写个人简历和申请书，用语基本正确、得当； 6. 能作非专业性的笔头翻译； 7. 在以上写作过程中做到文字通顺，格式正确。

二、语言知识

　　基础教育阶段学生应该学习和掌握的英语语言基础知识包括语音、词汇、语法、功能和话题等五方面的内容。知识是语言能力的有机组成部分，是发展语言技能的重要基础。表 3 是二级、五级和八级语言知识的分级目标。详细内容参见附录。

表 3

级别	知识	目标描述
二级	语音	1. 知道错误的发音会影响交际； 2. 知道字母名称的读音； 3. 了解简单的拼读规律； 4. 了解单词有重音； 5. 语音清楚，语调自然。
	词汇	1. 学习有关本级话题范围的 600~700 个单词和 50 个左右的习惯用语； 2. 了解单词是由字母构成的。
	语法	1. 知道名词有单复数形式； 2. 知道主要人称代词的区别； 3. 知道动词在不同情况下会有形式上的变化； 4. 了解表示时间、地点和位置的介词； 5. 了解英语简单句的基本形式和表意功能。
	功能	了解问候、告别、感谢、致歉、介绍、请求等交际功能的基本表达形式。
	话题	能理解和表达有关下列话题的简单信息：数字、颜色、时间、天气、食品、服装、玩具、动植物、身体、个人情况、家庭、学校、朋友、文体活动、节日等。
五级	语音	1. 了解语音在语言学习中的意义； 2. 了解英语语音包括发音、重音、连读、语调、节奏等内容； 3. 在日常生活会话中做到语音、语调基本正确、自然、流畅； 4. 根据重音和语调的变化理解和表达不同的意图和态度； 5. 根据读音拼写单词和短语。
	词汇	1. 了解英语词汇包括单词、短语、习惯用语和固定搭配等形式； 2. 理解和领悟词语的基本含义以及在特定语境中的意义； 3. 运用词汇描述事物、行为和特征，说明概念等； 4. 学会使用 1500~1600 个单词和 200~300 个习惯用语或固定搭配。
	语法	1. 了解常用语言形式的基本结构和常用表意功能； 2. 在实际运用中体会和领悟语言形式的表意功能； 3. 理解和掌握描述人和物的表达方式； 4. 理解和掌握描述具体事件和具体行为的发生、发展过程的表达方式； 5. 初步掌握描述时间、地点、方位的表达方式； 6. 理解、掌握比较人、物体及事物的表达方式。
	功能	1. 在日常生活中恰当理解和表达问候、告别、感谢、介绍等交际功能； 2. 在日常人际交往中有效地进行表达。
	话题	1. 熟悉与学生个人、家庭和学校生活密切相关的话题； 2. 熟悉有关日常生活、兴趣爱好、风俗习惯、科学文化等方面的话题。

（续表）

级别	知识	目标描述
八级	语音	1. 在实际交际中逐步做到语音、语调自然、得体、流畅； 2. 根据语音、语调了解和表达隐含的意图和态度； 3. 了解诗歌中的节奏和韵律； 4. 根据语音辨别和书写不太熟悉的单词或简单语句。
	词汇	1. 运用词汇理解和表达不同的功能、意图和态度等； 2. 运用词汇描述比较复杂的事物、行为和特征，说明概念等； 3. 学会使用 3000 个单词和 400 ~ 500 个习惯用语或固定搭配。
	语法	1. 进一步掌握描述时间、地点、方位的表达方式； 2. 进一步理解、掌握比较人、物体及事物的表达方式； 3. 使用适当的语言形式进行描述和表达观点、态度、情感等； 4. 学习、掌握基本语篇知识并根据特定目的有效地组织信息。
	功能	1. 在更广的语境中恰当理解和表达问候、告别、感谢、介绍等交际功能； 2. 在日常人际交往中有效地使用得体的语言进行表达，如发表意见、进行判断、责备、投诉等； 3. 灵活运用已经学过的常用功能项目，进一步学习并掌握新的语言功能项目； 4. 在实际生活中较熟练地实现信息沟通的目的。
	话题	1. 熟悉个人、家庭和社会交往等方面的话题； 2. 进一步熟悉有关日常生活、兴趣爱好、风俗习惯、科学文化等方面的话题； 3. 熟悉我国一般社会生活的话题：职业、节日、风俗、社交礼仪等； 4. 了解有关英语国家日常生活习惯的话题。

三、情感态度

情感态度指兴趣、动机、自信、意志和合作精神等影响学生学习过程和学习效果的相关因素以及在学习过程中逐渐形成的祖国意识和国际视野。保持积极的学习态度是英语学习成功的关键。教师应在教学中，不断激发并强化学生的学习兴趣，并引导他们逐渐将兴趣转化为稳定的学习动机，以使他们树立自信心，锻炼克服困难的意志，认识自己学习的优势与不足，乐于与他人合作，养成和谐和健康向上的品格。通过英语课程，增强祖国意识，拓展国际视野。表 4 是二级、五级和八级的情感态度分级目标。

表4

级别	目标描述
二级	1. 有兴趣听英语、说英语、背歌谣、唱歌曲、讲故事、做游戏等; 2. 乐于模仿,敢于开口,积极参与,主动请教。
五级	1. 有明确的学习英语目的,能认识到学习英语的目的在于交流; 2. 有学习英语的愿望和兴趣,乐于参与各种英语实践活动; 3. 有学好英语的信心,敢于用英语进行表达; 4. 能在小组活动中积极与他人合作,相互帮助,共同完成学习任务; 5. 能体会英语学习中的乐趣,乐于接触英语歌曲、读物等; 6. 能在英语交流中注意并理解他人的情感; 7. 遇到问题时,能主动向老师或同学请教,取得帮助; 8. 在生活中接触英语时,乐于探究其含义并尝试模仿; 9. 对祖国文化能有更深刻的了解; 10. 乐于接触并了解异国文化。
八级	1. 保持学习英语的愿望和兴趣,主动参与有助于提高英语能力的活动; 2. 有正确的英语学习动机,明确英语学习的目的是为了沟通与表达; 3. 在英语学习中有较强的自信心,敢于用英语进行交流与表达; 4. 能够克服英语学习中所遇到的困难,愿意主动向他人求教; 5. 在英语交流中能理解并尊重他人的情感; 6. 在学习中有较强的合作精神,愿意与他人分享各种学习资源; 7. 能在交流中用英语介绍祖国文化; 8. 能了解并尊重异国文化,体现国际合作精神。

四、学习策略

学习策略指学生为了有效地学习和发展而采取的各种行动和步骤。英语学习的策略包括认知策略、调控策略、交际策略和资源策略等。教师应在教学中,帮助学生形成适合自己的学习策略。认知策略是指学生为了完成具体学习任务而采取的步骤和方法;调控策略是指学生对学习进行计划、实施、反思、评价和调整的策略;交际策略是学生为了争取更多的交际机会、维持交际以及提高交际效果而采取的各种策略;资源策略是学生合理并有效利用多种媒体进行学习和运用英语的策略。

学习策略是灵活多样的,策略的使用因人、因时、因事而异。在英语教学中,教师要有意识地帮助学生形成适合自己的学习策略,并具有不断调整自己的学习策略的能力。在英语课程实施中,帮助学生有效地使用学习策略,不仅有利于他们把握学习的方向、采用科学的途径、提高学习效率,而且还有助于他们形成自主学习的能力,为终身学习奠定基础。表5是二级、五级和八级学习策略分级目标。

表5

级别	策略类别	目标描述
二级	基本学习策略	1. 积极与他人合作,共同完成学习任务; 2. 主动向老师或同学请教; 3. 制订简单的英语学习计划; 4. 对所学习内容能主动练习和实践; 5. 在词语与相应事物之间建立联想; 6. 在学习中集中注意力; 7. 尝试阅读英语故事及其他英语课外读物; 8. 积极运用所学英语进行表达和交流; 9. 注意观察生活或媒体中使用的简单英语; 10. 能初步使用简单的学生英汉词典。
五级	认知策略	1. 根据需要进行预习; 2. 在学习中集中注意力; 3. 在学习中积极思考; 4. 在学习中善于记要点; 5. 在学习中善于利用图画等非语言信息理解主题; 6. 借助联想学习和记忆词语; 7. 对所学习内容能主动复习并加以整理和归纳; 8. 注意发现语言的规律并能运用规律举一反三; 9. 在使用英语中,能意识到错误并进行适当的纠正; 10. 必要时,有效地借助母语知识理解英语; 11. 尝试阅读英语故事及其他英语课外读物。
	调控策略	1. 明确自己学习英语的目标; 2. 明确自己的学习需要; 3. 制订简单的英语学习计划; 4. 把握学习的主要内容; 5. 注意了解和反思自己学习英语中的进步与不足; 6. 积极探索适合自己的英语学习方法; 7. 经常与教师和同学交流学习体会; 8. 积极参与课内外英语学习活动。
	交际策略	1. 在课内外学习活动中能够用英语与他人交流; 2. 善于抓住用英语交际的机会; 3. 在交际中,把注意力集中在意思的表达上; 4. 在交际中,必要时借助手势、表情等进行交流; 5. 交际中遇到困难时,有效地寻求帮助; 6. 在交际中注意到中外交际习俗的差异。
	资源策略	1. 注意通过音像资料丰富自己的学习; 2. 使用简单工具书查找信息; 3. 注意生活中和媒体上所使用的英语; 4. 能初步利用图书馆或网络上的学习资源。

（续表）

级别	策略类别	目标描述
八级	认知策略	1. 借助联想建立相关知识之间的联系； 2. 利用推理、归纳等逻辑手段分析和解决问题； 3. 善于总结所接触语言材料中的语言规律并加以应用； 4. 在学习中，善于抓住重点，做好笔记，并能对所学内容进行整理和归纳； 5. 在听和读的过程中，借助情景和上下文猜测词义或推测段落大意； 6. 在学习中借助图表等非语言信息进行理解或表达。
	调控策略	1. 根据需要制订英语学习的计划； 2. 主动拓宽英语学习的渠道； 3. 善于创造和把握学习英语的机会； 4. 学习中遇到困难时知道如何获得帮助； 5. 与教师或同学交流学习英语的体会和经验； 6. 评价自己学习的效果，总结有效的学习方法，遵循记忆规律，提高记忆效果。
	交际策略	1. 在课内外活动中积极用英语与同学交流与沟通； 2. 善于借助手势、表情等非语言手段提高交际效果； 3. 交际中，善于克服语言障碍，维持交际； 4. 善于利用各种机会用英语进行真实交际； 5. 在交际中注意并遵守英语交际的基本礼仪。
	资源策略	通过图书馆、计算机网络、广播、电视等资源获得更广泛的英语信息，扩展所学知识。

五、文化意识

语言有丰富的文化内涵。在外语教学中，文化是指所学语言国家的历史地理、风土人情、传统习俗、生活方式、文学艺术、行为规范、价值观念等。接触和了解英语国家文化有益于对英语的理解和使用，有益于加深对本国文化的理解与认识，有益于培养世界意识。在教学中，教师应根据学生的年龄特点和认知能力，逐步扩展文化知识的内容和范围。在起始阶段应使学生对英语国家文化及中外文化的异同有粗略的了解，教学中涉及的英语国家文化知识，应与学生身边的日常生活密切相关并能激发学生学习英语的兴趣。在英语学习的较高阶段，要通过扩大学生接触异国文化的范围，帮助学生拓展视野，使他们提高对中外文化异同的敏感性和鉴别能力，进而提高跨文化交际能力。表 6 是二级、五级和八级的文化意识分级目标。

表6

级别	目标描述
二级	1. 知道英语中最简单的称谓语、问候语和告别语； 2. 对一般的赞扬、请求等做出适当的反应； 3. 知道国际上最重要的文娱和体育活动； 4. 知道英语国家中最常见的饮料和食品的名称； 5. 知道主要英语国家的首都和国旗； 6. 了解世界上主要国家的重要标志物,如:英国的大本钟等； 7. 了解英语国家中重要的节假日。
五级	1. 了解英语交际中常用的体态语,如手势、表情等； 2. 恰当使用英语中不同的称谓语、问候语和告别语； 3. 了解、区别英语中不同性别常用的名字和亲昵的称呼； 4. 了解英语国家中家庭成员之间的称呼习俗； 5. 了解英语国家正式和非正式场合服饰和穿戴习俗； 6. 了解英语国家的饮食习俗； 7. 对别人的赞扬、请求等做出恰当的反应； 8. 用恰当的方式表达赞扬、请求等意义； 9. 初步了解英语国家的地理位置、气候特点、历史等； 10. 了解常见动植物在英语国家中的文化含义； 11. 了解自然现象在英语中可能具有的文化含义； 12. 了解英语国家中传统的文娱和体育活动； 13. 了解英语国家中重要的节假日及主要庆祝方式； 14. 加深对中国文化的理解。
八级	1. 理解英语中常见成语和俗语及其文化内涵； 2. 理解英语交际中常用典故或传说； 3. 了解英语国家主要的文学家、艺术家、科学家的经历、成就和贡献； 4. 初步了解主要英语国家的政治、经济等方面的情况； 5. 了解英语国家中主要大众传播媒体的情况； 6. 了解主要英语国家与中国的生活方式的异同； 7. 了解英语国家人们在行为举止、待人接物等方面与中国人的异同； 8. 了解英语国家主要宗教传统； 9. 通过学习英语了解世界文化,培养世界意识； 10. 通过中外文化对比,加深对中国文化的理解。

第四部分　实施建议

一、教学建议

(一)面向全体学生,为学生全面发展和终身发展奠定基础

教学设计要符合学生生理和心理特点,遵循语言学习的规律,力求满足不

同类型和不同层次学生的需求,使每个学生的身心得到健康的发展。在教学中教师应该注意:

1. 鼓励学生大胆地使用英语,对他们学习过程中的失误和错误采取宽容的态度;

2. 要为学生提供自主学习和相互交流的机会以及充分表现和自我发展的空间;

3. 鼓励学生通过体验、实践、讨论、合作、探究等方式,发展听、说、读、写的综合语言技能;

4. 创造条件让学生能够探究他们自己感兴趣的问题并自主解决问题。

(二)关注学生的情感,营造宽松、民主、和谐的教学氛围

学生只有对自己、对英语及其文化、对英语学习有积极的情感,才能保持英语学习的动力并取得成绩。消极的情感不仅会影响英语学习的效果,而且会影响学生的长远发展。因此,在英语教学中教师应该自始至终关注学生的情感,努力营造宽松、民主、和谐的教学氛围。英语教师要做到:

1. 尊重每个学生,积极鼓励他们在学习中的尝试,保护他们的自尊心和积极性;

2. 把英语教学与情感教育有机地结合起来,创设各种合作学习的活动,促使学生互相学习、互相帮助,体验集体荣誉感和成就感,发展合作精神;

3. 特别关注性格内向或学习有困难的学生,尽可能多地为他们创造语言实践的机会;

4. 建立融洽、民主的师生交流渠道,经常和学生一起反思学习过程和学习效果,互相鼓励和帮助,做到教学相长。

(三)倡导"任务型"的教学途径,培养学生综合语言运用能力

本《标准》以学生"能做某事"的描述方式设定各级目标要求。教师应该避免单纯传授语言知识的教学方法,尽量采用"任务型"的教学途径。

教师应依据课程的总体目标并结合教学内容,创造性地设计贴近学生实际的教学活动,吸引和组织他们积极参与。学生通过思考、调查、讨论、交流和合作等方式,学习和使用英语,完成学习任务。

在设计"任务型"教学活动时,教师应注意以下几点:

1. 活动要有明确的目的并具有可操作性;

2. 活动要以学生的生活经验和兴趣为出发点,内容和方式要尽量真实;

3. 活动要有利于学生学习英语知识、发展语言技能,从而提高实际语言运

用能力;

4. 活动应积极促进英语学科和其他学科间的相互渗透和联系,使学生的思维和想象力、审美情趣和艺术感受、协作和创新精神等综合素质得到发展;

5. 活动要能够促使学生获取、处理和使用信息,用英语与他人交流,发展用英语解决实际问题的能力;

6. 活动不应该仅限于课堂教学,而要延伸到课堂之外的学习和生活之中。

(四)加强对学生学习策略的指导,为他们终身学习奠定基础

使学生养成良好的学习习惯和形成有效的学习策略是英语课程的重要任务之一。教师要有意识地加强对学生学习策略的指导,让他们在学习和运用英语的过程中逐步学会如何学习。教师应做到:

1. 积极创造条件,让学生参与制订阶段性学习目标以及实现目标的方法;

2. 引导学生结合语境,采用推测、查阅或询问等方法进行学习;

3. 设计探究式的学习活动,促进学生实践能力和创新思维的发展;

4. 引导学生运用观察、发现、归纳和实践等方法,学习语言知识,感悟语言功能;

5. 引导学生在学习过程中进行自我评价并根据需要调整自己的学习目标和学习策略。

(五)拓展学生的文化视野,发展他们跨文化交际的意识和能力

语言与文化有密切的联系,语言是文化的重要载体。教师应处理好二者的关系,努力使学生在学习英语的过程中了解外国文化,特别是英语国家文化;帮助他们提高理解和恰当运用英语的能力,不断拓展文化视野,加深对本民族文化的理解,发展跨文化交际的意识和能力。

(六)利用现代教育技术,拓宽学生学习和运用英语的渠道

教师要充分利用现代教育技术,开发英语教学资源,拓宽学生学习渠道,改进学生学习方式,提高教学效果。在条件允许的情况下教师应做到:

1. 利用音像和网络资源等,丰富教学内容和形式,提高课堂教学效果;

2. 利用计算机和多媒体教学软件,探索新的教学模式,促进个性化学习;

3. 合理地开发和利用广播电视、英语报刊、图书馆和网络等多种资源,为学生创造自主学习的条件。

(七)组织生动活泼的课外活动,促进学生的英语学习

根据学生的年龄特点和兴趣爱好,积极开展各种课外活动有助于学生增长知识、开阔视野、发展智力和个性、展现才能。教师应有计划地组织内容丰富、

形式多样的英语课外活动,如朗诵、唱歌、讲故事、演讲、表演、英语角、英语墙报、主题班会和展览等。教师要善于诱导,保护学生的好奇心,培养他们的自主性和创新意识。

(八)不断更新知识结构,适应现代社会发展对英语课程的要求

教师应不断更新知识结构,适应现代社会发展对英语课程的要求。为此,教师应该做到:

1. 准确把握本课程标准的理念、目标和内容,运用教育学和心理学理论,研究语言教学的规律。根据学生的心理特征和实际情况,选择和调整英语教学策略;

2. 发展课堂教学的调控和组织能力,灵活运用各种教学技巧和方法;

3. 掌握现代教育技术,并能在自己的继续学习和实际教学之中加以运用;

4. 自觉加强中外文化修养,拓宽知识面;

5. 要根据教学目标、学生的需要以及当地客观条件,积极地和有创造性地探索有效的教学方法;

6. 不断对自己的教学行为进行反思,努力使自己成为具有创新精神的研究型教师。

(九)遵循课时安排的高频率原则,保证教学质量和效果

英语课程从 3 年级起开设,为保证教学质量和教学效果,3—6 年级英语课程应遵循长短课时结合、高频率的原则,每周不少于四次教学活动。3、4 年级以短课时为主;5、6 年级长短课时结合,长课时不低于两课时。为了保证教学质量和效果,班容量一般不应超过 40 人/班。

7—9 年级和普通高中的英语课程建议每周不少于四课时。

为了使广大教师更好地理解上述教学原则,特提供以下教学案例,仅供参考。

教学案例 1

活动目的:学习和运用有关学校场所的英语单词,利用平面图介绍自己学校各种场所。

适合级别:1—2 级

教学过程:

1. 教师事先根据本学校的场所位置画一幅平面图(简图),但不标出场所的名称。把平面图复印若干份(做活动时每小组一份)。

2. 把单词 school,playground,classroom,office,art room,music room,multime-

dia room,library,language lab 做成约 2cm×3cm 的小卡片(若干套)。做活动时每小组一套。

3. 借助图片向学生呈现下列单词:school,playground,classroom,office,art room,music room,multimedia room,library,language lab。要求学生做到:(1)看见图片能说出单词;(2)给出单词也能说出场所名称,只要求学生能认读,不要求拼写。

4. 将学生分为 4—5 人一组(小组成员必须围成一圈)。每组发一张学校平面图和一套单词小卡片。要求学生根据学校场所的实际位置把单词贴在平面图上。

5. 让相邻的两个小组对比他们贴好的平面图。如有不同之处,学生自己讨论为什么出现不同之处,并进行适当的修正。

6. 把全班学生分成三个大组(队)。在黑板上贴三幅平面图。给每个大组再发一套单词卡片。每个大组派两个人到前面,把卡片贴到平面图上。首先完成且贴得正确的大组获胜。

7. 小组内学生轮流根据贴好的平面图向其他学生介绍自己学校的场所(如:This is the playground.)。鼓励学生使用其他所学语言进行创造性表达,如It is small,but I like it.

8. 把学生贴好的平面图贴在班级的墙报上,或者贴在学校的布告栏或校门入口处,当作本校场所位置的英文示意图。

9. 对程度较好的学生,可以让他们自己设计一个所教学校的平面图,并用英语向他人作介绍。

评述:此项活动结合学生所在学校的实际情况,通过比较真实的任务(贴卡片),帮助学生学习语言和运用语言,并开展合作学习。

教学案例 2

活动目的:学习和巩固表示图形的单词,培养学生的观察能力。

适合级别:2 级

教学过程:

1. 教师事先制作下面的图,复印若干份(份数为全班同学人数除以 2)。

416

Shapes	How many?
triangle	
rectangle	
square	
circle	
oval	

2. 通过卡片或实物向学生呈现表示形状的单词：triangle，rectangle，square，circle，oval。要求学生做到：(1)看见图片能说出单词；(2)给出单词也能说出形状名称，只要求学生能认读，不要求拼写。

3. 把学生分为两人一组。把复印好的图表发给每组学生。让学生用英语数一数图表的各种图形的个数并把数的结果填在图表中(用阿拉伯数字)。

4. 相邻两组比较他们的结果。

5. 在黑板上贴一幅放大的图表。教师带领全班学生一起逐一数每一种图形的个数。并把数的结果写在图表里。学生对照自己的图表，检查是否正确。然后教师提问，学生回答，例如：

Teacher：How many triangles？

Students：Five.

6. 把步骤 5 完成的图表贴在班级墙报上。

7. 用上述表示形状的单词制作简单的单词卡片,让学生把这些卡片贴在教室或学校其他场所中与卡片形状相吻合的物品上。

评述:这个活动把学习英语的数字与形状与培养学生的观察能力有机地结合起来。学生能够学以致用。

教学案例 3

活动目的:学生学完有关如何度过业余时间的文章,运用所学语言开展相关话题的讨论。

适合级别:3—4 级

教学过程:

1. 教师布置任务,学生分组设计调查表,调查人们是如何安排业余时间的。

2. 学生以 6—8 人为一个小组,设计调查表。例如:

What is your favourite past time?

	Watching TV	Reading	Playing tennis	Collecting stamps	Internet surfing	swimming	…
Student 1							
Student 2							
Student 3							
Student 4							
Student 5							
Student 6							
Student 7							
Student 8							
…							

3. 各小组在组内用英语进行调查并统计调查结果。

4. 在黑板上设计一个大的调查表。通过问答形式汇总各小组调查的结果。

5. 学生以小组为单位,根据黑板上汇总统计的结果,设计柱状图、饼圆图、曲线图等。比如下图:

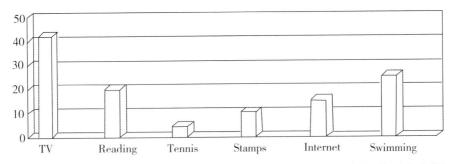

6. 学生两人一组首先就所画柱状图或饼圆图进行口头讨论,然后合作写一篇简单的报告。

评述:在这个活动中,教师是参与者、帮助者,学生是活动的主体;学生的任务是开放的。学生以小组为单位进行调查和统计,在较为真实的语境中锻炼口、笔头交流能力。该活动有利于培养学生的合作精神,促进学科之间的渗透和交融。

教学案例4

活动目的:学生从广告中获取信息,学习广告用语,并尝试设计和表演广告。

适合级别:3—6 级

教学过程:

1. 教师事先收集各类食品或文体用品的英语广告。

2. 课堂上让学生说出印象最深的广告,并讨论为什么对这些广告印象深刻。

3. 教师向学生展示一些英语广告,引导学生分析广告语言的用词和句子特点。

4. 教师向学生提供一些物品或让学生自己选择物品。学生以小组为单位为这些物品设计文字或图像广告。

5. 各小组向全班学生展示或表演他们设计的广告。

评述:这个活动能启发学生思维,培养学生的观察力、想象力、创新能力和合作精神。以英语广告为媒介,在学习英语的同时,给学生展示其他才能的机会。

教学案例5

活动目的:通过英语沙龙活动,提高学生的学习兴趣和语言运用能力。

适合级别:6—9 级

活动过程:

1. 教师组织英语文化沙龙,同学自愿参加。

2. 教师与学生协商后确定几个英语文化沙龙的话题,比如:

    (1) The Olympic Games

    (2) Football in China

    (3) Environment Protection

3. 在教师指导下,学生自愿组成3—5人的小组,根据所选话题从图书馆、网络等渠道收集并整理材料。准备在沙龙活动中发言、交流、展示。

4. 成果展示、各小组作汇报。

5. 把成果汇集成册。

评述:这个活动能够调动学生课外英语学习的积极性,锻炼学生独立或以合作形式收集资料、处理信息的能力。为学生提供实际运用英语的机会。

二、评价建议

评价是英语课程的重要组成部分。科学的评价体系是实现课程目标的重要保障。英语课程的评价应根据课程标准的目标和要求,实施对教学全过程和结果的有效监控。通过评价,使学生在英语课程的学习过程中不断体验进步与成功,认识自我,建立自信,促进学生综合语言运用能力的全面发展;使教师获取英语教学的反馈信息,对自己的教学行为进行反思和适当的调整,促进教师不断提高教育教学水平;使学校及时了解课程标准的执行情况,改进教学管理,促进英语课程的不断发展和完善。

英语课程的评价体系要体现评价主体的多元化和评价形式的多样化。评价应关注学生综合语言运用能力的发展过程以及学习的效果,采用形成性评价与终结性评价相结合的方式,既关注结果,又关注过程,使对学习过程和对学习结果的评价达到和谐统一。

(一)体现学生在评价中的主体地位

学生是学习的主体,无论是教学还是评价都应以学生的综合语言运用能力发展为出发点。评价应有益于学生认识自我、树立自信;应有助于学生反思和调控自己的学习过程,从而促进语言能力的不断发展。教师应使学生认识到自我评价对于学习能力发展的意义,并学会自我评价的方法。在各类评价活动中,学生都应是积极的参与者和合作者。评价应是教学活动的有机组成部分,通过评价使学生学会分析自己的成绩与不足,明确努力的方向。

(二)注重形成性评价对学生发展的作用

形成性评价是教学的重要组成部分和推动因素。形成性评价的任务是对学生日常学习过程中的表现、所取得的成绩以及所反映出的情感、态度、策略等方面的发展做出评价。其目的是激励学生学习,帮助学生有效调控自己的学习过程,使学生获得成就感,增强自信心,培养合作精神。形成性评价有利于学生从被动接受评价转变成为评价的主体和积极参与者。为了使评价有机地融入教学过程,应建立开放、宽松的评价氛围,以测试和非测试的方式以及个人与小组结合的方式进行评价,鼓励学生、同伴、教师和家长共同参与评价,实现评价主体的多元化。形成性评价的形式可有多种,如课堂学习活动评比、学习效果自评、学习档案、问卷调查、访谈、家长对学生学习情况的反馈与评价、平时测验等。

形成性评价可采用描述性评价、等级评定或评分等评价记录方式。无论何种方式,都应注意评价的正面鼓励和激励作用。教师要根据评价结果与学生进行不同形式的交流,充分肯定学生的进步,鼓励学生自我反思、自我提高。

(三)注意评价方法的多样性和灵活性

教师应注意根据学生的年龄特征和学习风格的差异采取适当的评价方式。在日常的形成性评价中,应允许学生根据自己的特长或优势选择适合自己的评价方式。如果学生对自己某次课堂测验成绩不满意,可以与教师协商,暂不记录成绩,学生在经过更充分的准备之后,可再次参加评价。

(四)注重评价结果对教学效果的反馈作用

教师要时刻关注评价对学生学习和教师教学的反馈作用。例如:

1. 评价是否促进了学生自主性的发展和自信心的建立?

2. 是否反映了学生学习的成就?

3. 是否反映了教师教学中的成功之处与不足?

4. 是否反映了学生学习中的问题或不足?

教师要根据评价的反馈信息及时调整教学计划和教学方法。

(五)终结性评价要注重考查学生综合运用语言的能力

终结性评价(如期末考试、结业考试等)是检测学生综合语言运用能力发展程度的重要途径,也是反映教学效果,学校办学质量的重要指标之一。终结性评价必须以考查学生综合语言运用能力为目标,力争科学地、全面地考查学生在经过一段学习后所具有的语言水平。

测试应包括口试、听力考试和笔试等形式,全面考查学生综合语言运用能力。听力测试在学期、学年考试和结业考试中所占比例应不少于20%。听力测试应着重检测学生理解和获取信息的能力,不应把脱离语境的单纯辨音题作为考试内容。笔试应避免单纯语音知识题和单纯语法知识题;增加具有语境的应用型试题;适当减少客观题、增加主观题。不得公布学生考试成绩并按考试成绩排列名次。

(六)注意3—6年级英语教学评价的特殊性

3—6年级英语教学评价的主要目的是激励学生的学习兴趣和积极性。评价形式应具有多样性和可选择性。评价应以形成性评价为主,以学生平时参与各种教学活动的表现和合作能力为主要依据。

3、4年级的期末或学年评价应采用与平时教学活动相近的方式进行,通过对学生学习行为的观察、与学生交流等方式,考查学生用英语做事情的能力。5、6年级的期末或学年考试可采用口笔试结合的方式。口试要考查学生实际运用所学语言的能力,考查内容要贴近学生生活。笔试主要考查学生听和读的技能,形式应尽量生动活泼。

终结性评价可采用等级制或达标的方法记成绩,不用百分制。

(七)注意处理教学与评价的关系

进行评价时,应当考虑评价活动占课堂整体教学时间的比例。要注重评价的实际效果。要避免使用过于烦琐的评价程序,占用过多的教学时间进行评价。不能为评价而评价或以评价为目标进行教学。

(八)各级别的评价要以课程目标为依据

对学生学习的评价应以课程目标及相应级别的教学目标为依据。二级的评价由地方和学校组织进行,以形成性评价为主。五级和八级的评价应在国家、省市教育主管部门指导下进行。其他级别的评价由学校组织实施,也要以形成性评价为主。选拔性考试应依据本课程标准的要求,结合本地情况,确定适用级别,制订考试要求。

为了使广大教师更好地理解上述评价原则,特提供以下评价案例,仅供参考。

评价案例1　7—9年级学生英语学习策略评价表

以下表格旨在调查你使用英语学习策略的情况。共有25个项目。每个项目后面有1—5五个数字,分别表示:"1＝从来不使用"、"2＝基本不使用"、"3＝有时使用"、"4＝常使用"、"5＝总是使用"等五种情况。请你根据自己使用学习策略的情况圈选其中一种情况。

学习策略	使用情况
1. 我总是根据需要进行预习。	1　2　3　4　5
2. 在学习中我能集中注意力。	1　2　3　4　5

（续表）

学习策略	使用情况
3. 在学习中我积极思考。	1　2　3　4　5
4. 在学习中我善于记要点。	1　2　3　4　5
5. 学习中我善于利用图画等非语言信息帮助理解。	1　2　3　4　5
6. 我通常借助联想学习和记忆词语。	1　2　3　4　5
7. 我对所学内容主动复习并加以整理和归纳。	1　2　3　4　5
8. 我注意发现语言的规律并运用规律举一反三。	1　2　3　4　5
9. 使用英语时我能意识到错误并适当纠正。	1　2　3　4　5
10. 必要时我借助汉语知识理解英语。	1　2　3　4　5
11. 我经常阅读英语故事及其他英语课外读物。	1　2　3　4　5
12. 我借助联想把相关知识联系起来。	1　2　3　4　5
13. 我经常利用推理归纳等手段分析和解决问题。	1　2　3　4　5
14. 我有明确的英语学习目标。	1　2　3　4　5
15. 我经常制订英语学习计划。	1　2　3　4　5
16. 我积极探索适合自己的英语学习方法。	1　2　3　4　5
17. 我经常与教师和同学交流学习体会。	1　2　3　4　5
18. 我尽量通过多种渠道学习英语。	1　2　3　4　5
19. 我对英语和英语学习有积极的态度。	1　2　3　4　5
20. 我逐步树立学习英语的信心。	1　2　3　4　5
21. 在交际中，我经常借助手势、表情等进行表达。	1　2　3　4　5
22. 在交际中我注意中外交际习俗的差异。	1　2　3　4　5
23. 交际中，我能克服语言障碍，维持交际。	1　2　3　4　5
24. 我注意通过音像资料丰富自己的学习。	1　2　3　4　5
25. 我经常使用工具书查找信息。	1　2　3　4　5

　　上面的调查表一共有四个部分，1—13 题是认知策略，14—20 题是调控策略，21—23 题是交际策略，24—25 题是资源策略。填完调查表以后，请你分别算出自己每个部分的平均得分数。平均得分 4.5—5 表示总是使用此类策略，3.5—4.4 表示经常使用，2.5—3.4 表示使用情况一般，1.5—2.4 表示基本不使用，1.0—1.4 表示几乎从不使用。

评价案例2　3—6年级英语"玩、演、视、听"参考性评价表

项目	内容	目的	评价标准	评价方式	注意事项
玩	游戏	激发学生学习英语的兴趣。	A. 积极参与，善于合作，应变能力强。 B. 主动参与，能够合作，有一定的应变能力。 C. 能参与，有一定的合作意识。	小组评价 教师评价	1. 游戏前应让学生明确游戏规则及要求。 2. 玩游戏时，教师要有一定的调控能力，注意观察学生的情况，及时调动和引导学生的积极性。
演	诗歌	培养学生的语感和节奏感。	A. 语音、语调正确，节奏及韵律感强，熟练。 B. 语音、语调较正确，节奏及韵律感较强，较熟练。 C. 语音、语调基本正确，有一定的节奏及韵律感。	学生自评 小组评价 教师评价	适时鼓励一部分学生在原有韵律基础上替换词语。
	歌曲	培养学生的兴趣及美感。	A. 语音、语调正确，吐字清晰，有感情，有乐感。 B. 语音、语调较正确，吐字清晰，表现较好。 C. 吐字基本清晰，有一定感情。	学生自评 小组评价 教师评价	1. 不要过分强调学生乐感的正确性。 2. 不要过分强调学生语音、语调的正确性。
	话题类表演	培养学生的语言运用能力和合作能力。	A. 能灵活运用语言材料，在虚拟的情景中进行真实的交流，语言流畅，有一定创造力和感染力。 B. 能恰当地运用语言材料，在虚拟的情景中进行较真实的交流，语言较流畅。 C. 能根据语言材料进行基本的交流。	学生自评 小组评价 教师评价	1. 教师要因人而异，客观地评价每位学生，帮助每位学生获得成功。 2. 不过分挑剔学生表演过程中所犯的语言性错误，大胆放手让学生自由发挥。

（续表）

项目	内容	目的	评价标准	评价方式	注意事项
视听说	观看英语动画片及英语教学节目	培养学生在特定环境中领悟使用语言的能力，拓宽视野，获得乐趣和成就感。	A. 能简单复述所看内容。 B. 能回答教师提出的问题。 C. 能就教师提出的问题作出判断，Yes 或 No。	学生自评 教师评价 家长评价	1. 教师要注意引导学生养成良好的视听习惯，观看动画片时，要注意倾听语言。 2. 家长与孩子在家共同观看电视节目，及时作出反馈，如：记录观看的时间及认真的程度等。

注：1. 评价中应尽量采用描述性的方式，不应按分数给学生排队。

　　2. 小组评价指小组之间相互评价。

　　3. 学生评价指全班同学对表演者的评价。

评价案例 3　3～6 年级英语二级听力形成性评价参考方案

1. 评价目的

二级听力评价以激发学生听英语的兴趣、养成良好的听的习惯为目的，帮助学生发展良好的听力技能，以具备能够在听的过程中成功理解真实性语言材料的能力。教师通过评价，及时了解学生听的能力的发展状况，了解学生对语言的掌握程度，发现问题，从而使教师针对不同的学生制订相应的补救措施来帮助学生克服听力理解中的障碍，最终达到激励学生采取有效的策略，继续努力学习的目的。

2. 评价内容

评价活动	评价方法	评价标准
听听写写	听录音或听教师、学生读,按要求完成相应的练习,如: 1. 听音写数字。 2. 听音画勾或打叉。 3. 听音选图。 4. 听音标号或排序等。	☆☆☆　听 1～2 遍,能熟练、准确地完成全部内容。 ☆☆　听 2～3 遍,能在规定时间内比较准确地完成全部内容。 ☆　听 2～3 遍,能完成部分内容。
听听猜猜	1. 一边听一边猜:教师选出学生甲蒙住眼睛,再选出学生乙用英语介绍自己的特点,但不能说出自己的名字。学生乙还可以改变声音来增加难度,学生甲根据听到的信息猜出乙的姓名。 2. 听描述猜谜语:教师或学生用英文描述一则谜语,请某一位或某一组学生猜答案。	☆☆☆　听 1～2 遍即能准确猜出。 ☆☆　听 2～3 遍即能准确猜出。 ☆　听 3 遍以上能根据提示猜出。
听听做做	根据听到的语言材料,按要求作出相应的反应,如动作、手势、表情等(组织形式可以是全班,也可以在小组内或同桌之间进行)。	☆☆☆　能听懂并迅速作出正确反应,参与意识强,积极性高。 ☆☆　能根据所听语言材料独立作出正确反应,参与意识较强。 ☆　经过努力或帮助,能听懂语言材料,并作出正确反应。
听听画画	根据听到的语言材料,按要求画出相应的内容。如人物、动物、植物、生活用品、路线等,或在指定的位置涂出正确的颜色(组织形式可以是个人,也可以在小组内或同桌之间进行)。	☆☆☆　能正确理解所听语言材料并迅速按要求画出内容,形象准确或涂色正确。 ☆☆　能正确理解所听语言材料,能较好地完成要求。 ☆　认真聆听语言材料,能在教师或同学的帮助下完成要求。

注:1. 听力的语言材料可以是录音材料,也可以是教师或学生的口语或指令。

2. 评价方法要符合学生的年龄特征和个性特点,具有多样性、激励性。

3. 评价方式可根据学生活动的实际情况,采取教师评价、学生自评、学生互评等方式。

评价案例4　学习档案

学习档案是展示每一个学生在学习过程中所做的努力、取得的进步以及反映学习成果的一个集合体。通常,它以一个文件夹的形式收藏每个学生具有代表性的学习成果(作业、作品)和反思报告。通过建立学习档案夹,可以督促学生经常检查他们所完成的作业,在自主选出比较满意的作品的过程中,反思他们的学习方法和学习成果,培养他们学习的自主性和自信心。学习档案也为老师、家长和其他人提供了学生进步的记录。因此,学习档案就成了观察学生学习成果和学习进步过程的窗口。虽然学习档案只收集所选择的部分作业,但它却体现了学生参与评价的主体过程:学生自主参与对学习档案内容的选择;学生对学习档案内容进行自我反思;学生自己确定内容选择的标准。

通过建立学习档案,学生从依赖老师的指导和解释逐渐转向为独立自主的学习者。学生们通过老师对选择标准的示范和解释逐渐熟悉这个过程,并且随着对这一过程理解的深入,学生可以独自或合作选出最好的作业并在小组中讨论选择的原因。最后期望学生能够独自地对作业进行反思,并充满信心地将其展示给其他同学。

学习档案可以包括以下内容:

(1)新课程开始时反映学生学业基础的档案文件或测验。

(2)学生学习行为记录,如:课上参与朗读、朗诵、角色扮演等情况。

(3)书面作业的样本,通常由学生自己决定收入自认为最满意的作品。

(4)教师、家长对学生学习情况的观察评语。

(5)平时测验,由教师评分或在教师指导下同学评分/评语或自己评分/评语。

(6)学生对自己的学习态度、方法与效果的反思与评价。

使用学习档案信息进行形成性评价时,要注意各种样本能够达到一定数量,以便能够使结论有说服力。通常应当在学期开始时就确定好所要收集的各种样本的数量,使数据能够客观地反映学生学习进步过程。学习档案应存放在学生可以拿到的地方,使学生可以随时查阅。

评价案例5　口试操作形式、评分方法与标准

学期或学年口试应能评价学生的实际口语表达能力。学生可以两人一组,根据教师给定的情景(可用文字或图片提示)或话题,当场进行讨论或交流(学生也可以三人或四人一组,但至少需要两位教师参与评价)。教师对学生的口语表达、交流能力和有效性等方面进行评价。

口试可从以下几个方面评价学生的口语能力:

（1）信息组织是否合理,表达与交流是否流畅。学生在组织语言进行表达时,可能有语法和词汇方面的错误,影响表达的准确性,但基本信息应能得到有效传递;

（2）语音、语调和节奏是否自然,是否能使对方听懂;

（3）是否能使用恰当的交际策略。口语表达中,学生应能使用简单的交际策略,如重复、澄清、使用表情和手势等,使交流活动得以顺利完成。

评价案例6　写作评价参考标准

写作标准	考查方式建议
3级:能参照范例写出简单的问候卡或短文,能根据图片编写简短故事。	给学生出一些词语,让他们看图写话。
4级:能写出简短的指令、简单的信件和简单日志。	1. 根据图示,写出使用某产品的操作步骤。 2. 给 Peter 写一个便条通知开会。
5级:能独立起草简单的报告、短信、短文等;能简单描述人物或事件。	1. 就班级组织的环保活动写一篇简短报告。 2. 写写班里新来的一个同学。
6级:能用恰当的语言写便条和简单的信函、问候卡;能将课文改编为短剧。	1. 曾在某校任教的 Mr. Green 回国后给同学们写了一封信。学生写一封回信,介绍自己英语学习的进步情况。 2. 演出所改编的短剧(对所改编的短剧和小组表演做描述性评价)。
7级:能描述人物或事件并表达自己的见解;能填写有关个人情况的表格。	1. 根据所给信息描写一次交通事故; 2. 填写有关个人信息的表格。
8级:能写出连贯且结构完整的短文,叙述事情或表达观点态度。	写一篇短文,描述受了伤的不知名的大鸟飞落在小明家的院子里后受到善待的事。对此事加以适当评论。

三、课程资源的开发与利用

积极开发和合理利用课程资源是英语课程实施的重要组成部分。英语课程资源包括英语教材以及有利于发展学生综合语言运用能力的其他所有学习材料和辅助设施。英语教学的特点之一是要使学生尽可能多地从不同渠道、以不同形式接触和学习英语。亲身感受和直接体验语言及语言运用。因此,在英语教学中,除了合理有效地使用教科书以外,还应该积极利用其他课程资源,特别是广播影视节目、录音、录像资料、直观教具和实物、多媒体光盘资料、各种形式的网络资源、报刊杂志等等。

　　英语教材是英语课程资源的核心部分。教育行政部门和学校要保证向学生提供必要的教材。作为学校英语教学的核心材料,英语教材除了包括学生课堂用书以外,还应该配有教师用书、练习册、活动册、挂图、卡片、音像带、多媒体光盘、配套读物等。学校应在教育主管部门的指导下,在与教师代表、学生代表和家长代表共同协商的基础上,选择经教育部门审定或审查的教材。所选用的教材应该具有发展性和拓展性、科学性、思想性、趣味性、灵活性和开放性,应该符合学生年龄特征、心理特征和认知发展水平。教材应该做到语言真实、内容广泛、题材多样。教材应能激发学生学习兴趣、开阔学生视野、拓展学生思维方式。根据英语教学的特点,学校可以适当地选用国外的教学资料,以补充和丰富课堂教学内容。

　　除英语教材以外,学校和教师还应积极开发和利用其他课程资源,如广播影视节目、录音、录像资料、网络资源、报刊杂志等等。

　　为了提供丰富的课程资源,开拓教和学的渠道,更新教和学的方式,增强英语教学的开放性和灵活性,英语课程要充分利用图书馆、语言实验室、音像设备等基本的和常规的教学设施。教育行政部门和学校要尽可能创造条件,为英语课程提供这些教学设施。条件较好的学校还应该为英语教学配备电视机、录像机、计算机、VCD、DVD等多媒体设备。应尽可能创造条件,设置视听室,向学生开放,为学生的自主学习创造条件。

　　在开发英语课程资源时,要充分利用信息技术和互联网络。网络上的各种媒体资源以及专门为英语教学服务的网站为各个层次的英语教学提供了丰富的资源。另外,计算机和网络技术又为个性化学习和自主学习创造了条件。通过计算机和互联网络,学生可以根据自己的需要选择学习内容和学习方式。具有交互功能的计算机和网络学习资源还能及时为学生提供反馈信息。再有,计算机和网络技术使学生之间相互帮助、分享学习资源成为可能。因此,各级教育行政部门、学校和教师要积极创造条件,使学生能够充分利用计算机和网络资源,根据自己的需要进行学习。有条件的学校还可以建立自己的英语教学网站,开设网络课程,进一步增加学习的开放性和灵活性。

　　学校应该鼓励和支持学生参与课程资源的开发。可以组织学生建立班级图书角或图书柜。鼓励学生制作班级小报、墙报;鼓励学生交流学习资源。

　　课程资源的开发和利用要考虑当地经济发展水平以及学生和家长的经济承受能力。要注意开发多层次、多类型的英语课程资源,满足不同层次的需求。不能一味追求课程资源的多样性而增加学生的经济负担,更不能造成课程资源的浪费。学校要建立有效的课程资源管理体系。已经具备的课程资源要充分利用,要杜绝课程资源闲置的现象。要不断地对课程资源进行更新和补充。

在开发和利用课程资源过程中,要坚决制止编写、销售和使用粗制滥造的教辅材料。严格禁止学校和教师购买或向学生推荐非法出版印刷的模拟试题、同步练习等材料。

四、教材的编写和使用建议

英语教材是指英语教学中使用的教科书以及与之配套使用的练习册、活动册、故事书、自学手册、录音带、录像带、挂图、卡片、教学实物、计算机软件等等。基础教育阶段英语课程使用的教材是学生学习和教师教学的重要内容和手段。英语教材要以英语课程标准规定的课程目标和教学要求为编写指导思想。在满足课程标准基本要求的前提下,教材应尽可能灵活多样,满足不同学生的需要。

(一)教材编写原则

1. 发展性和拓展性原则

英语教材的内容和活动形式要有利于学生的全面发展和长远发展。学生应该能够通过学习和使用教材获得独立学习和自主学习的能力,从而为终身学习创造条件。为此,教材应该尽可能采用探究式、发现式的学习方式,促使学生拓展思维,开阔视野,培养创新精神和实践能力。教材内容的编排方式要有利于学生自己进行归纳总结、举一反三,并有利于他们在语言运用中发现语言规律。

2. 科学性原则

英语教材的编写要依据语言学习的客观规律,充分体现不同年龄段和不同语言水平学生的学习特点和学习需要。教学内容和教学要求要体现循序渐进的原则,应该由易到难、从简单到复杂逐步过渡。低龄阶段或初级阶段的教材要重视语音基础和听说能力的培养,高级阶段要侧重培养学生的读写能力。教材应根据不同阶段学习的特点,在教学内容和要求等方面各有侧重。

教材在内容、目标和要求等方面应该有完整的体系。语言技能、语言知识、情感态度、学习策略、跨文化交际意识等内容和目标要相互结合、相互渗透、相互支持。语言学习对语言材料的再现率有较高的要求,因此,教材的编写应该保证重要语言现象有足够的再现率。教材应尽可能选择真实、地道和典型的语言素材。

3. 思想性原则

英语教材应渗透思想品德教育,应有利于学生形成正确的人生观和价值观。语言是文化的载体。外国文化对学生的人生观、世界观和价值观都会产生一定的影响。因此,教材既要反映中国的传统文化,又要有利于学生了解外国文化的精华,同时也应该引导学生提高鉴别能力。

4. 趣味性原则

教材不仅要符合学生的知识水平、认知水平和心理发展水平,还要尽可能通过提供趣味性较强的内容和活动,激发学生的学习兴趣和学习动机。为此,教材应紧密联系学生的实际生活,提供具有时代气息的语言材料,设置尽量真实的语言运用情景,组织具有交际意义的语言实践活动。教材内容的选择和安排应充分考虑不同年龄段学生的兴趣、爱好、愿望等学习需求和心理需求。

5. 灵活性和开放性原则

教材内容、教学活动和教学方法应具有较大的灵活性和开放性。在不违背科学性原则的前提下,教材应该具有一定的弹性和伸缩性,允许使用者根据自己的实际需要,对教材内容进行适当的取舍和补充。教材除了包含课程标准规定要求掌握的内容以外,还应该提供一定量的额外内容,供有能力的学生选择学习。

(二)教材使用建议

教师要善于结合实际教学需要,灵活地和有创造性地使用教材,对教材的内容、编排顺序、教学方法等方面进行适当的取舍或调整。

1. 对教材内容进行适当的补充和删减

在教材使用过程中,教师可以根据需要对教材内容进行适当的补充,以使教材的内容更加符合学生的需要和贴近学生的实际生活。在对教材进行适当补充时,教师还可以根据实际情况对教材的内容进行适当的取舍。对教材进行补充或取舍时,不应该影响教材的完整性和系统性。要避免为了考试而随意对教材内容进行调整;如有可能,应尽量与学生一起协商补充或取舍哪些内容。

2. 替换教学内容和活动

在教学过程中,教师可以根据实际教学需要,对教材中不太合适的内容或活动进行替换。例如,如果教师认为某个单元的阅读篇章内容适用,但阅读理解练习题设计得不合理或不适合自己的学生,就可以用自己设计的练习题替换原有的练习题。如果教师认为某部分的语言不够规范或缺乏真实性,教师可以选用其他语言材料取而代之。

3. 扩展教学内容或活动步骤

在某些教材中,教学活动的难度过高或过低的现象时有发生。如果教师认为某个活动太难,就可以扩展活动的步骤,增加几个准备性或提示性的步骤,从而降低活动难度。如果活动太容易,教师可以对原有的活动进行延伸,比如在阅读理解的基础上展开讨论或辩论、增加词汇训练、进行写作训练等等。

4. 调整教学顺序

根据学生的实际情况对教材内容的顺序进行适当的调整有利于提高教学效果。比如,现实生活中周围发生了某件重要事情,教材中有一个内容相关的单元,如果在延续性和难度等方面没有太大的问题,就可以提前学习这个单元。把教材内容与现实生活联系起来,有利于提高学生的学习动机,也有利于提高学习效果。另外,对教材内容进行取舍后,原来的顺序也可能需要相应的调整。

5. 调整教学方法

由于客观条件的差异、学生现有水平的差异以及具体教学实际情况的差异,有时教材推荐或建议的教学方法不一定适合实际教学的需要。在这种情况下教师要注意调整教学方法。

6. 总结教材使用情况

教材使用一段时间以后,应该及时对使用情况进行总结分析。主要包括以下几个方面:

(1)教材的使用是否达到了预先制订的教学目标;

(2)教材的使用是否有利于提高教学效果;

(3)教师和学生对教材的满意情况;

(4)教材在使用过程中存在哪些明显的优缺点;

(5)如果继续使用该种教材,应该在哪些方面做进一步的调整。

后　记

这本小册子是在我的博士论文基础上经过增减删改而成的。

中小学英语课程、教材、教法变革研究是个大课题。能够承担这一课题研究对我来说多多少少是一种幸运。2005 年，我幸运地考入北京师范大学攻读博士学位，幸运地师从我国著名教育史学家王炳照教授，幸运地如期完成中国教育史专业的学习，幸运地能够以英语语言文学专业和中国教育史专业知识为依托从事中小学英语课程、教材、教法的研究。

我在研究过程中始终得到恩师王炳照先生悉心的指导。我能够师从先生说来是个缘分。我在 20 世纪 90 年代初任天铁二中教务主任时偶然读到了中国教育史学界名家毛礼锐先生编写的《中国教育史简编》，学习英语的我竟对教育史产生了浓厚的兴趣。自此我十分关注这一学科，及至 1997 年我入天津师范大学学习课程与教学论专业时，有幸读到王炳照、阎国华两位先生主编的《中国教育思想通史》(1~8 卷)，更是受益匪浅。我当时想，要是能够见上先生一面，听先生讲一讲课，那该多好！"有志者，事竟成。"后来，我不仅见到了先生，听了先生的课，并且还做了先生的学生。先生的慈祥、大度、宽容、勤奋、严谨、博学，不仅让我学到了书本以内的知识，更让我学到了书本上永远也学不到的知识。

我在研究过程中也得到了俞启定、于述胜、徐勇、乔卫平、孙邦华、施克灿等先生的热情指导。他们精湛的专业知识、敬业爱生的精神令我敬佩不已。教育学博士俞启定教授结合我的本职工作对我研究的选题给予了具体指导，并嘱我适时出版研究成果。宋元强先生托中国社科院的两位高级编审审阅了全稿，并对附录部分给出了很好的建议。

研究过程中资料方面遇到不少困难，因为大部分早期的英语教材没有馆藏。刘立德博士、孙杰博士、孙德芳博士、张艳华博士在收集资料方面给了我很多支持。王志强、王军芳、白玉芬同志在文稿技术处理方面给了我很多帮助。

研究过程中我做了大量阅读，记下了 30 万字的读书笔记，并分类做了资料卡片。这些卡片将是本课题后续研究的宝贵资料。在此我要向为我的研究提供丰富史料的诸位前辈和学者致谢。他们是：季羡林先生、付克先生、李良佑先生、周流溪先生、张正东先生、章兼中先生、田正平先生、卫道治先生、束定芳先生、刘道义先生、王蔷先生、群懿先生、冯克诚先生等。是他们的先期研究给我的研究提供了许多启示和借鉴，我的研究如果说能够多少扩展一些、深入一些的话，他们的功劳是不可抹杀的。

从师范学校毕业到现在的几十余年里，我几乎没有休过一个节假日，所有的闲暇都用来读书、研究、写作了。年逾古稀的老父亲知道我是孝子，家里有事怕我分心不肯打扰我，他默默地关注着我的一个个小小的进步；妻子几十年如一日地默默地支持着我，她自己工作很出色，还承担起了几乎全部的家务，使得我能够全身心地投入工作、学习、研究中；令人羡慕的是，我的所有领导都很支持我的学习。集团公司领导为我进入北师大学习提供了时间和交通上的便利，并给予我精神上的鼓励，常常让我感动不已。我之所以能够多年坚持学习，与家人和领导的支持是分不开的。若没有他们的支持，我能够顺利完成一个又一个学业是不可想象的。

因此，我向前辈们、老师们、领导们、同事们、家人们表示衷心的感谢！

人们常说，人如其名。人的名字里有什么，心里就有什么。心里有什么，他就会朝那个方向去努力。我的名字里大概寄予了父辈太多的希望。知情人都知道我的人生之路、求学之路非常坎坷。是一种坚持、一种坚韧让我长大成人，做了教师，做了特级教师，做了大学兼职教授、硕士生导师；成为学士，成为硕士，在过了"不学艺"的年龄时又考入人人景仰的北京师范大学做了博士生。二十余年我自学了四个专业：科技英语翻译专业，英语语言文学专业，课程与教学论专业和中国教育史专业。我用我的行动诠释了"不花气力，不能成事"的真理性。魏书生赞叹说：自强不息，方能鹏程万里。我很欣慰，我为我的孩子、我的同事们、我的学生们树立了一个勤奋好学的榜样。不论成就大小，我都感到高兴，因为我们自己甚至全人类都永远需要这种坚持不懈、百折不挠的精神。

"路漫漫其修远兮，吾将上下而求索。"学无止境，研究也没有止境。英语课程、教材、教法变革研究特别是百年史研究困难不少，难题很多。几年研究，不仅是在我的手里诞生了一篇论文、一部书稿，更重要的是，我发现身为一位中学特级教师、师范大学兼职教授和硕士生导师，自己要学习、要研究的东西还有太多太多。我会以此为起点，会更加努力地学习、工作、研究，将来会以更多、更完善的成果来报答关怀、教育我的老师们和关心、支持我的家人以及领导们。

　　需要特别提出的是,我非常感谢人民教育出版社的副总编、资深英语教育专家刘道义女士为鼓励后学欣然为本书作序。

　　百年部分教学大纲或课程标准附录书后,以便其他研究工作者研究之用。

　　最后需要说明的是,本书 2012 年 10 月第 1 版由光明日报出版社出版。本书出版后,得到全国理论工作者和一线老师好评。在此,感谢中国书籍出版社关注此书,得以收录在"中国书籍学术之光文库"中。

陈自鹏

2018 年 6 月